HEYNE
BÜCHER

GEOFFREY BENNET

DIE SKAGERRAKSCHLACHT

Die größte Seeschlacht der Geschichte

WILHELM HEYNE VERLAG
MÜNCHEN

HEYNE-BUCH Nr. 5255
im Wilhelm Heyne Verlag, München

Titel der englischen Originalausgabe
THE BATTLE OF JUTLAND
Deutsche Übersetzung von R. K. Lochner

Printed in Germany 1976
Bildnachweis: Marineschule Mürwik (11), R. K. Lochner (7),
Bundesarchiv-Militärarchiv (3)
Bilderdienst Süddeutscher Verlag (10)
Umschlagfoto: Süddeutsches Bildarchiv, München
Umschlaggestaltung: Atelier Heinrichs, München
Gesamtherstellung: Ebner, Ulm

ISBN 3-453-00618-6

INHALT

VORWORT

Ein Rezensent meines Buches CORONEL AND THE FALKLANDS – meines letzten Beitrages zu dieser Serie –, das als Ergänzung zum vorliegenden zu betrachten ist, hat bemerkt: »Es muß zweifelhaft erscheinen, ob noch ein weiteres Buch zu diesem Thema gerechtfertigt ist.« Daher scheint ein Wort zuvor angebracht, um die gleiche Kritik gegen ›ein weiteres Buch‹ über die Schlacht vor Jütland – die bei den Deutschen Skagerrakschlacht heißt – schon jetzt zu entkräften. Eine der Geschichte der Schlachten Großbritanniens gewidmete Buchreihe kann die einzige große Seeschlacht des Ersten Weltkrieges nicht übergehen. Auch wenn diese Schlacht nicht so entscheidend ausfiel wie Nelsons Seesiege, übt sie doch auf unser Denken einen einzigartigen Zwang aus. Im Jahre 1805 vernichteten 27 britische Segellinienschiffe mit einer maximalen Tonnage von 2 250 Tons nicht weniger als 33 Linienschiffe Frankreichs und Spaniens in jener letzten großen Seeschlacht, die zwischen Segelschiffsflotten auf hoher See ausgetragen wurde, bevor die Dampfmaschine den Segelantrieb ablöste. Ein Jahrhundert später vernichtete der japanische Admiral Togo bei Tsuschima mit vier je 16 000 Tonnen großen Linienschiffen und acht Panzerkreuzern eine gleiche Anzahl russischer Kriegsschiffe in der größten Flottenbegegnung des Jahrhunderts vor der Fertigstellung des Großkampfschiffes *Dreadnought*. Am 31. Mai 1916 aber trafen nicht weniger als 64 Großkampfschiffe aufeinander, davon eines sogar mit einer Wasserverdrängung von 28 500 Tonnen. Kurz gesagt, die Schlacht vor Jütland war die größte Seeschlacht, seitdem der englische König Heinrich VIII. um 1514 seine Schiffe mit ›großen Kanonen‹ hatte bestücken lassen. Es war auch die letzte Seeschlacht, bevor selbst die mächtigsten Nationen sich nicht mehr so viele Schlachtschiffe leisten konnten, bevor das Schlachtschiff als mächtigstes Kriegsinstrument dem Flugzeug weichen mußte und bevor Lenkwaffen und nukleare Waffen Struktur und Wesen maritimer Kriegführung veränderten. Vor hundert Jahren stand bereits fest, daß die Welt nie wieder eine Flotte jener Art sehen würde, deren Flaggschiff *Victoria* bis heute als Denkmal erhalten ist. Ebenso gewiß ist heute, daß die Welt nie wieder so riesige Flotten von Großkampfschiffen sehen wird wie jene, mit denen Jellicoe und Beatty vor einem halben Jahrhundert gegen Scheer und Hipper kämpften.

Für dieses Buch gibt es jedoch noch eine weitere wichtige Rechtfertigung. Mit der hervorragenden Ausnahme von Sir Julian Corbetts Werk vor über vierzig Jahren (NAVAL OPERATIONS, Vol. III), liefert der Verfasser als erster eine vollständige Darstellung dieser Schlacht, die mit dem Vorteil des Zugangs zu jenen Papieren geschrieben wurde, die Vizeadmiral J. E. T. Harper betreffend die Unterdrückung der ursprünglichen HARPER-STUDIE von 1919 hinterlassen hat. Ebenso hatte der Verfasser Gelegenheit, die seinerzeit ebenfalls nicht freigegebene geheime Marine-Studie NAVAL STAFF APPRECIATION OF JUTLAND (1923) einzusehen. Diese Unterlagen bestehen aus sehr unterschiedlich zusammengesetzten Darstellungen, die in Anhang III näher erläutert werden. Trotzdem sollte der Leser keinesfalls annehmen, daß ich mir alle in der zweitgenannten Studie enthaltene Kritik an der Führung der Schlacht für meine Beurteilung zu eigen gemacht hätte.

Das erste Kapitel des Buches faßt die Umstände zusammen, unter denen Deutschland im August 1914 die Entscheidung zur Herausforderung der britischen Seemacht traf; das zweite gibt einen Überblick über die Seekriegsoperationen in der Nordsee bis zum 31. Mai 1916. Beide Kapitel sind für das richtige Verständnis der Schlacht vor Jütland erforderlich. Meine Darstellung der Schlacht wird durch die persönlichen Erinnerungen von Männern ergänzt, die unter Jellicoe oder Scheer gekämpft haben. Von diesen muß einer vor allen anderen genannt werden:

> Die Schlacht vor Jütland war etwas Großes, wenn man dabeigewesen ist. Sie war ganz anders, als ich erwartet hatte. An Bord der *Collingwood* sahen wir viel mehr als die Männer auf manchen anderen Schiffen und feuerten mehr Salven als sie. Wir wurden kein einziges Mal getroffen, was dem Glück zuzu-

schreiben ist, denn die gegnerischen Salven lagen mehrfach deckend. Ein Geschoß sauste über die Back und verfehlte uns nur um einige Zoll. Ich war stellvertretender Turmkommandant im vorderen Geschützturm. Während eines Teils der Schlacht saß ich auf der Turmdecke, als plötzlich feindliche Geschosse rings um uns einschlugen. Danach blieb ich nicht mehr lange oben auf dem Turm! An Bord unseres Schiffes ereigneten sich keinerlei technische Ausfälle. Alles funktionierte hervorragend; was die Besatzung betrifft, waren die Männer einfach wunderbar, so fröhlich wie immer, und sie arbeiteten wie Teufel. Das Schlimmste war die Nacht danach. Um 21.00 Uhr stellten wir das Feuer ein, gingen bis 2.00 Uhr morgens auf Nachtkriegswache und wurden dann wieder in den Geschütztürmen eingeschlossen. Wir waren richtig krank, als wir dem Feind an diesem Morgen nicht mehr begegneten.

Dieser Bericht des damaligen Leutnants Prinz Albert und späteren Königs Georg VI. erinnert daran, was der spanische Admiral Langara 1780 in Gibraltar ausgesprochen hat, als er erfuhr, daß der englische Kronprinz William IV. als Fähnrich an Bord der *Prince George* an der Schlacht bei Kap St. Vincent teilgenommen hatte: »Wohl verdient Großbritannien seine Seeherrschaft, wenn selbst auf den niedrigsten Posten seiner Flotte Prinzen stehen.«

Im Schlußkapitel versuche ich eine Bewertung der Schlacht und eine Antwort auf das ›Warum‹[1] zu geben. Obwohl ich mein Möglichstes getan habe, um beiden Seiten eine faire Darstellung zuteil werden zu lassen, kann sie nicht völlig objektiv sein. Von einem britischen Schriftsteller wird man das auch nicht erwarten. Sie weist jedoch gegenüber früheren Arbeiten einen Vorteil auf: Ich bin zu spät geboren, um Vorurteile gegenüber Jellicoe oder Beatty zu haben. Damit will ich nicht den Anspruch erheben, ich hätte nun *die* definitive Darstellung einer Schlacht geschrieben, in der sich beide Admirale ebenso wie ihre deutschen Gegner so hervorragend geschlagen haben. Über hundert Jahre sollten seinerzeit vergehen, bevor eine Kommission der Admiralität eine solche endgültige Darstellung der Schlacht von Trafalgar herausbrachte. Ebensoviel Zeit mag verstreichen, bevor das letzte Wort über die Schlacht vor Jütland gesprochen ist.

Aus Platzmangel habe ich Zitate aus Dokumenten und anderen Quellen abgekürzt, ohne die Auslassungsstellen mit Punktlinien zu verunstalten. Selbstverständlich habe ich dabei den Sinn dieser Zitate nicht verfälscht.

London, 1964 *Geoffrey Bennett*

DANKSAGUNG

Der Verfasser dankt insbesondere den folgenden:

Ihrer Majestät der Königin für die gnädige Erlaubnis zur Verwendung von Auszügen aus Briefen und Tagebüchern König Georgs V. und König Georgs VI.

Der Admiralität, insbesondere dem Naval Secretary, Kontreadmiral J. O. C. Hayes, und dem Bibliothekar der Admiralität, Kapitänleutnant P. K. Kemp, für ihre freundliche Hilfe und Unterstützung.

Dem Kuratorium der Royal United Service Institution für die Gewährung von Einsicht in die Papiere und Dokumente bezüglich des Harper Record, die ihr zur treuhänderischen Verwaltung von Vizeadmiral J. E. T. Harper hinterlassen wurden.

Admiral Sir William Tennant (†) für die Leihgabe von Manuskripten der von ihm vor dem Royal Naval Staff College gehaltenen Vortragsreihe über die Schlacht vor Jütland.

Den Earls Jellicoe und Beatty für die Gewährung von Einsicht in die Papiere des Admiral of the Fleet[2] Lord Jellicoe und des Admiral of the Fleet Lord Beatty sowie für die Erlaubnis zum Abdruck von Auszügen aus diesen und für weitere Unterstützung.

Admiral Sir Frederic Dreyer (†) für viele persönliche Erinnerungen an Admiral Jellicoe und die Schlacht vor Jütland, die er dem Verfasser während der Zusammenarbeit bei seiner Autobiographie The Sea Heritage vermittelte.

Professor Arthur Marder und Mrs. John Marsden-Smedley für die Überlassung von Briefen des Kontreadmirals The Honorable Barry Bingham (†).

Miß Mary Rundle für die Überlassung von Aufzeichnungen über Erfahrungen vor Jütland aus Briefen ihres Vaters, Kontreadmiral (ing.) Mark Rundle (†) und für die Vermittlung ihrer eigenen Erinnerungen an Admiral Beatty.

Korvettenkapitän W. D. M. Staveley für die leihweise Überlassung der hinterlassenen Papiere des Admirals Sir Doveton Sturdee.

Meinem Vater, Kontreadmiral M. G. Bennett, Brigadier J. Stephenson, Direktor der Royal United Service Institution, und seinem Bibliotheksstab; und Mr. K. C. Harrison, Bibliothekar der Stadt Westminster und seinem Bibliotheksstab; allen Genannten schulde ich Dank für ihre Hilfe und Unterstützung.

Dem Imperial War Museum und dem Mitarbeiterstab seiner Photobibliothek für die Unterstützung bei der Auffindung von Abbildungen.

Dem Leiter des H. M. Stationery Office für die Erlaubnis zum Abdruck von Auszügen aus Band III des Werkes NAVAL OPERATIONS von Julian Corbett sowie aus anderen Dokumenten, die dem Copyright der Krone unterliegen.

Den Verfassern bzw. Verlagen anderer Werke, aus denen ich zitiert habe, insbesondere: Winston S. Churchill: THE WORLD CRISIS: 1911–1918 (Odhams Books Ltd.); ›Heandi‹: FROM SNOTTY TO SUB (William Heinemann Ltd.); ›Bartimeus‹: THE NAVY ETERNAL (Hodder & Stoughton Ltd.); Kontreadmiral W. S. Chalmers: THE LIFE AND LETTERS OF DAVID BEATTY (Hodder & Stoughton Ltd.); Admiral Scheer: GERMANY'S HIGH SEAS FLEET IN THE WORLD WAR (Cassell & Co. Ltd.); Korvettenkapitän Sir Stephen King-Hall: A NAVAL LIEUTENANT von ›Etienne‹ (Verlag Methuen & Co. Ltd.). H. W. Fawcett und G. W. W. Hooper: THE FIGHTING AT JUTLAND (Hutchinson); Korvettenkapitän von Hase: KIEL AND JUTLAND (Hutchinson). Den Nachlaßverwaltern von Admiral Sir Frederic Dreyer: THE SEA HERITAGE; Mr. Desmond Young: RUTLAND OF JUTLAND (Verlag Cassell & Co. Ltd.).

Miß Adrienne Edye für die Abschrift meines Manuskripts; Miß Mary Rundle für die Erstellung des Registers; Mr. Arthur Banks für die Zeichnung der Kartendarstellungen; Kapitänleutnant A. B. Sainsbury für das Korrekturlesen der Druckfahnen.

Nicht zum geringsten danke ich schließlich meiner Frau für ihre nie versagende Ermutigung und Unterstützung.

KARTENDARSTELLUNGEN

1
DIE VORGESCHICHTE

»Unsere Zukunft liegt auf dem Wasser. Der Dreizack gehört in unsere Faust.«[3]
Kaiser Wilhelm II., 1892

»England hat auf dieser Welt nur eines zu fürchten: Deutschland.«
Admiral Sir John Fisher, 1907

Für den Ausbruch des Ersten Weltkrieges hat man vielfältige Gründe verantwortlich gemacht; einer aber gilt heute als unbestritten: Die Entscheidung Deutschlands, jene Seemacht herauszufordern, auf der die Sicherheit Großbritanniens gegen Invasionen und der Schutz seines Imperiums und Handels beruhten. Die Schlacht vor Kap Trafalgar[4] bildete den Höhepunkt des drei Jahrhunderte währenden Kampfes der britischen Marine um die maritime Vorherrschaft in der Welt. In den fünfzig Jahren danach bildeten hölzerne Segellinienschiffe den Kerntyp aller Kriegsflotten. Die gegen Rußland 1854 von Admiral Dundas zur Krim und Admiral Napier in die Ostsee geführten britischen Geschwader unterschieden sich in einem einzigen, wenn auch wichtigen Punkt von jener Flotte, mit der Nelson und Collingwood 1805 bei Trafalgar über Villeneuve triumphiert hatten: Einige hölzerne Linienschiffe waren nunmehr mit einem Dampfhilfsantrieb ausgerüstet. In jeder anderen Beziehung waren sie kaum mehr als größere und schwerer bewaffnete Versionen eines *Henry Grace à Dieu* aus dem Jahre 1514 (größtes Kriegsschiff des Tudorkönigs Heinrich VIII.). Diese Handvoll dampfgetriebener Schiffe hatte jedoch eine Revolution im Kriegsschiffbau eingeleitet. Während der nächsten 45 Jahre sollte das Segelkriegsschiff endgültig wie seine durch Ruderkraft getriebenen Vorgänger zu einer technisch überholten Schiffsgattung werden. Ende des 19. Jahrhunderts waren bereits alle Einheiten der Royal Navy mit Dampftrieb ausgestattet. Begleitet wurde dieser Wandel von zwei weiteren technischen Neuerungen. Die ›hölzernen Mauern‹ (wie man in Anlehnung an das klassische Wort des Themistokles über die Athener

Kriegsgaleeren auch die Bordwände der Segellinienschiffe genannt hat) vermochten zwar zu Nelsons Zeiten den aus glattläufigen Kanonen abgefeuerten gußeisernen Kugeln zu widerstehen; die verheerende Wirkung der neuen, aus gezogenen Geschützläufen abgefeuerten und mit Sprengstoff gefüllten Granaten[5] erzwang jedoch einen Schutz durch Stahlpanzerung der nunmehr eisernen Schiffsrümpfe. Technologische Fortschritte in der Geschützherstellung ermöglichten Kalibersteigerungen der Artillerie. Die neuen Geschütze waren jedoch so schwer, daß selbst große Schiffe nur mit wenigen Rohren armiert werden konnten. Zur Erzielung möglichst großer Bestreichungswinkel mußten die Geschütze in Drehtürmen[6] untergebracht werden. Damit war das Ende der Dreidecker mit ihren kanonengespickten Breitseitbatterien gekommen. 1805 waren die größten der »in der Weite segelnden, von Stürmen bedrängten Schiffe, welche die Große Armee unbeachtet ließ« *(Mahan)*[7] bei einer Wasserverdrängung von 4200 Tons mit 120 Kanonen armiert, von denen die größten 32pfünder[8] waren (mit Ausnahme der ›Karronaden‹)[9]. Ein typischer gepanzerter Schlachtkoloß des Jahres 1900 dagegen verdrängte 13 000 Tonnen, war mit vier 30,5-cm- sowie zwölf 15,2-cm-Geschützen bestückt und lief, vom Wind unabhängig, 10 Knoten (d. h. 18,5 km in der Stunde).

Seine Vorherrschaft zur See konnte Großbritannien diesen Neuerungen zum Trotz behaupten. Mochte auch ein Gladstone[10] den Versuch unternehmen, die Haushaltsansätze für die britische Marine zu kürzen; die von der gesamten öffentlichen Meinung geteilte Furcht vor der durch Frankreich unterhaltenen großen Kriegsmarine, deren Häfen für Dampfflotten nur wenige Fahrtstunden entfernt lagen, sowie angesichts der russischen Expansionspläne in Richtung Indien und Ferner Osten auch vor der kaiserlich russischen Flotte übte einen zu starken Einfluß aus. Sich jagende, auf- und abwogende Wellen politischer Agitation und Panikmache, aber auch echter Befürchtungen, insbesondere anläßlich der Krise von 1885[11], erzwangen Steigerungen der Stärke und Einsatzbereitschaft der britischen Flotte. Die Stärke der Marine, die mächtig genug sein sollte, um es jederzeit mit den Flotten jeder möglichen Mächtekonstellation der Welt aufnehmen zu können – eine Konzeption, die durch Castlereaghs[12] Begriff vom Zwei-Mächte-Standard zu einem prägnanten politischen Schlagwort wurde –, bildete für die britische Öffentlichkeit den alleinigen Maßstab zur Beurteilung der Sicherheit ihres ›Festungsgrabens‹, der Britannien vom Kontinent trennenden Gewässer. Um 1900 zählte die Royal Navy über 40 Linienschiffe, verglichen mit 26 der französischen und 12 der russischen Flotte. Sonst besaßen auf der Welt nur Italien und die Vereinigten Staaten nennenswerte Flotten mit bis zu zehn Linienschiffen. Die nur sechs japanischen Panzerschiffe fielen stärker ins Gewicht, denn ihr bloßes Vorhandensein erzwang die Unterhaltung entsprechender britischer Streitkräfte im Fernen Osten. Alle übrigen Kriegsflotten der Welt waren bedeutungslos. Aber schon sagten von Zukunftsahnungen geplagte Marinekritiker den kometenhaften Aufstieg der deutschen Flotte voraus. Diese besaß damals zwar nur sechs Linienschiffe, aber man hielt sie für fähig, in nur einem Jahrzehnt außer der britischen Marine alle anderen zu überflügeln.

Motor dieser spektakulären Entwicklung war die Einigung Deutschlands (1867)[13] und sein schneller Aufstieg zur wirtschaftlichen und militärischen Weltmacht. Kaiser Napoleon III.[14] suchte und fand einen Vorwand für seinen tragischen Versuch, diese Bismarcksche Schöpfung vier Jahre nach ihrer Geburt abzuwürgen. Ein nur sechswöchiger Feldzug bewirkte jedoch das Gegenteil: den Zusammenbruch des zweiten französischen Kaiserreiches. Weitere sechs Monate später wurde Paris zur Kapitulation gezwungen. Frankreich mußte die Provinzen Elsaß und Lothringen an Deutschland abtreten und zusehen, wie sich König Wilhelm von Preußen im Januar 1871 in Versailles zum deutschen Kaiser krönen ließ. Der Ehrgeiz des Eisernen Kanzlers war gestillt. Nun strebte er danach, im Bündnis mit Österreich und Italien den Frieden zu erhalten, insbesondere durch die politische Isolierung Frankreichs, das ›ohne Freunde und Verbündete‹ bleiben sollte. Ferner betrieb Bismarck eine Politik der Versöhnung mit Rußland. Deutschlands Stärke beruhte auf seiner siegreichen Armee. Mit seiner Flotte von nur fünf Panzerschiffen – verglichen mit den nicht weniger als 50 Ironclads der Royal Navy – hätte Deutschland damals nie die Seeherrschaft erringen können. Dies blieb zunächst auch unnötig, selbst als Bismarck, vom stürmischen Wachstum der Industrie und des Handels in Deutschland förmlich dazu gezwungen, ein bescheidenes Kolonialreich begründete. Seiner geschickten Diplomatie gelang es, einen Interessenkonflikt mit Großbritannien zu vermeiden.

Unglücklicherweise sollte auf Wilhelm I. 1888 dessen ungestüm-ehrgeiziger 29jähriger Enkel auf dem Kaiserthron folgen.

Seine Handlungsweise als Kaiser war durch Unbesonnenheit ebenso gekennzeichnet wie durch Impulsivität. Seine an sich beträchtlichen Fähigkeiten wurden durch einen arroganten Glauben an sein eigenes autokratisches Gottesgnadentum ins Gegenteil verkehrt. Er konnte nicht tatenlos beiseite stehen, während die anderen europäischen Großmächte Afrika gierig unter sich aufteilten; er wollte und mußte für sein Reich ›einen Platz an der Sonne‹[15] erringen. Das erste Hindernis für die von ihm erstrebte aggressive Außenpolitik, die unverminderte Autorität des alternden Bismarck, sollte bald aus dem Weg geräumt sein: Mit einem absoluten Minimum an Höflichkeit wurde 1890 der erfahrene alte Lotse ausgebootet. Kaiser Wilhelm II. fühlte sich auch in keiner Weise besorgt, als sein politisches Vorgehen Frankreich zu Verhandlungen mit Rußland trieb, die 1894 dem von Deutschland geführten Dreierbund eine Doppelallianz entgegensetzten. Für Deutschland war an beiden Flanken ein mächtiger Gegner erwachsen. Das britische Reich allerdings bildete ein Hindernis ganz anderer Art. Schlagkraft und Ansehen der deutschen Armee machten nur wenig Eindruck auf eine Nation, deren Inselherzstück so gut durch eine mächtige Flotte geschützt war. Auch als Instrument der Weltpolitik war die deutsche Armee nur von sehr begrenztem Wert, solange die britische Flotte ihre Vorherrschaft zur See behielt. Aber der Reichstag erwies sich als reaktionär, wie es der alte Bundestag gewesen war: Er verweigerte starrsinnig die Genehmigung von Haushaltsmitteln für mehr als eine bescheidene Küstenverteidigungsflotte.

Den Mann zur Verwirklichung seiner flottenpolitischen Träume hatte der Kaiser jedoch bereits gefunden: Alfred von Tirpitz.[16] Dieser außerordentlich fähige und energische Seeoffizier war vor seiner Beförderung zum Konteradmiral und seiner Ernennung zum Chef des Stabes des deutschen Marine-Oberkommandos (1892) mehrere Jahre Chef des Torpedowesens gewesen und zum Spezialisten auf dem Gebiet zweier neuer Waffensysteme geworden, die in der zweiten Hälfte des 19. Jahrhunderts zu den klassischen Marinewaffen getreten waren: dem Torpedo und der Mine. Unter seiner Anleitung und Führung begannen wirklichkeitsgetreuere taktische Flottenübungen das frühere starre Manöver-Evolutionieren zu ersetzen. Den Kommandanten und untergeordneten Befehlshabern wurde jede Ermutigung zuteil, eigenverantwortlich zu handeln, wenn sie der Überzeugung waren, den Absichten ihres Oberbefehlshabers dadurch besser zu entsprechen als durch blinden Gehorsam. Nur zu deutlich erinnerte sich Tirpitz auch, wie durch die während des Deutsch-Französischen Krieges 1870/71 von einem weit überlegenen Feindgeschwader durchgeführte Nahblockade sein eigenes Schiff auf Schillig-Reede eingeschlossen gewesen war. Er war zutiefst davon überzeugt, daß der Bau einer Hochseeflotte unabdinglich sei, wenn Deutschland seine wachsende Macht erhalten und schützen wolle. Diesen Mann von 48 Jahren ernannte der Kaiser 1897 zum Marinestaatssekretär. Innerhalb eines Jahres brachte er den Reichstag dazu, eine Gesetzesvorlage anzunehmen, die den Bau einer Flotte von 17 Schlachtschiffen innerhalb von fünf Jahren vorsah.

Trotz der zunehmend feindseligen Haltung Deutschlands, wie sie insbesondere während des Burenkrieges, z. B. 1896 im Krüger-Telegramm des Kaisers und später durch seine schroffe Zurückweisung aller britischen Annäherungsversuche in den Jahren 1898 und 1899 an den Tag trat, glaubte man in Großbritannien damals aber noch nicht, das deutsche Flottengesetz als ernste Gefahr ansehen zu müssen. Diese selbstzufriedene Ruhe sollte jedoch nur von kurzer Dauer sein. Der Kaiser ermutigte die Buren offen; psychologisch sehr geschickt nutzte Tirpitz die Beschlagnahme eines deutschen Handelsdampfers[17] durch britische Kriegsschiffe vor der afrikanischen Küste aus. Es gelang ihm, den Reichstag so gegen Großbritannien aufzuwiegeln, daß dieser eine bis 1917 zu bauende Flotte genehmigte, deren Kern 34 Linienschiffe bilden sollten (durch die Flottennovelle von 1912 auf 41 Linienschiffe und 20 Große Kreuzer erhöht). Die Präambel[18] des neuen Flottengesetzes stellte den Zweck dieser Flotte eindeutig klar: »Deutschland muß eine so starke Schlachtflotte besitzen, daß ein Krieg auch für den seemächtigsten Gegner mit derartigen Gefahren verbunden ist, daß seine eigene Machtstellung in Frage gestellt ist.« Eine solche Herausforderung ließ sich nicht länger ignorieren: Das Kabinett Lord Salisburys[19] reagierte darauf durch Aufgabe der von Canning[20] fast hundert Jahre zuvor konzipierten und durch Palmerston[21] mit ungestümer Unterstützung eines Cobden[22] und Bright[23] nach dem Krimkrieg fest etablierten Politik der ›Splendid Isolation‹. Zur Eindämmung russischer Ambitionen im Fernen Osten wurde 1902–04 ein Bündnis mit Japan geschmiedet. Salisburys Nachfolger unternahm einen noch wichtigeren Schritt: Zur künftigen Vermeidung jeder Gefahr eines Wiederauflebens ernster Differenzen mit Frankreich unternahm Balfour[24] Annäherungsversuche in Paris. Die daraus entstehende *Entente Cordiale* machte aus der Doppelallianz eine Dreier-Entente. Sie wurde schließlich 1906 in Algeciras endgültig gefestigt, als eine internationale Konferenz zur Lösung einer durch diplomatische Taktlosigkeiten des deutschen Kaisers provozierten Krise zusammentrat, der Tanger gerade dann einen demonstrativen Besuch abgestattet hatte, als sich Frankreich in Streitigkeiten mit Marokko verwickelt sah.

Die Presse eines Northcliffe[25], von der *Times* bis hinunter zu *The Boy's Friend*, und Männer wie Erskine Childers mit seiner Utopie *The Riddle of the Sands*[26] rüttelten die britische Öffentlichkeit auf und hämmerten ihr das Wort von der ›deutschen Gefahr‹ ein. Auch die britische Regierung begann mit Vorbereitungen für eine zukünftige Auseinandersetzung. Die kluge Schaffung eines britischen Reichs-Verteidigungs-Ausschusses (Committee of Imperial Defence) durch Balfour und die Errichtung eines Generalstabes im Kriegsministerium waren zwei besonders dringliche Maßnahmen. Eine weitere war die Entscheidung zum Bau eines Marinestützpunktes in Rosyth, weil Portsmouth und Devonport für eine Flotte ungeeignet waren, deren Schlachtfeld in Zukunft die Nordsee sein würde. Die marinepolitischen Konsequenzen der *Entente Cordiale* erwiesen sich als noch wichtiger: Fast ein Jahrhundert lang hatte die Royal Navy die *Pax Britannica* ebenso wirkungsvoll aufrechterhalten können, wie das nukleare Waffenpotential der Vereinigten Staaten und das Nordatlantikbündnis der NATO seit dem Ende des Zweiten Weltkrieges den Ausbruch eines weiteren Weltbrandes verhindert haben. Trotzdem war die Royal Navy um die Jahrhundertwende »eine zwar zahlenmäßig höchst eindrucksvolle Streitmacht; in mancher Hinsicht war sie jedoch ein verschlafener, ineffizienter und mottenzerfressener Organismus« *(Marder)*. Sicher verfügte die britische Marine über viele hervorragende Seeleute, die bereit waren, für ihr Vaterland zu sterben; aber sie besaß nur wenige Männer mit der erforderlichen Vorstellungskraft, die in die Zukunft blickten, statt sich von der traditionsreichen Vergangenheit bannen zu lassen. Ohne das von einem größeren Seekrieg ausgehende Stimulans hatten es die hohen britischen Marineoffiziere nicht verstanden, sich auf die Änderungen einzustellen, die ein sich überstürzender technologischer Fortschritt erzwang; sie waren es zufrieden, auf Nelsons Lorbeeren auszuruhen. Eine Kriegsplanung bestand nicht; Schlagkraft und Taktik waren vernachlässigt. Die

Flottenübungen »hatten die Form von Quadrille-Touren, die streng geometrischen Schemata gemäß auszuführen waren und alle Anforderungen des modernen Artilleriekampfes wie der Torpedowaffen völlig außer acht ließen« (*Vizeadmiral K. G. B. Dewar*). »Schießübungen wurden als notwendiges Übel geduldet; Polospiel und Ponyrennen waren wichtiger als Geschützexerzieren« (*Admiral of the Fleet – Großadmiral – Sir Reginald Tyrwhitt*). Und als die Verfechter voller Takelagen, die sie für Ausbildungszwecke unerläßlich hielten, doch unterlegen waren, begannen manche Offiziere, die Mängel dieser Royal Navy zu erkennen. Aber Großbritannien mußte auf jenen hervorragenden und tatkräftigen Geist warten, den vielleicht größten Führer in der britischen Marinegeschichte, der die umfassenden Änderungen herbeiführen konnte, die notwendig waren, um die britische Flotte wieder zu einem schlagkräftigen Kriegsinstrument zu machen.

›Jacky‹ Fisher[27] war acht Jahre älter als Tirpitz. Als Dreizehnjähriger war er in die Royal Navy eingetreten, nach seinen eigenen Worten ›ohne Geld, ohne Freunde und einsam‹. Mit 33 war er bereits Kapitän zur See[28]. Als Kommandant der *Inflexible* zeichnete er sich 1882 bei der Beschießung Alexandriens aus. An Land wurde er Inspekteur des Artilleriewesens der Marine, dann kommandierender Admiral des Marinearsenals Portsmouth und schließlich Dritter Seelord[29]. Diese drei Ämter vermittelten ihm eigene Erfahrungen mit der administrativen Apathie, die in so hohem Maße für die ausgesprochene Leistungsschwäche der viktorianischen Navy auf vielen und wichtigen Gebieten verantwortlich war. Nach seiner Beförderung zum Flaggoffizier (1890) erhielt Fisher dann 1897 ein weiteres Flottenkommando als Befehlshaber der nordamerikanischen und westindischen Station. Schließlich wurde er Oberbefehlshaber der britischen Mittelmeerflotte, wo er ein Übermaß an Staub und Spinnweben antiquierter Gedanken und Praktiken wegfegen sollte. Zu seinen Neuerungen gehörten wirklichkeitsnahe Flottenübungen und die Steigerung der Entfernungen für Artilleriegefechte von der Kernschußweite von 2000 Yards (ca. 1829 m) auf 6000 Yards (5486 m)[30]. Durch diese neue Gefechtstaktik wollte er der Torpedogefahr begegnen. Als Admiral Sir John Fisher kehrte er in die Admiralität zurück. Er wurde Zweiter Seelord[29] und führte das ›Selborne-System‹[31] zur Modernisierung der Marineoffiziersausbildung ein. 1903 wurde er Oberbefehlshaber der in Portsmouth stationierten Heimatflotte. Auch der Esher-Kommission[32], die eine Reform des

Kriegsministeriums bewirkte, gehörte er an. Nach einem weiteren Jahr wurde dieser ›wahrhafte Vulkan‹ mit der Vorstellungskraft eines Genies zum Ersten Seelord[29] ernannt. »Die vielen voll Zorn schäumenden Gegner, die er in seinem Kielwasser hinter sich ließ, völlig ignorierend, hißte (er) das Sturmsignal und ließ ›Alle Mann klar zum Gefecht‹ anschlagen« *(Churchill).*

Gleich am ersten Tag seines neuen Kommandos unterbreitete Fisher seine Pläne dem Ersten Lord der Admiralität. Die französische Marine war damals in eine Flotte im Kanal, eine im Atlantik und eine im Mittelmeer gegliedert, die russische Marine auf die Ostsee, das Schwarze Meer und den Pazifik (Fernost) verteilt. Solange diese Mächte die einzigen Rivalen Großbritanniens blieben, konnte die Royal Navy die Hälfte ihrer Schlachtflotte im Mittelmeer stationieren und ein Schlachtgeschwader im Fernen Osten unterhalten; sie verfügte dann auch in heimischen Gewässern noch immer über ausreichende Streitkräfte. Dies hatte sich jedoch schlagartig geändert, da ›die neue deutsche Marine fast ihr gesamte Flotte, einschließlich aller ihrer Linienschiffe, in den Heimathäfen‹ – hauptsächlich Kiel und Wilhelmshaven – konzentrieren konnte. Aus diesen Stützpunkten konnte sie schnell in die Nordsee vorstoßen und die britische Ostküste bedrohen. Das anglo-japanische Bündnis und die Vernichtung der russischen Flotte durch die Japaner bei Tsuschima[33] im Jahre 1905 ermöglichten Großbritannien den Abzug seiner Linienschiffe aus dem Fernen Osten.

Auf die *Entente Cordiale* folgte eine Vereinbarung, wonach Frankreich seine Flotte in Toulon konzentrieren und im Kriegsfall die Verantwortung für den Kampf gegen die österreichische Flotte[34] übernehmen würde. Großbritannien konnte daher den größten Teil seiner Linienschiffe in nördlichere Gewässer verlegen. Zwar erklärte Sir Edward Grey[35], damals Außenminister: »Diese Relokation bedeutet keine Verpflichtung, im Kriegsfall (mit Frankreich) zusammenzugehen«, aber Churchill argumentierte, daß »der moralische Anspruch Frankreichs auf die Waffenhilfe Großbritanniens bei einem möglichen deutschen Angriff beträchtlich erweitert worden ist«.

Wie Fisher ferner aufdeckte, stammte die von der Admiralität verfügte Dislokation von Schiffen im Ausland ›aus jenen Zeiten, die den elektrischen Telegrafen noch nicht kannten, und in denen Wind die einzige Antriebskraft bildete‹. Ungeschützte Kreuzer dritter Klasse und Sloops[36] mochten für Palmerstons Kanonenboot-Diplomatie ausreichend gewesen sein; in einem modernen Krieg waren sie völlig nutzlos. Im Dampfzeitalter sollten daher wenige moderne Kreuzer an klug gewählten strategischen Punkten stationiert werden, von denen aus sie im Frieden durch telegrafische Befehle schnell an jeden Ort der Welt beordert werden und im Krieg die Handelsrouten vor deutschen Kaperkreuzern schützen konnten. Als Folge dieser Umstrukturierung wanderten britische Kriegsschiffe, die ›weder kämpfen noch fliehen konnten‹, massenweise in die Schmelzöfen der Industrie. Hierdurch wurden Besatzungen freigesetzt, die für eine weitere Maßnahme Fishers zur Steigerung der Bereitschaft der britischen Flotte so dringend benötigt wurden. Die auch im Frieden voll einsatzbereiten Schiffe wurden zur ›Ersten Flotte‹ zusammengefaßt. Die ›Zweite Flotte‹ bildeten alle in Heimathäfen liegenden weiteren Schiffe, die schnell durch in der Ausbildung befindliche Offiziere und Mannschaften voll bemannt werden konnten; im Frieden hatten sie nur Stammbesatzungen, die eine kurzfristige Indienststellung gewährleisteten. Diese Zweite Flotte sollte die Erste verstärken, deren Hauptaufgabe nun die Bekämpfung der deutschen Hochseeflotte wurde. Alle älteren Schiffe, die erst nach der Mobilisierung bemannt werden konnten, behielten nur kleine Wach- und Instandhaltungskommandos an Bord; als ›Dritte Flotte‹ sollten sie den Schutz der Handelsschiffahrtswege übernehmen.

Fishers Planungen umfaßten ein epochemachendes schiffsbautechnisches Konzept. Vor 1905 fertiggestellte Linienschiffe waren im Regelfall mit vier 30,5-cm-Geschützen als schwerer Artillerie und mit einer Mittelartillerie von zwölf 15-cm-Geschützen bestückt. Bei geringen Gefechtsentfernungen von nur Kernschußweite bildete diese Kombination von Geschützkalibern den leistungsstärksten Kompromiß zwischen der verheerenden Wirkung des Schnellfeuers kleinkalibriger Waffen an den ungepanzerten Aufbauten gegnerischer Schiffe und des langsameren Feuers der Hauptartillerie mit schweren Granaten, die gepanzerte Schiffsrümpfe durchschlugen. Als dann die Gefahr von Torpedoangriffen eine Vergrößerung der Gefechtsentfernungen erzwang, neigte sich die Waage eindeutig zugunsten der schweren Kaliber. Die Armierung der zwischen 1905 und 1906 fertiggestellten Linienschiffe der *King Edward VII.*-Klasse wurde daher unter Verzicht auf zwei 15-cm-Geschütze durch vier 23,4-cm-Geschütze verstärkt. Die folgenden Einheiten der *Lord Nelson*-Klasse erhielten eine Bestückung von zehn 23,4-cm-Geschützen neben den üblichen vier

30,5-cm-Geschützen, aber keine 15-cm-Bewaffnung. In der Zwischenzeit hatte man die Schwierigkeiten bei der Unterscheidung zwischen Einschlagsfontänen von Geschützen verschiedener Kaliber auf weite Schußentfernungen klar erkannt. Die dadurch verursachte ungenaue Aufschlagsbeobachtung war für die Feuerleitung gemischter Batterien äußerst ungünstig. Als Lösung für dieses Problem bestand Fisher auf einer Bewaffnung der Linienschiffe mit schweren Geschützen eines einzigen Kalibers. Auch die taktischen Vorteile einer überlegenen Geschwindigkeit hatte er erkannt. Aufgrund seiner Forderungen entwickelte die Admiralität ein mit zehn 30,5-cm-Geschützen armiertes Linienschiff mit 17 900 Tonnen, das mit Turbinenantrieb 21 Knoten laufen sollte. Die britische Marine war jedoch nicht die einzige, die sich mit der Konstruktion von mit einem schweren Einheitskaliber armierten Linienschiffen befaßte[37]. Fisher war sich völlig darüber im klaren, daß ein so radikaler technischer Fortschritt alle früher gebauten Linienschiffe mit einem Schlag schrottreif machen würde. Wenn also Großbritannien seine maritime Überlegenheit aufrechterhalten wollte, mußte er durch besondere Maßnahmen sicherstellen, daß das neue Superschiff HMS *Dreadnought*[38] schnellstens und unter größtmöglicher Geheimhaltung gebaut wurde, so daß Tirpitz vor der 1906 erfolgenden Fertigstellung nicht ahnen konnte, daß auch die deutsche Linienschiffsflotte neu gebaut werden mußte. Großbritannien konnte tatsächlich drei weitere solcher ›Dreadnoughts‹ (*Bellerophon*-Klasse) fertigstellen, bevor die beiden ersten Schiffe der entsprechenden deutschen *Westfalen*-Klasse in Dienst kamen; diese waren nur mit 28-cm-Geschützen bewaffnet. Fisher wandte seine Aufmerksamkeit gleichzeitig auch einer Neukonzeption der Schiffsgattung Panzerkreuzer zu. Dieser Mischtyp war für die Kampfaufklärung wie als schneller Flankenschutz der Schlachtformationen der Linienschiffe entstanden. Als Folgeschiff für die britischen Panzerkreuzer der *Minotaur*-Klasse (14 600 Tons; gemischte Geschützbewaffnung der Kaliber 23,4 cm und 19 cm; 23 Knoten Geschwindigkeit) gab er sogenannte Schlachtkreuzer von 17 250 Tons mit einer Armierung von acht 30,5-cm-Geschützen und einer Geschwindigkeit von 25 Knoten in Auftrag. Die ersten drei Einheiten, die *Invincible*-Klasse, wurden 1908 fertig, der deutsche Panzerkreuzer *Blücher*[39] erst 1909. *Blücher* trug nur 21-cm-Geschütze, da Fisher hatte verlauten lassen, die *Invincible* würde so armiert werden. Bei der ein Jahr später erfolgenden Indienststellung des mit

28-cm-Geschützen bewaffneten ersten deutschen Schlachtkreuzers[40] *Von der Tann* besaß Großbritannien bereits zehn Großkampfschiffe der *Dreadnought*-Kategorie, Deutschland dagegen nur sechs.

Dieses Stärkeverhältnis war verglichen mit den Vor-Dreadnought-Linienschiffen ungünstig, denn 1905 hatte Großbritannien 20 deutschen Linienschiffen 53 entgegensetzen können. Doch sollte dies keine größere Bedeutung erlangen, trotz aller harten Kritik, der Fisher wegen seiner Konzeption von seinem bitteren Feind Lord Charles Beresford[41] ausgesetzt war. Die Notwendigkeit des Baues größerer Linienschiffe hatte Tirpitz vor ein weiteres Problem gestellt: Die deutschen Kriegshäfen und der Kaiser-Wilhelm-Kanal zwischen Nord- und Ostsee mußten vertieft und verbreitert werden. Vor Abschluß dieser Arbeiten konnte Deutschland keinen Seekrieg wagen. In der Zwischenzeit von etwa vier Jahren konnte noch viel zur Änderung dieses Verhältnisses der Dreadnought-Flottenstärken geschehen – und beinahe trat dies auch ein. Das Kabinett Campbell-Bannerman (1905–1908) hatte Lord Cawdors[42] Bauprogramm von vier Großkampfschiffen pro Jahr genehmigt. 1908 hatte sich das auf teure Sozialreformen bedachte Kabinett Asquith (1908–1915) so weit von einer der periodisch wiederkehrenden Zusicherungen des Kaisers, daß eine deutsche Kriegsflotte keinesfalls eine Herausforderung oder gar Bedrohung Großbritanniens darstelle, überzeugen lassen, daß das Bautempo auf zwei Großkampfschiffe pro Jahr reduziert wurde, obwohl der Reichstag im gleichen Jahr vier Großkampfschiffe genehmigt hatte. Glücklicherweise wählte Österreich ausgerechnet diesen Zeitpunkt zur Annektion[43] Bosniens und der Herzegowina (1908), wodurch die britische Öffentlichkeit so aufgestört wurde, daß der Reim *»We want eight, we won't wait«* (Wir wollen acht [Großkampfschiffe im Jahr], wir warten nicht) in aller Munde war. »Bis zu jenem Zeitpunkt hatte die deutsche Flottenpolitik[44] nur Besorgnis bereitet. Jetzt aber war sie zu einem Alptraum geworden« *(Gooch).* Premierminister Asquith mußte nachgeben. Auch die Dominions fühlten sich alarmiert: Australien und Neuseeland stifteten die Baukosten zweier Schlachtkreuzer, Malaya schenkte dem Mutterland ein Linienschiff. Damit konnte das Bautempo von jährlich fünf Dreadnoughts aufrechterhalten werden. Im Frühjahr 1912 besaß die britische Flotte 17 Dreadnoughts, Deutschland dagegen nur 11 Großkampfschiffe. Jedoch gilt es, eine sehr viel wichtigere Tatsache festzuhalten: Bis zum Juli 1914 war die von Fisher geschaffene Flotte auf 29 Dreadnoughts angewachsen, deren neueste bereits mit Geschützen des Kalibers 34,3 cm bewaffnet waren, denen Deutschland nicht weniger als 20 Großkampfschiffe entgegenstellen konnte (wenn auch keines stärker armiert war als mit 30,5-cm-Geschützen). In Großbritannien waren jedoch bereits 18 weitere, darunter nicht weniger als 12 mit dem 38,1-cm-Kaliber armierte, in Bau, in Deutschland dagegen lediglich 7, von denen auch nur zwei eine 38,1-cm-Bewaffnung erhalten sollten.

Als Fisher 1910 im Alter von 69 Jahren in den Ruhestand trat, hatte er die Umwandlung der antiquierten viktorianischen Marine Großbritanniens in eine moderne Flotte des 20. Jahrhunderts abgeschlossen. Die Royal Navy war gerüstet, um der ersten ernsten Herausforderung seit mehr als 100 Jahren zu begegnen. Vor dem Hereinbrechen dieses ›Armageddon‹[45] *(Fisher)* blieb aber nicht soviel Zeit, daß die Reformen der Offiziersausbildung auch die höheren Dienstgrade hätten durchdringen können. »Wir hatten also in der Marine mehr Schiffskapitäne als kämpferische Kommandanten« *(Churchill).* Auch hatte Fisher, noch bevor er Erster Seelord geworden war, die Notwendigkeit eines Admiralsstabs in der Admiralität zwar erkannt, jedoch nichts zu seiner Errichtung gemäß seinen Empfehlungen für das Kriegsministerium getan. Seine Maxime »Geschwindigkeit ist gleich Panzerschutz« sollte sich als folgenschwerer Irrtum erweisen. Auch zur Verbesserung der Marinestützpunkte und Docks wollte er keine Mittel aufwenden, so daß der Kriegshafen Rosyth sich 1914 noch im Bau befand.

Bereits 1906 hatte der deutsche Botschafter in London, Graf Metternich, warnende Worte an sein eigenes Land gerichtet: »Die wahre Ursache der politischen Spannungen ist nicht wirtschaftliche Rivalität, sondern die wachsende Bedeutung unserer Flotte.« Der Kaiser schenkte jedoch den unaufrichtigen Berichten seiner Militärattachées mehr Glauben, weil sie ihm meldeten, von Großbritannien sei nur wenig zu befürchten. Grey mochte warnend sagen: »Unsere Flotte ist für uns, was die Armee für die Deutschen ist. Auch die stärkste Überlegenheit der britischen Flotte könnte uns niemals in die Lage versetzen, die Unabhängigkeit oder Integrität Deutschlands zu bedrohen; denn unsere Armee wird nicht auf einem Stand gehalten, der ihr ohne Hilfe Aktionen auf deutschem Territorium ermöglichen würde. *Wäre jedoch die deutsche Flotte der unseren überlegen, würde damit unsere Unabhängig-*

keit, unsere ganze Existenz auf dem Spiel stehen.« Dennoch teilte Kaiser Wilhelm II. seinem Kanzler Bülow mit, daß »die angebliche englische Aufregung über unser neues (Flottenbau-)Programm einfach ein Bluff für Zwecke der englischen Innenpolitik ist. Dies ist die Meinung von Tirpitz, und Seine Majestät stimmen ihr absolut zu.« Alle von den Verantwortlichen Whitehalls zur Entschärfung der Flottenrivalität in Berlin unternommenen Annäherungsversuche konnten zu nichts führen: der Kaiser tat sie als ›bodenlose Frechheit‹ ab. Dann wurde die Haager Konferenz zur Rüstungsbeschränkung (1907) durch Fishers chauvinistische Erklärungen torpediert, der sich sogar zu dem Vorschlag verstieg, die beste Lösung wäre es, »die deutsche Flotte à la Nelson zu ›kopenhagenisieren‹«.[46] (»Fisher, Sie müssen verrückt sein«, war hierzu der Kommentar König Edwards VII.) Andere wurden wieder von Tirpitz aufgestachelt, den Churchills Bemerkung über seine ›Luxusflotte‹ in Zorn versetzt hatte: »Die britische Flotte ist eine Notwendigkeit, während die deutsche Flotte eher eine Art Luxus ist« (*Luxus* ist im Deutschen ein viel beleidigenderes Wort als das Äquivalent im Englischen). Wieder andere Bemühungen wurden durch katastrophal unkluge Interventionen des Kaisers zunichte gemacht. Der schlimmste dieser kaiserlichen ›Husarenstreiche‹ erfolgte 1911, als Frankreich Fez besetzt hatte. Deutschland entsandte demonstrativ das Kanonenboot *Panther*[47] nach Agadir, um dort angebliche, aber in Wirklichkeit nicht existente deutsche Interessen zu schützen. Während der dadurch provozierten Krise glaubte Berlin die Unterstützung Frankreichs durch Grey ignorieren zu können, bis Lloyd-George[48] drohte: »Sollte uns je eine Situation aufgezwungen werden, in welcher der Friede nur dadurch bewahrt werden könnte, daß die große und segensreiche, von Großbritannien in Jahrhunderten voll Heldentum und Erfolgen errungene Position aufgegeben werden müßte, indem Großbritannien in lebenswichtigen Fragen so behandelt würde, als habe es im Konzert der Nationen keine Stimme, dann, so sage ich nachdrücklich, wäre ein Friede zu diesem Preis eine für ein großes Land wie das unsrige untragbare Demütigung.« Als Deutschland dann klein beigeben mußte, nahm Tirpitz diesen Rückschlag mit der lakonischen Bemerkung hin: »Es galt nur, die Nerven zu behalten, großzügig weiterzurüsten und ohne Beklemmung auf die fortschreitende Festigung unserer Seemacht zu warten.«[49]

In London erfüllte diese Krise einen wichtigen Zweck. Sehr

bald nach Errichtung der *Entente Cordiale* ergriff der rührige Oberst Repington[50] von der *Times* die private Initiative zur Einleitung informeller Gespräche zwischen den britischen und französischen Generalstäben – »der unscheinbare Anfang jener sinistren Aussicht auf unsere Teilnahme an einem kontinentalen Krieg, nicht nur in militärischen Operationen an der Küste im Zusammenwirken mit der Marine« *(Fisher)*. Diese Gespräche machten solche Fortschritte, daß sie vom Kabinett offiziell anerkannt wurden. Bereits 1911 hatte das britische Kriegsministerium Pläne fertiggestellt, wonach im Kriegsfall ein britisches Expeditionskorps über den Kanal gebracht werden sollte, um in Flandern Seite an Seite mit der französischen Armee zu kämpfen. Aber als sie dem Kabinett durch den Chef des Empire-Generalstabs erläutert wurden, weigerte sich Fishers Nachfolger, Admiral of the Fleet Sir Arthur Wilson[51], die Pläne der Admiralität bekanntzugeben, weil dies allein in seiner Verantwortung liege. Auf Drängen des Premierministers unterbreitete er Pläne, die »sich ausnahmen, als ob sie in Bierlaune entstanden wären« *(Hankey)*. Insbesondere traf Admiral Wilson keinerlei Vorkehrungen zum Schutz oder zur Unterstützung eines Expeditionskorps. Er teilte Fishers Ansicht, wonach die »Armee nur als Projektil zu verwenden sei, das von der Marine abgeschossen wird: Denn die Marine schifft ein solches Korps ein und setzt es dort an Land, wo es dem Feind den größten Schaden antun kann, nicht aber, um ungeheure kontinentale Armeen nutzlos zu bekriegen«. Der Kriegsminister, Lord Haldane, drohte mit seinem Rücktritt für den Fall, daß sich die Admiralität nicht bereit fände, mit dem Kriegsministerium voll und harmonisch zusammenzuarbeiten und einen Admiralitätsstab zur Operationsplanung einzurichten. Mit dem Auftrag, dies zu erreichen, wurde Churchill zum Ersten Lord der Admiralität ernannt. ›Tug‹ Wilson, der trotz aller seiner Erfolge nie einen Stab gehabt hatte und sich weigerte, einen solchen in der Admiralität einzurichten, wurde durch Admiral Sir Francis Bridgeman[52] ersetzt, dem 1913 Prinz Louis von Battenberg[53] folgte. Trotz aller Reorganisationserfolge Fishers, mit denen die britische Flotte für ihren Einsatz im Krieg auf ein festes Fundament gestellt wurde, wurden die Pläne, mit der sie die Kampfhandlungen aufnahm, erst konzipiert, nachdem Churchill, Bridgeman und Battenberg die Leitung der Admiralität übernommen hatten.

Im Sommer 1914 war nach Meinung der meisten Menschen in Großbritannien und Deutschland der Krieg unvermeidlich geworden. Nur wenige machten sich allerdings klar, daß sein unmittelbarer Ausbruch bevorstand. Alle deutschen Großkampfschiffe, 14 Linienschiffe und 6 Schlachtkreuzer, mit Ausnahme des im Mittelmeer befindlichen Schlachtkreuzers *Goeben*, waren in Kiel oder Wilhelmshaven stationiert. Für die deutsche Flotte bildete Wilhelmshaven in der Nordsee einen Stützpunkt, der durch die schwer befestigte Insel Helgoland, die Großbritannien »durch das Schwert gewonnen und durch die Feder aufgegeben hatte« *(Fisher)*, besonders gut geschützt war. Am 15. Juli hatte aufgrund eines glücklichen Zufalls Großbritannien mit einer schon lange geplanten Übungsmobilisierung seiner Zweiten und Dritten Flotte begonnen, die sich vor Durchführung der eigentlichen Manöver im Kanal mit der Ersten Flotte zur Flottenparade vor dem König auf der Reede von Spithead vereinigten. Diese Flotte umfaßte alle britischen Dreadnoughts – 20 Linienschiffe und 9 Schlachtkreuzer –, ausgenommen drei ins Mittelmeer zur Beschattung der *Goeben* entsandte Schlachtkreuzer (die französische Marine hatte keine Schlachtkreuzer, welche die *Goeben* hätten stellen können) sowie den Schlachtkreuzer *Australia*, der im Südpazifik stand. Und doch schien in jenen Tagen der Krieg so entfernt, daß die Zweite und Dritte Flotte am 23. Juli 1914 nach Chatham, Portsmouth und Devonport befohlen wurden. Dort wurden ihre aus Reservisten bestehenden Besatzungen wieder nach Hause entlassen. Die Nationen Europas befanden sich aber bereits auf ihrem immer schnelleren Weg in den Abgrund. Als die Nachricht von der Ermordung des österreichisch-ungarischen Thronfolgers (28. Juni) eintraf, befand sich ein britisches Geschwader gerade in Kiel, um an den Feierlichkeiten zur Eröffnung des verbreiterten Kaiser-Wilhelm-Kanals teilzunehmen.

In der sicheren Erwartung der Unterstützung durch Deutschland und unter der Annahme, daß der Erfolg ebenso groß und leicht sein würde wie die Annektion Bosniens und der Herzegowina, erklärte die österreichische Regierung serbische Machenschaften für diesen Mord verantwortlich und ließ in Belgrad ein Ultimatum überreichen. Belgrad suchte in St. Petersburg um Hilfe gegen die demütigenden Bedingungen des Ultimatums nach, deren Annahme keinem unabhängigen Staat zugemutet werden konnte. Dennoch schätzte Berlin die Lage als so wenig bedrohlich ein, daß die deutsche Hochseeflotte am 7. Juli zu ihrer üblichen Sommerreise in norwegische Gewässer auslief. Auch die Franzosen behandelten die Situation mit der gleichen Sorglosigkeit: am 13. Juli verließ ihr Präsident Raymond Poincaré sein Land und reiste zu einem Besuch des Zaren durch die Ostsee. Noch am 25. Juli hatte Wien die Frist für den Ablauf seines Ultimatums so weitgehend verlängert, daß alle Welt glaubte, auch dieser Sturm werde vorüberziehen. Aber die in Whitehall am nächsten Morgen eingehenden Nachrichten waren so alarmierend, daß Battenberg entschied, den Sommerurlaub der Ersten Flotte zu sperren und die Besatzungen der Zweiten Flotte zurückzurufen und zur Bemannung der Reserveflotte in Bereitschaft zu halten. Vierundzwanzig Stunden später wurden seine Befürchtungen wahr: Österreich erklärte Serbien den Krieg, und Berlin beorderte die Hochseeflotte zur Jade zurück.

Ich habe gerade von Deinem Kommandanten (HMS *Collingwood*) erfahren, daß aller Urlaub wegen der bedrohlichen Lage in Europa gesperrt ist. Er hat mich um meine Instruktion betreffend Deines Urlaubs ersucht, der ab Freitag vorgesehen war. Ich habe ihm geantwortet, es sei selbstverständlich, daß Du keinen Urlaub erhalten könntest, bevor sich die Lage nicht wieder entspannt hat.

Aber es sollte keinen Sommerurlaub mehr geben, weder für den Fähnrich Prinz Albert noch für irgendeinen Offizier oder Matrosen der britischen Flotte. Am gleichen 28. Juli, an dem König Georg V. diese Zeilen an seinen zweiten Sohn schrieb, ordnete der Zar zur Unterstützung Serbiens die allgemeine Mobilmachung an. Darin sah die britische Admiralität, die einen Überraschungsangriff (Deutschlands) erwartete, wie er von den Japanern zur Eroberung Port Arthurs (1904) ausgeführt worden war, einen hinreichenden Grund zur Einleitung von Sicherheitsmaßnahmen, bevor das Kabinett die weiteren im ›War Book‹ festgelegten Maßnahmen genehmigen würde.

Wir verließen Portland um 19.00 Uhr (schrieb Fähnrich Prinz Albert) und steuerten nach Westen, dann nach Osten. Vor dem Lunch teilte uns der Kommandant den Gefechtsstationen und Kriegswachen zu. Der Gefechtsbereitschaftsdienst begann routinemäßig um 13.00 Uhr. Wir alle waren in drei Wachen eingeteilt, d. h. die Feuerleitoffiziere, Scheinwerferoffiziere usw.

Nach dem Dinner gingen wir alle auf Nachtkriegswache. Die 10-cm-Geschütze waren zur Abwehr von Zerstörerangriffen bereit. Die Straße von Dover passierten wir um Mitternacht.

»Wir können uns diese große Flotte vorstellen, eine 18 Seemeilen lange Kiellinie von Kriegsschiffen, bei absoluter Dunkelheit abgeblendet und mit hoher Fahrt durch den Kanal laufend, in die sich weitenden Gewässer des Nordens, den Schutz und die Sicherheit von großen Dingen mit sich führend« *(Churchill)*. Die aus den weniger wertvollen Vor-Dreadnoughts bestehende Zweite Flotte trat in Portland an die Stelle der Ersten Flotte. Der deutsche Kaiser unternahm einen plumpen Versuch, den Zaren zur Rücknahme seines Mobilmachungsbefehls zu überreden. Diesem Schritt ließ er am 1. August die Kriegserklärung an Rußland folgen. Darauf erklärte er auch Frankreich unter dem Vorwand den Krieg, die deutsche Sicherheit sei gefährdet. Das Ansinnen des deutschen Reichskanzlers v. Bethmann-Hollweg, Großbritannien solle Frankreich der Gnade seiner Feinde ausliefern, empört zurückweisend, erklärte Grey umgehend dem französischen Botschafter: »Sollte die deutsche Flotte in den Kanal oder durch die Nordsee vorstoßen, um feindselige Operationen gegen die französische Küste oder Schiffahrt zu unternehmen, dann wird die britische Flotte allen in ihrer Macht stehenden Schutz dagegen gewähren.« Aber noch bevor dieses Versprechen eingelöst werden mußte, war die deutsche Armee durch die Ardennen in Richtung Frankreich vorgedrungen. Damit war die britische Regierung gezwungen, ihre Garantie für die belgische Neutralität einzulösen. Als auf ein am 4. August um 23.00 Uhr GMT (Greenwich Mean Time) ablaufendes Ultimatum keine deutsche Antwort erfolgte, »ging die Kriegsorder mit dem Wortlaut ›Feindseligkeiten gegen Deutschland aufnehmen‹ als Blitzbefehl an alle Schiffe und Einrichtungen unter dem White Ensign in der ganzen Welt« *(Churchill)*.

Der *Casus belli* für Großbritannien lag in der deutschen Entscheidung zur Verletzung der Neutralität Belgiens. Dazu hatte sich Deutschland in dem zuversichtlichen Glauben hinreißen lassen, die eigenen Heeresmassen würden Frankreich ebenso schnell schlagen wie vier Jahrzehnte vorher. Die tiefere Wurzel des britischen Engagements aber lag in der Weltpolitik des Kaisers und seinem daraus folgenden Entschluß zur Herausforderung der britischen Vorherrschaft zur See. Eine Darstellung der Umstände, unter denen Großbritannien in den Ersten Weltkrieg verwickelt wurde, ist jedoch nicht Hauptzweck dieses Kapitels. Wichtiger für die weitere Darstellung der Skagerrakschlacht war es, auf die Plötzlichkeit hinzuweisen, mit der die britische Marine aus ihrer viktorianischen Selbstgefälligkeit herausgerissen wurde, die sich während eines ganzen Jahrhunderts unangefochtener Vorherrschaft zur See festgesetzt hatte, und zu beschreiben, wie diese Flotte dafür vorbereitet worden war, einer zwar jungen, aber zweifellos leistungsstarken Flotte zu begegnen, deren Entstehung nicht durch verwurzelte Traditionen behindert worden war. Ebenso wichtig war die Darstellung der Hauptzüge der Entwicklung des Schiffsmaterials in dem der Schlacht vorausgehenden Jahrhundert, insbesondere das Entstehen des Großkampfschiffes, des Dreadnoughts, und die Erklärung der Bedeutung, die Großbritannien der Notwendigkeit einer beträchtlichen Überlegenheit gegenüber Deutschland in bezug auf Schiffe dieser Kategorie beimaß. Denn beide Faktoren beeinflußten die Strategie und Taktik der beiden Flotten, die nun zu Gegnern im Kriege geworden waren.

Oben: Deutsches Linienschiff ›Friedrich der Große‹, Flottenflaggschiff des Vizeadmirals Reinhard Scheer in der Skagerrakschlacht.
Mitte: Deutsches Linienschiff ›Thüringen‹ der Ostfriesland-Klasse, 1. Division des I. Geschwaders, während der Nachtgefechte besonders erfolgreich.

Unten: Deutsches Linienschiff ›Pommern‹, 3. Division, II. Geschwader. Die Pre-Dreadnoughts des II. Geschwaders hätten eigentlich nicht an der Unternehmung teilnehmen sollen. Von Torpedos des britischen Zerstörers ›Obedient‹ getroffen versank das Schiff um 3.13 Uhr in der letzten Phase der Schlacht mit seinem Kommandanten Kapitän z. S. Bölken und der gesamten Besatzung (844 Mann).

Oben: Deutsches Linienschiff ›Westfalen‹, 2. Division des I. Geschwaders, führte während des nächtlichen Durchbruchs das Gros der Hochseeflotte als Spitzenschiff.
Mitte: Deutsches Linienschiff ›Prinzregent Luitpold‹ der Kaiser-Klasse, 6. Division, III. Geschwader.

Unten: Deutscher Schlachtkreuzer ›Moltke‹, war nach Ausfall der ›Lützow‹ Flaggschiff des Befehlshabers der Aufklärungsstreitkräfte Vizeadmiral Franz Hipper.

2

DIE LANGE WACHE

»In diesem überaus ernsten Augenblick der Geschichte unseres Landes entbiete ich Ihnen, und durch Sie den Offizieren und Mannschaften unserer Flotte, die Versicherung meiner Zuversicht, daß unter Ihrem Befehl diese Flotte die alte und ruhmreiche Tradition der Royal Navy wiederaufleben lassen und erneuern und einmal mehr den Beweis erbringen wird, daß in der Stunde der Gefahr die Flotte der sichere Schild Großbritanniens und seines Reiches ist.«

König Georg V. an Admiral Jellicoe, 5. August 1914

»Bei Ausbruch des Krieges war ich als Fähnrich der Mittelwache auf der Brücke des irgendwo in der Nordsee stehenden Linienschiffs *Collingwood* zugeteilt. Ich war 18 Jahre alt. In der Grand Fleet war jeder froh und erleichtert darüber, daß dieses Ereignis endlich eingetreten war. Wir waren in dem Glauben erzogen und ausgebildet worden, daß der Krieg zwischen Deutschland und unserem Land eines Tages kommen mußte; und als er kam, glaubten wir alle, dafür gerüstet zu sein.«

König Georg VI., persönliches Tagebuch

Am 1. August 1914 stand die britische Home Fleet unter dem Oberbefehl des 62jährigen Admirals Callaghan[54], dessen dreijährige Kommandierung als Befehlshaber erst Ende des Jahres ablaufen sollte. Am 2. August kam Vizeadmiral Sir John Jellicoe, damals 55 Jahre alt, in Scapa Flow an. Er sollte anscheinend Stellvertreter Callaghans werden, war jedoch informiert, daß ›er unter bestimmten Umständen zum Oberbefehlshaber berufen werden würde‹. Vor seiner Ablösung als Zweiter Seelord hatte Jellicoe (in Schreiben an Churchill und Battenberg) gegen eine solche Kommandierung ›gerade jetzt am Vorabend des Krieges‹ protestiert. Bald nach seiner Ankunft in Scapa Flow funkte er an den Ersten Lord: »Halte es für meine Pflicht, Sie nachdrücklich zu warnen, daß Sie eine Katastrophe heraufbeschwören, wenn Sie (Ihre) Absicht ausführen. Flotte ist erfüllt von größter Bewunderung und Loyalität für Oberbefehlshaber.« Die Admiralität blieb jedoch hart: »Wir hegten Zweifel, ob Gesundheitszustand und physisches Durchhaltevermögen von Sir George Callaghan den ungeheueren, ihm jetzt aufzubürdenden Belastungen gewachsen sein würden« *(Churchill).* Am frühen Morgen des 4. August wurde Jellicoe angewiesen, einen versiegelten Umschlag zu öffnen, der seine Kommandierung als Oberbefehlshaber der Grand Fleet enthielt – die Admiralität hatte sich nämlich entschlossen, diese historische Bezeichnung für die nun in Scapa Flow versammelte große schwimmende Streitmacht Großbritanniens wieder aufleben zu lassen. »Ich begab mich sofort an Bord der *Iron Duke,* wo ein telegrafischer Befehl zum Inseegehen der gesamten Flotte eingegangen war. Sir George traf seine Vorkehrungen so, daß er das Flaggschiff vor dem Auslaufen der Flotte um 08.30 Uhr[55] verließ. Zu diesem Zeitpunkt übernahm ich den Befehl.«

John Rushworth Jellicoe[56], Sohn eines Handelsschiffskapitäns, trat an Bord der *Britannia* im Jahre 1874 in die britische Marine ein. Vier Jahre später nahm er als Fähnrich an den Kampfhandlungen teil, mit denen die britische Flotte die Öffnung der Dardanellen[57] erzwang. Drei Jahre später stellte er bei einem Einsatz an Land nach der Beschießung von Alexandrien[58] höchsten persönlichen Mut unter Beweis, als er wichtige Depeschen durch eine Horde feindseliger Fellachen beförderte. Die Brillanz, mit der er sich als Artilleriespezialist qualifizierte, lenkte die Aufmerksamkeit Admiral Fishers auf ihn. Als Fisher Inspekteur des Artilleriewesens der britischen Marine wurde, kam Jellicoe zum Stab der Admiralität. 1893 lag Jellicoe an Bord der *Victoria* mit Maltafieber im Schiffslazarett, als sie von der *Camperdown* gerammt wurde. Er konnte sich jedoch noch ins Wasser retten, bevor Admiral Tryons Flaggschiff in den Fluten versank[59]. Der ausgezeichnete Ruf als Seeoffizier, den Jellicoe errungen hatte, wurde 1897 anerkannt, als er im Alter von nur 35 Jahren zum Captain befördert wurde. Als Befehlshaber des Flaggschiffs des britischen China-Geschwaders wurde die Zähigkeit seiner physischen Konstitution erneut auf die Probe gestellt. Während des Boxeraufstandes wurde er schwer verwundet. Danach gehörte er zu der legendär gewordenen ›Small Band of Officers‹[60], die Fisher bei der Ausarbeitung seines aufsehenerregenden Memorandums halfen. Als Fisher später Erster Seelord wurde, übernahm Jellicoe das Amt des Inspekteurs des Artilleriewesens der Marine. Während dieser Amtsperiode konnte er dank seiner artilleristischen Erfahrungen einen wichtigen Beitrag zur Konstruktion des Großkampfschiffes *Dreadnought* und des Schlachtkreuzers *Invincible* leisten. 1907 setzte er seine Flagge als Kontreadmiral und stellvertretender Befehlshaber der Atlantikflotte. Achtzehn Monate später wurde er Dritter Seelord. Wieder gelang ihm ein wesentlicher Beitrag zu den Bemühungen, die den britischen Dreadnought-Vorsprung vor Deutschland aufrechterhielten. Es gelang Jellicoe dagegen nicht, Fisher von der Notwendigkeit des Kampfes um größere Trockendocks zu überzeugen. Sie bildeten die Voraussetzung dafür, daß die neuen britischen Linienschiffe mit jener Konstruktionsbreite gebaut werden konnten, die für einen ausreichenden Panzerschutz der Schiffe erforderlich war. Von ebenso großen Folgen für die Zukunft sollte es sein, daß er nicht lange genug in der Admiralität blieb, um Konstruktion und Herstellung wirkungsvoller panzerbrechender Granaten sicherzustellen. Als Fisher die Admiralität verließ, erhielt Jellicoe wieder ein Bordkommando als Befehlshaber der Atlantikflotte. Von dort wurde er zur 2. Division der Home Fleet versetzt, um Befehlserfahrung in einem Dreadnought-Geschwader zu erlangen und seine taktischen Fähigkeiten als Flottenbefehlshaber zu vertiefen. Nach einem weiteren Jahr wurde er zum Zweiten Seelord ernannt.

Soviel über Jellicoes Werdegang und den Nachweis seiner hervorragenden Talente und Fähigkeiten, die Fisher schließlich dazu führten, ihn für die Rolle des ›Admiralissimo, wenn der Tag von Armageddon kommt‹[61] auszuersehen. Über den Mann selbst schrieb der Dichter Alfred Noyes:

> Das wetterweise Gesicht, ohne Spuren des Alterns,
> nur Jahr für Jahr von mehr Güte geprägt,
> kluge braune Augen mit strahlendem Blick, ein gütiges Herz,
> entschlossene Wahrhaftigkeit im Denken und Tun . . .

Was ihm vielleicht an äußerer Erscheinung fehlte, wurde durch seinen festen und selbstlosen Charakter mehr als aufgewogen. Jellicoe war von tiefer religiöser Überzeugung geprägt. Seine Bescheidenheit mag es ihm versagt haben, seine Überzeugungskraft viel weiter als im Rahmen der Flotte selbst zum Tragen zu bringen – der britische Feldmarschall Haig hielt ihn ›für ein altes Weib‹, doch erregte er die Bewunderung derer, die unter seinem Befehl standen und ihn anerkennend den ›schweigsamen Jack‹ nannten. Wenige nur bestritten, daß die Royal Navy in ihm den besten verfügbaren Befehlshaber für ihre Hauptflotte gefunden hatte. Fisher sollte jedoch nicht recht behalten mit seinem Satz, daß Jellicoe sich »als Nelson von Kap St. Vincent erweisen würde, bis er schließlich zum Herrn von Trafalgar emporwüchse, wenn der Tag von Armageddon kommt«, denn er besitze »alle Tugenden Nelsons, außer einer«; trotz seiner eigenen Kenntnis einer Katastrophe, die durch blinden Gehorsam geschah – der Untergang der *Victoria* –, fehle ›ihm die große Gabe der Insubordination völlig‹. Jellicoe war ein hervorragender Verwalter, aber sein systematisch und logisch arbeitender Verstand stellte für jedes Problem so kühle Analysen, daß er stets dazu neigte, nach der vorsichtigsten Lösung zu greifen. Von Marinegeschichte wußte er nur wenig; das ›Nelsonsche Fluidum‹ fehlte ihm ganz.

Zu den 20 Großkampfschiffen, die den Kern der Grand Fleet bildeten, als Jellicoe seine Flagge auf *Iron Duke* setzte, kamen sehr bald zwei weitere, die für die türkische Marine gebaut, jedoch bei Kriegsausbruch beschlagnahmt worden waren. Dadurch wuchs der britische Vorsprung auf acht an, da die deutsche Flotte nur 14 Großkampfschiffe besaß. Da die Hochseeflotte ferner über 20 ältere Vor-Dreadnought-Linienschiffe verfügte, verstärkte die Admiralität die Streitkraft Jellicoes um acht Schiffe der *King Edward VII.*-Klasse. Ferner war die Grand Fleet der deutschen Hochseeflotte an Kreuzern und Zerstörern[62] beträchtlich überlegen. Noch wichtiger war, daß Jellicoe den fünf deutschen Großen Kreuzern (4 Schlachtkreuzer sowie der Übergangs-Panzerkreuzer *Blücher*) ein Geschwader von fünf Schlachtkreuzern entgegenstellen konnte, darunter *Lion*, auf der Vizeadmiral Sir David Beatty[63] seine Flagge gesetzt hatte. Beatty, zwölf Jahre jünger als sein Oberbefehlshaber, ein kühner Reiter und Kämpfer irischer Abstammung, hatte die begehrte Auszeichnung des D.S.O. (Distinguished Service Order) für seine Führerrolle und persönlichen Mut 1896 in einem Feuergefecht auf dem Nil errungen. Schon mit 27 Jahren wurde er zum Korvettenkapitän (Commander) befördert. Wie Jellicoe war er während des Boxeraufstandes in China verwundet worden. Seiner Fähigkeiten und Verdienste wegen wurde Beatty mit nur 29 Jahren zum Captain befördert, als das Durchschnittsalter in der Royal Navy für diesen Rang 43 Jahre betrug. Zwar fuhr er nacheinander vier Kreuzer und das Schlachtschiff *Queen* als Kommandant, aber die Ausheilung seiner Verwundung hatte, abgesehen von einer zweijährigen Tätigkeit als Marineberater beim Army Council, so viel Zeit in Anspruch genommen, daß er die Spitze der Rangliste seiner Charge erreichte, ohne die für die Beförderung zum Flaggoffizier erforderlichen Bordkommandos nachweisen zu können. Fisher wischte dieses Hindernis jedoch 1910 vom Tisch: Kurz vor seinem 39. Geburtstag und in einem Alter, das nur wenige Monate über dem Alter lag, in dem Nelson seine erste Admiralsflagge gehißt hatte, wurde Beatty durch eine außerordentliche Order-in-Council zum Kontreadmiral befördert. Aus diesem Gunstbeweis Ihrer Lordschaften machte er sich jedoch so wenig, daß er die Kommandierung als Stellvertretender Befehlshaber der Atlantikflotte ausschlug: Er wollte ein unabhängiges Kommando. Die Admiralität entschied daher, daß Beatty in Zukunft kein weiteres Kommando anzutragen sei.

Beattys Glück wollte es, daß er Churchill[64] kurz vor Ablauf der Dreijahresfrist begegnete, während der er auf halben Sold gesetzt war und nach deren Ablauf er zum Ausscheiden aus der Marine gezwungen gewesen wäre. Der Erste Lord trug Beatty an, sein Marinesekretär zu werden. In den folgenden fünfzehn Monaten reifte in Churchill die Überzeugung, daß Beattys

> Ansichten über Marinestrategie und Flottentaktik völlig anders waren als die des durchschnittlichen Marineoffiziers. Für ihn bedeutete Schiffsmaterial keinen Selbstzweck, sondern bloßes Hilfsmittel. Fragen der Kriegführung betrachtete er in ihrer Gesamtheit, zu Lande, zu Wasser und in der Luft. Im Gegensatz zu Jellicoe war er ein belesener Kenner der Marinegeschichte, besonders der Werke von Mahan[65]. Sein Verstand hatte sich zu blitzschneller und subtiler Reaktionsfähigkeit entwickelt, dank seines eifrigen Polospiels und seiner Jagdleidenschaft; seine Geistesgegenwart war durch verschiedenste praktische Erfahrungen im Kampf bereichert worden. Ich hegte nicht den geringsten Zweifel, als ich in dem Augenblick, in dem das

Kommando über das Schlachtkreuzergeschwader im Frühjahr 1913 vakant wurde, über alle anderen hinweg dieses einzigartige Kommando gerade ihm anvertraute.

Diese Maßnahme des Ersten Lords machte Beatty bei der Flotte nicht sehr beliebt: Einige Offiziere konnten ihre Ressentiments niemals ganz überwinden. Seine Flagge wehte auf *Lion* erst wenige Monate, als Beatty bereits unter Beweis gestellt hatte, daß er dieses Elitegeschwader mit allem ihn im Sattel auszeichnenden Schneid zu führen imstande war, wenn er auch dazu neigte, ›Hindernisse zu reißen‹. Von robuster physischer Konstitution, mit seinem charakteristischen bulldoggenhaft-energischen Zug um das Kinn, besaß Beatty die Jellicoe fehlende extrovertierte *Panache,* jenes etwas theatralisch anmutende Auftreten, das ihn gerade bei den Offizieren und Männern seines Geschwaders ebenso beliebt machte, wie es der Presse erleichterte, sein Image in der Öffentlichkeit aufzubauen. Der unvorschriftsmäßig schiefe Sitz seiner überflotten Mütze, sein allen Uniformvorschriften der Royal Navy zum Trotz mit nur sechs (statt acht) Knöpfen besetztes modisches Bordjackett und sein natürlich ebenfalls von der vornehmen Firma Messrs. Gieves eingekleideter Bordhund, der Bulldogg ›Brindle Boy‹, sollten in aller Welt ebenso bekannt werden wie Montgomerys Kampfanzug und sein Barett fünfundzwanzig Jahre später. Diesem absoluten Unterschied der beiden Persönlichkeiten zum Trotz herrschte jedoch zwischen Beatty und seinem Oberbefehlshaber keinerlei Unstimmigkeit in der Fachmeinung. Beatty konnte wohl so stark gegen die autoritären Zügel der Admiralität wüten, daß ihm der strenge Tadel Churchills zuteil wurde: »Sie müssen einfach aufhören, immer wieder Versuche zur Abänderung von Entscheidungen zu unternehmen, die in voller Kenntnis aller Umstände und in dem Versuch getroffen worden sind, Ihren Ansichten weitestgehend entgegenzukommen.« *(Funkspruch vom 26. Oktober 1914.)* Für Jellicoe, der ihn nur leicht am überlangen Zügel führte, zeigte Beatty nur die volle Achtung und Loyalität, wie sie einem untergebenen Flaggoffizier anstand. *›Beatty triumphiert im Polo. Jellicoe zieht Tennis vor‹*, schrieb einmal ein Franzose, der sich jedoch, statt sich zu einem so oberflächlichen Vergleich hinreißen zu lassen, lieber hätte erinnern sollen, daß es des Dauphins Verachtung für die Vorliebe Heinrichs V. für das Tennisspiel gewesen war, die den englischen König auf das Schlachtfeld von Agincourt[66] geführt hatte.

Da also zwei so hervorragende Admirale zu Befehlshabern der Grand Fleet bestimmt worden waren, warum sollten dann fast zwei Jahre vergehen, bis die britische Grand Fleet mit der deutschen Hochseeflotte im Kampf zusammenstieß? Howard und Drake hatten im Sund von Plymouth gelauert, bis die spanische Armada (1588) in den Kanal segelte. 150 Jahre später erdachten Vernon (1684–1757) und Anson (1697–1762) die wirksamere Strategie der Nahblockade. Da Segellinienschiffe monatelang auf See bleiben konnten, ließ sich für die britische Flotte die Seeherrschaft am besten dadurch aufrechterhalten, daß sie sich dicht vor die feindlichen Häfen legte, so daß nur wenige Feindschiffe entkommen konnten. Hawke (1705–1781) schloß Admiral Conflans in Brest ein, Boscawen (1711–1764) hielt De la Clue in Toulon fest, während Wolfes Streitkräfte von Admiral Saunders nach Quebec (1759) gebracht wurden. Cornwallis (1744–1819) und Nelson hielten die Flotten der französischen Admirale Ganteaume, Latouche-Tréville und Villeneuve in den gleichen Häfen eingeschlossen, so daß Napoleons Grande Armée den Kanal niemals überquerte. Eine solche Nahblockade war jedoch mit kohlegefeuerten Panzerschiffen unmöglich. Sie konnten nur Brennstoffvorräte für wenige Seetage mit sich führen, wie der Admiralität in den wenigen Jahren vor dem August 1914 klar geworden war, als sie Operationspläne für den Kampf mit einem Feind entwickelte, der ihr nun zum erstenmal seit den Seekriegen mit Holland jenseits der Nordsee gegenüberstand – nicht nur auf der anderen Seite des Kanals. Seewärts vor den feindlichen Häfen ausgelegte Minenfelder machten jede Nahblockade zu gefährlich; der japanische Admiral Togo hatte vor Port Arthur im Mai 1904 ein Drittel seiner Linienschiffe durch Minen eingebüßt. Und dieses Risiko war noch größer geworden. Unsichtbar lauernde Unterseeboote konnten ein Linienschiff mit einem einzigen Torpedo vernichten. Gegen diese neuen tödlichen Waffenträger gab es, ausgenommen das zufällige Sichten eines Periskops, keine Verteidigung außer hohe Geschwindigkeit, Zickzackkurse und die Aufstellung von aus Zerstörern bestehenden Sicherungsschirmen. Zur Vernichtung von U-Booten gab es keine Waffe außer Rammen oder Geschützfeuer. (Zwar wurden Unterwasserhorchgeräte und Wasserbomben noch vor 1918 in der Royal Navy eingeführt; das Asdic-Verfahren – heute Sonar genannt – zur Ortung getauchter U-Boote wurde jedoch erst nach dem Ersten Weltkrieg entwickelt.)

Nach der Agadir-Krise entwickelten Bridgeman und Battenberg eine neue Strategie der Fernblockade. Die deutsche Hochseeflotte sollte in der Nordsee durch die sich auf einen nördlichen Hafen stützende Royal Navy eingeschlossen werden. Dort sollte die britische Flotte jederzeit zum Ankerlichten bereit sein, wenn patrouillierende U-Boote das Auslaufen deutscher Schiffe meldeten. Eine aus Kleinen Kreuzern und Zerstörern bestehende weitere Streitmacht unter Beattys Crewkameraden Commodore Reginald Tyrwhitt sollte in Harwich stationiert werden, um das Seegebiet der Narrow Seas (südlich der Linie Flamborough Head–Helgoland) von feindlichen leichten Seestreitkräften und Minenlegern freizuhalten. Schließlich sollten 17 Vor-Dreadnought-Linienschiffe zur Sperrung der Straße von Dover im Kanal stehen. Der Firth of Forth und Humber lagen am günstigsten als Stützpunkte für die Hauptflotte. Aber die Zeit war zu kurz gewesen, um diese Häfen gegen Minen und U-Boote zu schützen; daher wurde Scapa Flow, das man außerhalb der Reichweite deutscher U-Boote glaubte, als nördlicher Stützpunkt gewählt.

Die Durchführung einer Blockade ist zwar die richtige Strategie für die stärkere Marine; Endziel mußte es aber sein, die gegnerische Flotte zur Schlacht zu zwingen und zu vernichten. Als Nelson seinen triumphalen Sieg bei Trafalgar errang, muß er sich daran erinnert haben, daß Admiral Edward Hawke ebensoviel erreicht hatte, als er durch einen Sturm gezwungen worden war, die Sicherheit von Torbay aufzusuchen; nun war der französische Admiral Conflans aus Brest ausgelaufen, um in der Schlacht von Quiberon Bay (1759) seine Flotte vernichtet zu sehen. Die Admiralität hoffte im August 1914 auf einen ähnlichen Erfolg, da Tirpitz so häufig geprahlt hatte, die deutsche Hochseeflotte sei gebaut worden, um der britischen Flotte im Kampf entgegenzutreten und diese durch eine siegreiche Seeschlacht zu demütigen[67]. Am 4. August erhielt Jellicoe den Befehl, mit der Grand Fleet aus Scapa Flow auszulaufen und damit den ersten einer ganzen Reihe von Suchvorstößen *(Sweeps)* über die Nordsee vorzunehmen. Diese Überwachungsvorstöße sollten jeweils nur für die kurze Zeit unterbrochen werden, die für das Kohlebunkern in Scapa Flow benötigt wurde. Diese Operationen sollten einerseits den deutschen Seehandel zum Erliegen bringen und die Bewegungsfreiheit für die britische Handelsschiffahrt sicherstellen; andererseits ging die

Admiralität von der festen Annahme aus, daß die deutsche Hochseeflotte auslaufen und den Versuch machen würde, die Überführung des britischen Expeditionskorps über den Kanal zu verhindern. Aber der September kam, ohne daß die deutsche Hochseeflotte Wilhelmshaven verließ. Die Gründe hierfür hatten wenig mit der Wirksamkeit der britischen Blockade zu tun.

Mag auch Tirpitz die kampfeslüsternsten Absichten[68] gehabt haben, seine Befehlsgewalt war stark beschränkt. Seit 1889 war die der britischen Admiralität entsprechende deutsche Marineleitung in drei Behörden aufgeteilt, deren Leiter direkt dem Kaiser als oberstem Kriegsherrn unterstellt waren. Die Befugnis des Marinestaatssekretärs und seines Reichsmarineamts war auf Angelegenheiten der Politik und des Flottenmaterials beschränkt. Tirpitz hatte keinerlei Befehlsgewalt zur Durchführung von Operationen; diese oblagen dem deutschen Admiralsstab. An seiner Spitze stand Admiral von Pohl[69], der sich wie Jellicoe und Beatty während des Boxeraufstandes einen Namen gemacht hatte[70]. Dieser nicht gerade durch Willensstärke ausgezeichnete Offizier war vor allem darauf bedacht, sich nicht den Unwillen seines kaiserlichen Herrn zuzuziehen, seines Kriegsherrn, der sich zwar selbst zum ›Admiral des Atlantik‹[71] gekürt hatte, aber als Heeresoffizier in rein kontinentalem Geist erzogen worden war, so daß er für das Wesen der Seemacht ebenso wenig Verständnis hatte wie Napoleon[72]. In der zuversichtlichen Hoffnung, Paris werde seiner ungeschlagenen Armee schnell in die Hände fallen, war er strikt gegen jede Gefährdung seiner Flotte etwa durch deren Einsatz gegen eine Marine, welche »den Vorteil hatte, auf eine jahrhundertealte und stolze Tradition zurückblicken zu können, die jedem einzelnen Angehörigen ein Gefühl der Überlegenheit auf Grund der früheren Leistungen einflößen mußte« *(Scheer)*. Dies erklärt auch den Geist des kaiserlichen Kabinettsbefehls vom 30. Juli 1914, welcher der Hochseeflotte Operationen jenseits der Linie Horns Riff-Terschelling nur dann gestattete, ›sofern sich eine gute Aussicht auf Erfolg bieten würde‹. Ansonsten durfte die deutsche Flotte »vorläufig gegen England (nur) einen Kleinkrieg führen, bis eine solche Schwächung des Gegners erzielt sei, daß man zum Einsetzen der Flotte übergehen könne« *(Tirpitz)*. Minderwertigkeitskomplexe aber waren nicht der alleinige Grund für den Nachdruck des Kaisers, mit dem er auf der Verwendung seiner Hochseeflotte als bloßer ›Fleet in being‹ bestand, so sehr er auch Mahans Bewunderung für das taktische Geschick teilte, mit welchem die Franzosen jene Strategie während der Seekriege des 18. Jahrhunderts zur Schwächung der überlegenen britischen Seemacht angewandt hatten: Die deutsche Marineleitung hielt es für selbstverständlich, daß die britische Flotte den Versuch der Durchführung einer *Nah*blockade unternehmen würde. Die deutsche Flotte sollte dann eine Verminderung der zahlenmäßigen britischen Überlegenheit durch den Einsatz von Minen und der Torpedowaffe erzielen und einen Kräfteausgleich herbeiführen. Auch glaubte man auf deutscher Seite, die Hochseeflotte zur Abwehr fast ebenso sicher erwarteter britischer Versuche zur Landung einer Armee an der deutschen Nordseeküste voll intakt halten zu müssen.

Und so blieb denn die deutsche Hochseeflotte untätig auf der Jade liegen, während das britische Expeditionskorps ohne Verluste den Kanal überquerte. Leichte deutsche Seestreitkräfte unternahmen jedoch (am 21. und 23. August)[73] zwei Vorstöße in die südliche Nordsee, welche die britische Admiralität zu dem Befehl an Tyrwhitt veranlaßte, mit seinen leichten Streitkräften im Morgengrauen des 28. August in die Deutsche Bucht vorzustoßen. Die Deutschen traten Tyrwhitt mit einer stärkeren Streitmacht entgegen, als er erwartet hatte: mit sieben Kleinen Kreuzern und zwei Torpedobootsflottillen. Tyrwhitts Flaggschiff *Arethusa* erlitt schwere Beschädigungen. Glücklicherweise hatte Jellicoe sein Schlachtkreuzergeschwader und sechs Leichte Kreuzer zur Unterstützung dieser Aktion nach Süden entsandt. Unter Eingehung eines kalkulierten Risikos bezüglich der von Minen und U-Booten drohenden Gefahr und trotz der Möglichkeit eines Ausfalls der feindlichen Hochseeflotte eilte Beatty der *Arethusa* zur Hilfe. Unter Einsatz seiner überlegenen Artillerie, die auf kürzeste Entfernung bei geringer Sicht vernichtend wirkte, versenkte er in kurzer Zeit die Kleinen Kreuzer *Ariadne*, *Cöln* und *Mainz* und ermöglichte Tyrwhitts Rückzug. Durch diesen »in seinen Nach- und Nebenwirkungen für die Leistung der Marine verhängnisvollen Tag« *(Tirpitz)*[74] fand sich der Kaiser in seiner Entscheidung zur grundsätzlichen Zurückhaltung der Flotte bestätigt. Das ›Marne-Wunder‹ hatte zwar seine Hoffnungen auf einen schnellen Sieg zu Lande zunichte gemacht; dennoch erließ er Anordnungen, welche die Initiative der deutschen Hochseeflotte noch weiter einschränkten: »Schiffsverluste müßten vermieden werden, Auslaufen der Flotte und überhaupt größere Unternehmungen müßten vorher die Zustimmung des Kaisers erhalten u. a.« *(Tirpitz)*.

Paradoxerweise wurde das gleiche Gefecht von Jellicoe als Anzeichen dafür gewertet, daß die Hochseeflotte den Kampfgeist der deutschen Armee geerbt habe. Da die deutsche Flotte jedoch keine Neigung zu haben schien, die britische Seeherrschaft in der Nordsee in Frage zu stellen, wandte sich Jellicoe einem dringenderen Problem zu: Bereits am 9. August[75] hatte er Beweise dafür erhalten, daß deutsche U-Boote auch in der nördlichen Nordsee operieren konnten. Am 1. September mußte sogar in Scapa Flow U-Boot-Alarm gegeben werden. Genaue Nachforschungen ergaben zwar, daß diese U-Boot-Meldung falsch war, Jellicoe war jedoch davon überzeugt, daß – im Gegensatz zum Feindbild der Admiralität – die Orkney-Inseln in Reichweite deutscher U-Boote lagen. Bis zur Vollendung der dringlichsten Maßnahmen zur Verteidigung von Scapa Flow war er daher gezwungen, Loch Ewe[76] zum Bunkern der Flotte zu verwenden. Und als am 7. Oktober auch dort ein U-Boot gemeldet wurde, verlegte er die Flotte nach Lough Swilly[77]. Dieser Stützpunkt lag aber zu einem Zeitpunkt, da ein Angriff der deutschen Hochseeflotte zur Unterstützung eines Landungsunternehmens an der britischen Ostküste erwartet wurde, so weit von der Nordsee entfernt, daß Jellicoe gezwungen war, seine Flotte fast ununterbrochen auf See zu lassen, so daß sie nicht auf voller Stärke gehalten werden konnte. Sein Gegner, der durchaus kompetente, aber wenig entschlußfreudige Admiral v. Ingenohl[78], konnte jedoch zu jedem beliebig gewählten Termin mit allen seinen 16 Großkampfschiffen und fünf Schlachtkreuzern (Stand Ende Oktober) rechnen. Schiffe, die immer in See sein müssen und nie länger als 24 Stunden zur Kohlenübernahme im Hafen liegen, werden jedoch zunehmend anfälliger gegen Maschinenausfälle. Die Wahrscheinlichkeit eines langen Krieges, der sehr viel länger dauern würde, als irgend jemand (ausgenommen Lord Kitchener) geglaubt hatte, ließ auch keine Aufschiebung von Überholungen zu. Daher lagen jeweils bis zu vier von den (Ende Oktober) insgesamt 23 Dreadnoughts und sieben Schlachtkreuzern Jellicoes in den Werften. Beschädigungen durch Strandung oder Kollision, wie die zwischen den Linienschiffen *Monarch* und *Conqueror*, hatten Jellicoe zeitweilig sogar noch zwei weiterer Großkampfschiffe beraubt. Und immer bestand die Gefahr von Verlusten durch U-Boot-Angriffe und Minen: Letztere hatten bereits am 27. Oktober 1914 zum Verlust des Großkampfschiffes *Audacious* geführt[79]. Solange noch feindliche Kreuzer in überseeischen Gewässern operierten, konnte die Admiralität ferner gezwungen sein, Schlachtkreuzer zu ihrer Bekämpfung zu entsenden; so hatte sie bereits einen Schlachtkreuzer zum Schutz eines kanadischen Truppenkonvois während der Fahrt über den Nordatlantik eingesetzt. Als nach der Niederlage Admiral Cradocks bei Coronel[80] die Schlachtkreuzer *Invincible* und *Inflexible* am 8. November 1914 nach den Falklandinseln und die *Princess Royal* in die Karibik entsandt wurden, mußte Jellicoe die besorgniserregende Schlußfolgerung ziehen, daß die Grand Fleet im Kampf mit der Hochseeflotte bestenfalls mit einer äußerst geringen Überlegenheit an Großkampfschiffen rechnen konnte.

Dies veranlaßte Jellicoe am 30. Oktober zu folgendem Bericht an die Admiralität:

> Die über die deutschen Einsatzmethoden seit Beginn des Krieges gesammelten Erfahrungen machen es möglich und sehr erstrebenswert, die Taktik zu analysieren, die der Feind bei einer Flottenaktion wahrscheinlich anwenden würde. Die Deutschen haben bisher zu erkennen gegeben, daß sie sich in sehr hohem Maß auf Unterseeboote, Minen und Torpedos stützen. Es kann daher kein Zweifel darüber bestehen, daß sie auch bei einem Seegefecht versuchen werden, diese Waffen zu vollstem Einsatz zu bringen, insbesondere da sie uns in dieser Hinsicht tatsächlich überlegen sind[81]. Jedoch können die Deutschen nur dann mit absoluter Sicherheit mit der Verfügbarkeit ihrer vollen Stärke an Unterseebooten und Minenlegern für eine Flottenaktion rechnen, wenn die Schlacht in der südlichen Nordsee geschlagen wird. *Daher wird es mein Ziel sein, die Schlacht in der nördlichen Nordsee zu schlagen*[82].

Kurz gesagt, zu einer Schlacht zwischen der britischen Grand Fleet und der deutschen Hochseeflotte würde es nicht kommen, sofern sich die letztere nicht sehr viel weiter in die Nordsee hinauswagte, als – was Admiralität und Jellicoe nicht wußten – der Kaiser zu gestatten bereit war. Jellicoes strategische Schlußfolgerungen hatten ihre Parallele in seiner taktischen Konzeption: Dem mit der deutschen Hochseeflotte gemeinsam erfolgenden Einsatz von Unterseebooten

> kann durch kluge taktische Führung unserer Schlachtflotte begegnet werden; dies kann aber und wird wahrscheinlich zu der

Weigerung führen, auf die Taktik des Feindes dadurch einzugehen, daß man in der vom Feind angebotenen Richtung folgt. Wenn also zum Beispiel die feindliche Schlachtflotte von unserer vorrückenden Flotte *abdreht,* würde ich annehmen, daß es die feindliche Absicht ist, uns auf Minen und U-Boote zu ziehen, *und würde mich weigern, mich so in die Falle locken zu lassen.* Insbesondere möchte ich die Aufmerksamkeit Eurer Lordschaften auf diesen Punkt lenken, da ein solches Verhalten möglicherweise als Verweigerung einer Schlacht ausgelegt werden könnte; in der Tat könnte diese Handlungsweise dazu führen, daß es nicht gelingt, *den Feind zu dem erwarteten oder erwünschten frühen Zeitpunkt zum Kampf zu zwingen.* Ein solcher Vorgang würde bei allen britischen Marineoffizieren und Mannschaften Abscheu hervorrufen, aber neue und unerprobte Methoden der Kriegführung erfordern neue taktische Verfahren zu ihrer Abwehr. Ich befürchte, daß eine solche Taktik, sofern sie unverstanden bleibt, das Odium eines Zauderers über mich bringen könnte. Andererseits halte ich es aber für durchaus möglich, daß die *Hälfte unserer Schlachtflotte durch Unterwasserangriffe außer Gefecht gesetzt werden könnte, bevor der erste Schuß gefallen ist.* Der Schutz gegen U-Boote wird darin bestehen, die Schlachtflotte mit hoher Fahrt nach einer Flankenposition zu führen, bevor die Entwicklung zur Schlachtformation beginnt oder das Artilleriegefecht anfängt. Dies führt uns aus dem Seegebiet, in dem der Feind zu kämpfen wünscht. Natürlich kann es auch dazu kommen, daß sich der Feind weigert, mir zu folgen. *Sofern aber die Schlachtflotten in Sichtweite bleiben,* glaube ich, nach einigen Manövern bei höchster Fahrt die Flotte sicher an den Feind heranführen zu können.[83]

Jellicoe bewies beträchtlichen moralischen Mut, als er so vorsichtige Vorstellungen einer Admiralität unterbreitete, die von zwei so offensiv eingestellten Männern wie Churchill und Fisher geleitet wurde. Hätte er sich mehr mit Marinegeschichte befaßt, hätte Jellicoe erkannt, daß die britische Vorherrschaft zur See nicht durch materielle Übermacht erreicht worden war. So schrieb Hawke: ›Für mich ist es völlig gleichgültig, ob ich den Feind mit einer gleichen Anzahl Schiffe bekämpfe oder mit einem Schiff mehr oder weniger.‹ Andere britische Admirale hatten weit überlegene Flotten geschlagen: Jervis kämpfte 1797 bei St. Vincent mit nur 15 Segellinienschiffen siegreich gegen 27 spanische Linienschiffe. ›Die Überlegenheit in der Anzahl von Schiffen, auf die Großbritannien heute seine Sicherheit und Überlegenheit gründen zu müssen glaubt, war niemals der entscheidende Faktor seiner früheren Erfolge‹, schrieb der deutsche Vizeadmiral Livonius 1902, ›vielmehr waren es das Genie und die Kühnheit seiner Kapitäne und Admirale, die England seine ruhmreichen Siege erringen ließen.‹ Jellicoe konnte auch nicht behaupten, daß Dampf und Stahl die Bedeutung des menschlichen Faktors vermindert hätten: Taktisches Genie hatte den japanischen Admiral Togo in die Lage versetzt, mit nur vier Linienschiffen, unterstützt von acht Kreuzern, 1905 bei Tsuschima die aus acht Linienschiffen und vier Kreuzern bestehende russische Flotte zu vernichten. Es ist zwar richtig, daß nach seinen anfänglich sehr schweren Verlusten vor Port Arthur und bis zur Entscheidungsschlacht von Tsuschima auch Togos Strategie ebenso vorsichtig war wie die Jellicoes. Aber Japan verfügte damals über keine nennenswerte Werftindustrie, die weitere Kriegsschiffe als Ersatz für verlorene hätten liefern können. Jellicoe hingegen konnte im Lauf der nächsten zwei Jahre 14 neue Dreadnoughts erwarten, während auf deutschen Helligen nur fünf[84] Großkampfschiffe lagen.

Ungeachtet dieser Lektionen der Geschichte und aller Einwendungen Wilsons (der bei Ausbruch des Krieges zur Unterstützung des Ersten Seelords wieder ins Amt zurückberufen worden war), der auf die taktischen Schwierigkeiten beim Einsatz von U-Booten bei Flottenoperationen hinwies, erteilte die Admiralität am 7. November Jellicoe ihre uneingeschränkte Zustimmung zu seiner Konzeption und versicherte ihn ihres ›vollsten Vertrauens in die von Ihnen beabsichtigte Art der taktischen Führung der Flotte im Kampf‹. Die Admiralität fügte ferner hinzu, daß bei einem unmittelbar bevorstehenden Zusammenstoß der gegnerischen Flotten alle der Grand Fleet nicht unterstellten Streitkräfte zu ihrer Unterstützung auslaufen würden. Die Admiralität gab diese Zusicherung trotz der starken Vorbehalte des ebenfalls bei Kriegsausbruch in die Admiralität zurückberufenen Admirals Sir Henry Jackson[85] gegen einen solchen Einsatz der Harwich-Streitkräfte. Da Churchill und Fisher nicht nur in der Seekriegsgeschichte bewandert waren, sondern auch an den Wert und Erfolg eines offensiven Vorgehens glaubten – »Kühnheit im Krieg ist Klugheit, so wie Klugheit im Krieg ein Verbrechen ist« *(Fisher)* –, warum gaben sie dann einer Konzeption ihre volle Zustimmung, welche beiden Erkenntnissen zuwiderlief? Fisher befaßte sich hauptsächlich mit einem Plan zur Beendigung der Pattsituation in Flandern, der Churchills Vorstellungen gefangenhielt: Sie planten den Aufbau einer Armada von mehr als 600 Schiffen, die an der deutschen Ostseeküste nur etwa 150 km von Berlin entfernt eine Armee landen sollte. Auch bestand ja kein leistungsfähiger Admiralsstab, der beide hätte anders beraten können. In den 19 Kriegsmonaten vor der Schlacht vor Jütland wurde der Plan einer Ostseelandung durch ein zwar klügeres, aber schlecht ausgeführtes Landungsunternehmen gegen die entgegengesetzte Flanke des Feindes – die Dardanellen – ersetzt. Der Fehlschlag bei den Dardanellen führte dazu, daß der Erste Lord der Admiralität (Churchill) und der Erste Seelord (Fisher) im Mai 1915 durch Balfour und Jackson abgelöst wurden. Trotzdem änderten weder die Admiralität noch Jellicoe ihre Konzeption des Einsatzes der Grand Fleet, selbst dann nicht, als die zahlenmäßige Überlegenheit der britischen Flotte Ende 1915 gestiegen war. ›Ich übernehme die volle Verantwortung für die Genehmigung der durch den Ersten Seelord vorgeschlagenen Lösung. Es bestand kein Grund, in der ersten Phase des Seekrieges eine Schlacht zu suchen, außer unter den günstigsten Voraussetzungen‹, schrieb Churchill. ›Ich übernehme jedoch keine Verantwortung für die tatsächliche Durchführung einer Operation (Jütland), die 18 Monate später bei einem relativen Stärkeverhältnis stattfand, das anders als das im Oktober 1914 bestehende war.‹[88]

Eine Wertung der von Jellicoe angewandten Taktik und seiner erstaunlichen Ansicht, die halbe Flotte könne vielleicht schon vor Eröffnung einer Schlacht außer Gefecht gesetzt werden, erfolgt zwar am zweckmäßigsten erst nach der Darstellung der Schlacht selbst; doch soll schon jetzt soviel vorweggenommen werden: Seine Absicht, sich keinesfalls in die südliche Nordsee locken zu lassen, war gerechtfertigt. Solche Vorsicht mag zwar nicht britischer Tradition entsprochen haben; jedoch sah sich kein britischer Admiral früherer Epochen mit potentiell so gefährlichen Risiken konfrontiert, wie sie nunmehr Minen und Unterseeboote darstellten. Sicher mußte die Vernichtung des Feindes stets das Ziel der überlegenen Flotte sein; trotzdem durfte es nicht ohne Rücksicht auf die Folgen eines möglichen Fehlschlages angestrebt werden, der die weitere Verfolgung des strategischen Hauptziels vereiteln konnte: Die Aufrechterhaltung der Seeherrschaft durch Blockade. »Die britische Schlachtflotte gleicht der Dame auf dem Schachbrett; selbst wenn sie in ihrer Ausgangsstellung verharrt, bleibt sie beherrschend. Sie führt die endgültige Entscheidung auf See herbei. Ihr Verlust bedeutet, das Spiel zu verlieren« *(Chatfield)*. Nach Churchill wäre ›die Vernichtung der britischen Schlachtflotte etwas Endgültiges gewesen‹. Jellicoe war ›auf beiden gegnerischen Seiten der einzige, der den Weltkrieg an einem Nachmittag hätte verlieren können‹. Ebenso aufschlußreich ist, daß eine Umkehrung der Bemerkung Churchills niemals zutraf: Jellicoe hätte den Krieg nie an einem Nachmittag gewinnen können. Auch eine entscheidende Niederlage der deutschen Hochseeflotte hätte den Würgegriff der deutschen Armee in Europa bei weitem nicht so lockern können, wie Napoleon durch die Schlacht von Trafalgar geschwächt worden war. Und dies gilt auch dann, wenn durch einen britischen Sieg Schiffe der Grand Fleet für andere Operationen hätten freigesetzt werden können: Insbesondere Zerstörer zur U-Boot-Bekämpfung und Linienschiffsgeschwader zum gemeinsamen Einsatz mit der russischen Flotte in der Ostsee, vor allem gegen die schwedischen Eisenerztransporte vom Bottnischen Meerbusen nach Deutschland. Oder mit den Worten von Jellicoes Gegner, Admiral Scheer, die kurz *nach* der Skagerrakschlacht niedergeschrieben wurden: »Es kann kein Zweifel daran bestehen, daß selbst der (für Deutschland) glücklichste Ausgang einer Hochseeschlacht England in diesem Krieg nicht zum Frieden zwingen wird. Die Nachteile unserer militärisch-geographischen Lage gegenüber der des Inselreiches und die große materielle Übermacht des Feindes werden durch die (deutsche) Flotte nicht in dem Maß ausgeglichen werden können, daß wir der gegen uns gerichteten Blockade oder des Inselreichs selber Herr werden.«

Jellicoes Vorsicht und die Beschränkungen, die der deutsche Kaiser seiner Flotte auferlegt hatte, waren die wesentlichen Faktoren, die einen größeren Flottenzusammenstoß um zwei Jahre verzögerten. Vorher kam es jedoch zu einzelnen Gefechtsberührungen: Am 17. Oktober 1914 wurden vier deutsche Torpedoboote[87] bei der Durchführung eines Minenunternehmens vor der Themsemündung von einer kleinen britischen Streitmacht überrascht und vernichtet. Admiral von Ingenohl schrieb dieses Desaster dem Operationsbefehl zu, der ihn daran hinderte, seine leichten Seestreitkräfte durch schwere Einheiten zu decken. Daher drängte er, wohl auch aus Sorge vor den Auswirkungen der Untätigkeit auf die Moral der Besatzungen seiner Flotte, auf Erlaubnis zur Durchführung eines Vergeltungsschlages. Das Oberkommando wiederholte: »Die Flotte muß sich zurückhalten und Aktionen vermeiden, die zu größeren Verlusten führen können. Dies soll aber nicht ausschließen, daß günstige Gelegenheiten ausgenützt werden müssen, den Feind zu schädigen« *(Scheer)*. Der deutsche Flottenchef ließ daraufhin seine Schlachtkreuzer am 3. November 1914 zur Beschießung von Yarmouth auslaufen. Dieser Fischereihafen lag zu südlich, so daß die Grand Fleet den Schauplatz nicht rechtzeitig erreichen konnte. Tyrwhitts Versuch, dem Feind den Rückweg zur Jade abzuschneiden, blieb erfolglos. Trotzdem verloren die Deutschen den Kreuzer *York*. »Nach der Rückkehr von der Unternehmung lief er im Nebel auf eine Schutzsperre in der Jade und kenterte durch die Minenexplosion« *(Scheer)*.

Bevor Ingenohl diesen Angriff wiederholen konnte, wurden Beattys Schlachtkreuzer nach Süden, nach Cromarty, verlegt. Das aus den Schiffen der *King Edward VII.*-Klasse bestehende III. Schlachtgeschwader (Bradford) ging nach Rosyth. Die Admiralität hatte außerdem eine neuartige Möglichkeit zur Feindaufklärung entwickelt. Die in der Deutschen Bucht patrouillierenden britischen U-Boote hatten sich nicht als zuverlässiger Ersatz für jene Fregatten erwiesen, die Hawke und Nelson vor Brest und Cadiz stationiert hatten, damit sie das Auslaufen von Feindschiffen rechtzeitig meldeten. Großbritannien hatte deshalb eine Kette von Peilstationen errichtet, um den Standort feindlicher Kriegsschiffe durch Funkpeilung festzustellen. Die dadurch erhaltenen Positionspeilungen wurden durch eine noch erfolgreichere Methode weiter abgerundet, nachdem am 26. August der deutsche Kleine Kreuzer *Magdeburg*[88] in der Ostsee vor Odensholm am Finnischen Meerbusen gestrandet war. Die Russen konnten dabei Schlüsselbücher mit den Geheimkodes der deutschen Marine bergen und schickten sie nach London. Bereits im Dezember war in Zimmer 40 OB (Old Building) der Admiralität ein Dechiffrier-Spezialistenteam unter Sir Alfred Ewing am Werk und konnte eine genügende Anzahl deutscher Funksprüche dechiffrieren, um die Admiralität jeweils vor dem Auslaufen der Hochseeflotte warnen zu können: z. B. daß die deutschen Schlachtkreuzer im Morgengrauen des 16. Dezember 1915 einen Überfall auf die Küste von Yorkshire unternehmen würden.

An diesem Tage beabsichtigte Admiral von Ingenohl mehr als nur eine kleine Vergeltungsaktion: Die Schlacht vor den Falklandinseln hatte ihm gezeigt, daß zwei von Beattys Schlachtkreuzern noch im Atlantik standen. Die Gelegenheit, die geschwächte Grand Fleet zu schädigen, durfte nicht ungenutzt verstreichen. ›Room 40‹ (wie das Dechiffrierteam der britischen Admiralität nach seiner Zimmernummer genannt wurde) erkannte jedoch nicht, daß Ingenohl seine ganze Schlachtflotte auslaufen lassen wollte. Die Admiralität neigte dazu, in die Kompetenzen des Oberbefehlshabers einzugreifen, indem sie ihn anwies, bestimmte Einheiten einzusetzen oder bestimmte Positionen zur Abwehr feindlicher Aktionen anzusteuern, anstatt ihm alle verfügbaren Informationen zu geben und ihm freie Hand zu lassen. So wies sie auch diesmal Jellicoe an, lediglich Warrenders II. Schlachtgeschwader und Pakenhams III. Kreuzergeschwader zur Unterstützung der vier Schlachtkreuzer Beattys, des I. Leichten Kreuzergeschwaders Goodenoughs und Tyrwhitts Harwich-Streitkräfte nach Süden auslaufen zu lassen. Der Vorstoß der deutschen Schlachtflotte sollte jedoch keine Folgen haben. Beattys Zerstörer stießen zwar zufällig kurz vor Morgengrauen südlich der Doggerbank auf Ingenohls Torpedoboote. Schlechte Sicht, verbunden mit anscheinend sicheren Meldungen, daß schwere deutsche Einheiten vor der Küste von Yorkshire standen, hielten den britischen Admiral jedoch davon ab, eine Streitmacht zu verfolgen, die lediglich aus einer detachierten Torpedobootsflottille bestehen konnte. Der deutsche Oberbefehlshaber, der ebenso bereitwillig glaubte, unmittelbar vor einem Zusammenstoß mit der Grand Fleet zu stehen, wie er die Ungnade seines Allerhöchsten Kriegsherrn fürchtete, befahl prompt den Rückmarsch zur Jade – ohne Rücksicht darauf, daß seine Schlachtkreuzer jetzt in die eigene Falle gerieten: Während der Kreuzer *Kolberg* eine Minensperre legte, *Derfflinger* und *Von der Tann* die unbefestigten Badeorte Scarborough und Whitby beschossen und *Seydlitz, Moltke* und *Blücher* im Hafen von Hartlepool größere Schäden anrichteten, wurden ihre drei möglichen Absetzkurse durch die Minensperren vor der Ostküste von britischen Einheiten blockiert – im Süden durch Warrender und Tyrwhitt, in der Mitte durch Beatty und im Norden durch Bradford aus Rosyth. Die Schlachtkreuzer wählten den mittleren Weg. Daher wurden die deutschen Einheiten trotz der sich verschlechternden Wetterbedingungen durch Goodenoughs *Southampton,* dem Flankenschiff einer aus Kleinen Kreuzern bestehenden Aufklärungslinie vor den britischen Schlachtkreuzern, kurz vor Mittag gesichtet. *Birmingham, Nottingham* und *Falmouth* änderten sofort ihren Kurs zur Unterstützung ihres Kommodores. Um diese Bewegung auf *Birmingham* zu beschränken, signalisierte Beatty, die beiden anderen Schiffe sollten wieder ihre Station einnehmen. Leider wurde dieser Befehl irrtümlich an alle vier Kleinen Kreuzer durchgegeben. Daher folgten auch *Southampton* und *Birmingham* diesem Rückruf, wenn auch widerstrebend, und verloren die Feindfühlung. Wenig später sichtete *Orion* (Captain F. C. Dreyer), das Flaggschiff des Kontreadmirals Sir Robert Arbuthnot, des stellvertretenden Befehlshabers des Geschwaders von Admiral Warrender, Hippers Kleine Kreuzer und Zerstörer. »Ich (Dreyer) ließ unsere Geschütze auf die an der Spitze stehenden Kleinen Kreuzer des Feindes richten und bat Sir Robert um Feuererlaubnis; er antwortete jedoch: ›Nein, nicht bevor der Vizeadmiral (Warrender) das Signal ›Feuer eröffnen‹ gibt oder sein Flaggschiff das Feuer eröffnet.‹ Später hat er niemals mehr mit mir über diesen Vorfall gesprochen. Ich bin jedoch sicher, daß er äußerst niedergeschlagen war, als ihm später klar wurde, daß er in seinem Gehorsam zu weit gegangen war. Die deutschen Streitkräfte hatten sich inzwischen weiter nach Norden abgesetzt (bevor Warrender sie in Sicht bekommen konnte). Der goldene Augenblick war für uns verloren.« Vier Umstände hatten dazu beigetragen, das Entkommen der deutschen Schlachtkreuzer aus dem britischen Netz zu ermöglichen: Typisches Nordseewetter, ein Signalfehler, Goodenoughs taktischer Fehler und Arbuthnots Mangel an Initiative, als Folge der Konzeption der britischen Navy, daß auf Befehle gewartet werden müsse. Bei Beatty hinterließ dieser Fehlschlag »einen bitteren Eindruck, den nichts außer die totale Vernichtung des Feindes mehr auslöschen konnte. Um Haaresbreite waren wir daran gewesen, dieses Ziel zu erreichen. Unsere vorgeschobenen Schiffe hatten den Feind gesichtet! Ich kann es einfach nicht ertragen, darüber zu schreiben.« In der Zwischenzeit hatte die englische Empörung über diese Verletzung der Haager Konvention (Beschießung offener Städte) durch die deutsche Flotte die Admiralität bewogen, die britischen Schlachtkreuzer nach Süden, nach Rosyth, zu verlegen, wo sie für das Abfangen zukünftiger Angriffe günstiger standen.

Bei Einrechnung der seit Kriegsausbruch fertiggestellten Einheiten sowie nach Abzug der nach Übersee entsandten und der in Werftinstandsetzung oder Überholung befindlichen Schiffe war Jellicoes zahlenmäßige Überlegenheit über von Ingenohls Flotte stark zusammengeschmolzen: Auf fünf britische Schlachtkreuzer gegen vier deutsche plus *Blücher*; sowie 18 britische Dreadnoughts plus acht Vor-Dreadnoughts gegen möglicherweise 17 Großkampfschiffe und bis zu 22 ältere Linienschiffe. In dieser Situation plante Ingenohl einen weiteren Vorstoß für Januar 1915: Vier Leichte Kreuzer und eine Torpedobootsflottille sollten, durch drei Schlachtkreuzer sowie den alten Panzerkreuzer *Blücher* unterstützt, am 24. Januar einen Angriff gegen britische Fischereifahrzeuge auf der Doggerbank führen. ›Room 40‹ konnte die Admiralität rechtzeitig warnen. Sie gab daher bereits am Vorabend Beatty, Bradford, Pakenham, Goodenough und Tyrwhitt den Befehl zum Auslaufen ihrer Geschwader. Jellicoe führte zu ihrer Unterstützung seine Schlachtflotte von Scapa Flow aus weiter nach Süden. Bei Morgengrauen war *Lion* an der Spitze der Kiellinie vor *Tiger, Princess Royal, New Zealand* (letztere unter dem Befehl von Beattys Stellvertreter, Kontreadmiral Sir Archibald Moore) und *Indomitable* eben wie vorgesehen mit dem Kleinen Kreuzer *Arethusa* im nordöstlichen Teil der Doggerbank zusammengetroffen, als die 12 sm südlich von Tyrwhitts Flaggschiff stehende *Aurora* meldete, sie stehe im Gefecht mit *Kolberg*. Auf diese unerwartete Feindberührung reagierten die Deutschen mit Abdrehen, da sie die Anwesenheit überlegener Feindstreitkräfte vermuteten, und liefen mit hoher Geschwindigkeit in Richtung Heimat. Aber diesmal konnten sie Goodenough nicht täuschen: Fest entschlossen, seinen vor kurzem gemachten Fehler wiedergutzumachen, setzte der britische Kreuzerkommodore energisch nach und meldete die feindlichen Schlachtkreuzer um 07.30 Uhr. Jetzt konnte Beatty sein Geschwader zur Verfolgung des Feindes herumwerfen. Bald hatte er so weit aufgeholt, daß er den Gegner zum erstenmal seit Kriegsausbruch in Sicht bekam. Aber erst nach einstündiger Verfolgungsjagd hatte die *Lion* das Schlußschiff der deutschen Linie, *Blücher,* in Geschützreichweite. Bald waren auch *Tiger* und *Princess Royal* in der Lage, diesen unterbewaffneten Panzerkreuzer anzugreifen, dem die schnelleren deutschen Schlachtkreuzer keine Unterstützung gaben, bis *Lion* um 09.14 Uhr Zielwechsel auf *Moltke* vornehmen konnte.

Bis 09.35 Uhr hatte Beatty so weit aufgeholt, daß er seinem Geschwader den Befehl zum laufenden Artilleriegefecht geben konnte. Seine drei führenden Schlachtkreuzer sollten dabei jeder ein feindliches Schiff beschießen, während *Blücher* der *New Zealand* und *Indomitable* überlassen werden sollte. Der Kommandant der *Tiger* glaubte jedoch, den ständigen Grand-Fleet-Gefechtsbefehl ausführen zu sollen. Dieser sah vor, daß bei einem Kräfteverhältnis von fünf gegen vier Schiffen zwei ihr Feuer auf das führende Feindschiff zu konzentrieren hatten. Daher beschossen *Tiger* und *Lion* gleichzeitig die *Seydlitz* und beschädigten sie schwer. *Moltke* hingegen blieb mindestens 15 Minuten lang unbeschossen und konnte mit den anderen deutschen Schlachtkreuzern das Feuer auf Beattys Flaggschiff *Lion* konzentrieren. Zwischen 10.15 Uhr und 10.30 Uhr durchbrachen Salventreffer an zwei Stellen den Seitenpanzer der *Lion* und verursachten einen beträchtlichen Wassereinbruch. Trotzdem ging das Verfolgungsgefecht der Schlachtkreuzer unvermindert weiter. Die Schlachtkreuzer liefen mit so hoher Fahrt, daß es beiden Seiten nicht möglich war, ihre Torpedoboots- bzw. Zerstörerflottillen zu Torpedoangriffen anzusetzen. *Blücher* blieb immer weiter zurück, bis um 10.48 Uhr beobachtet wurde, daß das Schiff manövrierunfähig war. Beatty wies *Indomitable* an, den deutschen Panzerkreuzer zu versenken. Bevor *Indomitable* diesen Befehl ausführen konnte, signalisierte Beatty allen seinen Schiffen eine 90-Grad-Wendung nach Backbord, um einem U-Boot auszuweichen. Als ihm einige Minuten später klar wurde, daß eine so große Kursänderung dem fliehenden Feind einen zu großen Vorsprung geben würde, ließ er das Signal ›Kurs NO‹ heißen, um die Wendung auf 45 Grad zu begrenzen. Alle fünf britischen Schlachtkreuzer hatten Kurs auf *Blücher* genommen, als Treffer einer deutschen Salve solche Schäden im Backbordmaschinenraum der *Lion* verursachten, daß eine Maschine gestoppt werden mußte. Mit auf 15 Knoten herabgesetzter Fahrt und beträchtlicher Schlagseite mußte *Lion* aus der Gefechtslinie ausscheren. Bevor Beatty jedoch die Kontrolle über sein Geschwader verlor, ließ er noch zwei Befehle signalisieren: »Schluß des Feindes angreifen« und »Näher am Feind bleiben«. Leider wurde das erste Signal bereits vorgeheißt, als das Signal ›Kurs NO‹ noch immer wehte. Der Abstand zwischen dem schwerbeschädigten Flaggschiff und dem übrigen Geschwader war zu groß geworden, als daß man das zweite Signal noch hätte richtig ablesen können. Beattys letzter Befehl wurde verstanden als »Schluß des Feindes angreifen, Peilung NO«. Dies war aber die Peilung des Schlußschiffes *Blücher*, und Moore verstand den Befehl so: Er solle *Blücher* vernichten. Dies war auch die Interpretation der Kommandanten von *Tiger* und *Princess Royal*. Daher schlossen sie sich *New Zealand* und *Indomitable* an, um den lahmgeschossenen deutschen Nachzügler ganz zu vernichten. Als *Blücher* endlich nach insgesamt sieben Torpedo- und über 70 Granattreffern um

12.10 Uhr sank, waren die drei deutschen Schlachtkreuzer, deren Admiral es vor allem darum ging, die schwerbeschädigte *Seydlitz* zu retten, hinter dem Horizont verschwunden. Beatty, der sich durch einen Zerstörer auf *Princess Royal* übersetzen ließ, konnte schließlich wieder das Kommando über sein Geschwader übernehmen, aber ihm blieb nur noch übrig, mit der beschädigten *Lion* im Schlepp der *Indomitable* das Geschwader zurück nach Rosyth zu führen.

»Die Versenkung der *Blücher* und die nach schweren Beschädigungen erfolgte Flucht der anderen deutschen Schiffe wurde als solides und unzweifelhaft positives Ergebnis anerkannt«, schrieb Churchill. Das war in der Tat ein britischer Sieg, der Beatty zuzuschreiben war, aber es hätte ein entscheidender Sieg werden können, wenn Beatty nicht gerade im kritischsten Augenblick durch die schwere Beschädigung der *Lion* die Befehlsgewalt über sein Geschwader verloren hätte. Zu diesem relativen Mißerfolg trug auch Moores Entscheidung bei, einen bereits lahmgeschossenen Panzerkreuzer zu versenken, statt die gegnerische Hauptmacht zu verfolgen. Er »hätte ungeachtet aller Signale weiterstürmen müssen, wenn er den geringsten Funken Nelsonschen Geistes in sich gefühlt hätte. Im Krieg ist dies das erste Prinzip: (Solchen) Befehlen gehorcht man nicht. Jeder Narr kann Befehle ausführen« *(Fisher)*. Aber Beattys Stellvertreter war in einer Marine ausgebildet worden, die auf unbedingten Gehorsam eingeschworen war. Auch Beatty hatte zum Verhalten Moores beigetragen, denn sein Signal ›Schluß des Feindes angreifen‹ war überflüssig und konnte zu Fehlinterpretationen führen. (Beatty hatte signalisieren wollen: »Ran an den Feind«, aber dieser Nelsonsche Imperativ war aus dem Signalbuch gestrichen worden. Und Beattys Signaloffizier fand zu spät die schwächere Alternative ›Näher am Feind bleiben‹.) Daher machte Beatty Moore auch keinen Vorwurf. Er überließ es der Admiralität, Moore unauffällig aus der Grand Fleet abzuberufen. Aber ein Kriegsgerichtsverfahren wäre vielleicht zweckmäßiger gewesen, um klarzustellen, daß die Grand Fleet zum zweitenmal innerhalb von zwei Monaten die Chance für einen entscheidenden Sieg über den Gegner verpaßt hatte, weil ein Admiral den Befehl eines Vorgesetzten blind ausgeführt hatte, anstatt eigenverantwortlich zu handeln. Und auch hier war fehlerhafter Signalverkehr zu verzeichnen gewesen. Die Deutschen dagegen hatten auf ihrem beschädigten Flaggschiff Entscheidendes gelernt. Beim Abbrennen der durch Treffer in den beiden achteren Türmen der *Seydlitz* entzündeten Kartuschen war eine Stichflamme unter den Turmmänteln hindurchgeschlagen und hätte die Munitionsmagazine zur Explosion gebracht, wenn sie nicht sofort geflutet worden wären. Aufgrund dieser Erfahrung wurden bei der deutschen Hochseeflotte noch vor der Skagerrakschlacht Maßnahmen zur Verminderung dieser Gefahr getroffen, unter der die Großkampfschiffe aller Marinen litten.

Kurz nach dem Gefecht an der Doggerbank wurde die Grand Fleet reorganisiert. Die nach Vernichtung der deutschen Auslands-Kreuzer von ihren Überseestationen zurückbeorderten Schiffe brachten Beattys Schlachtkreuzer auf sieben Einheiten in zwei Geschwadern: Mit drei leichten Kreuzergeschwadern, einschließlich Goodenoughs neuem II. Kreuzergeschwader, und einigen Zerstörerflottillen bildeten sie die Schlachtkreuzerflotte in Rosyth[89]. Gleichzeitig gestattete Jellicoe die Verlegung eines Schlachtschiffgeschwaders nach Süden, nach Cromarty. Am 23. März richtete Jellicoe an Beatty ein Schreiben mit so klaren Auffassungen und von so prophetischer Bedeutung, daß ein ausführliches Zitat gerechtfertigt ist:

> Ich nehme an, daß die Deutschen früher oder später versuchen werden, Sie in eine Falle zu locken, indem sie (ihre) Schlachtkreuzer als Köder aufs Spiel setzen. Sie müssen wissen, daß ich dort bin, wo ich tatsächlich bin – und daß Sie dort stehen, wo Sie tatsächlich stehen. Nun könnten sie so denken: Dies ist eine Lage, die sich für eine Falle ausnützen läßt, um Sie in Schußweite der Hochseeflotte zu locken, wobei die deutschen Schlachtkreuzer als Köder dienen würden. Sie wissen, daß wenn man Sie dazu bringen könnte, sich auf eine Verfolgung einzulassen, alles dafür spricht, daß Sie 100 Seemeilen von mir entfernt stehen würden; sie könnten Sie unter solchen Bedingungen sehr wohl bis in die Deutsche Bucht ziehen, ohne daß ich Sie wirksam unterstützen könnte. Das ist natürlich ungefährlich, solange Sie Ihre Geschwindigkeit halten können; wenn aber einige Ihrer Schiffe im Kampf mit deutschen Schlachtkreuzern oder durch U-Boote erhebliche Geschwindigkeitsverluste erlitten haben sollten, erscheint mir der Verlust solcher Schiffe unvermeidlich zu sein, wenn Sie in die Nähe der Hochseeflotte gelockt werden und ich noch zu weit abstehe, um Ihnen oder den beschädigten Schiffen helfen zu können, sich noch vor Einbruch der Dunkelheit vom Feind abzusetzen. Ein Nacht-

> gefecht in der Deutschen Bucht ist undenkbar. Die Deutschen könnten Sie dann mit der Hochseeflotte abschneiden. Dies ist ein Plan, den ich selbst ganz sicher durchzuführen versuchen würde, wenn ich an Stelle der Deutschen wäre. Wahrscheinlich kennen die Deutschen aus Berichten Sie und Ihre Eigenschaften sehr gut und könnten versuchen, sich Ihre Eigenschaft, »nicht mehr loszulassen, was Sie einmal gepackt haben«, zunutze zu machen, eine Eigenschaft, die Sie gottlob besitzen. Admiralität und Vaterland würden Sie sicherlich im Falle eines Erfolges loben, aber eine genau entgegengesetzte Haltung gegen Sie einnehmen, wenn Sie dabei Pech haben sollten. Vielleicht braucht man sich über die Einstellung anderer keine Sorgen zu machen; jedoch muß man sich sehr ernsthaft mit den Folgen für das ganze Land befassen, wenn großes Pech zu einer ernsten Verminderung unserer relativen Überlegenheit führen kann. Selbstverständlich ist ein solches Unternehmen wie ein Spiel, das den Einsatz wert sein muß, aber nur der Befehlshaber an Ort und Stelle kann die Entscheidung treffen. Und wenn das Spiel seinen Einsatz wert zu sein scheint, können die damit verbundenen Risiken eingegangen werden. Falls dies aber nicht ganz klar ist, bin ich der Ansicht, so widerwärtig das auch sein mag, daß es dann die Pflicht gebietet, vorsichtig zu sein. Ich bin fest davon überzeugt, daß Sie erkennen werden, was unter den jeweiligen Umständen die richtige Entscheidung ist, und weiß, daß Sie diesen Entschluß siegreich durchführen werden.

Jedoch sollte ein ganzes Jahr verstreichen, bevor die Deutschen die Falle aufbauten, vor der Jellicoe seinen Untergebenen mit so beredten Worten gewarnt hatte. Zwar umfaßte Ende 1915 die britische Schlachtflotte 27 Dreadnoughts (einschließlich der drei neuen ölgefeuerten, 24 Knoten schnellen und mit 38,1-cm-Geschützen armierten Einheiten der *Queen Elizabeth*-Klasse), während die deutsche Stärke bei 17 Großkampfschiffen stehengeblieben war; auch Beattys Schlachtkreuzerflotte war auf neun Einheiten angewachsen, die in drei Geschwader gegliedert waren, während zu den vier deutschen Schlachtkreuzern lediglich die *Lützow* hinzugekommen war. Aber die Hochseeflotte hatte einen neuen Flottenchef erhalten. Über den Verlust der *Blücher* erzürnt, hatte der Kaiser in einer irrationalen Aufwallung Admiral von Ingenohl[90] abgesetzt und ihn durch den willfährigen Admiral von

Pohl ersetzt, der seine Aktivität von Februar bis Dezember 1915 auf gelegentliche Minenunternehmen beschränkte. Die deutsche Hochseeflotte stieß nie weiter als bis Horns Riff vor und vermied sorgsam jede weitere Begegnung mit Jellicoes Einheiten, die bei ihren periodischen Unternehmungen quer durch die Nordsee auch zusätzliche Vorstöße in den Skagerrak unternahmen. Der Nachfolger Pohls als Chef des deutschen Admiralsstabs, Admiral Bachmann, befaßte sich mit einer ganz anderen Offensive: Pohl hatte Tirpitz' Unterstützung für den Einsatz von U-Booten zu einem Schlag gegen den britischen Seehandel gewinnen können, also für ein Unternehmen, gegen das die Grand Fleet keinen Schutz bieten würde. Der Reichskanzler v. Bethmann-Hollweg[91] legte energischen Einspruch ein. Er befürchtete ungünstige Reaktionen neutraler Länder, wenn ihre Handelsschiffe unter Verletzung des Völkerrechts angegriffen würden. Und einmal mehr setzte sich der ungeduldige Oberste Kriegsherr über den Rat eines zivilen Ministers zugunsten seiner Militärberater hinweg: Mit Wirkung vom 16. Februar 1915 verfügte Deutschland eine sogenannte Kriegs- oder Sperrzone um die britischen Inseln und warnte, daß in dieser ›jedes dort angetroffene Handelsschiff vernichtet werden würde, ohne daß es immer möglich sein werde, Schäden oder Verluste für Besatzungen und Passagiere zu vermeiden‹, da es ›unmöglich sei, Angriffe gegen neutrale Schiffe zu vermeiden, die man leicht mit Feindschiffen verwechseln kann‹. Die Befürchtungen des Reichskanzlers v. Bethmann-Hollweg erwiesen sich sehr bald als begründet. Die ersten neutralen Proteste waren gar nichts, verglichen mit denen, die der Versenkung des brischen Transatlantik-Schnelldampfers *Lusitania* folgten, bei der am 7. Mai 1915 vor Queenstown 1198 Menschen den Tod fanden. Es erhob sich einstimmig ein weltweiter Protest gegen diesen Akt der Unmenschlichkeit, der in der Geschichte aller zivilisierten kriegführenden Mächte nicht seinesgleichen hatte. Der Kaiser lenkte nur soweit ein, als er Angriffe auf große Passagierschiffe untersagte, sofern diese Angriffshandlungen unterließen. Seine U-Boote hatten zu zahlreiche Erfolge gegen eine Nation zu verzeichnen, deren Kriegspläne die Einrichtung eines Konvoi-Systems für nicht erforderlich gehalten hatten, als daß der Kaiser sich zu mehr verstanden hätte, selbst wenn es darum ging, einen so mächtigen Neutralen wie die Vereinigten Staaten wieder zu besänftigen. Natürlich war die den U-Booten auferlegte Zurückhaltung nicht wirksam genug, um einen weiteren ernsten ›Zwischenfall‹ zu vermeiden. Noch während Washington mit Berlin im diplomatischen Streit lag, entschloß sich am 19. August der Kommandant des deutschen U-Boots *U 24*, ein Zickzackmanöver des White Star Liners *Arabic* als Angriffshandlung auszulegen und auch diesen Dampfer auf den Grund der Irischen See zu schicken. Diesmal war der Protest aus Washington so stark, daß der politische Rat Bethmann-Hollwegs befolgt wurde: Bachmann wurde am 3. 9. 1915 durch Admiral von Holtzendorff als Chef des Admiralsstabs ersetzt, und am 5. Oktober erging der Befehl, ›alle Formen des U-Boot-Krieges an der Westküste Großbritanniens und im Kanal einzustellen‹. Soviel über Deutschlands ersten Versuch, einen uneingeschränkten U-Boot-Krieg zu führen.

> Die tödliche Monotonie des Dienstes in der Grand Fleet wird niemand voll zu würdigen verstehen, dessen Schicksal es nicht war, Tag für Tag und Woche für Woche auf das heißersehnte Zusammentreffen mit dem Feind zu warten. Nur diese stets gegenwärtige Hoffnung ließ uns den trüben zweiten Kriegswinter durchstehen. Gelegentliche Unterbrechungen durch Manöver auf See waren unsere einzige Abwechslung. Aber unsere Gereiztheit war so groß, daß selbst diese Gelegenheiten von den meisten von uns nur mit Stöhnen und Murren begrüßt wurden, denn wir befanden uns in einem Zustand äußerster Reizbarkeit und Langeweile, den nur die Aussicht auf Kampf oder Urlaub mildern konnte.

Dies schrieb ein junger Offizier des Linienschiffes *Hercules*. Ohne größeren Unmut ertrug die Flotte unter Jellicoes Führung das Liegen in der trostlosen Öde von Scapa Flow, mit ihren häufigen Nebeltagen, Stürmen und endlosen Winternächten, ganz zu schweigen von der Schwerarbeit und dem Schmutz des Kohlebunkerns nach jeder Rückkehr der Schiffe von Vorstößen auf See. Da waren Beattys Schiffe glücklicher daran, denn Edinburgh war nicht weit. Und ähnliches Glück hatten auch die Offiziere und Mannschaften der Hochseeflotte, die vor Wilhelmshaven auf Schillig-Reede vor Anker gegangen war. Doch die Moral der deutschen Besatzungen sollte der Langeweile und Tatenlosigkeit nicht standhalten; allmählich fielen die Matrosen aufrührerischer Agitation zum Opfer und begingen ernste Disziplinarvergehen. Aber das sollte Admiral von Pohl nicht mehr beunruhigen: Im Januar

1916 stellten Ärzte bei ihm eine tödliche Krebserkrankung fest, und er mußte sein Kommando abgeben.

Sein Nachfolger wurde Vizeadmiral Reinhard Scheer[92]. Der vier Jahre nach Jellicoe geborene Scheer war 1882 in die deutsche Marine eingetreten. Da das Offizierskorps überwiegend dem wohlhabenden Großbürgertum oder adligen Großgrundbesitzerfamilien angehörte, litt Scheer unter dem Nachteil, einer Familie des Mittelstandes zu entstammen. Seine Karriere verlief auch entsprechend langsam. Erst nachdem er 1900 Chef einer Torpedobootsflottille (und Kommandant des Führerkreuzers *Niobe*) geworden war, konnte er sich mit einem Lehrbuch über taktischen Torpedoeinsatz einen Namen machen. Danach erfuhr er Anerkennung durch Beförderung zum Kapitän zur See und wurde Kommandant des Linienschiffes *Hessen*. 1912 wurde er als Stabschef der Hochseeflotte berufen. Als der Krieg ausbrach, war er etwas über fünfzig Jahre alt und zunächst Befehlshaber des II., später des III. Geschwaders der Hochseeflotte. In beiden Kommandos war er zwar nicht ins Gefecht mit dem Feind gekommen; aber 18 Monate ununterbrochenen Kriegsdienstes auf der Hochseeflotte hatten ihn für das höchste Kommando qualifiziert. Dennoch ist schwer verständlich, aus welchen Gründen der Kaiser ihn akzeptierte, denn Scheer gehörte wie Tirpitz zu jenem Kreis deutscher Marineoffiziere, die unaufhörlich auf ein offensives Vorgehen der deutschen Flotte drängten. Im Vertrauen auf die Überlegenheit der deutschen Schiffe über die britischen und von der Überzeugung getragen, die deutschen Offiziere und Mannschaften seien den britischen mindestens ebenbürtig, verwarf Scheer den Gedanken, daß einer zahlenmäßig schwächeren Flotte notwendigerweise eine Niederlage beschieden sein müsse. Scheers wenig attraktive Gesichtszüge spiegelten seinen festen Charakter ebenso wider wie seine einfach-biedere Persönlichkeit. Mag es ihm auch an Vorstellungskraft und Sinn für Humor gemangelt haben, die unter einjähriger Untätigkeit leidende deutsche Hochseeflotte begrüßte ihn jedenfalls als tatkräftigen Führer, dem der Ruf eines guten Taktikers vorausging, der die Notwendigkeit eines hohen Ausbildungsstandes von Schiffen und Besatzungen erfaßte.

Jedoch hätte man von einem anderen Mann eher angenommen, daß der Kaiser ihn zum Nachfolger Pohls bestimmen werde: Konteradmiral Franz Hipper[93]. Mit Scheer gleichaltrig und wie er aus dem bürgerlichen Mittelstand stammend, hatte er entsprechend langsam Karriere gemacht. Immerhin war er 1913 zum Befehlshaber der deutschen Aufklärungsstreitkräfte, einschließlich der Schlachtkreuzer, avanciert. Mit diesen hatte er den Angriff auf die Küste von Yorkshire geführt und auf der Doggerbank gekämpft. Dabei hatte er die Fähigkeit bewiesen, offensive Unternehmen durchzuführen, ohne mit stärkeren Feindverbänden in zu riskante Gefechte verwickelt zu werden. Neben seinem anerkannten Ruf als ausgezeichneter Berufsseemann und seiner Fähigkeit, den Ausbildungsstand seiner Schiffe fast bis zur Vollkommenheit zu steigern, hatte er sich geweigert, mit denen gemeinsame Sache zu machen, die für eine aggressivere Rolle der Hochseeflotte agitierten. Als Taktiker und Kämpfer war er Scheer sicher ebenbürtig; dennoch blieb dieser hochgewachsene und vornehme Seeoffizier zunächst auf seinem Posten als Befehlshaber der Aufklärungsstreitkräfte, vielleicht weil seine Vorgesetzten diesem besonnenen und bescheidenen Mann die für den Befehlshaber einer Flotte erforderlichen Fähigkeiten nicht zutrauten.

Jedenfalls aber waren Reinhard Scheer und Franz Hipper ebenbürtige Gegner Jellicoes und Beattys, denen sie in nichts nachstanden – weder an Talent, Fähigkeiten noch Erfahrung. Beide Deutschen litten jedoch unter einem Handikap, das so schwer wie die zahlenmäßige Unterlegenheit ihrer Flotte wog. Die britischen Admirale kamen aus demselben ›Stall‹ wie Grenville[94], Hawke und St. Vincent[95]. Jellicoe mag aus kluger Vorsicht Fehlentscheidungen getroffen haben. Doch waren er und Beatty Erben jener Größe, die britische Führer zur See so oft befähigte, das zu erringen, was Drake ›den wahren Ruhm‹ genannt hatte. Keyes in Zeebrugge[96] im Jahre 1918 und Cowan[97] ein Jahr später in Kronstadt lieferten klassische Beispiele für das, was Cunningham[98] beim Verlust Kretas so trefflich ausgedrückt hat: Ein Schiff läßt sich in drei Jahren bauen, aber zum Aufbau einer Tradition braucht man drei Jahrhunderte! Das bittere Tirpitzsche Urteil, »das deutsche Volk habe die See nicht verstanden«, mag im Lichte des Beinahe-Erfolges des deutschen U-Boot-Krieges im Jahre 1917 als Übertreibung erscheinen. Aber schon die taktische Gefechtsführung des Grafen Spee bei den Falklandinseln am 8. Dezember 1914 ließ beispielhaft jenes psychologische Handikap erkennen, unter dem alle deutschen Admirale litten, eben weil ihre Flotte eine Schöpfung so jungen Ursprungs war: Graf Spee machte kehrt und versuchte sich abzusetzen – aber nicht etwa vor Sturdees Schlachtkreuzern, sondern vor von ihm als alte Vor-

Dreadnoughts ausgemachten britischen Schiffen, die seine eigenen Panzerkreuzer in Port Stanley hätten vernichten können, bevor die britischen Schiffe hätten Dampf aufmachen und die Trossen loswerfen können. Auch Scheer und Hipper litten nicht nur unter den kaiserlichen Beschränkungen der Operationen der Hochseeflotte: Sie zögerten vor dem Kampf mit einer Marine, deren jahrhundertelange ruhmreiche Tradition sie als nahezu unbesiegbar erscheinen ließ.

Trotzdem sollte die nunmehr von Jackson geleitete britische Admiralität bald merken, daß die Hochseeflotte einen Führer von anderem Kaliber als Pohl gefunden hatte. Schon Anfang Februar 1916 griffen deutsche leichte Seestreitkräfte eine britische Minensuchflottille in der Nähe der Doggerbank erfolgreich an und entkamen, bevor Beatty oder Tyrwhitt auf dem Kampfplatz erscheinen konnten. Im gleichen Monat steigerte Scheer die Zeppelin-Luftangriffe auf Großbritannien. Jedoch befriedigte keine dieser Unternehmungen Ludendorffs Forderung nach einer größeren Offensivanstrengung der Marine, welche die Alliierten zwingen würde, die mit Gefallenen übersäten Hügel von Verdun zu räumen. Eine amerikanische Note an alle kriegführenden Mächte vom 18. Januar 1916 schien eine Lösung zu bieten. Zwar hatte das Kabinett Asquith die unglückliche amerikanische Forderung, wonach Handelsschiffe in Zukunft nicht mehr zur Selbstverteidigung bewaffnet sein sollten, sehr schnell zurückgewiesen, damit Deutschland keinen Vorwand für eine Wiederaufnahme des uneingeschränkten U-Boot-Krieges erhielt, doch glaubte man in Berlin, erwarten zu können, daß Washington London zum Einlenken zwingen würde. Durch einen höchst seltsamen Denkschluß glaubte man ferner, es sei für die deutsche Marine jetzt politisch unbedenklich, ihren U-Booten nunmehr wieder das Operieren in der gesamten Kriegszone zu gestatten, sofern nur keine Passagierschiffe angegriffen würden. Selbst diese Einschränkung war nun aber für den kriegerischen Tirpitz, »jenen einzigen deutschen Seemann, der den Krieg versteht« *(Fisher)*, zu viel, nachdem auch seine Bemühungen, für sich selbst den Posten eines Oberbefehlshabers der kaiserlichen Marine zu schaffen, am Einspruch des Kaisers, der keinerlei Einschränkungen seiner Befehlsgewalt dulden wollte, gescheitert waren. Nicht zum erstenmal bot Tirpitz seinen Rücktritt[99] an; diesmal jedoch wurde sein Rücktrittsgesuch vom Kaiser angenommen (15. 3. 1916). Auch seinen Nachfolger, Admiral von Capelle, ereilte die Nemesis rasch: am 24.

März torpedierte das deutsche U-Boot *UB 29* in der Annahme, es handele sich um einen Truppentransporter, die Kanalfähre *Sussex*, die eine Anzahl amerikanischer Passagiere an Bord hatte. Drei Wochen später teilte Washington Berlin in einer Note mit, daß, sofern das Deutsche Reich den ›U-Boot-Krieg gegen Passagier- und Frachtschiffe nicht sofort einstelle, der Regierung der Vereinigten Staaten keine andere Wahl bleibe, als die diplomatischen Beziehungen zum Deutschen Reich abzubrechen‹.

Nun mußte sich der Kaiser entscheiden zwischen seinen militärischen Ratgebern, die darauf bestanden, daß nur der uneingeschränkte U-Boot-Krieg der in harten Kämpfen stehenden deutschen Armee die dringend erforderliche Entlastung bringen könne, und von Bethmann-Hollwegs Versicherung andererseits, wonach dies die Vereinigten Staaten auf seiten der Alliierten in den Krieg zwingen werde. Wiederum entschloß sich der Kaiser zu einem Kompromiß. Am 23. Februar 1916 billigte er als Alternative den Einsatz der Hochseeflotte für vorsichtige offensive Operationen mit dem Ziel, schwächere Teile der Grand Fleet in die Falle zu locken und zu vernichten. Anfang März unterstützte Scheer einen Vorstoß der Schlachtkreuzer mit zwei seiner Großkampfschiffgeschwader, jedoch ohne Erfolg. Die Admiralität ihrerseits hatte von diesem deutschen Vorstoß zu spät Kenntnis erhalten, um der Grand Fleet das Auslaufen zu befehlen. Zehn Tage später geleiteten die Harwich-Streitkräfte das Flugzeugmutterschiff *Vindex* durch die Nordsee zur Durchführung eines Luftangriffs auf die Zeppelinhallen in der Nähe von Tondern. Die Absetzbewegung Tyrwhitts wurde zunächst durch eine Zerstörerkollision und später durch einen noch ernsteren Zusammenstoß zwischen dem Kleinen Kreuzer *Undaunted* und Tyrwhitts neuem Flaggschiff *Cleopatra* verzögert. Die Schlachtkreuzerflotte, gefolgt von der britischen Schlachtflotte, eilte zur Unterstützung der britischen Kräfte herbei, als die Hochseeflotte die Jade verließ, um zur Vernichtung der britischen Streitkräfte anzusetzen. In den frühen Morgenstunden des 26. März schien alles darauf hinzudeuten, daß Beatty auf Scheer und Hipper treffen würde, bevor Jellicoe auf dem Kampfplatz erscheinen konnte. Jedoch wurde Scheer durch einen schweren Sturm mit hohem Wellengang bewogen, das Risiko eines Kampfes bei so ungünstigem Wetter nicht einzugehen. Er befahl den Rückmarsch in den Hafen, ohne von den britischen Streitkräften gesichtet worden zu sein.

Das nächste Auslaufen der Hochseeflotte erfolgte am 21. April

1916 in Erwartung eines weiteren durch Tyrwhitt vorgetragenen Luftangriffs auf Tondern. Die britische Admiralität wurde von ›Room 40‹ rechtzeitig vom Auslaufen der deutschen Kräfte in Kenntnis gesetzt, so daß die Grand Fleet zu einem Vorstoß in den Skagerrak angesetzt werden konnte. Noch bevor sie dieses Seegebiet in den frühen Morgenstunden des 22. April erreichen konnte, hatte Scheer, dessen Aufklärungsmittel sich leistungsmäßig niemals mit denen der Admiralität messen konnten, die Überzeugung gewonnen, der Angriff Tyrwhitts sei aufgeschoben worden. Er hatte daraufhin seinen Einheiten das Einlaufen in die Jade befohlen. Jellicoe hielt den Kurs in Richtung Horns Riff, weil er hoffte, Scheer immer noch zur Schlacht stellen zu können. Am Nachmittag dieses Tages gerieten die britischen Schlachtkreuzer jedoch in dichten Nebel, und um 18.00 Uhr kollidierten die Schlachtkreuzer *Australia* und *New Zealand* und wurden so stark beschädigt, daß Beatty den Rückmarsch nach Rosyth antreten mußte. Auch die britische Schlachtflotte hatte ähnliche Schwierigkeiten. Das Linienschiff *Neptune* kollidierte mit einem neutralen Handelsschiff; drei Zerstörer erlitten ebenfalls starke Havarien. Jellicoe lag daher mit seiner Flotte bereits in den Morgenstunden des 24. April wieder in Scapa Flow. Seine ganze Flotte war bei der Kohlenübernahme, als er die Nachricht von dem irischen Osteraufstand in Dublin erhielt, verbunden mit der Warnung, unterstützende Aktionen der sympathisierenden Deutschen seien zu erwarten: Scheer hatte einen Vorstoß zur Beschießung von Lowestoft als Köder ausgelegt, um britische Einheiten in den Rachen der deutschen Hochseeflotte zu locken, die in den frühen Morgenstunden des 24. April aus ihrem Stützpunkt ausgelaufen war. An diesem Nachmittag lief der deutsche Schlachtkreuzer *Seydlitz* auf eine britische Mine und wurde so stark beschädigt, daß eine Rückkehr in den Hafen erforderlich wurde. Konteradmiral Boedicker, der anstelle des erkrankten Hipper vorübergehend den Befehl über die Aufklärungsstreitkräfte führte, setzte seine Flagge daraufhin auf *Lützow* und hatte bei Einbruch der Dunkelheit eine Position 50 sm vor Scheers Gros eingenommen. Die Dechiffrierexperten in ›Room 40‹ hatten aus dem regen Funkverkehr der deutschen Einheiten bald ausreichende Informationen zusammengetragen, um Jellicoe zu warnen, daß die deutsche Hochseeflotte in See war. Um 19.50 Uhr besaß die Admiralität genügend Überblick, um der Grand Fleet den Befehl zum Auslaufen und für einen Vorstoß mit südlichem Kurs zu geben.

Da Beatty zwei seiner Schlachtkreuzer fehlten, sandte Jellicoe sein (aus der *Queen Elizabeth*-Klasse bestehendes) schnelles V. Schlachtgeschwader voraus, um die Schlachtkreuzerflotte zu verstärken. Ferner wurden die Harwich-Streitkräfte und 12 U-Boote auf nach Ansicht der Admiralität für das Abfangen des Feindes geeignete Positionen befohlen. Unter Nichtbeachtung der von ihm für falsch gehaltenen Befehle führte Tyrwhitt seine Einheiten jedoch in Richtung Lowestoft. Im Morgengrauen (03.50 Uhr) des 25. April wurde sein Ungehorsam dadurch belohnt, daß er die vier deutschen Schlachtkreuzer nördlich voraus ausmachen konnte. Für einen direkten Angriff waren seine Streitkräfte zu schwach; daher manövrierte er so, daß der Feind der Versuchung, sie zu verfolgen, erliegen konnte. Aber Boedicker war seinem Zielpunkt schon zu nahe, um sich noch weglocken zu lassen. Um 04.10 Uhr begannen seine Einheiten mit einer 10minütigen Beschießung von Lowestoft. Nach Zerstörung von 200 Häusern führte er seine Schlachtkreuzer zum Angriff gegen Yarmouth nach Norden. Er hatte jedoch kaum das Feuer eröffnet, als seine Kleinen Kreuzer meldeten, sie stünden im Gefecht mit den Schiffen Tyrwhitts. Nun entschloß sich Boedicker, seinen Kleinen Kreuzern zu Hilfe zu eilen. Yarmouth war gerettet auf Kosten einer kurzen Gefechtsberührung, in deren Verlauf der Kleine Kreuzer *Conquest* einen Treffer erhielt. Obwohl es in Boedickers Macht gelegen hätte, seinen ebenso kühnen wie schwachen Gegner zu vernichten, setzte er sich nach Osten zu Scheers Hochseeflotte ab, die bereits (um 05.20 Uhr) den Kurswechsel zum Rückmarsch vollzogen hatte. Tyrwhitt folgte bis 08.45 Uhr, als ihm die Admiralität die Rückkehr zum Stützpunkt befahl. Die mit Höchstgeschwindigkeit nach Süden stürmende Schlachtkreuzerflotte hatte Boedicker nur um 45 sm verfehlt. Als dies klar wurde, lief auch Beatty zu seinem Heimatstützpunkt zurück.

Nun unternahm die Grand Fleet am 3. Mai 1916 den Versuch einer Vergeltungsaktion. Jellicoe lief mit zwei Kampfgruppen aus. Eine hatte den Befehl, vor dem Ausgang der von deutschen Minensuchern freigehaltenen Fahrtwege Minen zu legen. Die andere sollte einen weiteren Luftangriff auf die Zeppelinhallen von Tondern durchführen. Beide Kampfgruppen wurden in der Erwartung, daß diese Aktionen vor den deutschen Stützpunkten die Hochseeflotte herauslocken würden, von der Schlachtflotte und Beattys Schlachtkreuzern gedeckt. Das Legen der Minensperren wurde jedoch vom Feind nicht erkannt. Von den für den Angriff

Oben: Deutscher Kleiner Kreuzer ›Frauenlob‹, IV. Aufklärungsgruppe (beim Gros), ging im schweren Nachtgefecht mit britischen Kreuzern kurz vor Mitternacht unter. Sein Kommandant, Fregattenkapitän Georg Hoffmann, und 323 Mann der Besatzung fanden den Tod.
Mitte: Deutscher Schlachtkreuzer ›Von der Tann‹, eines der erfolgreichsten deutschen Schiffe in der Skagerrakschlacht: Unter seinen Treffern sank der britische Schlachtkreuzer ›Indefatigable‹.

Unten: Deutsches Linienschiff ›Großer Kurfürst‹ und ein Schwesterschiff der König-Klasse, welche die vier modernsten und kampfkräftigsten Linienschiffe der deutschen Hochseeflotte in der Skagerrakschlacht umfaßte (5. Division des III. Geschwaders).

Der Stab des deutschen Flottenchefs auf SMS ›Friedrich der Große‹ wenige Tage nach der Skagerrakschlacht. Vordere Reihe (v. l. n. r.): Korv.-Kapt. Franz, Korv.-Kapt. Wilke, Korv.-Kapt. Dietrich Meyer-Quittlingen, Kapt. z. S. v. Levetzow, Admiral Scheer, Kapt. z. S. v. Trotha, Freg.-Kapt. Quaet-Faslem, Kapt. z. S. Fuchs (Kommandant d. Flaggschiffs), Korv.-Kapt. Reymann, Oberlt. z. S. Mirow. Hintere Reihe (v. l. n. r.): M.-Gen.-Stabsarzt Dr. Gudden, Kaptlt. Frhr. v. Weizsäcker, M.-Chef-Ing. Schützler, Oberkriegsgerichts-Rat Coester, Korv.-Kapt. Heusinger v. Waldegg, Stabszahlmeister Wulff.

eingesetzten Flugzeugen konnte bei der herrschenden starken Dünung nur eines starten. Abgelenkt von der Notwendigkeit, acht seiner zufällig gerade von einem Luftangriff auf Großbritannien zurückkehrenden Zeppeline aufzunehmen, erhielt Scheer vom Inseestechen der britischen Streitkräfte erst am späten Abend des 4. Mai Kenntnis. Zum Zeitpunkt seines Auslaufens aber hatte Jellicoe seinen Schiffen bereits den Rückmarschbefehl erteilt.

Der deutsche Reichskanzler zitierte die Beschießung Lowestofts als Beweis dafür, daß Großbritannien nicht mehr die See beherrsche. Damit wollte er den Aufschub einer neuen U-Boot-Aktion auf unbestimmte Zeit erzwingen. In Großbritannien aber »war die Straflosigkeit, mit welcher der Feind nach seiner langen Untätigkeit unsere Ostküste angreifen konnte, ein ziemlicher Schock für die Öffentlichkeit« *(Corbett)*. Balfour versprach den Bürgermeistern von Lowestoft und Yarmouth eine Änderung der Dislokation der britischen Flotte, damit solche Vorkommnisse in Zukunft verhindert werden konnten. Darüber war bereits seit einem Jahr aus zahlreichen anderen Gründen diskutiert worden, bei denen es um mehr ging als die Notwendigkeit, eine ausreichende Streitmacht dort zu stationieren, wo sie zum Abfangen feindlicher Vorstöße gegen die englische Küste am günstigsten stand. Sechs Monate zuvor hatte Beatty ein Weiteres getan. Sein Interesse an artilleristischen Fragen hatte er schon vor dem Krieg unter Beweis gestellt, indem er der Admiralität das Zugeständnis abgerungen hatte, seinen Schlachtkreuzern die Durchführung von Gefechtskaliber-Schießübungen bei der realistischen Geschwindigkeit von 20 Knoten zu gestatten, statt mit den damals vorgeschriebenen 10 Knoten. Nun brachte er der Admiralität gegenüber seine Sorge über die Folgen der in Rosyth fehlenden Übungsmöglichkeiten in vor U-Boots-Angriffen sicheren Gewässern zum Ausdruck: »Wir müssen unsere artilleristischen Leistungen auf Höchststand halten. Unsere Gelegenheit dazu ist jedoch hier am Ort gleich Null«, schrieb er. Von Jellicoe wurde folgende Lösung vorgeschlagen: Die Schlachtkreuzer sollten jeweils nacheinander nach Scapa Flow gehen, wo diese Möglichkeiten vorhanden waren. Jedoch beharrte Beatty, auch als er die schlechten Ergebnisse des von den Schlachtkreuzern im Oktober durchgeführten Gefechtsschießens selbst zu kritisieren hatte, auf seiner Meinung, daß er nicht einen einzigen Schlachtkreuzer zur Verlegung nach Norden entbehren könne. Dagegen schlug er Anfang 1916 vor, seine Schlachtkreuzerflotte solle dadurch verstärkt werden, daß das stark gepanzerte V. Schlachtgeschwader (aus Scapa Flow) gegen die drei Schlachtkreuzer der leichtgepanzerten *Invincible*-Klasse ausgetauscht werde. Jellicoe akzeptierte jedoch Beattys Behauptung nicht, daß kein Geschwindigkeitsunterschied bei diesen Einheiten bestehe; er war nach wie vor der Meinung, die *Queen Elizabeth*-Klasse könne nur etwa 23,5 Knoten laufen, verglichen mit den 25 Knoten der Schlachtkreuzer der *Invincible*-Klasse. Daher seien die Schlachtschiffe für Beattys Zwecke zu langsam. Schließlich hatte im Februar 1916 der Kriegsausschuß nach erneuter Verwerfung der Fisherschen Konzeption einer Landeoperation in der Ostsee Jellicoe dazu gedrängt, seine ganze Schlachtflotte weiter nach Süden, nämlich nach Rosyth zu verlegen. Unter Berufung auf sein Schreiben vom 30. Oktober 1914 und unter Hervorhebung der am Firth of Forth bestehenden unzulänglichen U-Boot-Abwehr für eine Streitmacht, die zu groß war, um oberhalb der Brücke zu ankern, weigerte sich der Oberbefehlshaber, dieser Aufforderung nachzukommen: »Die Aufrechterhaltung der Sicherheit und überwältigenden Stärke der Grand Fleet war Jellicoes oberstes Ziel, ja geradezu zu seiner zweiten Natur geworden« *(Churchill)*. Der Kriegsausschuß schlug daraufhin als Alternative vor, das V. Schlachtgeschwader solle Beattys Befehl unterstellt und die Vor-Dreadnought-Linienschiffe Admiral Bradfords in den Humber oder die Themsemündung verlegt werden. Auch diesem Vorschlag widersetzte sich Jellicoe mit dem Argument, die Linienschiffe der *Queen Elizabeth*-Klasse seien als schnelle Flankenstreitkräfte für seine eigene Schlachtflotte unentbehrlich. Der feindliche Angriff auf Lowestoft erzwang nunmehr eine Gegenmaßnahme. Das III. Schlachtgeschwader ging Anfang Mai 1916 nach Sheerness. Eine in Rosyth am 12. Mai abgehaltene Konferenz beschloß, daß der Aufbau der Sicherungsanlagen am Firth of Forth beschleunigt abgeschlossen werden müsse, damit Jellicoes Hauptflotte dorthin verlegt werden könne. In der Zwischenzeit aber sollte das V. oder IV. Schlachtgeschwader von Zeit zu Zeit nach Rosyth verlegt werden, während die Schlachtkreuzergeschwader abwechselnd zum Gefechtsschießen nach Scapa Flow gehen würden. Aber diese Entscheidung kam zu spät, um mehr als die artilleristischen Leistungen eines der Geschwader Beattys zu steigern, bevor der nächste entscheidende Vorstoß der deutschen Hochseeflotte erfolgte.

Und so war es denn Mitte Mai 1916 geworden. Jetzt sollten die Operationen, die sich in den vier Monaten des Wechselspiels von Vorstößen und Gegenvorstößen der britischen und deutschen Flotten vollzogen hatten, zu einer großen Seeschlacht führen. In diesem Kapitel wurden die unterschiedlichen Marinestrategien der beiden Länder, die Persönlichkeit und Qualitäten ihrer wichtigsten Flottenführer sowie einige Vorzüge und Mängel ihrer Schiffe und Methoden aufgezeigt. Ein weiterer wichtiger Faktor muß noch erwähnt werden: Für die britische Flotte bildete das Geschütz die entscheidende Waffe wie seit 400 Jahren – und Jellicoe war Artilleriespezialist. Der oberste operative Zweck seiner Kreuzer und Schlachtkreuzer war es, das eigene Gros in Gefechtsberührung mit dem Feind zu bringen. Die oberste taktische Aufgabe seiner Zerstörer bestand darin, das britische Gros vor Torpedoangriffen zu schützen. Der Angriff britischer Zerstörer gegen den Feind bildete eine sekundäre Kampfaufgabe[100]. Kernstück von Jellicoes Konzept einer Schlacht bildete das Artillerieduell zwischen Linienschiffen auf angenähert parallelen Kursen, allerdings auf größere Gefechtsentfernungen als in früheren Kriegen und vorbehaltlich der Notwendigkeit, Torpedoangriffen ausweichen zu müssen, d. h. bei einer Entfernung von ca. 15 000 Yards (= 137 hm) beginnend und dann auf 10 000 Yards (= 91 hm) abnehmend, wenn der Gegner schließlich angeschlagen war. Allerdings sollte das V. Schlachtgeschwader vorzugsweise an der Spitze, sonst am Schluß stationiert sein, von wo es dank des Geschwindigkeitsüberschusses von vier Knoten zur Umfassung der Gefechtslinie des Feindes eingesetzt werden konnte; ansonsten enthielten die ›Battle Orders‹ der Grand Fleet nur wenig von »der ganzen Kunst der Taktik: der massierten Entwicklung überlegener Streitkräfte gegen gegnerische Flottenteile« *(Dewar)*.

Dagegen maß die deutsche Marine, die nicht durch jahrhundertealte Traditionen behindert war, dem Torpedo eine ebenso entscheidende Rolle bei wie dem Geschütz – und Admiral Scheer war Torpedospezialist. Seine Kreuzer und Schlachtkreuzer hatten eine zweifache Aufgabe: Die Hochseeflotte in Gefechtsberührung mit einem Teil der Grand Fleet zu bringen, jedoch ein Zusammentreffen mit dieser zu vermeiden. Hauptaufgabe seiner Torpedoboote war die Durchführung massiver Torpedoangriffe; die Abwehr feindlicher Zerstörerangriffe bildete ihre zweitrangige Aufgabe. Seine Linienschiffe würden ein Artillerieduell ausfechten, sofern sie eine schwächere feindliche Streitmacht gestellt hatten. Stießen sie jedoch auf einen gleichstarken oder stärkeren Feind, würden sie sich hinter einem Rauchschleier rasch absetzen.

So unterschiedliche taktische Auffassungen von einem Taggefecht waren natürlich nicht miteinander vereinbar. Auch wird im Folgenden darzustellen sein, daß die Pläne Scheers keine Beteiligung von Unterseebooten und Minenlegern vorsahen, deren gemeinsames Operieren mit der Hochseeflotte Jellicoe erwartete. Diese Annahme hat ihn dazu bewogen, von einer Verfolgung des fliehenden Feindes abzusehen. Für den britischen Flottenführer war also ein entscheidender Sieg unwahrscheinlich, sofern es ihm nicht gelang, seinen Gegner vor die Breitseiten der Grand Fleet zu bekommen. Dazu brauchte er jedoch gute Sicht. Umgekehrt mußten schlechte Sichtverhältnisse die Absichten Scheers begünstigen, die sich auf die Vernichtung eines einzelnen britischen Schlachtgeschwaders oder ähnlich unterlegener Streitkräfte beschränkten. Diese wesentlichen Unterschiede, die aus den gleichermaßen unzuvereinbarenden strategischen Zielsetzungen beider Marinen folgten, müssen berücksichtigt werden. Sonst besteht die Gefahr, daß die Leistungen der beiden Oberbefehlshaber falsch beurteilt werden, die sie am 31. Mai 1916 gezeigt haben, als das launische Kriegsglück ihre Flotten vor der Küste Jütlands aufeinanderprallen ließ.

3

»DER TAG«[101]

»Wir alle litten unter der Angst, daß ›der Tag‹ vielleicht niemals kommen würde.«
Admiral Beatty an König Georg V.

»Am Nachmittag des Mittwochs, den 31. Mai, fand vor der Küste Jütlands ein Seegefecht statt. Die britischen Schiffe, welche die Hauptlast des Kampfes trugen, waren die durch vier schnelle Linienschiffe unterstützten Einheiten der Schlachtkreuzerflotte.«
Kommuniqué der britischen Admiralität vom 2. Juni 1916

Nachdem er John Bull so erfolgreich auf die Hühneraugen getreten hatte, entschloß sich Admiral Scheer zu einem kräftigen Tritt gegen die Schienbeine. Mit seiner Beschießung von Lowestoft hatte Scheer nach seinen eigenen Worten »den Feind veranlaßt, seine Streitkräfte gegen uns vorschieben zu müssen«. Das Ergebnis war aber nur ein kurzer Schußwechsel mit den Einheiten Tyrwhitts gewesen. Die deutsche Hochseeflotte hatte die Nordsee viel zu südlich durchquert, als daß sie einen Teil der Grand Fleet hätte in die Falle locken können. Daher wurde nun ein nördlicher gelegener Hafen, Sunderland, als nächstes Ziel für Hippers Schlachtkreuzer gewählt. Da dieser Plan ein größeres Risiko für einen Zusammenstoß mit der britischen Schlachtflotte in sich barg, postulierte Scheer für die Durchführung des Unternehmens zwei Vorbedingungen: Die Hochseeflotte sollte nur nach ausreichender Aufklärung durch Luftschiffe auslaufen; dadurch sollte sichergestellt werden, daß Jellicoe bei Beginn des deutschen Vorstoßes nicht etwa schon in See war. Ferner sollte eine Anzahl U-Boote, die jetzt auf ›rein militärische Unternehmungen‹ beschränkt waren, Minen vor den Häfen der Grand Fleet legen und etwa auslaufende Feindeinheiten angreifen.

Die Beschießung von Sunderland wurde für den 17. Mai angesetzt. 17 U-Boote liefen rechtzeitig aus; zehn sollten vor Scapa Flow, Cromarty und dem Firth of Forth stationiert werden, die übrigen auf anderen Positionen lauern. Zu spät für einen Rückruf der U-Boote wurde Scheer gemeldet, daß die Reparaturarbeiten am Schlachtkreuzer *Seydlitz* nicht rechtzeitig abgeschlossen werden konnten. Darüber hinaus hatten sieben Schiffe seines III. Geschwaders einen Anfall von ›Kondenseritis‹[102]. Die Operation wurde daher auf den 23. verschoben. Um 02.00 Uhr des Vortages meldete das vor Sunderland stehende *U 47*, daß alles für einen Angriff klar sei. Der gleiche Tag brachte jedoch die Meldung, daß die Reparaturen der *Seydlitz* immer noch nicht zufriedenstellend abgeschlossen waren. Nicht willens, ohne einen seiner nur fünf Schlachtkreuzer auszulaufen, schob Scheer den Vorstoß erneut auf den 29. Mai auf. Dies lag aber gefährlich knapp vor dem 1. Juni, dem letzten Tag, an welchem die U-Boote noch auf ihren Positionen in See bleiben konnten. Daher entschloß sich der deutsche Flottenchef zu einer Alternativoperation. Sofern ungünstige Wetterverhältnisse die für die Beschießung von Sunderland erforderliche Zeppelin-Luftaufklärung verhinderten, sollte versucht werden, britische Einheiten dadurch herauszulocken, daß die Hochseeflotte sich vor der Südwestküste Norwegens zeigte. (Scheer ahnte natürlich nicht, daß die Hochseeflotte durch Benützung ihrer Funkanlagen unaufhörlich den britischen Funkpeilstationen ihre Positionen verriet.)

Für Scheers U-Boote hatte sich die Ausführung ihres Auftrages als keinesfalls einfach herausgestellt. Britische Patrouillenfahrzeuge vernichteten *U 74*, eines der drei minenlegenden Boote. Auf einem anderen waren im Anmarsch Tauchtanks leckgesprungen; das Boot mußte daher in seinen Stützpunkt zurückkehren, ohne seine Minen gelegt zu haben. *U 75* legte seine Minen zwar nordwestlich der Orkney-Inseln aus, aber dort hatten sie für die Schlacht vor Jütland keinerlei Auswirkungen. Durch eine tragische Verkettung von Umständen wurden sie aber dem Panzerkreuzer *Hampshire* zum Schicksal: Am 5. Juni brachten sie den Panzerkreuzer zum Sinken, mit dem Lord Kitchener[103] auf dem Wege nach Rußland war. *UB 27* drang tatsächlich in den Firth of Forth ein, geriet jedoch vor Inchkeith in Netzsperren. Das Boot legte sich 24 Stunden auf Grund, der Kommandant konnte aber nur eine Schraube klar bekommen. Daher mußte er den beabsichtigten Angriff auf die vor Anker liegende Schlachtkreuzerflotte aufgeben und mit nur einer Maschine nach Deutschland zurückkehren. Als Folge dieser ungünstigen Ereignisse lagen nur noch vier U-Boote auf Positionen, von denen aus sie Einheiten der Grand Fleet ausmachen konnten, als diese am 30. Mai die Häfen verließ, während ungünstige Windverhältnisse die Zeppeline am Aufsteigen hinderten, was Scheer bewog, die Alternativoperation einzuleiten.

Am 31. Mai um 02.00 Uhr verließ Vizeadmiral Hipper, der Befehlshaber der Aufklärungsstreitkräfte, der seine Flagge auf *Lützow* gesetzt hatte, die Jade mit den Schlachtkreuzern der I. Aufklärungsgruppe, begleitet durch die aus vier Kleinen Kreuzern unter Konteradmiral Boedicker (Flaggschiff *Frankfurt*) bestehende II. Aufklärungsgruppe und die 30 Torpedoboote umfassenden II., VI. und IX. Torpedobootsflottillen, geführt von Kommodore Heinrich auf dem Kleinen Kreuzer *Regensburg*. ›Das Fehlen der Luftaufklärung (hatte) ein besonders straffes Zusammenhalten aller Streitkräfte erfordert, um ihr operatives Zusammenarbeiten von vornherein sicherzustellen‹ (DER KRIEG ZUR SEE). Daher passierte Konteradmiral Behncke auf *König* an der Spitze der weiteren sechs Großkampfschiffe des III. Geschwaders das Jadefeuerschiff um 02.30 Uhr. Scheer folgte mit dem Flottenflaggschiff *Friedrich der Große*, dahinter Vizeadmiral Schmidt auf *Ostfriesland* und die sieben weiteren Dreadnoughts des I. Geschwaders; schließlich lief Konteradmiral Mauve an Bord der *Deutschland* mit weiteren fünf Vor-Dreadnought-Linienschiffen des II. Geschwaders aus. Diese veralteten Linienschiffe waren wegen ihrer geringen Geschwindigkeit und Gefechtskraft kaum von Nutzen, wenn Scheers Plan gelang; stieß er dagegen wirklich auf Jellicoes Schlachtflotte, würden sie seinen Rückzug nur verzögern. Dennoch hatte sich Scheer aus menschlichen, aber militärisch nicht zu rechtfertigenden Gründen und aus sentimentaler Rücksicht auf das II. Geschwader, das er selbst einmal befehligt hatte, dafür entschieden, auch dieses Geschwader mitzunehmen – und weil Mauve stärkstens dagegen protestiert hatte, bei diesem wichtigen Unternehmen nicht mitgenommen zu werden. Diese drei Linienschiffsgeschwader wurden von der IV. Aufklärungsgruppe, bestehend aus fünf Kleinen Kreuzern unter Kommodore Reuter an Bord des Kleinen Kreuzers *Stettin*, und Kommodore Michelsen an Bord des Kleinen Kreuzers *Rostock* als Führer der I., III., V. und VII. Torpedobootsflottille mit insgesamt 31 Torpedobooten begleitet[104]. Um 08.00 Uhr hatte Scheers Gros, 50 sm hinter Hippers Streitkräften laufend, Helgoland hinter sich gelassen und auf einem geräumten Streifen durch die großen Minenfelder Kurs N in Richtung auf das Horns-Riff-Feuerschiff genommen. Das Wetter war gut, lediglich beeinträchtigt durch nordwestlichen Wind der Stärke drei[105], der Scheers zerbrechliche Zeppeline am Verlassen ihrer Luftschiffhallen hinderte.

In der dritten Maiwoche war das III. britische Schlachtkreuzergeschwader Kontreadmiral Hoods zum Gefechtsschießen nach Norden nach Scapa Flow gegangen. Wie auf der am 12. Mai abgehaltenen Konferenz vereinbart, wurde dafür das V. Schlachtgeschwader unter Kontreadmiral Evan-Thomas nach Süden nach Rosyth verlegt. Daß dieser Austausch Auswirkungen auf die Taktik der Grand Fleet haben würde, sofern sie zur Abwehr eines Feindvorstoßes eingesetzt würde, war Jellicoe ebenso klar wie Beatty. Hoods Schiffe waren kein Ersatz für das Geschwader von Admiral Evan-Thomas: Sie konnten für Jellicoe nur als Speerspitze seiner Kreuzer dienen. Das britische Gros würde daher ohne das schnelle Spitzengeschwader auskommen müssen, von dem sich der Oberbefehlshaber eine Feuerkonzentration auf einen Teil der Linie des Gegners versprochen hatte. Wenn andererseits die schwer bestückten und gepanzerten Schiffe des V. Schlachtgeschwaders als Teil der Schlachtkreuzerflotte operierten, mußte Beatty auf die etwas geringere Geschwindigkeit dieser Linienschiffe Rücksicht nehmen. Daher erließen beide Admirale keine Anweisungen für den Einsatz der ihnen nur zeitweilig zugeordneten Geschwader im Zusammenwirken mit ihren eigenen Streitkräften. Beatty beabsichtigte, Evan-Thomas bei erster Gelegenheit wieder zu Jellicoe zu schicken, von dem er wußte, daß er umgehend Hood zur Schlachtkreuzerflotte in Marsch setzen würde.

Für die zweite Maihälfte hatte Jellicoe eine Operation mit praktisch der gleichen Zielsetzung wie Scheer geplant: Zwei leichte Kreuzergeschwader sollten am 2. Juni einen Vorstoß ins Kattegat unternehmen. In der Hoffnung, daß dies die Hochseeflotte herauslocken würde, sollte dieser Vorstoß durch die Grand Fleet unterstützt werden. Jedoch noch bevor diese Operation eingeleitet werden konnte, wurde die Admiralität auf eine Anzahl U-Boote in der Nordsee aufmerksam, die nicht allgemein Handelskrieg gegen die Schiffahrt führten, was auf eine ungewöhnliche Aktion des Feindes hinzudeuten schien. ›Room 40‹ bestärkte diese Annahme in den frühen Morgenstunden des 30. Mai, als er einen Funkspruch Scheers entzifferte, daß ›feindliche Streitkräfte auslaufen könnten‹[106], gefolgt durch den ebenfalls entschlüsselten Funkspruch, der die Zusammenführung der Hochseeflotte auf der Außenjade für 19.00 Uhr befahl. Die Harwich-Streitkräfte wurden in den Hafen zurückbeordert. Eine Vorwarnung ging gegen Mittag an Jellicoe heraus. Etwas später wurde dem in der Themsemündung liegenden III. Schlachtgeschwader befohlen, am nächsten Morgen bei Tagesanbruch unter Dampf zu stehen. Im Lauf des Nachmittags liefert ›Room 40‹ so viel Informationen an die Admiralität, daß diese um 17.40 Uhr an Jellicoe und Beatty signalisierte: »Die Deutschen beabsichtigen eine morgen beginnende Operation, auslaufend über Horns Riff. Daher sollten sie sich östlich der Long Forties (ein Bereich 60 sm östlich der schottischen Küste) konzentrieren und für alle Eventualitäten bereithalten.« Die Schlachtflotte wurde angewiesen, sich für das Auslaufen aus Scapa Flow und Cromarty vorzubereiten. In Rosyth ging auf *Lion* das Signal hoch ›Dampf aufmachen für 22 Knoten und Bereitschaft melden‹. Eine Viertelstunde später erfuhr Jellicoe, daß die Harwich-Streitkräfte und das III. Schlachtgeschwader erst dann in See befohlen würden, wenn Näheres bekannt sei. Tyrwhitt erhielt jedoch Befehl, bei Tagesanbruch des 31. Mai auf einstündigen Abruf seeklar zu sein. Beatty empfing seine Instruktionen von Jellicoe um 20.15 Uhr: Die Schlachtkreuzerflotte sollte eine Position 100 sm NW von Horns-Riff-Feuer (57° 45′ N, 4° 15′ O) ansteuern und dort am 31. Mai um 14.00 Uhr stehen. Zu diesem Zeitpunkt würde Jellicoes Schlachtflotte eine Position 65 sm NW von diesem Punkt erreicht haben. Sofern bis 14.00 Uhr keine weiteren Befehle ergingen, sollte Beatty dann nach Norden auf Jellicoe zuhalten, der seinerseits nach Süden in Richtung Horns Riff steuern würde.

Um 21.30 Uhr führte *Lion* die Schlachtkreuzer in See. Den drei Schiffen des I. Schlachtkreuzergeschwaders unter Kontreadmiral Brock an Bord der *Princess Royal* folgten die zwei Schlachtkreuzer des II. Schlachtkreuzergeschwaders unter Kontreadmiral Pakenham auf *New Zealand*.

»Die Schlachtkreuzer warfen los und begannen, ihren Weg in Richtung auf die unsichtbare Hafeneinfahrt zu ertasten. Von der Brücke jedes dieser als massige Schatten aufragenden Schiffe konnte man das Hecklicht des unmittelbar vorauslaufenden Schiffes selbst durch Nachtgläser nur undeutlich erkennen.

Nach diesen schwachen Lichtpunkten wurde gesteuert. Wonach das Flaggschiff in den engen Gewässern des überfüllten Hafens in dieser pechschwarzen Nacht steuerte, wußte nur die kleine Gruppe von Männern auf der Navigationsbrücke. Admiral und Stabschef, Navigationsoffizier und Wachoffizier bewegten sich geheimnisvoll um den glühwürmchenhaft beleuchteten Kompaß und den Kartentisch. Die langen schwarzen Schatten glitten nacheinander durch die äußeren Sperren, ebenholzfarbene Schatten in einer Schattenwelt. Die Geleitzerstörer drängten achteraus heran, nur erkennbar durch das Rauschen der Bugwellen, funkenstiebende Schornsteine und das Röhren der Ventilatoren ihrer Maschinenabluftschächte. Dunkelheit und das Geheimnis der Nacht umhüllten sie. Die Schlachtkreuzer waren von der Kette los . . .« (*›Bartimeus‹*).

Begleitet wurden sie von den vier Schiffen des V. Schlachtgeschwaders, dessen Chef Evan-Thomas seine Flagge auf der *Barham* gesetzt hatte, sowie von den aus je vier Schiffen bestehenden I., II. und II. Leichten Kreuzergeschwadern unter dem Befehl von Kommodore Alexander Sinclair auf *Galatea* (I.), Kommodore Goodenough auf *Southampton* (II.) und Kontreadmiral Napier auf *Falmouth* (III.), der I., IX. und XIII. Zerstörerflottille mit insgesamt zwei Leichten Kreuzern und 27 Zerstörern sowie dem kleinen Flugzeugmutterschiff *Engadine*. Zur gleichen Stunde verließ die Schlachtflotte Scapa Flow und Cromarty: 24 Dreadnoughts, einschließlich Jellicoes Flaggschiff *Iron Duke*. Das Gros gliederte sich in das I. Schlachtgeschwader unter Vizeadmiral Burney auf *Marlborough*, das II. Schlachtgeschwader unter Vizeadmiral Jerram auf *King George V* und das IV. Schlachtgeschwader unter Vizeadmiral Sturdee, dem Sieger von Falkland, der seine Flagge auf *Benbow* gesetzt hatte. Mit ihnen lief das von Admiral Hood an Bord der *Invincible* geführte III. Schlachtkreuzergeschwader, die aus je vier Panzerkreuzern bestehenden I. und II. Kreuzergeschwader, das erste unter Befehl von Kontreadmiral Arbuthnot an Bord der *Defence*, das zweite unter Kontreadmiral Heath (Flaggschiff *Minotaur*). Kommodore Le Mesuriers IV. Leichtes Kreuzergeschwader bestand aus fünf Einheiten und wurde von *Calliope* geführt; es folgten sieben weitere Kleine Kreuzer[107] und die IV., XI. und XII. Zerstörerflottille mit insgesamt 50 Zerstörern sowie der Minenleger *Abdiel*[108]. Alle »nahmen Kurs nach Süden zur Unterstützung der anderen Streitkräfte, umschlossen durch den nebligen Horizont der Nordsee. Schreiende Möwen folgten im quirlend-weißen Kielwasser wie Krähen dem Pflug«

(›*Bartimeus*‹). Das große Flugzeugmutterschiff *Campania* hätte die Flotte begleiten sollen, wurde jedoch durch einen Maschinendefekt zurückgehalten. Mit dieser einzigen Ausnahme war also die gesamte Grand Fleet[109], dank der rechtzeitigen Warnung von ›Room 40‹, bereits viereinhalb Stunden *vor* den ersten Einheiten der deutschen Hochseeflotte ausgelaufen.

Früh am nächsten Morgen sichtete das vor dem Firth of Forth in See stehende *U 32* die Schlachtkreuzerflotte und schoß zwei Torpedos ab. Sie verfehlten den Kleinen Kreuzer *Galatea* und das U-Boot wurde beinahe von dem Kleinen Kreuzer *Phaeton* gerammt. Von Oberleutnant von Peckelsheim erhielt Scheer jedoch um 05.30 Uhr die Meldung, daß er zwei Großkampfschiffe, zwei Kreuzer und mehrere Zerstörer mit Kurs SO gesichtet habe. Eine Stunde später meldete *U 66* (Kapitänleutnant von Bothmer), der beim Auslaufen des II. Geschwaders Jerrams aus Cromarty nicht zum Schuß gekommen war, das Auslaufen von acht feindlichen Großkampfschiffen mit Leichten Kreuzern und Zerstörern auf Kurs NO. Diese einander widersprechenden Meldungen brachten dem deutschen Flottenchef keine wichtigen neuen Tatsachen, die sein eigenes Vorhaben hätten beeinflussen können. Admiral Scheer behielt daher seinen nördlichen Kurs bei. Sein Einsatz von U-Booten läßt sich daher nur so bewerten: Trotz ihrer relativ großen Zahl hatten sie ihm weder nützliche Informationen geliefert noch die Kampfstärke der Grand Fleet vermindert, welche nun mit jener überwältigenden Stärke auf Scheer zudampfte, die seit Kriegsbeginn Jellicoes Ziel gewesen war:

	Britische Grand Fleet	*Deutsche Hochseeflotte*	
Linienschiffe:			
Großkampfschiffe	28[110]	16[111]	} 22
Ältere Linienschiffe	–	6[112]	
Schlachtkreuzer	9[113]	5[114]	
Panzerkreuzer	8	–	
Kleine Kreuzer	26	11	
Zerstörer/Torpedoboote	77	61	
Seeflugzeugträger	1	–	
Minenleger	1	–	

Auch an Feuerkraft besaß die britische Flotte ein beträchtliches Übergewicht.[115, 116]

Geschützzahl

Schlachtflotte bzw. Gros	*Britische Grand Fleet*		*Deutsche Hochseeflotte*	
28 cm	–	264	72	200
30,5 cm	128[117]		128	
34,3 cm	110		–	
35,6 cm[118]	10		–	
38,1 cm	16		–	
Schlachtkreuzerflotte bzw. I. Aufklärungsgruppe	*Britische*		*Deutsche*	
28 cm	–	80	28	44
30,5 cm	16		16	
34,3 cm	32		–	
38,1 cm	32[119]		–	

Die Grand Fleet besaß noch weitere Trümpfe: Vier von Beattys Schlachtkreuzern waren drei Knoten schneller als der schnellste Hippers. Die Höchstgeschwindigkeit der Schlachtflotte Jellicoes lag um einen Knoten über der von Scheers Hochseeflotte, jedoch um vier Knoten höher, sofern der deutsche Oberbefehlshaber das Vor-Dreadnought-Geschwader Mauves (II. Geschwader) bei sich behielt. Beatty unterstand das V. Schlachtgeschwader, dessen Schiffe so schnell wie *Moltke* und *Von der Tann* und schwerer bestückt als alle deutschen Schiffe der I. Aufklärungsgruppe waren. Die Deutschen litten unter einem so akuten Mangel an Kreuzern, daß sie ihre Aufklärungslinien teilweise mit Torpedobooten besetzen mußten. Nur in einer Hinsicht konnte Scheer mit Jellicoe gleichziehen: Die deutsche Flotte war mit ebensovielen Torpedorohren ausgerüstet. (Die britische Flotte hatte 382 53,3-cm-Torpedorohre und 75 45,7-cm-Torpedorohre, die deutsche Hochseeflotte 363 50-cm-Torpedorohre und 107 45-cm-Torpedorohre.)[120]

In einem Satz also: Jellicoe führte eine Flotte ins Gefecht, die, verglichen mit der deutschen, doppelt so groß war und rund fast das Doppelte[121] an Geschoßgewicht feuern konnte. Ferner konnte Jellicoe neben den sechs bereits fertiggestellten Dreadnought-Schlachtschiffen und Schlachtkreuzern, die an diesem Tag nicht in der Grand Fleet standen, mit sieben weiteren in Bau befindlichen schweren, mit 38,1-cm-Geschützen bewaffneten Großkampfschiffen rechnen. Die einzigen Reserven Scheers bestanden lediglich aus einem in der Werft liegenden, zwei jüngst fertiggestellten und nur zwei in Bau befindlichen Großkampfschiffen.[122] Daher stand im entscheidenden Gegensatz zum ersten Kriegsjahr nunmehr fest, daß der britische Oberbefehlshaber trotz Geheimdienstmeldungen, wonach die deutsche Hochseeflotte um zwei weitere Großkampfschiffe verstärkt worden sei und die meisten ihrer Linienschiffe schwerere Geschütze erhalten hätten, nunmehr durchaus berechtigt war, mögliche Verluste einiger seiner Dreadnoughts in Kauf zu nehmen, wenn er dadurch seinen Gegner schwer treffen oder sogar vernichten konnte. Ebenso klar war aber auch dies: Gelang es Scheer nicht, einer so mächtigen Streitmacht auszuweichen, war eine entscheidende Niederlage für ihn geradezu sicher. Bevor am 31. Mai 1916 die Sonne unterging, konnte dieser Tag einen ebenso bedeutenden Platz in der britischen Geschichte eingenommen haben wie der Trafalgartag vom 21. Oktober 1805.

Um 05.00 Uhr änderte Jellicoe den Kurs der Schlachtflotte auf S-50-O und stieß mit 16 Knoten Fahrt, die um Mittag auf 14 Knoten vermindert wurde, zu dem Treffpunkt vor, den Beattys Schlachtkreuzer mit Ostkurs und 19 Knoten Fahrt ansteuerten. Tyrwhitt, der die Admiralität daran erinnerte, daß seine Streitkräfte noch immer auf Befehle warteten, erhielt Anweisung, im Hafen von Harwich zu bleiben und innerhalb einer Stunde auslaufbereit zu sein. Diese Entscheidung schien um 12.35 Uhr gerechtfertigt, als die Admiralität signalisierte: ›Keine genauen Feindmeldungen. Es war angenommen worden, daß feindliche Flotte ausgelaufen sei, aber laut Funkpeilung war Standort Flaggschiff um 11.10 Uhr auf der Jade. Anscheinend konnte Feind keine Luftaufklärung durchführen, was seine Pläne verzögert hat.‹

Die Experten in ›Room 40‹ waren in den Augen der Operationsabteilung noch immer nichts anderes als eine Gruppe von Neunmalklugen, die zwar Funksprüche entziffern konnten, aber der Vorschlag, daß man sie dort auch interpretieren solle, wäre zurückgewiesen worden. Am Morgen des 31. Mai erschien ein Offizier des Operationsstabes (Kontreadmiral Thomas Jackson[123], Leiter der Operationsabteilung, der gegenüber der Arbeit des ›Room 40‹ tiefstes Mißtrauen hegte) und fragte nach dem Standort, den die Funkpeilungen für das deutsche

Rufzeichen ›DK‹ ergaben. Nachdem ihm gemeldet wurde ›Auf der Jade‹, verließ er den Raum ohne weitere Fragen. Hätte er dagegen die Lage mit dem Wachhabenden diskutiert, hätte er erfahren, daß das Rufzeichen ›DK‹ lediglich das Hafenrufzeichen des deutschen Flottenchefs war und daß er es beim Auslaufen einer Hafenstation übertrug und ein anderes benutzte *(Admiral Sir William James)*.

Diese mangelnde Zusammenarbeit führte in der Folge zu einem Funkspruch der Admiralität, der für Jellicoe und Beatty nur bedeuten konnte: Wenn überhaupt ein Teil der Hochseeflotte in See stand, gehörte das Gros Scheers nicht mit dazu. (›Room 40‹ hatte den folgenden Funkspruch Scheers an die Hochseeflotte nicht entziffern können, der diesen Fehler verhütet und Jellicoe bewogen hätte, früher auf dem potentiellen Schlachtfeld zu erscheinen: »Spitze III. Geschwader passiert Kriegsfeuerschiff Jade um 03.30 Uhr[124]. II. Geschwader teilnimmt an Unternehmung von vornherein, anschließt sich an I. Geschwader. Leitung FT-Verkehr in Deutscher Bucht durch [Wilhelmshaven] III. Einfahrt.«) Jellicoe hatte daher keinen Grund, seinen Befehl für Beatty zu ändern, nämlich um 14.00 Uhr eine Schwenkung nach Norden auszuführen, d. h. zu einem Zeitpunkt, an dem der Abstand zwischen den beiden britischen Flotten 65 sm betragen würde. Diesen größeren Abstand hatte er anstelle des taktisch zweckmäßigeren von etwa 40 sm gewählt, weil seine Schlachtflotte damit in einer Position stehen würde, in der sie das die Nordsee-Blockade zwischen den Shetland-Inseln und Norwegen aufrechterhaltende X. Kreuzergeschwader decken konnte, während seine Schlachtkreuzerflotte weit genug südlich stand, einem weiteren deutschen Vorstoß gegen die britische Ostküste zu begegnen, der aufgrund der verfügbaren Feindinformationen wahrscheinlich erschien.

Zur Vorbereitung der Kursänderung ließ Beatty das II. Schlachtkreuzergeschwader eine Position 3 sm ONO vom I. Schlachtkreuzergeschwader einnehmen und schob das V. Schlachtgeschwader auf eine Peilung 5 sm NNW von *Lion*, damit es seinen Platz in der Vorhut der Schlachtflotte Jellicoes einnehmen konnte. Am Morgen war Beatty jedoch eine halbe Stunde durch die Notwendigkeit, verdächtige Fischdampfer zu untersuchen, aufgehalten worden. Er behielt daher seinen östlichen Kurs bis 14.15 Uhr bei, bevor er seinen Streitkräften den Befehl zur Schwenkung auf NzO gab. Die Kreuzer der Geschwader Alexander-Sinclairs, Napiers und Goodenoughs wurden dann fächerartig auf eine Aufklärungslinie auseinandergezogen, die von ONO nach WSW verlief und 8 sm SSO vor *Lion* stand.

> Gerade war *Galatea* im Begriff abzudrehen (erinnert sich einer ihrer Offiziere), als (im Osten) ein Handelsschiff in Sicht kam, das Dampf abließ. Der Kommodore (Alexander-Sinclair) hielt daher den Kurs, um das Schiff zu überprüfen. Jetzt wurde ein Zerstörer beobachtet, der von dem Dampfer ablegte. Aufgrund seines Stummelvormastes und hohen Großmastes mußte es ein Deutscher sein. Sofort wurde »Klar Schiff zum Gefecht« gegeben. Als ich den Niedergang zur Back hinaufkletterte, wurde ich vom Donnerschlag des feuernden 15-cm-Geschützes betäubt und durch die Druckwelle beinahe wieder hinuntergeschleudert. Jetzt kam ich schneller in mein kleines Kabuff (Chiffrierraum) als es dauert, diese Worte auszusprechen. Als ich es betrat, polterte durch die Rohrpost von der Brücke die erste Feindmeldung.

Der deutsche Flottenchef hatte keine Meldung erhalten, die auf die Möglichkeit eines Zusammentreffens mit britischen Streitkräften schließen ließ. Daher hielt die Hochseeflotte zu diesem Zeitpunkt noch immer Kurs nach Norwegen, und Hippers Schlachtkreuzer standen 60 sm nördlich vor Scheers Linienschiffen. Hipper und Beatty ahnten nicht, daß um 14.00 Uhr nur 50 sm ihre Schlachtkreuzer trennten. Ferner brachte Beattys Kursänderung in Richtung auf Jellicoe die britischen Schlachtkreuzer auf den gleichen Kurs, den Hipper steuerte. Die äußersten Flügel ihrer jeweiligen Aufklärungslinien lagen nur 22 sm auseinander. Dennoch hätten sie außer Sicht voneinander bleiben können, wäre nicht zufällig der dänische Dampfer *N. J. Fjord* zwischen beiden Flotten gewesen. Kapitän zur See Madlung, Kommandant des Kleinen Kreuzers *Elbing* am westlichen Flügel von Hippers Aufklärungsschirm, entsandte zwei Torpedoboote zur Untersuchung des harmlosen Fahrzeugs; diese Torpedoboote wurden kurz darauf von der an der Ostflanke des Aufklärungsschirms Beattys stehenden *Galatea* gesichtet. Diesen Feindkontakt meldete Alexander-Sinclair kurz nach 14.20 Uhr: »Zwei Kreuzer, wahrscheinlich feindliche, in Sicht, Peilung OSO«[125]. Madlung funkte eine ähnliche Meldung an Scheer und Hipper, als um 14.28 Uhr die Geschütze der *Elbing* das Feuer der *Galatea* erwiderten und die ersten Treffer auf eine Entfernung von 15 000 Yards (137 hm) erzielten. Im Lichte der späteren Ereignisse mutet es wie eine Ironie des Schicksals an, daß die erste deutsche Granate, die in dieser Schlacht ein britisches Schiff traf, ein Blindgänger war. Die Schlacht vor Jütland hatte begonnen. Aber beide Seiten ahnten nicht, daß die gegnerische Hauptflotte in der Nähe war: Scheer, weil seine Zeppeline nicht hatten aufsteigen können, und Jellicoe, aus dem weniger entschuldbaren Grund, daß die Admiralität die in ihrem Besitz befindlichen Feindnachrichten falsch interpretiert hatte.

Vor der Darstellung der Ereignisse, die sich aus diesem zufälligen Kontakt entwickelten, noch eine Mahnung zur Vorsicht: Der technische Unterschied zwischen der *Victory* Nelsons und einem Großkampfschiff des 20. Jahrhunderts ist zu groß, als daß man bei der Beurteilung der Schlacht von Trafalgar die Taktik Nelsons oder Villeneuves mißverstehen könnte. Die Schlachtschiffe der *Queen Elizabeth*-Klasse, von denen vier als V. Schlachtgeschwader bei Jütland kämpften, spielten später auch im Zweiten Weltkrieg eine wichtige Rolle. Dennoch waren in dem dazwischenliegenden Vierteljahrhundert wichtige technische Neuerungen eingeführt worden, die Jellicoe und Scheer noch nicht zur Verfügung standen. Keine Seite verfügte über Luftstreitkräfte, abgesehen von den technisch unzuverlässigen deutschen Zeppelinen und den wenigen Seeflugzeugen der *Engadine*. Die Schiffe der beiden Flotten waren zwar mit Funk ausgerüstet, aber die Durchgabekapazität der Funken-Sender und Kristalldetektor-Empfänger war sehr beschränkt. Um die Weitergabe von Befehlen und Meldungen durch Flaggensignale oder Morsescheinwerfer zwischen den Einheiten einer so großen Streitmacht wie der Grand Fleet überhaupt zu ermöglichen, mußte Jellicoe zahlreiche Kleine Kreuzer hauptsächlich für die Aufgabe einsetzen, als sogenannte Signalwiederholer alle von seinem Flaggschiff gesetzten oder gemorsten Signale an die anderen Schiffe weiterzugeben. Wieder andere Kreuzer mußten als Glieder einer Signalverbindungskette zwischen dem Flottenflaggschiff *Iron Duke* und der zur Aufklärung vor der Schlachtflotte auseinandergezogenen Vorhut der Panzerkreuzer eingesetzt werden.

Diese Maßnahmen konnten das größte Handikap beider Flotten nicht beseitigen. Das von ihnen eingenommene Seegebiet und die Steigerung der Geschützreichweiten seit Tsuschima waren dergestalt, daß keiner der beiden Befehlshaber die Schlacht durch eigene Beobachtung von der Brücke des Flaggschiffs aus leiten konnte, wie dies Togo nur zehn Jahre früher möglich gewesen war. Beide Befehlshaber waren daher auf die von ihren Einheiten, insbesondere ihren Kreuzerstreitkräften, durchgegebenen Meldungen angewiesen. Aber die zur Erstellung eines umfassenden und richtigen Gefechtsbildes verfügbaren Verfahren waren mangelhaft. Dieser Umstand wurde weiter durch Unstimmigkeiten in den Positionsangaben erschwert, da viele Schiffe nur mit Magnetkompassen ausgerüstet waren[126,127]. Vor Jütland aber steigerte ein natürliches Hindernis diese Schwierigkeiten noch weiter, besonders weil damals Radargeräte noch nicht erfunden waren. Obwohl abgesehen von einer niedrigen Wolkendecke das Wetter an diesem Tag gut war, verminderte leichter Dunst die Sicht auf 8 sm bei Beginn der Kampfhandlungen; dieser Dunst verdichtete sich später durch den Rauch aus den Schornsteinen so vieler mit höchster Fahrt dampfender Schiffe und den braunen Korditqualm des Geschützfeuers so stark, daß die Sichtweite auf 4 sm und teilweise noch weniger verringert wurde. Kein Admiral oder Kommandant konnte dann noch mehr ausmachen als einige seiner eigenen und noch weniger gegnerische Schiffe. Oft gelang nur ein flüchtiger Blick auf ein Ziel, das sofort wieder im Dunst verschwand, sobald die Geschütze ein paar Salven abgegeben hatten. Tatsächlich also mußten die britische und die deutsche Flotte einen großen Teil der Schlacht vor Jütland wie mit verbundenen Augen schlagen, ein Nachteil, unter dem weder Nelson noch Togo zu leiden gehabt hatten, als sie ihre Feinde vernichteten, und eine ernste Behinderung, die bei der Beurteilung dieser Schlacht nur zu leicht übersehen wird.

Ferner muß die Ungenauigkeit des Artilleriefeuers aus Schiffsgeschützen über weiteste Entfernungen zur Zeit der Schlacht vor Jütland berücksichtigt werden. Bei Schießübungen unter Friedensbedingungen erzielten Großkampfschiffe zwar Ergebnisse, die sich mit denen der nur auf Kernschußweite feuernden Segelkriegsschiffe messen konnten: 70 Prozent Treffer mit 30,5-cm-Geschützen auf Schleppscheiben, die mit nur 8 Knoten Fahrt auf einem festgelegten Parallelkurs im Abstand von nur 8 000 Yards (73 hm) vorbeigeschleppt wurden. Aber im Krieg liefen die

Schiffe 20 Knoten und mehr. Der Kurs des Gegners war unbekannt und konnte sich plötzlich ändern. Die Gefechtsentfernungen betrugen 12 000 Yards (109 hm) und mehr. Unter solchen Bedingungen waren 5% Treffer das höchste, was man erwarten konnte. Nahm das Gefecht die Form einer Verfolgungsjagd an, wie z. B. bei den Falklandinseln, lag das Trefferergebnis noch ungünstiger. Ein langes Artillerieduell mit Verbrauch des Großteils des Munitionsvorrats der Schiffe[128] konnte daher notwendig werden, wenn ein entscheidendes Ergebnis herbeigeführt werden sollte, sofern nicht eine Seite durch Zufall bereits früh im Gefecht schwere Treffer erzielte – wie zum Beispiel die Treffer auf *Blücher* und *Lion* im Gefecht vor der Doggerbank.

Die britischen Linienschiffe und Schlachtkreuzer waren mit besseren Feuerleitgeräten ausgerüstet. Während die deutsche Flotte nichts anderes besaß als eine Einrichtung zur Übermittlung der Peilung des Ziels, ein Visierfernrohr mit Richtungsweiser, eine Aufsatzuhr und ein einfaches Gerät zur Berechnung des Entfernungsunterschiedes (EU) und des Seitenunterschiedes (SU)[129], waren die britischen Schiffe (außer *Erin* und *Agincourt*) mit dem von Admiral Sir Percy Scott entwickelten modernen Feuerleitgerät ausgestattet, durch das alle schweren Geschütze eines Schiffes von einem einzigen Feuerleitgerät mit Hilfe der Feuerleittabellen (von Captain F. C. Dreyer) zentralisiert gerichtet und abgeschossen wurden. Der Feuerleitstand war von Rauch und Gischt unbehindert hoch oben (am Mast) angeordnet. Die deutschen Schiffe waren jedoch mit Stereoskop-Entfernungsmessern (Basisgeräte) ausgestattet, die an Genauigkeit die britischen Koinzidenz-Entfernungsmeßgeräte übertrafen. Während also die britischen Schiffe ihre Ziele besser ›halten‹ konnten, sobald die richtige Entfernung einmal gefunden war – und dies entsprach Jellicoes taktischer Konzeption eines längeren Artillerieduells –, hatten die Deutschen bessere Chancen, schon mit den ersten Salven Treffer zu erzielen, wie dies Graf Spee bei Coronel gelungen war und was Scheers Absicht, den Kampf mit einem überlegenen Gegner zu vermeiden, entsprach.

Beattys Reaktion auf die erste Feindmeldung der *Galatea* erfolgte mit der ihn kennzeichnenden Schnelligkeit. Zwar eilten drei weitere Kreuzer des I. Leichten Kreuzergeschwaders zur Unterstützung des Kommodore auf *Galatea* herbei, doch mußte das Signal ›Zwei Kreuzer, wahrscheinlich feindliche‹, Beatty den

Schluß aufdrängen, daß stärkere deutsche Streitkräfte in der Nähe standen. So befahl er Chatfield, seinem Flaggkapitän, das Ruder der *Lion* herumzureißen, ohne darauf zu warten, daß sein Flaggensignal, mit dem er seinen Schiffen befahl, zurück auf Kurs SSO zu schwenken, beantwortet wurde. Das I. Schlachtkreuzergeschwader folgt *Lion* in dieser Schwenkung; das II. Schlachtgeschwader ebenfalls. *Barham* (V. Schlachtgeschwader) stand aber zu weit ab, als daß ihr Signalpersonal das Flaggensignal der *Lion* hätte ausmachen können. Geschwaderchef Evan-Thomas, der durch die Meldung der *Galatea* davon abgelenkt war, im Norden nach Jellicoes Schlachtflotte Ausschau zu halten, sah plötzlich die Schlachtkreuzer Beattys abdrehen. Sein Flaggkapitän Craig drängte ihn, das gleiche zu tun, doch der Admiral war es gewöhnt, auf Befehle zu warten; er wartete sieben lange Minuten, bis *Lion* mit Morsescheinwerfer den neuen Kurs durchgab[130]. Davor aber hatte *Barham* für ein Routine-Zickzackmanöver ihren Kurs nach Backbord geändert, was ihr Geschwader noch weiter von SSO abbrachte als der Generalkurs NzO. Ferner war Beatty um 14.32 Uhr mit seiner Fahrt auf 22 Knoten heraufgegangen. Als dann das V. Schlachtgeschwader endlich einschwenkte, betrug die Entfernung zwischen *Barham* und *Lion* nicht nur 5 sm, sondern 10 sm; noch dazu 10 sm achteraus, ein um so schwerwiegenderer Faktor, als diese Linienschiffe über keinen Geschwindigkeitsüberschuß über die Schlachtkreuzer verfügten. Beattys ungestüme Entscheidung, die auf seiner Erfahrung mit einem Gegner basierte, dessen tiefsitzende Abneigung gegen Gefechtsberührungen er erkannt hatte, und verknüpft mit der Verzögerung der Signaldurchgabe an *Barham* und der Weigerung von Evan-Thomas, ohne Befehl zu handeln, führten also dazu, daß die britischen Schlachtkreuzer bei Gefechtseröffnung ohne die unmittelbare Unterstützung der vier Linienschiffe auskommen mußten. 1927 erklärte Evan-Thomas sein Versagen mit folgenden Worten:

»Der Grund, mit dem ich mir die Tatsache erklären mußte, daß ich kein Signal erhalten hatte, konnte allein darin liegen, daß der Vizeadmiral (Beatty) für das V. Schlachtgeschwader einen anderen Kurs signalisieren wollte, vielleicht um die feindlichen Kleinen Kreuzer zwischen uns in die Zange zu nehmen. Jedenfalls hätte er eine Schwenkung mit dem Morsescheinwerfer in Sekundenschnelle befehlen können. Erst als *Tiger* bei *Lion* über Funkweg anfragte, ob das Signal zur Schwenkung auch an die *Barham* durchgegeben werden solle, schien der Vizeadmiral die Situation zu erfassen.«

Beattys ›Versagen‹ (wie Jellicoe es später nannte), daß er es unterließ, seine Streitkräfte in dieser Phase zu konzentrieren, sollte ernstere Folgen haben als ein Fehler, der den deutschen Schlachtkreuzern unterlief. Boedickers Kleine Kreuzer schwenkten nach Westen und stürmten zur Unterstützung der *Elbing* heran; nicht so Hipper mit seinen Schlachtkreuzern. Zunächst noch über die Identität der längsseits der *N. J. Fjord* liegenden Torpedoboote im ungewissen, hatte *Galatea* diese mit dem gültigen britischen Erkennungssignal angemorst. *Elbing* erkannte den potentiellen Wert dieser Information und gab dieses aufgefangene britische Erkennungssignal sofort an *Lützow* weiter. Dort aber wurde das Signal als Sichtmeldung von 24–26 Schlachtschiffen verstanden! Hipper warf daraufhin prompt seine Schlachtkreuzer herum und lief in Richtung SSW ab. Aber der deutsche Admiral brauchte nicht lange, um diese unwahrscheinliche Falschmeldung zu erkennen. Um 14.52 Uhr schwenkte er zurück auf Kurs WNW, um Boedickers Geschwader zu unterstützen. Um 15.00 Uhr, fünf Minuten nachdem Boedicker seine Gegner als vier Kleine Kreuzer ausgemacht hatte, ging Hipper mit der Fahrt auf 23 Knoten herauf, weil er hoffte, sie abschneiden zu können.

Um 14.40 Uhr signalisierte Alexander-Sinclair, der *Elbing* verfolgte: ›Habe starke Rauchwolken wie von einer Flotte gesichtet. Peilung ONO.‹ Zehn Minuten später bestätigte er Beattys Auffassung, wonach diese anscheinend unheilverkündende Meldung nichts weiter als eine normale Signalbuchphrase[131] war, indem er hinzufügte: ›Rauch scheint zu sieben Schiffen außer Zerstörern und Kreuzern zu gehören. Sie haben auf Nord gedreht.‹ Das stellte klar, ›daß der Feind nordöstlich stand und daß es daher für ihn unmöglich war, um Horns Riff zurückzulaufen, ohne zum Gefecht gezwungen zu werden‹. Beatty war so fest entschlossen, dieses Gefecht zu erzwingen, daß er seine Schlachtkreuzer weiter mit Höchstgeschwindigkeit in Richtung auf den Kanonendonner führte, obwohl der Abstand zum V. Schlachtgeschwader noch größer geworden war.

Um 14.47 Uhr befahl Beatty der *Engadine,* eines seiner Short-Wasserflugzeuge zur Aufklärung starten zu lassen. Die Besatzung unter Kapitänleutnant Robinson schlug alle ihre Zeitrekorde bei der Öffnung der schweren Hangartore, zog die aus ›Latten und Stoff‹ bestehende Maschine auf Deck heraus, klappte die Tragflächen aus, ließ den 225-PS-Motor laufen und setzte das Flugzeug aufs Wasser. Trotzdem dauerte es 21 Minuten, bevor Flight Lieutenant Rutland mit seinem Beobachter, Assistant-Paymaster Trewin, in der Luft war. Die Wolkendecke zwang sie, in nur 1000 Fuß (ca. 300 m) Höhe zu fliegen. Zehn Minuten später sichteten sie den Feind:

> Um die Zusammensetzung der feindlichen Streitkräfte festzustellen, mußte ich auf 1½ sm an sie herangehen. Der Feind eröffnete dann auf uns das Feuer mit Fliegerabwehrkanonen und anderen Geschützen. Der Luftdruck explodierender Schrapnells war zu fühlen, die Sprengwolken standen nur etwa 60 m von uns ab. Als (Trewin) die Zahl der Schiffe und die Disposition des Feindes festgestellt hatte und seine Meldung absetzte, flog ich in 3 sm Abstand in Sichtweite des Feindes. Da das Wetter etwas aufklarte, konnte ich auch die Stellung unserer eigenen Flotte beobachten. Aus der Luft war das Bild der Schlachtkreuzer und der Linienschiffe der *Queen Elizabeth*-Klasse, wie sie mit den Kleinen Kreuzern und Zerstörern des Sicherungsgürtels vorwärtsstürmten, um den Feind abzuschneiden, (ein) unvergeßlicher Eindruck. Um 15.45 Uhr brach die zum linken Vergaser führende Benzinleitung. Die Umdrehungszahl des Motors sank und ich mußte niedergehen. Nach der Wasserung reparierte ich den Defekt mit einem Gummischlauch und meldete, daß die Maschine wieder flugfähig sei. (Aber) ich erhielt den Befehl, beim Mutterschiff längsseits zu gehen. Dann wurde das Flugzeug an Bord gehievt.

Es war dies das erstemal in der Geschichte, daß ein Flugzeug in einer Flottenaktion eingesetzt wurde. Daher kann man nur bedauern, daß der Einsatz Rutlands und Trewins vergebens sein sollte. Ihre Funkmeldungen erreichten zwar die *Engadine*; das Mutterschiff konnte sie jedoch nicht an *Lion* weitergeben. Auch sollten die Flugzeuge von *Engadine* in der Schlacht vor Jütland nicht mehr eingesetzt werden; selbst die schwache vorherrschende Dünung machte einen weiteren Start der zerbrechlichen Maschinen mit ihren aus Segeltuch und Sperrholz bestehenden Schwimmern unmöglich[132]. Beatty konnte sich daher nur aufgrund der von Alexander-Sinclair abgegebenen Meldungen informieren, während das I. Leichte Kreuzergeschwader den Feind absichtlich nach NW zog und die britischen Schlachtkreuzer um 15.00 Uhr zunächst auf Kurs O, dann auf Kurs NO gingen und um 15.13 Uhr ihre Fahrt auf 23 Knoten steigerten, um den Feind von seinem Stützpunkt abzuschneiden. Zu diesem Zeitpunkt hatte Evan-Thomas die Entfernung, um die sein Geschwader nachhinkte, auf 6 sm backbord achteraus von Beatty verringern können. »Jetzt hatte Beatty eine hervorragende Gelegenheit, seine Streitkräfte (zu konzentrieren). Der Feind steuerte auf unsere Schlachtflotte zu, so daß ein Aufholverlust unserer Schlachtkreuzer von zwei oder drei Seemeilen nicht ins Gewicht gefallen wäre. Aber diese Gelegenheit wurde nicht ergriffen« *(Jellicoe).* Das Signal ›BJ 1‹ wehte bereits am Mast von Beattys Flaggschiff: ›Voll gefechtsklar machen.‹ Als Beantwortung dieses Signals bot sich nun der bewegendste Anblick, als an den Rahen von *Princess Royal, Queen Mary, Tiger, New Zealand* und *Indefatigable,* denn in dieser Reihenfolge folgten sie Beatty auf *Lion,* ›Battle Ensigns‹ emporstiegen, die von britischen Schiffen im Gefecht gesetzten übergroßen Kriegsflaggen.

> Es wurde ›Alle Mann auf Gefechtsstationen‹ gegeben, gefolgt durch das Doppelhornsignal ›Klar Schiff zum Gefecht‹ (erinnert sich ein Offizier der *Princess Royal*). Alle Befehlsübermittlungsanlagen wurden rasch überprüft. Die verschiedenen (Feuerlösch- und Leckwehr-)Gruppen wurden auf ihren Stationen gemustert. Gasmasken, Schutzbrillen und Schwimmwesten wurden kontrolliert und alle übrigen letzten Vorbereitungen für das Gefecht getroffen. Splitterschutzmatten, Feuerlöschschläuche, Kisten voll Löschsand, Tragbahren, ärztliche Instrumente und Medikamente, Leckdichtgeräte, Stützbalken, elektrische und hydraulische Ersatzteile, Ersatzteile für die Maschinen – all dies und das viele andere Zubehör für ein Gefecht war in wenigen Minuten bereit.

In ebenso kurzer Zeit bemannten die Geschützbedienungen und Turmbesatzungen die Geschütztürme, Umladestationen, Kartuschenmagazine und Munitionsräume. Mit der gleichen Besonnenheit wie bei einer Übung führten sie den traditionellen Befehl aus: »Laden, Laden, Laden.« Auf der Brücke der *New Zealand* legte Kapitän Green sein Piu-Piu an, jenes Kleidungsstück der Maories, das er aus Aberglauben in der Schlacht trug.

An Bord der deutschen Schlachtkreuzer wurde mit Trommeln ›Klar Schiff zum Gefecht‹ angeschlagen, und die Besatzungen eilten auf Gefechtsstationen. Boedickers Kleinen Kreuzern mit der hohen Fahrt von 25 Knoten nach NW folgend stürmten sie dahin, *Lützow, Derfflinger, Seydlitz, Moltke* und *Von der Tann*, von der zuversichtlichen Hoffnung erfüllt, bald weitere britische Kleine Kreuzer abschneiden zu können, nicht nur das Geschwader Sinclairs. Denn Napier, dessen III. Leichtes Kreuzergeschwader eine Position neben dem I. Leichten Kreuzergeschwader im Aufklärungsschirm Beattys innehatte, war mit der geringen Kräftekonzentration des Kommodores von nur vier Kreuzern gegen Boedickers vier Kreuzer nicht einverstanden. Unter Nichtbeachtung einer entsprechenden Warnung im Operationsbefehl, den ›Grand Fleet Battle Orders‹, zog er sein Geschwader zur Unterstützung von Sinclair heran. Dadurch riß er eine Lücke in der Aufklärungslinie auf, die nun ihren eigentlichen Zweck nicht mehr erfüllen konnte: Sie konnte Beatty nicht vor Hipper warnen. Um 15.32 Uhr bei der Kursänderung auf O sichtete *Lion* und wenig später auch *Princess Royal* den Feind: »Fünf Schlachtkreuzer, auf die große Entfernung kaum erkennbar, begleitet von mehreren Torpedobooten. Zunächst waren nur die Rauchsäulen sichtbar, dann die Umrisse ihrer Masten, Schornsteine und oberen Aufbauten. So wurden sie von unserem Ausguck im Krähennest am Vormast ausgemacht. Von den Geschütztürmen aus konnten noch für längere Zeit nur die Rauchwolken ausgemacht werden.« Glücklicherweise waren die feindlichen schweren Schiffe noch 14 sm entfernt, gerade außerhalb der Geschützreichweite, denn obwohl der deutsche Admiral ebenfalls unter mangelnder Aufklärung litt, wenn schon aus dem akzeptableren Grund, daß er für seine Aufklärungslinie über zu wenige Kreuzer verfügte, hatte er gegen den helleren westlichen Horizont die britischen Schlachtkreuzer bereits zwölf Minuten früher gesichtet.

Hipper meldete die gegnerischen Schlachtkreuzer an Scheer, der sofort seine Linienschiffe auf die Höchstgeschwindigkeit von 16 Knoten steigern ließ, mit der sie noch ihre Position in der Gefechtsformation halten konnten. Hipper rief Boedickers Einheiten zurück. Er hatte seine gefährliche Lage erkannt und warf seine fünf Schlachtkreuzer herum auf Kurs SSO. Er beabsichtigte, seinen Gegner, dessen sechs Schlachtkreuzern anscheinend fünf Schlachtschiffe folgten, in Richtung auf das Gros der deutschen Hochseeflotte zu ziehen. (Hipper hatte den nicht zutreffenden Eindruck gewonnen, daß alle fünf Schiffe der *Queen Elizabeth*-Klasse am Kampf beteiligt seien; dies gilt daher auch für Scheer[133].) Auch Beatty meldete das Insichtkommen des Feindes an seinen Oberbefehlshaber, als er weiter mit 25 Knoten laufend, ohne große Rücksichtnahme auf Evan-Thomas, dessen Schiffe nur 24 Knoten laufen konnten, die Entfernung stürmisch zu verringern suchte. Aufgrund genauer Meldungen von *Galatea* und *Falmouth,* deren Geschwader ihre Aufgabe erfüllten, mit dem Gegner Fühlung zu halten, wonach Hipper auf Kurs SSO gegangen war, nahm Beatty seinerseits um 15.45 Uhr eine Kursänderung auf den konvergierenden Kurs OSO vor. Hipper zögerte die Feuereröffnung seiner Schlachtkreuzer absichtlich hinaus, da sich bei einem Gefecht auf kürzere Entfernungen die Nachteile für seine weniger zahlreichen Schiffen verringern würden, von denen drei nur mit 28-cm-Geschützen armiert waren. Für Hipper blieb es jedoch unverständlich, warum die britischen Schlachtkreuzer ihre Feuereröffnung so lange weiter verzögerten, als er bereits in der größeren Reichweite der 34,3-cm-Geschütze (23 000 Yards = 210,2 hm) der *Lion* lag. Die Beatty erteilten Anweisungen empfahlen ihm eine Entfernung von 16 000 Yards (= 146,3 hm) ›zur Ausnützung der Vorteile unserer schwereren Geschosse und zur Minimierung des Nachteils unseres leichteren Schutzes (und weil sie auch) innerhalb der maximalen Reichweite unserer 30,5-cm-Geschütze liegt‹. Trotzdem wartete er zu lange, weil die Sichtbedingungen so ungünstig waren, daß seine Schiffe die Entfernung um mehr als 2 000 Yards (18,3 hm) überschätzten. Als um 15.49 Uhr die Entfernung schließlich auf 15 000 Yards (= 137,16 hm) gesunken war, waren es dann Hippers Schlachtkreuzer, die zuerst das Feuer eröffneten. Auch sie sollten diesen taktischen Vorteil durch Überschätzung der Entfernung verlieren. Um Korvettenkapitän von Hase, damals I. Artillerieoffizier des Schlachtkreuzers *Derfflinger,* zu zitieren: »Die zweite Salve sauste heraus. Wieder lag sie ›weit‹. ›4 zurück‹, kommandierte ich. Auch die dritte und vierte Salve lag weit, obwohl ich nach der dritten Salve ›8 zurück‹ befohlen hatte. ›Himmeldonnerwetter, da wird irgendein Blödsinn gemacht‹, fluchte ich. ›Noch mal 8 zurück.‹ Die sechste

Salve lag deckend.« Hippers Feuerbefehl zwang die britischen Schlachtkreuzer, eine Minute nach den deutschen Schiffen ebenfalls das Feuer zu eröffnen.

> Ihre Salven lagen allmählich näher (erinnert sich ein Offizier der *Princess Royal*). Gerade als wir die rotschwarze Detonation einer unserer Granaten beobachteten, die eben (*Lützow*) getroffen hatte, sahen wir, wie die vor uns stehende *Lion* mittschiffs getroffen wurde (um 15.51 Uhr); zwei Minuten später erhielten wir zwei 30,5-cm-Treffer, die unseren Entfernungsmeßstand zeitweilig ausfallen ließen. Um 15.56 Uhr peilte der Feind etwa zehn Grad achterlich und steuerte etwa Kurs S; beide Geschwader beschossen einander mit einer Geschwindigkeit und einer Entschlossenheit, die erwarten ließ, daß in wenigen Minuten Großes geschehen müsse.

Ein zweiter auf *Lion* einschlagender Treffer warnte Beatty, daß eine Gefechtsentfernung von 12 000 Yards (109,73 hm), bei der die Feindschiffe auch ihre Mittelartillerie einsetzen konnten, zu gering war. Er drehte um zwei Strich ab, gerade als auch Hipper aus dem gleichen Grund seinen Kurs auf SO änderte.

Ein Offizier an Bord der *New Zealand*, die fast am Schluß der Kiellinie Beattys stand, erinnert sich: »Es war schwer zu fassen, daß da tatsächlich eine Schlacht begonnen hatte; alles spielte sich so sehr wie im Manöver ab, wie wir und die Deutschen auf fast parallele Kurse geschwenkt waren und gewartet hatten, bis die Entfernung so weit gefallen war, daß wir aufeinander feuern konnten, was das Zeug hielt. Es erschien so kaltblütig und mechanisch, ohne Anlaß für Erregung oder Zorn, lediglich eine Sache nüchternen wissenschaftlichen Kalküls und exakt geleiteten Geschützfeuers.« Aber die blutige Wirklichkeit eines Seegefechts und die Wichtigkeit des menschlichen Faktors sollten sich auf den britischen Schiffen nur zu bald erweisen. Nachdem sie die richtige Schußentfernung gefunden hatten, schossen die deutschen Schiffe wesentlich besser, auch begünstigt durch den Vorteil der Lichtverhältnisse und ihrer Leeposition, wodurch sie ihre Ziele klarer gegen den helleren westlichen Himmel erkennen konnten und weniger durch den zwischen den Gefechtslinien treibenden Qualm behindert wurden. *Lion* und *Tiger* erhielten bereits drei Minuten nach Feuereröffnung durch die Deutschen Treffer. Keines der deutschen Schiffe erhielt weitere fünf Minuten lang einen Treffer, bis eine Granate der *Queen Mary* einen Turm der *Seydlitz* traf, ihn außer Gefecht setzte und fast die ganze Turmbesatzung tötete. Trotz der Lektion des Doggerbankgefechts herrschte unter den sechs britischen Schlachtkreuzern erneut Verwirrung bei der Feuerverteilung auf die fünf Schlachtkreuzer Hippers: *Derfflinger* blieb fast zehn Minuten lang unbeschossen, bevor *Queen Mary* ihr Feuer auf ihn verlegte und einen Treffer erzielte. Aber diese von Beattys Streitmacht ausgeteilten Treffer ließen sich nicht mit denen vergleichen, die sie selbst einstecken mußte. Oberleutnant (Lieutenant) W. S. Chalmers, damals auf der Brücke der *Lion*, erinnert sich:

> Um 16.00 Uhr standen wir in enger Gefechtsberührung mit dem Feind. Sein Feuer lag phänomenal genau. Überall um uns schossen ungeheuere Wasserfontänen höher als unsere Schornsteine empor, während die feindlichen Granaten rings um uns einschlugen. Manche überschlugen sich und überfluteten uns mit Wasser. Gelegentlich war durch den Gefechtslärm das böse Heulen von Granatsplittern zu hören oder man sah einen Augenblick lang das Glitzern polierter Stahlstücke, die an der Brücke vorbeisausten. Nach achtern blickend sah ich, wie sich eines unserer Boote in einer Wolke von Holzsplittern auflöste. Wir hofften natürlich, daß wir dem Feind ähnlich schwere Schläge versetzten, aber die fünf massigen Schatten mit den immer wieder aus ihren Geschützen aufzuckenden Feuerzungen schienen völlig unbeschädigt, und wir konnten nicht erkennen, welche Schäden wir ihnen beibrachten. Es war sehr schwierig, die Aufschläge unserer eigenen Granaten im weißen Dunst zu erkennen. Etwa um diese Zeit erschien ein blutüberströmter Sergeant der Marines[134] auf der Brücke, ohne Mütze, mit verbrannter Uniform und anscheinend unter Schock stehend. Ich fragte ihn, was geschehen sei. Mit müder, tonloser Stimme antwortete er: »Turm Q ist hin, Sir, die ganze Turmmannschaft ist tot. Das Magazin haben wir geflutet.« Ich sah von der Brücke hinunter. Die Panzerdecke des Mittschiffsturms war aufgebogen wie der Deckel einer offenen Sardinendose. Dichter gelber Qualm quoll in Schwaden aus dem klaffenden Loch. Die Geschützrohre ragten bizarr zum Himmel auf.

Eine Granate von *Lützow* hatte die Decke des mittschiffs stehenden 34,3-cm-Geschützturms des Flaggschiffs durchschlagen und war im Inneren detoniert. Die gesamte Turmmannschaft war tot oder tödlich verwundet. Wie auf *Seydlitz* im Doggerbankgefecht entzündete die Detonation Korditkartuschen in der unmittelbar darunterliegenden Umladekammer. Eine Stichflamme schoß durch den Munitionsschacht nach unten in Richtung auf die Kartusch- und Granatkammern des Magazins. Bevor es dort zu einer Detonation kommen konnte

> hatte Major F. J. W. Harvey, R. M. L. I., Kommandant des Turms ›Q‹, mit seinem letzten Atemzug den Befehl gegeben, die Magazintüren zu schließen und das Magazin zu fluten. Als die Stichflamme den Umschlagraum vor den Magazinkammern erreichte, hatte die Magazinmannschaft die Türen verschlossen; manche fand man später tot auf, ihre Hände noch an den Türvorreibern. Diese auf Befehl (von Major Harvey) von der Turmbesatzung ausgeführten Maßnahmen hatten das ganze Schiff gerettet.

Die gesamte Turmbesatzung von Turm ›Q‹, bis auf zwei von insgesamt 100 Offizieren und Mannschaften, fand bei dieser Katastrophe den Tod. Der Vorfall wird wegen der Geistesgegenwart Harveys nie vergessen werden. »In der langen, blutigen, ruhmreichen Geschichte der Royal Marines gibt es keinen größeren Namen und keine ruhmreichere Tat« *(Churchill).* Harvey war der erste, der sich an diesem Tag das Victoria-Kreuz verdiente.

Schon vier Minuten später erlitt Beattys Streitmacht als Folge des gleichen Konstruktionsfehlers der Geschütztürme einen viel schwereren Verlust. Ein Offizier an Bord der *New Zealand* sah, wie

> *Indefatigable* von zwei Geschossen (der *Von der Tann*) getroffen wurde; ein Treffer schlug auf der Back ein, der andere auf dem vorderen Turm. Beide Granaten schienen beim Aufprall zu detonieren. Dann geschah etwa dreißig Sekunden lang gar nichts; danach explodierte das ganze Schiff von vorn beginnend. Die Explosion begann mit einer Flammenwand, gefolgt von einer dichten schwarzen Qualmwolke, die das Schiff verdeckte. Ausrüstungsteile und Wracktrümmer wurden in die

Luft geschleudert, eine 50 Fuß (15,2 m) lange und anscheinend intakte Dampfpinasse wurde etwa 200 Fuß (60 m) hochgeschleudert, mit dem Kiel nach oben.

Im Turm ›A‹ des Schlachtkreuzers *Indefatigable* hatte niemand mehr Zeit gehabt, die Magazintüren zu schließen und das Magazin zu fluten. Und so starben, bis auf zwei Überlebende, Kapitän Sowerby und seine gesamte Besatzung von mehr als 1000 Offizieren und Mannschaften mit ihrem Schiff, von dessen Vernichtung eine Dreimastbark Zeuge wurde, die unter vollen Segeln zwischen die zwei feuernden Linien geraten war. Die Gefühle der Besatzung dieses Seglers kann man sich ausmalen ...

Auf die Stärke einer gleichen Anzahl Schlachtkreuzer vermindert, wie sie sein Gegner besaß, suchte Beatty jetzt Vorteil aus der höheren Geschwindigkeit seiner Schiffe zu ziehen, indem er die Gefechtsentfernung durch Abdrehen vergrößerte. Seine Schiffe sollten eine kurze Atempause erhalten, um die durch feindliche Treffer verursachten Brände zu löschen. Dadurch erhielt Evan-Thomas seine Chance: In den 20 Minuten seit Feuereröffnung der Schlachtkreuzer hatte er alles getan, um sein V. Schlachtgeschwader in den Kampf zu bringen. Da er erneut einen abkürzenden Kurs steuerte, konnte sein Flaggschiff kurz nach 16.00 Uhr auf eine Entfernung von 19 000 Yards (173,7 hm) das Feuer eröffnen. Jetzt fielen auch die drei Schwesterschiffe ein. ›Bald waren die deutschen Schlußschiffe einem wahren Trommelfeuer aus 38,1-cm-Geschützen ausgesetzt, und gleich zu Anfang wurde *Von der Tann* getroffen‹ (DER KRIEG ZUR SEE). Während »das Feuer der britischen Schlachtkreuzer nicht zu ernsthaften Beschädigungen unserer eigenen Schlachtkreuzer geführt hatte, machten die Schiffe der *Malaya*-Klasse einen hervorragenden Eindruck (*Scheer*)[135]; *Von der Tann* wurde unter der Wasserlinie getroffen, wobei 600 Tonnen Wasser in das Schiff eindrangen; auf *Seydlitz* wurde ein weiterer Turm außer Gefecht gesetzt.

Um 16.10 Uhr wurde der Hauptsender der Funkstation auf *Lion* zerstört. Alle Meldungen Beattys an Jellicoe wurden dadurch verzögert, weil sie zuerst mit Morsescheinwerfern an *Princess Royal* übermittelt werden mußten. Wenige Minuten später, als die Entfernung auf 18 000 Yards (165 hm) gestiegen war, drehte der britische Admiral seine Schlachtkreuzer um vier Strich auf den Gegner zu, während das achteraus liegende V. Schlachtgeschwader weiter aufschließen konnte. Beatty sollte jedoch seine Überlegenheit von neun Schiffen zu nur fünf des Gegners nicht behalten, während die Gegner weiter nach SSO stürmten. Lassen wir erneut Korvettenkapitän von Hase von der *Derfflinger* zu Wort kommen:

»Die *Queen Mary* feuerte langsamer als wir, gab dafür aber gewöhnlich Vollsalven ab. Ich sah die Geschosse herankommen und mußte feststellen, daß der Gegner ausgezeichnet schoß. Alle acht Schuß lagen gewöhnlich unmittelbar zusammen. Aber fast immer entweder weit oder kurz – nur zweimal geriet der *Derfflinger* in den Höllenhagel, doch hat dabei jedesmal nur ein schweres Geschoß getroffen. Aber die arme *Queen Mary* hatte es schlecht! Außer dem *Derfflinger* schoß auch *Seydlitz* auf sie. Etwa um 16.26 Uhr fand die *Queen Mary* ihren Untergang. Zuerst zuckte im Vorschiff eine grellrote Flamme auf. Dann erfolgte im Vorschiff eine Explosion, der eine viel gewaltigere Explosion im Mittelschiff folgte, schwarze Bestandteile des Schiffes flogen durch die Luft, und gleich darauf wurde das ganze Schiff von einer ungeheueren Explosion erfaßt. Eine riesige Rauchwolke entwickelte sich. Die Masten stürzten nach der Mitte zusammen, die Rauchwolke verdeckte alles und stieg immer höher. Schließlich stand nur noch eine dicke schwarze Rauchwolke da, wo vorhin das Schiff gestanden hatte.«

Und ein Offizier der *New Zealand* berichtete

»*Tiger* dampfte mit 24 Knoten nur 500 Yards hinter *Queen Mary*, schor jäh aus der Linie nach Backbord aus und verschwand in dieser dichten Rauchmasse. Wir schoren nach Steuerbord aus und passierten die *Queen Mary* etwa 150 Yards an unserer Backbordseite; zu diesem Zeitpunkt hatte sich der Qualm etwas gelichtet und gab den Blick frei auf das noch schwimmende Achterschiff vom achteren Schornstein ab; die Schrauben drehten sich noch; der vordere Teil des Schiffes war bereits gesunken. Männer krochen auf die Decke des achteren Turms und die Lukenniedergänge auf der Schanze. Als wir querab lagen, kenterte dieser Schiffsteil und explodierte. Große Eisenmassen wurden in die Luft geschleudert. Trümmer klatschten rings um uns in die See. Noch bevor wir ganz vorbeigelaufen waren, war die *Queen Mary* vollständig verschwunden.«

Bootsmann E. Francis erzählt, wie er aus dem Turm ›X‹ entkommen ist. Bis auf die Handvoll Überlebende, zu denen er gehörte, hatte Kapitän Prowses Besatzung von mehr als 1000 Offizieren und Mannschaften den Tod gefunden:

»Dann donnerte die gewaltige Explosion. Im ganzen Schiff war es plötzlich still wie in einer Kirche. Der Boden unseres Turmes hatte sich nach oben gebeult, die Geschütze waren zerstört. Ich steckte meinen Kopf durch das Mannloch in der Turmdecke und sah mich um: Die achtere 10-cm-Batterie war bis zur Unkenntlichkeit zerschmettert. Das Schiff hatte bereits gefährliche Schlagseite nach Backbord. Dies meldete ich Oberleutnant Ewart. Dieser befahl: ›Alle Mann aus dem Turm.‹ Ich kletterte nach draußen auf die Turmdecke, gefolgt von unserem Oberleutnant. Plötzlich hielt er inne und kroch in den Turm zurück, weil er glaubte, daß noch Überlebende zurückgeblieben seien. Es ist herzzerreißend, an ihn und die tapferen Kameraden zu denken, die mit mir im Turm waren. Ich kann nur von (ihrem) hervorragenden Verhalten schreiben. Sicher aber erwies sich die gesamte Schiffsbesatzung, vom Kommandanten hinunter bis zum jüngsten Schiffsjungen, der höchsten Tradition der britischen Marine würdig. Jeder brannte darauf, an dem großen Kampf teilzunehmen. Zwei meiner Kameraden der Turmbesatzung halfen mir, ohne an ihre eigene Sicherheit zu denken, auf die Steuerbordseite. Dort hatte es eine größere Gruppe nicht übermäßig eilig, ins Wasser zu springen; aber mich schien etwas zu treiben, schnell vom Schiff wegzukommen. Ich muß etwa 50 Meter vom Schiff weggeschwommen sein, als ein ungeheurer Schlag erfolgte und die Luft von herumfliegenden Trümmerstücken erfüllt war. Ich hörte ein Aufrauschen des Wassers, wie von einer Brandung, die sich am Ufer bricht. Mir war sofort klar: Das ist der Sog des Schiffes, das gerade untergegangen ist. Ich hatte kaum Zeit, meine Lungen mit Luft zu füllen, als diese Wellen über mich hereinbrachen. Obwohl ich das Gefühl hatte, dieses Spiel sei nun verloren, schwamm ich kräftig weiter und stieß gegen etwas Festes. Ich packte den Gegenstand, der eine große Hängemattenrolle war. Ich quälte mich mehr tot als lebendig auf sie hinauf. (Bald) zwang ich mich, nach etwas Handfesterem Ausschau zu halten, das mich tragen würde. Ich fand ein Stück Holz. Das große Problem war nur, auf dieses Holz zu klettern. Ich wollte schon die Hoffnung aufgeben, als mich die Dünung auf das Holz warf. Dann muß ich das Bewußtsein verloren haben. Als ich wieder zur Besinnung kam, war mir sehr übel; ich hatte wohl viel Bunkeröl geschluckt. Es gelang mir, das Öl vom Gesicht und den stark schmerzenden Augen abzuwischen und sah mich um. Ich sah sonst niemanden und mußte glauben, ich sei der einzige Überlebende der ganzen tapferen Besatzung. Wie lange ich im Wasser war, bevor einige Zerstörer auf mich zukamen, weiß ich nicht. Dann hat mich die *Petard* ausgemacht, kam näher und warf mir eine Leine zu, an der ich mich selbstverständlich eisern festklammerte; dann wurde ich an Deck des Zerstörers gezogen.«

Beattys trotzig-tapfere Bemerkung, als er die katastrophale Vernichtung seines zweiten Schlachtkreuzers mitansehen mußte, ist in die unsterbliche Tradition der Royal Navy eingegangen. Zu Flaggkapitän Chatfield gewandt knurrte er, ohne mit der Wimper zu zucken: »Mit unseren verdammten Schiffen stimmt doch heute was nicht[136].« Ebenso kaltblütig befahl er eine weitere Kursänderung, um seine Schiffe ›näher an den Feind heranzubringen‹. Die gleiche grimmige Entschlossenheit beseelte seine Offiziere und Mannschaften. »Der Kampfgeist unserer Männer war wunderbar«, erinnert sich ein Offizier der *New Zealand,* »obwohl sie alle hatten mitansehen müssen, wie die *Queen Mary* in die Luft geflogen war, schienen sie nicht einen Augenblick lang eine Niederlage zu fürchten.« Um 16.28 Uhr konnten die britischen Schiffe zu ihrer Genugtuung das scharfe Abdrehen der Linie Hippers beobachten. Die Deutschen konnten dem Hagel der größeren Geschoßgewichte der britischen Geschütze nicht mehr widerstehen. »Nur die schlechte Qualität der britischen Sprengladungen bewahrte uns vor der Katastrophe« *(Hipper)*[137]. Man kann auch der Meinung sein, daß Evan-Thomas und sein Geschwader Beattys Schlachtkreuzer gerettet haben. Denn die Schlachtkreuzer hatten nur zehn Treffer auf feindlichen Schiffen erzielen können, während sie selbst 40 Treffer einstecken mußten. In der folgenden Viertelstunde auf Südkurs erhielten sie jedoch keinen einzigen Treffer mehr, während die Geschütze des V. Schlachtgeschwaders zwei Treffer auf *Moltke* und zwei auf *Von der Tann* erzielten, im Austausch gegen nur einen Treffer auf *Barham*[138].

Hipper hatte einen weiteren Grund zur Kursänderung: Wenn er die britischen Streitkräfte in die Reichweite der Geschütze des deutschen Gros führen wollte, mußte ihm mehr gelingen, als den Geschoßhagel des V. Schlachtgeschwaders zu überleben. Die Art, wie die beiden Flotten ursprünglich aufeinandergestoßen waren, und Beattys überhastete Verfolgung des Gegners hatten es für die britischen Zerstörer schwierig gemacht, ihre richtige Position vor der Schlachtlinie überhaupt zu erreichen. Tatsächlich hatte der von den unter dem Befehl Korvettenkapitän Goldsmiths stehenden IX. und X. Flottillen beim Versuch des Aufholens erzeugte Qualm sicherlich auch zur Ungenauigkeit des Geschützfeuers der britischen Schlachtkreuzer beigetragen. Die XIII. Zerstörerflottille (ohne *Onslow* und *Morseby*, die bei *Engadine* Geleitschutz fuhren) war jedoch erfolgreich. Um 15.55 Uhr hatte Beatty, ohne viel auf den Operationsbefehl der Grand Fleet Battle Orders zu achten, wonach es Hauptaufgabe der Zerstörer war, feindliche Torpedobootsangriffe abzuschlagen, den Zerstörern signalisiert: »Gelegenheit erscheint günstig für Angriff.« Um 16.15 Uhr lag der Kleine Kreuzer *Champion* genügend weit vor *Lion*, so daß Kapitän Farie seine acht Zerstörer loslassen konnte, unterstützt durch die vier von Goldsmith. Diese 12 britischen Zerstörer führten ihren Angriff in drei Gruppen, geführt von *Nestor* (Korvettenkapitän The Hon. E. B. S. Bingham), *Obdurate* (Kapitänleutnant C. H. H. Sams) und *Narborough* (Kapitänleutnant G. Corlett) »in tapferster Weise und mit großer Entschlußkraft« *(Beatty)* aus. Sie befanden sich schließlich nicht allein auf See: Auf Hippers um 16.14 Uhr gegebenen Befehl führte auch Kommodore Heinrich mit der *Regensburg* die deutschen Torpedoboote der IX. Flottille unter Korvettenkapitän Goehle zum Angriff gegen die schweren britischen Schiffe. Das Ergebnis beschreibt ein Offizier der *Nicator*, einem Zerstörer der von *Nestor* geführten Gruppe:

> Wir stießen aus unserer Schlachtkreuzerlinie mit 34 Knoten Höchstfahrt vor. Fast gleichzeitig sahen wir feindliche Torpedoboote aus der deutschen Linie hervorbrechen. Als wir eine Position vor dem Feind erreicht hatten, drehten wir und schossen unseren ersten Torpedo aus 9000 bis 10 000 Yards (82,3 bis

Rechts: Vizeadmiral Franz v. Hipper (nach der Schlacht geadelt), Befehlshaber der Aufklärungsstreitkräfte und Führer der deutschen Schlachtkreuzer in der Skagerrakschlacht.

Unten: Der Oberbefehlshaber der britischen Grand Fleet, Admiral Sir John Jellicoe (links), und der deutsche Flottenchef, Vizeadmiral (nach der Schlacht: Admiral) Reinhard Scheer (rechts).

Oben: Deutsches Linienschiff ›König‹. Als Spitzenschiff des Gros und Flaggschiff des III. Geschwaders der Hochseeflotte unter Konteradmiral Paul Behncke, der in der Skagerrakschlacht verwundet wurde, hatte dieses Schiff die schwerste Last des Artilleriekampfes zwischen den beiden Schlachtflotten zu tragen.

Unten: Deutsches Linienschiff ›Kaiser‹, 6. Division, III. Geschwader. Steuerbordansicht der achteren 30,5-cm-Batterie. An der Bordwand Torpedoschutznetze, die nach den Erfahrungen der Skagerrakschlacht von den Schiffen der deutschen Flotte entfernt wurden.

91,4 hm) ab. Inzwischen lagen wir in Schußweite der feindlichen Torpedoboote, die mit etwa 30 Knoten Fahrt herankamen. Wir gingen auf ›schnelles Einzelfeuer‹ über und konnten eine Anzahl schöner Treffer erzielen. Wir sahen, daß zwei feindliche Boote liegenblieben, eines mit deutlicher Schlagseite nach Steuerbord (die deutschen Torpedoboote *V 27* und *V 29* sanken später). Das Feuer der übrigen Feindboote war sehr wild, aber ungenau. Wir erhielten überhaupt keinen Treffer. *Nomad,* die hinter uns stand, wurde durch einen Treffer in den Maschinenraum lahmgelegt, und wir mußten sie zurücklassen. Während der ganzen Zeit lagen wir unter ungemütlich schwerem Beschuß durch die Mittelartillerie der deutschen Schlachtkreuzer, und es schien wie ein Wunder, daß wir überhaupt nicht getroffen wurden. Ich schreibe dies der Art zu, in der unser Kommandant das Schiff steuerte: Während des ganzen Kampfes lehnte er kaltblütig am vorderen Schanzkleid der Brücke und rauchte seine Pfeife.

Die beabsichtigten Torpedoangriffe beider Seiten wurden durch den heißen Kampf im Niemandsland zwischen den Gefechtslinien vereitelt. Beatty und Evan-Thomas konnten allen von Goehles Booten abgeschossenen 18 Torpedos ausweichen, indem sie ihre Schiffe zeitweise zwei Strich abdrehen ließen. Obwohl Hipper eine viel stärkere Wendung ausführte, um den 20 von Faries Zerstörern abgefeuerten Torpedos zu entgehen, traf ein von *Petard* (Kapitänleutnant E. C. O. Thomson) abgefeuerter Torpedo und setzte einige Abteilungen der *Seydlitz* unter Wasser. Trotzdem wurde die Geschwindigkeit der *Seydlitz* dadurch nicht herabgesetzt, und sie konnte in der Gefechtslinie verbleiben.

Die Umstände, die Kapitän Ropers I. Flottille und die meisten Boote Goldsmiths daran hinderten, sich an diesem Angriff zu beteiligen, hatten auch dazu geführt, daß Sinclairs und Napiers Kreuzergeschwader zurückgeblieben waren. Aber bis 16.20 Uhr hatte Goodenoughs II. Leichtes Kreuzergeschwader eine Position erreicht, von der aus es vor den britischen Schlachtkreuzern aufklären konnte. Zu diesem Zeitpunkt war Beatty seit dem ersten Insichtkommen des Feindes etwa 50 sm in Richtung auf Horns Riff gedampft, ohne stärkere Streitkräfte als Hippers Schiffe zu sichten. Er hatte daher allen Grund für die Annahme, daß die – wie sich später herausstellte fälschliche – Feindmeldung der Admiralität richtig war, wonach Hippers Schlachtkreuzer die einzigen in See befindlichen Feindkräfte waren. Hätte Scheer auf der anderen Seite seinen Nordwestkurs mit 15 Knoten aufrechterhalten, hätte sich eine Annäherungsgeschwindigkeit der Flotten von 40 Knoten ergeben. Beatty hätte Scheers Gros also bereits sichten müssen. Jedoch verzögerte der deutsche Flottenchef den Augenblick des Zusammentreffens durch eine Schwenkung nach Westen, weil er die britischen Schlachtkreuzer zwischen seinen Linienschiffen und Hippers Aufklärungsstreitkräften in die Zange nehmen wollte. Dann aber hatte *Frankfurt* die Anwesenheit des V. britischen Schlachtgeschwaders gemeldet. Daraufhin drehte das deutsche Gros, das immer noch in einer lang auseinandergezogenen Kiellinie von Behnckes Geschwader geführt wurde, auf Kurs NW zurück, um Hipper so schnell wie möglich Entlastung zu bringen. Dadurch konnte Hipper seinen Auftrag erfüllen: »Wir standen etwa 1500 Yards (ca. 14 hm) vor unseren Schlachtkreuzern und 13 000 Yards (ca. 119 hm) vom Feind entfernt«, erinnert sich Oberleutnant Tennant[139], der damals auf der Brücke des Kleinen Kreuzers *Nottingham* stand, »als plötzlich an Backbord voraus eine Kiellinie großer Schiffe aus dem Dunst auftauchte. Wir hielten zusammen mit unserem übrigen Geschwader weiter darauf zu, um dem Oberbefehlshaber und der *Lion* genau melden zu können, wer das war«. Um 16.38 Uhr fiel Jellicoes und Beattys fälschliche Annahme, Scheers Gros liege noch immer auf der Jade vor Anker, plötzlich in sich zusammen. Von dem Kleinen Kreuzer *Southampton* kam die elektrisierende Meldung: »Feindliche Schlachtflotte in SO gesichtet, Kurs N.« Eine Minute später ging eine ähnliche Meldung von der *Champion* ein. Jetzt wußte Beatty, daß er ahnungslos in eine Falle gelockt worden war. Er hatte die gerechtfertigte Zuversicht gehabt, trotz des Verlustes zweier Schlachtkreuzer mit Hilfe seiner verbleibenden vier Schlachtkreuzer sowie des V. Schlachtgeschwaders Hippers fünf Schlachtkreuzer abschneiden und vernichten zu können. Nun mußte er selbst vor überlegenen Feindstreitkräften zu entkommen versuchen. Dabei hatte er die weitere Aufgabe, die deutsche Hochseeflotte nach Norden zu ziehen, bis Scheer seinerseits in die Falle der nur 50 sm entfernt stehenden beträchtlich überlegenen Schlachtflotte Jellicoes gegangen war.

Daher reagierte Beatty auf die Meldungen Goodenoughs und Faries, indem er seinen Schlachtkreuzern Gegenkurs befahl. Diese

Schwenkung verzögerte er jedoch, bis er sich um 16.40 Uhr selbst von der Lage überzeugen konnte: In 11 sm Entfernung erblickte er in SO die Masten und qualmenden Schornsteine der Großkampfschiffe Scheers, die sich vor *Lion* über den Horizont schoben. Wie schon früher, besonders als die erste Feindsichtmeldung von *Galatea* eingegangen war, ließ Beatty auch dieses Mal wieder seine Schiffe nacheinander schwenken: dabei riskierte er es, *Princess Royal, Tiger* und *New Zealand* ebenso nahe an die feindliche Schlachtflotte heranzuführen wie *Lion.* Potentiell noch gefährlicher war, daß alle auf den gleichen Schwenkpunkt drehten, auf den der Feind sein Feuer konzentrieren konnte. Glücklicherweise war Hipper durch das V. Schlachtgeschwader voll in Anspruch genommen. Ferner konnte *New Zealand,* das Schlußschiff der Gefechtslinie Beattys, die Schwenkung bereits ausführen, bevor die Spitze der deutschen Schlachtflotte in Schußentfernung kam. Beim V. Schlachtgeschwader sah die Sache anders aus. Beattys Befehl, durch Flaggensignal um 16.40 Uhr gegeben, konnte auf *Barham* nicht ausgemacht werden, da sie sieben sm entfernt stand, und weder *Tiger*[140] noch *Lion* gaben ihn durch Morsescheinwerfer weiter. Evan-Thomas, der wieder nicht ohne Befehl handeln wollte, hielt weiter auf die feindliche Schlachtflotte zu. Sechs Minuten nach der Schwenkung der *Lion* wiederholte Beatty das Flaggensignal, das durch *Barham* auch diesmal nicht abgelesen werden konnte, bis die vier Schlachtschiffe querab von den Schlachtkreuzern lagen. Das Verfahren zur Kursänderung des V. Schlachtgeschwaders hätte Beatty eigentlich dem Geschwaderchef Evan-Thomas überlassen sollen, aber Beatty spielte weiter mit der Gefahr, als er auch für die Linienschiffe eine Schwenkung (nacheinander), keine Wendung (gleichzeitig) befahl. (Dies war einer der wenigen Punkte, die Jellicoe später gegen Beattys Führung der Schlacht vorbrachte.) Angesichts der schweren Beschädigungen seiner Schlachtkreuzer wollte Beatty nun das V. Schlachtgeschwader zum Hauptziel für Hippers Artilleriefeuer werden lassen. Zum Zeitpunkt der Schwenkung – um 16.57 Uhr, d. h. eine Viertelstunde nach *Lion* – lag die *Barham* jedoch bereits in Schußentfernung von Scheers Gros, und das Feuer des deutschen III. Geschwaders war zunächst auf *Barham,* dann auf *Valiant* und schließlich auf *Warspite* konzentriert, als sie nacheinander um den gleichen Schwenkpunkt drehten. Woolcombes Schiff *(Valiant)* blieb zwar unbeschädigt, aber Craigs *(Barham)* und Phillpotts (*Warspite*) erhielten Treffer. Und ›als es Zeit für die Schwenkung der *Malaya* war‹, schrieb einer ihrer Offiziere, ›war der Schwenkpunkt zu einer sehr heißen Ecke geworden. Die feindlichen Salven heulten dicht nacheinander heran; und es ist zweifelhaft, ob wir als Schlußschiff der Kiellinie ohne schwere Treffer davongekommen wären, wenn der Kapitän (Boyle) nicht die Initiative ergriffen und die Schwenkung eher eingeleitet hätte.‹ Obwohl das V. Schlachtgeschwader auf diese Weise das Feuer der ganzen feindlichen Schlachtflotte von Goodenoughs Kleinen Kreuzern ablenkte, war seine Schwenkung auf einem Punkt ein taktischer Fehler, von dem weder Beatty noch Evan-Thomas freigesprochen werden können.

Die britischen Schlachtschiffe wurden durch ihre starke Panzerung und ihre guten Schießleistungen vor der Vernichtung bewahrt. Nach seinem drastischen Abdrehen als Ausweichmanöver vor den Torpedos der britischen XIII. Zerstörerflottille hatte Hipper seinen südlichen Kurs wiederaufgenommen, bis um 16.45 Uhr von der Brücke der *Lützow* Scheers Gros ausgemacht werden konnte. Zwölf Minuten später, und gleichzeitig mit dem V. Schlachtgeschwader, machte Hipper den gleichen Fehler wie Beatty: er ließ seine Linie auf einem Punkt um 16 Strich nach Steuerbord schwenken, so daß seine Schlachtkreuzer weitere Treffer von *Barham* und *Valiant* erhielten; sie hätten noch mehr gelitten, wenn *Warspite* und *Malaya* ihre Geschütze nicht auf die Spitze des deutschen Gros hätten richten müssen.

> Bald nach der Schwenkung (beobachtete der Erste Offizier der *Warspite*) sah ich plötzlich an Steuerbord die gesamte Hochseeflotte. Wenigstens sah ich die Masten, Schornsteine und eine endlose Reihe von orangeroten Blitzen, die entlang der Kiellinie aufzuckten. Das Orgeln der Granaten, die über uns hinweggingen oder vor uns einschlugen, war ohrenbetäubend: ein furchtbares unaufhörliches Krachen. Ich fühlte, wie ein, zwei schwere Schläge das Schiff erzittern ließen, aber es kam mir überhaupt nicht in den Sinn, daß das Treffer bei uns sein könnten. Wir schossen ziemlich schnell, bei einer Zielpeilung von etwa Grün 120 (d. h. Steuerbord 30° achteraus). Ich sah ganz deutlich, wie zwei unserer Salven das vorderste deutsche Schlachtschiff trafen. Gelbe Flammenwände schossen bis über seine Mastspitze empor; vorn und achtern schien das Schiff wie ein brennender Heuhaufen rot zu glühen.

Etwa zu diesem Zeitpunkt erhielten *König, Großer Kurfürst* und *Markgraf* gleichzeitig Treffer.

Eine Minute nach Sichtung der feindlichen Schlachtflotte hatte Beatty Faries Zerstörer wieder zurückgerufen. Die Gruppen von *Obdurate* und *Narborough* folgten dem Befehl, wie dies anfänglich auch *Nestor* und *Nicator* taten. Nach Beobachtungen auf dem *Nicator* spielte sich folgendes ab:

> Auf dem Rückweg passierten wir *Nomad,* die gestoppt und anscheinend hilflos dalag. Wir boten ihr Hilfe an, aber Kapitänleutnant P. Whitfield winkte ab, wir sollten weiterlaufen. Wir sichteten eine Kiellinie von Schlachtschiffen an Backbord voraus, und ich rief: »Jetzt ist alles in Ordnung, da ist unser Fünftes Schlachtgeschwader.« Diese Erleichterung sollte aber nicht lange anhalten; bei genauerem Hinsehen erkannten wir, daß das Deutsche waren, auf die *Nestor* zum Angriff zuhielt. Sehr bald lagen wir wieder unter fürchterlichem Beschuß. Wir beschossen zunächst einen Kleinen Kreuzer an der Spitze der feindlichen Linie aus allen Rohren. Die Visierentfernung betrug 3000 Yards (27,4 hm). *Nestor* wollte diesen Angriff anscheinend bis zum Schluß durchfechten. Gerade als ein feindliches Schlachtschiff in die Visierlinie für unseren letzten Torpedo einwanderte, wurde *Nestor* getroffen, und wir mußten unser Ruder hart Backbord legen, um sie nicht zu rammen. *Nestor* erkannte, daß sie außer Gefecht gesetzt war, und befahl uns, zu *Champion* zurückzulaufen. Deshalb drehten wir ab. Der Kommandant (Oberleutnant J. Mocatta) merkte erst nachher, daß unser (letzter) Torpedo nicht abgefeuert worden war. Trotz eines wahren Granathagels, in dem wir lagen, waren wir außer von einigen Splittern überhaupt nicht getroffen worden.

Aber die beschädigten Zerstörer *Nestor* und *Nomad* konnten nicht entkommen:

> Ein ganzes deutsches Schlachtgeschwader (schrieb ein Offizier der *Nomad*) schien uns als Zielscheibe zu benutzen und verwandelte uns sehr schnell in etwas, das Schweizer Käse erstaunlich ähnlich sah. Wir waren etwa 2000 Yards (18,3 hm) von dem feindlichen Spitzenschiff entfernt, als wir unseren letzten Torpedo abschossen, und lagen damit praktisch in

Kernschußweite der feindlichen 28-cm- und 30,5-cm-Geschütze. Unser Boot begann allmählich über das Heck zu sinken, aber kurz bevor es ganz unter Wasser verschwand, war die ganze Besatzung vom Schiff freigekommen; nach kurzem Schwimmen wurden wir von einem deutschen Torpedoboot aufgenommen. Wir wurden nach Deutschland gebracht und waren für die nächsten zweieinhalb Jahre ›Gäste‹ des Kaisers.

Korvettenkapitän Bingham, der für seinen kühnen Angriffsgeist bei der Führung seiner Zerstörerdivision das Victoria-Kreuz erhielt, beschrieb das Ende der *Nestor* in einem vier Tage später aus Deutschland an seine Frau gesandten Brief:

> Whitfield und ich waren wie kleine Opferlämmer direkt vor der heranstürmenden (deutschen) Hochseeflotte zurückgeblieben. Dort lagen wir für einige furchtbare Augenblicke. Die massigen feindlichen Schlachtschiffe wurden beim Näherkommen größer und wuchsen immer höher empor, (und) es war nicht ein einziges freundliches Schiff in Sicht. Die feindlichen Granaten waren geradezu eine Erleichterung. Ich ließ die Boote aussetzen. Wir konnten das Feuer nicht erwidern, meine Geschütze waren zu klein. Und dann kamen die Granaten, Salven von feindlichen Geschossen. Ich wußte, daß das Ende in wenigen Minuten kommen würde, und gab daher den Befehl: ›Rette sich, wer kann.‹

Der Erste Offizier, M. J. Bethell, stand neben seinem Kommandanten. »Na, wohin jetzt?« fragte Bingham ihn. »In den Himmel hoffe ich, Sir«, antwortete Bethell und wandte sich ab, um einem Verwundeten zu helfen, ohne an sich selbst zu denken.

> Wir gingen in die Boote (schrieb Bingham weiter) und kamen vom Schiff frei. Die *Nestor* sank einige Sekunden später. Sie stellte den Bug hoch in die Luft und tauchte mit dem Heck voraus schnell in die Tiefe. Wir brachten ein dreifaches Hoch aus, als sie unterging, und sangen dann ›Tipperary‹ und ›God Save the King‹. Später kam eine Division deutscher Torpedoboote auf uns zu und fischte uns aus dem Wasser: 75 Mann von 83, die den Rest der Schlacht wie Ratten im Loch zubrachten (unter Deck und unter Bewachung) und in dem sicheren

Glauben, daß britische Zerstörer uns versenken würden. Dies stellte unsere Loyalität natürlich auf die äußerste Probe, aber wir sehnten es auf Kosten unseres eigenen Lebens herbei. Kannst Du Dir unsere Gefühle vorstellen, wenn die Alarmglocken schrillten und ihre Geschütze donnerten? (Jedoch) war der Raum sehr ordentlich und warm; wir erhielten Essen und Wein. Die (deutschen) Offiziere waren sehr freundlich zu uns, und die Natur kam mir bald zu Hilfe – und ich schlief ein![141]

Zu den wenigen, die nicht auf diese Weise die Sicherheit eines Gefangenenlagers erreichten, gehörte leider auch der tapfere Bethell.

Goodenough wandte Beattys Signal zur Kursänderung das sprichwörtliche ›blinde Auge‹ zu.[142] Sich nicht allein mit der Feindsichtung zufriedengebend, hielt das II. Leichte Kreuzergeschwader weiter Kurs SO, bis die *Southampton* um 17.00 Uhr aus einer Entfernung von 13 000 Yards (119 hm) Formation und Zusammensetzung von Scheers Schlachtflotte melden und deren Nordkurs bestätigen konnte.

Es war zwecklos, die feindlichen Schlachtschiffe mit unseren 15-cm-Geschützen zu beschießen. Nach genauen Meldungen über den Feind konnten wir nur so schnell wie möglich das Weite suchen. Granaten schlugen in der Nähe (der *Nottingham*) ein und warfen bis über Masthöhe große Wasserfontänen in die Luft. Andere detonierten 100 Yards (ca. 82 m) zu kurz, und Geschoßsplitter sausten über unsere Köpfe hinweg, andere trafen das Schiff. Aber wir hatten keine Verluste. Die ganze Zeit liefen wir selbstverständlich mit höchster Fahrt, und da die ganze deutsche Flotte uns verfolgte, konnten wir von Glück sagen, daß unten im Maschinenraum alles klar lief. *(Oberleutnant Tennant)*

Bevor dieser Tag zu Ende ging, sollte Goodenough, der jetzt dem V. Schlachtgeschwader nach Norden folgte, noch mehr leisten als diese klassische Kreuzeraufgabe, um den Fehler auszulöschen, der ihm am 16. Dezember 1914 unterlaufen war. Etwa 300 sm entfernt im Südwesten reagierte der im Hafen von Harwich liegende Tyrwhitt auf Goodenoughs Feindmeldung mit grollendem Drängen nach ›Anweisungen‹ der Admiralität. Als Antwort erhielt er den Befehl, mit der Brennstoffergänzung fortzufahren. »Sie werden später vielleicht die Kleinen Kreuzer und Zerstörer der Schlachtkreuzerflotte abzulösen haben.« Dieser Funkspruch kreuzte sich jedoch mit einer weiteren Meldung von Tyrwhitt, der seinen Wunsch, Beatty zu helfen, nicht zu unterdrücken vermochte. Um 17.15 Uhr meldete er: »Ich gehe in See.« Zu seiner Enttäuschung antwortete die Admiralität 20 Minuten später: »Sofort zurückkehren und Befehle abwarten.« Sein ohnmächtiger Zorn wurde nur noch gesteigert, als man ihm am 1. Juni nach Tagesanbruch schließlich das Auslaufen gestattete und er erkennen mußte, daß seine fünf Kleinen Kreuzer und 19 Zerstörer in der Schlacht keine Rolle mehr spielen würden. Der Erste Seelord war jedoch der Meinung gewesen, Tyrwhitts Schiffe müßten für den Fall zurückgehalten werden, daß Scheer einen Teil seiner Flotte zu einem Schlag gegen die Schiffahrt in den Downs detachieren würde. Andererseits ist es zweifelhaft, ob die Harwich-Streitkräfte, obwohl sie vor Einbruch der Nacht zu Jellicoe gestoßen wären, überhaupt noch Einfluß auf das Ergebnis der Schlacht hätten haben können.

Die sofortige Reaktion des britischen Oberbefehlshabers auf die erste Feindmeldung der *Galatea* war der Befehl, Dampf für volle Fahrt aufzumachen. So konnte er um 14.55 Uhr die Geschwindigkeit der Flotte auf 18 Knoten und bis 16.00 Uhr auf 20 Knoten steigern. Den Kurs S-50-O steuernd, konnten seine Großkampfschiffe nichts weiter tun – dies war die höchste Geschwindigkeit, bei der die Schiffe Formation halten konnten –, die Entfernung zu Beatty zu verringern, die 12 sm größer als ursprünglich geplant war. Denn Jellicoe war ebenfalls fast eine Stunde lang durch die Untersuchung von Fischdampfern aufgehalten worden, die verdächtigt wurden, Funkmeldungen über britische Kriegsschiffe nach Deutschland abgegeben zu haben. Um 15.10 Uhr hatte Jellicoe dann den Kreuzergeschwadern Arbuthnots und Heaths, die als Aufklärungslinie vor *Iron Duke* standen, befohlen, ihren Abstand auf 16 sm zu steigern (obwohl sie nur über einen geringen Geschwindigkeitsüberschuß verfügten, um diesen Befehl rechtzeitig auszuführen). Noch wichtiger war, daß das III. Schlachtkreuzergeschwader mit seinen begleitenden Kleinen Kreuzern *Chester* und *Canterbury* sowie vier Zerstörern seine Fahrt auf 22 Knoten gesteigert hatte, um sich der Schlachtkreuzerflotte anzuschließen, zu der Hoods Schiffe eigentlich gehörten. Diese Initiative wurde von Jellicoe um 16.05 Uhr bestätigt. Fünfundzwanzig Minuten später wurden auf den Schlachtschiffen der Grand Fleet Offiziere und Mannschaften durch Hornsignale auf Gefechtsstation befohlen. Dort waren sie, als Jellicoe die Meldung Goodenoughs mit der unerwarteten, aber höchst willkommenen Nachricht erhielt, daß Scheers Schlachtflotte nur 50 sm entfernt stand. Um 17.00 Uhr erhielt die Admiralität den Funkspruch, auf den sie seit fast zwei Jahren gewartet hatte: »Flottenaktion steht unmittelbar bevor.«

Um Jellicoe in Gefechtsberührung mit Scheer zu bringen und sicherzustellen, daß die Hochseeflotte nicht etwa durch hastige Flucht entkommen konnte, wie sie dies schon oft getan hatte, mußte Beatty sich weit genug von Hipper entfernen, um die deutschen Schlachtkreuzer zur Schwenkung nach Osten zu zwingen und sie dadurch daran zu hindern, Scheer vor der Annäherung der britischen Schlachtflotte zu warnen. Daher liefen die britischen Schlachtkreuzer nach der Schwenkung auf NNW mit 25 Knoten weiter, so daß sie um 17.10 Uhr außerhalb der Reichweite von Hippers Streitkräften standen. Das etwas langsamere V. Schlachtgeschwader setzte den Kampf mit Hippers Schlachtkreuzern sowie den I. und III. Geschwadern der Hochseeflotte noch etwa 20 Minuten fort. Diese Geschwader hatten ihre Fahrt auf 20 Knoten gesteigert, obwohl dadurch die älteren Linienschiffe des II. Geschwaders unter Admiral Mauve zurückgefallen waren. Aber obwohl die vier britischen Großkampfschiffe fast eine halbe Stunde das Ziel der deutschen Schlachtschiffe bildeten, erfüllte sich Scheers ›Hoffnung, daß eines der gejagten Schiffe lahmgeschossen zurückbleiben und dem Gros zum Opfer fallen würde‹, nicht. Keines der britischen Schiffe erlitt schwerere Beschädigungen als *Malaya,* die zwei Treffer unter der Wasserlinie erhielt und deren Steuerbord-15-cm-Batterie bei schweren Verlusten zerstört wurde. Andererseits erzielten die 38,1-cm-Geschütze der Schiffe wirkungsvolle Treffer auf *Großer Kurfürst, Markgraf, Seydlitz* und der bereits angeschlagenen *Lützow.* Auch *Derfflinger* erlitt Schäden unter der Wasserlinie. Natürlich waren Evan-Thomas' Schiffe standfest gebaut und kampfstark bemannt, aber daß ihnen Scheer trotzdem keine größeren Schäden zufügen konnte, sagt jedoch auch etwas über die Schießleistungen seiner Hochseeflotte aus. Die Geschwader Behnckes und Schmidts zeigten nicht das gleiche Können wie Hippers Schiffe in der ersten halben Stunde seines Gefechts mit Beatty:

Das V. Schlachtgeschwader war ein herzerfreuender Anblick (schrieb Oberleutnant Stephen King-Hall[143], damals an Bord der *Southampton*). Es lag unter dem konzentrierten Feuer von etwa zwölf deutschen schweren Schiffen, schien sich aber deswegen nicht übermäßige Sorgen zu machen, und die deutschen Schießleistungen haben mich nicht sehr günstig beeindruckt. Aber unsere eigene Lage war alles andere als angenehm. Das halbe Dutzend älterer Linienschiffe am Schluß der deutschen Linie stand zu weit ab, um das V. Schlachtgeschwader bekämpfen zu können. Obwohl wir uns allmählich auf 15 000 bis 16 000 Yards (137–146 hm) abgesetzt hatten, lagen wir noch in ihrer Reichweite, und sie begannen mit Schießübungen auf unser (Kreuzer-)Geschwader. Ich war mit einem halben Dutzend Männer im achteren Feuerleitstand. Wir hockten hinter Panzerblechen von nur 2,5 mm Stärke und aßen Corned beef; das erschien uns jedoch als ziemliche Zeitverschwendung, denn sicher würde uns eine dieser 28-cm-Granaten in den nächsten zehn Minuten ins Jenseits befördern; sie konnten nicht dauernd zu kurz oder zu weit liegen.

Aber sie konnten! Und die Kommandanten der wendigen Schiffe Goodenoughs wichen allen Treffern aus, indem sie jeden Einschlag einer Salve ansteuerten, die zu kurz oder zu weit lag – in der richtigen Erkenntnis, daß es unwahrscheinlich war, daß zwei aufeinanderfolgende Salven an der gleichen Stelle einschlagen würden. Der Erfolg dieser Maßnahmen läßt sich an einer irritierten Bemerkung Scheers ablesen: »Durch ihr planloses Durcheinanderfahren wurde der Eindruck erweckt, daß unsere Geschosse sie erreichten und ihnen das Auftreten unserer Linienschiffe höchst überraschend kam, so daß sie nicht wußten, wohin sie sich wenden sollten.«

Zwei viel kleinere Schiffe erwiesen sich als Plage für die deutsche Hochseeflotte. Nachdem sie an ihrem Flottillenangriff nicht hatten teilnehmen können, wurden die Zerstörer *Onslow* (Kapitänleutnant J. C. Tovey[144]) und *Moresby* (Kapitänleutnant R. V. Alison) von ihrer Aufgabe als Geleitschutz der *Engadine* entbunden. Um 17.00 Uhr lief Tovey dicht auf einen Feind zu, der keinen Torpedobootsschirm zu haben schien. Diese Gelegenheit konnte er nicht ungenutzt verstreichen lassen: Er führte die *Moresby* zum Angriff. Bevor die beiden Zerstörer jedoch auf Torpedoschußweite herankommen konnten, trafen sie auf die IV. Aufklärungsgruppe Reuters, deren schweres Feuer sie zum Abdrehen zwang. Tovey riß die *Onslow* nach Backbord und brach den Angriff ab. Alison hatte *Moresby* jedoch nach Steuerbord gedreht und fand ein weiteres Ziel. Er konnte einen Torpedo auf *Kronprinz*, das dritte Schiff in Scheers Kiellinie, auf eine Entfernung von weniger als 8000 Yards (73 hm) abschießen. Dieser tapfere Angriff blieb erfolglos, aber Alison manövrierte sein Schiff so gut, daß es dem ihm folgenden feindlichen Granatenhagel unbeschädigt entkommen konnte.

Um 17.30 Uhr hielt Beatty, der Hippers Schlachtkreuzer nicht mehr in Sicht hatte, den Zeitpunkt für günstig und drehte seine Schlachtkreuzer auf NNO. Etwa zur gleichen Zeit (17.21 Uhr) hatte Scheer in der Annahme, sein Gegner drohe zu entkommen, seinen Schlachtkreuzern ›Verfolgung aufnehmen‹ befohlen. Hipper änderte daher seinen Kurs auf NW, um den Feind erneut zu stellen. Daher wurden die deutschen Schlachtkreuzer etwa zehn Minuten später durch Beatty von direkt voraus und durch das V. Schlachtgeschwader von Steuerbord beschossen. Nun mußte Hipper abdrehen. Er versuchte, dieses Manöver auf 45° zu beschränken, aber um 17.55 Uhr hatte das Feuer der acht schweren britischen Schiffe, die jetzt die besseren Lichtverhältnisse hatten, die vorher den Feind begünstigt hatten, dessen Richtkanoniere jetzt jedoch durch die untergehende Sonne geblendet wurden, den deutschen Schlachtkreuzern erneut Schäden zugefügt. *Lützow* wurde schwer getroffen, *Derfflinger* vorn durchlöchert und unter Wasser gesetzt und *Seydlitz* in Brand geschossen[145]. Hipper mußte scharf abdrehen.

Um 18.00 Uhr als Hipper schon wieder 6 sm Steuerbord voraus vor dem Gros stand, weil sein Flottenchef die Verfolgung von Evan-Thomas abgebrochen und die Fahrt auf 15 Knoten verringert hatte, damit Mauves II. Geschwader aufschließen konnte, befanden sich die deutschen Schlachtkreuzer auf der Flucht in Richtung Osten.

Beatty hatte daher Hipper daran hindern können, Jellicoe zu sichten und Scheer vor seiner Nähe zu warnen. Damit hatte Beatty erreicht, daß die beiden Schlachtflotten, die gerade noch außer Sichtweite voneinander standen, tatsächlich aufeinanderprallen würden. Die Darstellung, wie dies geschah, soll einem neuen Kapitel vorbehalten sein. Dieses Kapitel schließt zweckmäßigerweise mit einer Bewertung dessen, was die beiden Schlachtkreuzer-Admirale erreicht hatten.

Der Anfangsvorteil lag bei Hipper: Er hatte eine überlegene britische Streitmacht in Reichweite von Scheers Schlachtflotte gelockt und dabei ein Drittel der Schlachtkreuzer seines Gegners versenkt. Gemindert wird sein Erfolg weder durch Beattys taktischen Fehler, der durch einen Signalfehler verschlimmert wurde und Beatty für einige Zeit ohne Unterstützung durch das mächtige V. Schlachtgeschwader ließ, noch durch die schlechten Schießleistungen der britischen Schlachtkreuzer. Aber wer die ersten Punkte sammelt, wird nicht unbedingt Sieger. Da die Engländer im Gegensatz zu den fünf Schlachtkreuzern der Hochseeflotte (plus einem, der vor der Fertigstellung stand) über neun Schlachtkreuzer verfügten (plus zwei weiteren, die in der Werft lagen), war der Verlust von zwei Schlachtkreuzern zu verschmerzen. Auch hatte dieses Desaster Beatty nicht daran gehindert, seinen Gegner zu verfolgen, bis er die Anwesenheit von Scheers Schlachtflotte an Jellicoe melden konnte. Obwohl er durch einen zweiten taktischen Fehler, der wiederum durch einen Signalfehler verschlimmert wurde, das V. Schlachtgeschwader unnötigerweise in Gefahr gebracht hatte, hatten diese Schiffe doch ihre 38,1-cm-Geschütze mit solcher Wirkung eingesetzt, daß Hippers Schiffe in dieser Phase sehr viel schwerere Schäden erlitten als die verbleibenden britischen. Zwei hatten schwere Treffer unter der Wasserlinie erhalten und viel Wasser im Schiff; auf *Von der Tann* war die gesamte schwere Artillerie ausgefallen, obwohl Kapitän z. See Zenker, was ihm zur Ehre gereicht, auf seinem Platz in der Gefechtslinie geblieben war, ›damit der Gegner durch Mitberücksichtigung des *Von der Tann* in der Zielverteilung verhindert wurde, sein Feuer gegen die anderen Schlachtkreuzer zu verstärken‹ (Der Krieg zur See). Schließlich hatte Beatty mehr getan, als nur der ganzen Macht der Hochseeflotte auszuweichen; er hatte Hipper ausmanövriert, so daß Scheer unmittelbar davorstand, ohne Vorwarnung mit jener übermächtigen Streitmacht zusammenzutreffen, der er hatte ausweichen wollen.

Daher steht außer Zweifel, daß Beatty mit dieser Überlistung seiner Gegner und bei der Lösung der seiner Schlachtkreuzerflotte gestellten Aufgabe erfolgreich operiert hatte. Um 18.00 Uhr lagen nunmehr alle Vorteile auf britischer Seite. An welche Flotte der Sieg fallen würde, mußte durch Jellicoe und Scheer entschieden werden. Der erstere führte die stärkere Flotte. Aber über seinen Erfolgsaussichten hing bereits drohend dunkles Gewölk, drohender noch als der Dunst und Qualm der Schlacht, der schon jetzt die Sichtweite auf knapp sechs Seemeilen verringert hatte. Als die erste Fühlung zwischen den Streitkräften beider Flotten erfolgte, war der Nachmittag bereits zur Hälfte verstrichen. Daher blieben jetzt weniger als drei Stunden Tageslicht[146], bevor eine Sommernacht die Nordsee in Dunkelheit hüllte.

4

»GLEICHE FAHRT. KURS SOzO«[147]

»Vor der deutschen Spitze stand plötzlich von Nordwest bis Nordost das Mündungsfeuer einer unabsehbaren Linie schwerer Schiffe, während ringsum fast ununterbrochen Salve auf Salve einschlug.«

DER KRIEG ZUR SEE

„Dieser schreckliche Tag, an dem wir so viel hätten erreichen können.«

Admiral Beatty an seine Frau

Es ist schwer, eine zusammenhängende Darstellung der nächsten Phase der Schlacht zu geben, denn viel Wichtiges ereignete sich mehr oder weniger gleichzeitig gegen 18.00 Uhr. Allerdings besteht kein Zweifel darüber, welcher Vorgang der schwerwiegendste war. Bevor Jellicoe Scheer zum Kampf stellen konnte, mußte er seine eigene Flotte zur Schlachtlinie entwickeln. Britische Admirale hatten gelernt, daß Nelsons Direktive ›Die Segelordnung muß die Schlachtordnung sein‹ zwar für die von den Launen des Windes abhängigen Segelkriegsschiffe richtig war, für dampfgetriebene Panzerschiffe aber nicht mehr galt. Die konstruktive Notwendigkeit, die jedem Schiff eine größere Länge als Breite gibt, hatte die Breitseitaufstellung der Geschütze der Linienschiffe der Segelschiffszeit bestimmt. Gleiches galt auch seit Einführung des Geschützturms: Dreadnoughts konnten die größtmögliche Anzahl ihrer schweren Geschütze nur dann einsetzen, wenn ihr Bestreichungswinkel[148] unbehindert war (d. h. wenn der Feind zwischen 50 Grad vorlich und 50 Grad achterlich peilte). Ihr maximales Geschoßgewicht konnte eine Flotte nur dann abfeuern, wenn die einzelnen Schiffe ihre Bestreichungswinkel nicht gegenseitig verdeckten; daher mußte die Schlachtordnung annähernd einer Kiellinie entsprechen. Da der Gegner aber gewöhnlich längere Zeit vor dem Augenblick in Sicht kam, in dem er, wie für das laufende Gefecht erforderlich, etwa querab liegen würde, war diese Formation für die Annäherung an den Gegner ungeeignet.

Die notwendigen Kursänderungen nach Backbord oder Steuerbord, um die Öffnung der optimalen Bestreichungswinkel zu erzielen, nahmen etwa 20 Minuten in Anspruch. Während dieser kritischen Phase konnte der Feind gefährlich schweres Feuer auf den Drehpunkt der Flotte konzentrieren. Die theoretisch ideale ›Segelordnung‹ war die Dwarslinie; aus dieser konnten alle Schiffe schnell in Kiellinie gebracht werden, indem sie gleichzeitig den Kurs änderten; aber in anderer Hinsicht war die Dwarslinie eine zu unpraktische Formation. Die angewandte Lösung stellte einen Kompromiß dar: Die von Jellicoe zur Unterstützung Beattys nach Süden geführte Schlachtflotte fuhr in sechs Kolonnen, jede aus vier in Kiellinie laufenden Schiffen bestehend, deren Führungsschiffe querab voneinander standen. Jerram auf *King George V* führte die Backbordflügelkolonne; die andere Hälfte des II. Schlachtgeschwaders bildete die nächste, geführt von Kontreadmiral Leveson auf *Orion*. Jellicoe selbst stand mit *Iron Duke* an der Spitze der dritten Kolonne; vier weitere Schiffe des IV. Schlachtgeschwaders, geführt von Sturdee auf *Benbow*, bildeten die vierte. Die fünfte wurde von Kontreadmiral Gaunt auf *Colossus* geführt. Jellicoes Stellvertreter, Burney mit *Marlborough*, führte die andere Hälfte des I. Schlachtgeschwaders als Steuerbordflügelkolonne.

Dem Problem der Entwicklung einer so formierten Flotte war viel Gedankenarbeit und manches Manöver gewidmet worden (d. h. wie die Einheiten so in Kiellinie zu bringen waren, daß für alle Schiffe die Bestreichungswinkel geöffnet wurden), um dieses Manöver mit taktischen Vorteilen zu beenden, bevor der Gegner das Feuer eröffnen konnte. Methode und Richtung der Entwicklung hingen von der Peilung des Zentrums der gegnerischen Flotte ab. Solange die Geschützreichweiten 4000 bis 5000 Yards (36,5 bis 54,9 hm) betrugen, hatte der Admiral nach Sichtung des Gegners genügend Zeit, seine Entscheidungen zu treffen. Als Jellicoe das Kommando über die Grand Fleet übernahm, konnten Schiffe jedoch das Feuer schon auf eine bis zum Horizont reichende Gefechtsentfernung eröffnen, so daß sich die Flotte in Schlachtformation entwickeln mußte, während der Feind noch weit jenseits des Horizonts stand. Alles hing also von den Aufklärungsstreitkräften ab, die ihm Meldungen über Peilung, Entfernung, Zusammensetzung, Kurs und Geschwindigkeit des Feindes übermitteln mußten.

Obwohl die operativen Befehle in den ›Grand Fleet Battle Orders‹ die Notwendigkeit solcher ausreichenden Feindmeldungen hervorhoben, sollten leider die meisten Admirale und Kommandanten Jellicoes vor Jütland bei dieser wichtigen Aufgabe versagen. Seit Sinclairs ersten Meldungen gegen 14.30 Uhr hörte der britische Oberbefehlshaber nichts mehr, bis Napiers Meldung kurz nach 15.00 Uhr eintraf. Über Hippers Streitkräfte erfolgten keine weiteren Meldungen, bis Beatty, Goodenough und Napier um 15.40 Uhr Funksprüche an Jellicoe absetzten. Fünfzehn Minuten später meldete Beatty, er stehe im Kampf, aber Evan-Thomas blieb stumm, so daß Jellicoe um 16.17 Uhr über Funk anfragen mußte: »Stehen Sie bei der Schlachtkreuzerflotte?« Darauf erhielt er die wenig aufschlußreiche Antwort: »Ja, bin im Gefecht.« Diese Versäumnisse, für die Beatty und Evan-Thomas die Entschuldigung hatten, daß die Funkanlagen der Flaggschiffe ausgefallen waren, hätten nicht viel zu bedeuten brauchen, da Scheers Schlachtflotte noch nicht gesichtet worden war. Etwas anderes aber war es, als Goodenough seine Meldung um 16.38 Uhr funkte, unmittelbar gefolgt durch Funksprüche Faries und um 16.45 Uhr von Beatty (allerdings wurde diese Meldung verstümmelt und bei der durch *Princess Royal* erfolgenden Übermittlung verzögert). Aus diesen Funksprüchen erfuhr Jellicoe, daß im Gegensatz zu den der Admiralität vorliegenden Feindmeldungen die deutsche Hochseeflotte kaum 50 sm entfernt stand. Er mußte nun entscheiden, auf welche seiner Kolonnen gestützt und auf welchem Kurs er seine Schlachtflotte zum Kampf entwickeln sollte. Aber nach den bewundernswert präzisen Meldungen Goodenoughs um 16.48 Uhr und 17.00 Uhr hörte er nichts mehr, bis sich der Kommodore vierzig Minuten später erneut meldete. Inzwischen hatte Jellicoe lediglich die Funkpeilungen der gegnerischen Position um 16.09 Uhr (die ihm die Admiralität um 17.00 Uhr übermittelte) und um 16.30 Uhr (um 17.45 Uhr durchgegeben) erhalten. Diese Angaben schienen darauf hinzudeuten, daß er den Feind etwa voraus in Sicht bekommen würde. So blieben daher Scheers Peilung und Entfernung bezogen auf *Iron Duke* alles andere als klar, während Jellicoe und sein Gegner mit einer sich addierenden Geschwindigkeit von 40 Knoten aufeinander zurasten.

Um 17.30 Uhr, als Beatty mit seinen Schlachtkreuzern und dem V. Schlachtgeschwader auf Kurs NNO schwenkte, um Hipper von der britischen Schlachtflotte abzuziehen, sichtete der vier sm nördlich von *Lion* stehende Kleine Kreuzer *Falmouth* den Panzerkreuzer *Black Prince* an der Steuerbordflanke von Jellicoes Aufklärungslinie. Seit 15.10 Uhr mit Höchstfahrt laufend, hatte es *Black Prince* geschafft, etwa acht sm vorauszueilen. Diese erste Sichtverbindung zwischen den beiden britischen Flotten hätte Jellicoe dringend benötigte Informationen bringen müssen, aber Napier meldete lediglich »Schlachtkreuzer SSW im Gefecht«. Diese Meldung gab Bonham an *Iron Duke* in der ungenauen Form weiter »Feindliche Schlachtkreuzer peilen S, 5 sm«, eine Information, die so unwahrscheinlich klang, daß sie an Bord des Flottenflaggschiffes verworfen wurde. Danach eingehende Meldungen von *Southampton, Black Prince* und *Defence* waren keineswegs nützlicher, so daß Jellicoe weiter im ungewissen blieb, bis um 17.50 Uhr *Lion* und *Barham* von Burney gesichtet wurden, der ihre Peilungen von *Marlborough* aus durchgab. Jetzt wurde die besorgniserregende Tatsache klar, daß Unterschiede in den Positionsbestimmungen der Flaggschiffe Jellicoes und Beattys eingetreten waren; *Lion* stand nicht weniger als 11 sm näher an *Iron Duke* und westlicher, als der Oberbefehlshaber erwartet hatte. Jellicoe würde daher Scheers Hochseeflotte bereits zwanzig Minuten früher als erwartet in Sicht bekommen. Damit blieb ihm um so weniger Zeit zur Entwicklung der Schlachtformation und die Zerstörer an die Spitze vorzuziehen, um feindlichen Torpedobootsangriffen begegnen zu können. Zu wenig Zeit also, weil ihm auch noch die wichtigste Information fehlte, die Peilung des gegnerischen Flaggschiffs.

›Zwischen beiden Linien lagen schon jetzt gewaltige Rauchmassen der Hunderte mit höchster Fahrt dem Kampfplatz und ihren Gefechtsstationen zustrebenden Schiffe. Diese Rauchmassen zogen mit der leichten südwestlichen Brise nach NO, mischten sich dort mit den künstlichen Nebelwolken der II. Aufklärungsgruppe und Torpedoboote und bildeten mit der ersten zusammen einen undurchdringlichen Gefechtsqualm, der nur hier und da von dem Aufblitzen der Salven, dem Detonieren einschlagender Granaten, dem Aufflammen von Bränden und Explosionen zerrissen wurde‹ (Der Krieg zur See). Jellicoes Vorhut, das III. Schlachtkreuzergeschwader, das seit 15.10 Uhr nach vorn gedrängt hatte, konnte diesen Qualm und Dunst nicht durchdringen, weil Hood Kurs SSO befohlen hatte, um feindliche Streitkräfte abschneiden zu können, falls sie den Versuch machen würden, in den Skagerrak zu entkommen. Dies führte Hood in eine Position östlich von Hipper, bis um 17.30 Uhr Kapitän Lawson an Bord des 6 sm Steuerbord von *Invin-*

cible laufenden Kleinen Kreuzers *Chester* das Geschützfeuer im Südwesten sichtete und dorthin wendete, um aufzuklären.

Kurz darauf sichtete (ein Offizier der *Chester*) an Backbord voraus etwa Kurs NNW steuernde Kleine Kreuzer. Im Dunst erschienen sie unserem I. Leichten Kreuzergeschwader nicht unähnlich. Wir gingen auf Parallelkurs (und) sahen fast gleichzeitig das Aufblitzen von Geschützfeuer entlang der Breitseite (der *Frankfurt,* mit der Boedicker die II. Aufklärungsgruppe vor Hippers Schlachtkreuzern führte). Die erste Salve des Feindes lag reichlich 2000 Yards (18,3 hm) weit, die zweite 500–700 Yards (450–640 m) kurz. Der größte Teil der dritten lag deckend, ein Meisterstück der Zielerfassung. Wenige Sekunden zuvor hatten wir unsere erste Salve (abgefeuert), die unsere letzte bleiben sollte. Die deckende (Feind-)Salve hatte die Mehrzahl der Geschützbedienungen getötet und alle Sprachrohre und elektrischen Nachrichtenmittel zerschmettert. Da das ganze feindliche Geschwader sein Feuer auf uns konzentrierte, entschloß sich der Kommandant, auf das III. Schlachtkreuzergeschwader zurückzufallen. Wir gingen auf Kurs NO, was unseren Gegner achteraus brachte, und steuerten Zickzackkurse, um den (feindlichen) Salven auszuweichen. Glücklicherweise waren Maschinen und Kessel unbeschädigt geblieben, und als wir den Maschinentelegraph auf ›Äußerste Kraft voraus‹ stellten, steigerte unser Maschinenpersonal die Fahrt auf 28 Knoten. Durch diese hervorragende Leistung konnten wir den Abstand zum Feind allmählich steigern, (bis wir) vor *Invincible* vorbeiliefen. Wir hatten 18 direkte Treffer erhalten. Darüber hinaus waren wir von vielen Splittern getroffen worden, die von im Wasser detonierenden Granaten stammten. Das Maskottchen des Maschinenpersonals, ein schwarzes Kätzchen, war beim Gefechtsalarm unter Deck gebracht worden und hat dort allem Anschein nach ehrenvoll seine Pflicht getan.

Unter den während des kurzen Feuergefechts gegen vierfache Übermacht, aus dem Lawson sein Schiff so geschickt löste, auf *Chester* Gefallenen war auch der Richtkanonier des Backgeschützes, der Schiffsjunge Erster Klasse John Travers Cornwell.

Schon zu Anfang des Gefechts tödlich verwundet, harrte er dennoch allein auf einem exponierten Posten aus und erwartete ruhig weitere Befehle. Die Geschützbedienung rings um ihn war gefallen oder verwundet. Er war noch nicht einmal $16^1/_2$ Jahre alt. Ich (Beatty) bedauere zutiefst, daß er später gestorben ist, aber ich empfehle seinen Fall für eine besondere Auszeichnung, um dem Gedächtnis dieses Helden Gerechtigkeit widerfahren zu lassen und als Anerkennung für dieses große Beispiel getreuer Pflichterfüllung.

Schiffsjunge Cornwell erhielt posthum das Victoria-Kreuz.

Boedickers Schicksalsstunde hatte geschlagen: Sobald Hood das Geschützfeuer der *Chester* hörte, ließ er seine drei Schlachtkreuzer in diese Richtung steuern.

Um 17.55 Uhr eröffnete *Invincible* das Feuer, fünf Minuten später fielen auch *Inflexible* und *Indomitable* ein (erinnert sich ein Offizier der *Indomitable*). Wir konnten (*Chester*) an Backbord voraus in schwerem Kampf mit einem Geschwader feindlicher Kleiner Kreuzer ausmachen. Die Entfernung betrug bei Feuereröffnung 11 200 Yards (102 hm) und ging auf 8000 Yards (73 hm) zurück. Wir stießen zwischen unsere Leichten Kreuzer und die feindlichen (Schiffe) und setzten dem Feind mächtig zu; eines seiner Schiffe verschwand in einer riesigen Dampf- und Qualmwolke, auf einem anderen wütete mittschiffs ein heftiger Brand, und es blieb anscheinend liegen.

Britische Geschütze hatten den Kleinen Kreuzer *Wiesbaden* in ein rauchendes Wrack verwandelt, die Geschwindigkeit der *Pillau* auf 24 Knoten herabgesetzt und *Frankfurt* stark beschädigt. Boedickers Kreuzer wurden nur durch das Erscheinen sehr viel stärkerer deutscher Streitkräfte vor der Vernichtung bewahrt: Hippers Schlachtkreuzer, die durch Beattys Schiffe von Jellicoes Schlachtflotte weggelockt wurden. In der Annahme, *Invincible* und ihre Schwesterschiffe seien Linienschiffe – ein Irrtum, der auch Boedicker unterlief, dessen Meldungen Scheer in der Annahme bestärkten, er werde zusätzlich zu Beattys und Evan-Thomas' Geschwadern eine weitere Division britischer Schlachtschiffe abschneiden können –, ließ Hipper seine Torpedoboote angreifen und seine Schlachtkreuzer nach SW steuern, wodurch er bald Behnckes III. Geschwader sichtete, das Kurs NNO steuerte, und konnte seine Position an der Spitze des deutschen Gros einnehmen.

Der Torpedoangriff auf das britische III. Schlachtkreuzergeschwader wurde durch die *Regensburg* und 31 Boote der II., VI. und IX. Torpedobootsflottillen vorgetragen. Aber Kommodore Heinrichs Boote konnten nur 12 Torpedos abschießen, denen die britischen Schiffe durch Abdrehen auswichen – ›einer lief unter *(Indomitable)* hindurch, einer passierte uns vor dem Bug, einer nur wenige Meter achteraus, ein weiterer wurde beobachtet, wie er langsam die Steuerbordseite entlanglief‹ –, denn in der Zwischenzeit hatte Hood einen Gegenangriff seiner vier Zerstörer befohlen.

Unter Korvettenkapitän Loftus Jones auf *Shark* warf sich die Division gegen den Feind und eröffnete das Feuer aus allen Rohren, die sie zum Tragen bringen konnte. Trotz ihrer zahlenmäßigen Überlegenheit drehten die deutschen Zerstörer vor diesem entschlossenen Angriff ab. (Jetzt aber) tauchten drei (feindliche) Schlachtkreuzer aus dem Dunst auf. Die tapfere Zerstörerdivision (wurde) mit einem Granathagel überschüttet. Eine Granate traf das Steuerrad der *Shark*, zerschmetterte es und verwundete den Steuermann Griffin. Der Kommandant befahl die Besetzung des achteren Reservesteuerrades und kletterte nach dem Steuermann die Leiter hinunter auf das von Granaten zerfetzte Oberdeck. Er war am Oberschenkel und im Gesicht verwundet und versuchte, das ausströmende Blut mit den Händen zu stillen. (Loftus Jones stellte fest) daß eine Granate im Maschinenraum detoniert war. Hauptmaschine und Rudermaschine waren ausgefallen. Kapitänleutnant J. O. Barron legte *Acasta* tapfer zwischen *Shark* und das feindliche Feuer. Er signalisierte, ob er Hilfe leisten solle. Der Kommandant der *Shark* antwortete: »Nein. Er soll auf sich selbst aufpassen, anstatt bei einer Hilfsaktion versenkt werden.« (Daher) folgte die *Acasta* im Kielwasser der beiden anderen Zerstörer, als (diese) zu den Schlachtkreuzern zurückliefen, (die) im Nebel verschwanden.

Der Feind näherte sich *Shark*, (die) bereits mit dem Vorschiff tief im Wasser lag und immer wieder von neuen Treffern erschüttert wurde. Nacheinander krochen die Verwundeten in Feuerlee des Oberlichtgehäuses und der Schornsteine – in der vergeblichen Hoffnung, dort Schutz zu finden. Der Kommandant befahl, die Kollisionsmatten über den Einschußlöchern anzubringen und alles zu versuchen, das Schiff schwimmfähig zu erhalten. Obwohl der Steuermann vor Blut kaum sehen konnte, überwachte er eine Gruppe, die Boote und Flöße zu Wasser brachte. Das Mittschiffsgeschütz unter Fähnrich T. Smith, R. N. R., feuerte unaufhörlich weiter; die Bedienung war auf zwei Mann zusammgeschmolzen. (Als) der schwerverwundete Obermatrose Howell wegen des Blutverlusts ohnmächtig zusammenbrach, nahm der Kommandant seinen Platz ein. Einen Augenblick später riß ihm eine Granate das rechte Bein über dem Knie ab.

Als ihn die Kräfte verließen, scheint Korvettenkapitän Loftus Jones gefürchtet zu haben, das Schiff könne in die Hände des Feindes fallen. Er fragte mit schwacher Stimme, was mit der Flagge geschehen sei. Einer der Männer, die sich um ihn kümmerten, antwortete, sie sei weggeschossen worden. In großer Besorgnis befahl der Kommandant, eine neue Flagge zu setzen. Als er sah, daß sie frei auswehte, (sagte) er: »Das ist gut.« Aber das Ende war nahe. Der Bug der *Shark* war bereits so tief gesunken, daß die Wellen über den voll Wasser gelaufenen Rumpf spülten, und da sich zwei deutsche Zerstörer näherten, um der *Shark* den Gnadenschuß zu geben, gab Korvettenkapitän Loftus Jones seinen letzten Befehl: »Alle Mann von Bord!« Die Männer halfen ihm ins Wasser; von einer Schwimmweste getragen trieb er vom Schiff frei, (während) die übrige Besatzung, etwa 20 Mann, auf die Flöße und treibende Wrackteile zuschwamm. Zwei Torpedos trafen die *Shark* mittschiffs, und sie sank mit wehender Flagge etwa eineinhalb Stunden nach ihrem ersten Schuß. (Als) die Schlachtkreuzer in Verfolgung des Feindes vorbeifegten, fragte der Kommandant, ob sie britische Schiffe seien. Der Maschinenmaat Filleul bejahte die Frage, und der Kommandant sagte: »Das ist gut!« Dann sank sein Kopf nach vorn, und der tapfere Geist hatte seinen Körper verlassen *(›Bartimeus‹)*.

Kurz nach Mitternacht wurden mehrere Überlebende der heldenhaften Besatzung der *Shark* von einem dänischen Dampfer aufgefischt. Einer starb an Erschöpfung, bevor der Dampfer den Hafen erreichte. Der Heldenmut der anderen wurde durch die Verleihung der Distinguished Service Medal belohnt. Einige Wochen später wurde der tote Korvettenkapitän Loftus Jones, dessen Heldenmut durch das Victoria-Kreuz gewürdigt wurde, an der schwedischen Küste angeschwemmt. Mit einem Stein am Haupt und einem an den Füßen wurde er nach Wikingerart auf dem Dorffriedhof Fiskebackskil beigesetzt.

Im Gegensatz zu den von Boedicker und Hipper an Scheer durchgegebenen Meldungen wurde dem britischen Oberbefehlshaber nichts von diesen Ereignissen gemeldet. Man überließ ihn seinen eigenen Vermutungen darüber, ob der von Bord der *Iron Duke* Backbord voraus auszumachende Kanonendonner des III. Schlachtkreuzergeschwaders die Peilung von Scheers Schlachtflotte sein könne, die er so dringend benötigte. Glücklicherweise aber paßte eine solche Interpretation nicht mit seinen übrigen Informationen zusammen, so daß er sie verwarf. Denn um 18.01 Uhr (wie sich Jellicoes Flaggkapitän Dreyer erinnert) »tauchte Beatty (von *Iron Duke* aus gesehen) Steuerbord voraus aus dem Dunst auf, an der Spitze seiner prächtigen Schlachtkreuzer, welche mit einem für uns unsichtbaren Feind ein Gefecht nach Steuerbord führten. Ich sah aus einem Einschuß an der Backbordseite des Vorschiffs der *Lion* Rauch hervorquellen. Graue, geisterhafte Wasserfontänen, durch schwere feindliche Geschosse verursacht, stiegen rings um die großen Schiffe empor.« Sofort morste Jellicoe: »Wo ist die feindliche Schlachtflotte?« Um 18.03 Uhr funkte Goodenough, daß er Scheer außer Sicht verloren habe. Dies galt auch für Beatty, der daher um 18.06 Uhr antwortete: »Feindliche Schlachtkreuzer peilen SO.« Verzweifelt wiederholte Jellicoe seine Frage. Glücklicherweise lichtete sich um 18.10 Uhr der Dunst südlich von *Lion:*

> Ich überwachte das Steuern des Schiffes (so erzählt Dreyer) als ich hörte, wie der Signalgast Beattys Antwort ausrief: »Feindliche Schlachtflotte in SSW gesichtet« (d. h. von *Iron Duke* aus gesehen Steuerbord voraus). Dann hörte ich den raschen, markanten Schritt des Oberbefehlshabers. Er sah etwa 20 Sekunden lang schweigend auf den Magnetkompaß. Ich beobachtete sein scharfes, braunes, wettergegerbtes Gesicht und war gespannt, was er befehlen würde. Er wirkte so kühl und unbewegt wie immer. Dann blickte er auf und brach das Schweigen mit dem kurzen Befehl an Kapitänleutnant A. R. W. Woods, den Signaloffizier der Flotte: »Heißen Sie den Stander für Gleiche Fahrt und Kurs Südost.« Wood fragte zurück: »Könnten Sie den Kurs um einen Strich nach Backbord legen, Sir, damit alle Schiffe wissen, daß die Entwicklung von Backbord aus erfolgen soll?« Jellicoe antwortete: »In Ordnung. Heißen Sie

den Gleiche-Fahrt-Stander und SOzO.« Woods rief dann über das Brückengeländer dem Signalmaat zu »Heiß Equal Speed Charlie London«[149]. Gleichzeitig (um 18.15 Uhr) wurde das Signal über Funk durchgegeben.

Dieses Signal befahl der durch *King George V* geführten Kolonne Jerrams unter Kursänderung von nur wenigen Grad nach Backbord zu schwenken. Bei gleichzeitiger Wendung der anderen Kolonnenführerschiffe um 70° nach Backbord wurde damit die ganze Flotte in Kiellinie gebracht, sobald alle ihre Divisionsschiffe die Wendung ausgeführt hatten. Eine weitere Schwenkung nach Steuerbord im Kielwasser des Geschwaders Jerram brachte die Entwicklung der Flotte zur Schlachtordnung: Kiellinie, Kurs SOzO. »Meine Entscheidung wurde durch zwei Faktoren bestimmt: Ich wollte in die Stellung des ›Crossing the T‹[150] gelangen, zum anderen wollte ich uns die günstigsten Lichtverhältnisse für den Artilleriekampf sichern.« Aber Jellicoe hatte mehr als das erreicht: Er hatte die britische Schlachtflotte auf einen Kurs gebracht, der sie zwischen die deutsche Hochseeflotte und deren Stützpunkt führte.

Ein sehr großer Seemann, Admiral of the Fleet Lord Cunningham, der bei Jütland nicht mitgekämpft hatte, sollte später schreiben: Wenn er damals den Befehl über die Grand Fleet geführt hätte, ›hoffe ich, daß ich vernünftig genug gewesen wäre, die gleiche Entwicklung zum Gefecht zu befehlen‹. Trotz der widrigen Umstände hatte Jellicoes klarer Verstand eine Entscheidung herbeigeführt, die seine Flotte bis 18.20 Uhr zur Kiellinie formierte, wenn diese auch um etwa 110 Grad gebogen war. Aber die *konkave* Öffnung dieser Kurve war dem Gegner zugewandt, so daß alle Schiffe ihre gesamte Artillerie mit breitestmöglichem Bestreichungswinkel einsetzen konnten. Man hat ihn jedoch kritisiert, weil dieses Manöver zu einem Artielleriedueli auf übergroße Entfernung führen mußte. Tatsächlich aber war die Entfernung sehr bald auf 10 000 Yards (91,4 hm) gesunken. Als Alternative hätte sich nur die Entwicklung nach Steuerbord angeboten; dann wäre jedoch eine gebogene Schlachtlinie entstanden, deren Rundbogen dem Feinde die *Konvex*seite zugewandt hätte (sofern Jellicoe nicht den Vorteil seiner östlichen Position hätte opfern wollen), wodurch das Feuer vieler britischer Schiffe 20 entscheidende Minuten lang wegen Verdeckung der Bestreichungswinkel behindert worden wäre. Vernünftigere Kritiker haben gemeint, Jellicoe hätte die Entwicklung der Schlachtflotte zur Gefechtslinie auf einer Mittelkolonne aufbauen sollen. Hätte *Iron Duke* weiter SO gesteuert und hätten die übrigen Schlachtschiffe sich hinter dieser Division zur Kiellinie formiert, hätte Jellicoe seine taktischen Absichten verwirklicht *und* Scheer in einer wirksameren Gefechtsentfernung zum Kampf gestellt. Diese möglicherweise notwendige Entwicklung, vor allem wenn der Gegner praktisch ohne Vorwarnung in Sicht kam, war zwar schon vor dem Krieg in Erwägung gezogen, aber vor allem deshalb verworfen worden, weil die Erfahrung gelehrt hatte, daß ein Admiral seine Flotte vom Zentrum aus besser führen konnte als von der Spitze her. Churchills Bemerkung in *The World Crisis,* daß ein übliches Entwicklungssignal (forming and disposing signal) hätte verwendet werden können, trifft nur die halbe Wahrheit: Es hätte die britische Schlachtflotte in Unordnung gebracht; die Hälfte der Schiffe hätte die Bestreichungswinkel der anderen verdeckt, während sie sich in Schußweite von Scheers Gefechtslinie befanden. Aber »der Ausgang der Schlacht hing nicht davon ab, ob Jellicoe die Entwicklung seiner Flotte auf die Steuerbord- oder Backbordflügelkolonne stützen würde, sondern wie fest er entschlossen war, den Gegner zu vernichten und einen entscheidenden Sieg zu erringen« *(Richmond).*

Wegen dieser Verzögerung der Entwicklung der britischen Schlachtflotte zur Gefechtslinie hatte sich viel in dem schnell schmäler werdenden Seegebiet zwischen den beiden Flotten ereignet, in dem Jellicoes Schiffe den Befehl ›Gleiche Fahrt, Kurs SOzO‹ ausführten – ein Seegebiet, in dem die zahlreichen Schlachtkreuzer, Kreuzer und Zerstörer beider Seiten zusammen mit dem britischen V. Schlachtgeschwader mit höchster Geschwindigkeit unter einem solchen Geschoßhangel manövrierten, daß man in den Offiziersmessen der Grand Fleet diesen Schauplatz später als ›windige Ecke‹ (›Windy Corner‹) bezeichnete. Kurz vor 18.00 Uhr sichtete Napier, NO von *Lion* stehend, die lahmgeschossene *Wiesbaden,* die nach Westen zu entkommen versuchte. Das Geschützfeuer des II. Leichten Kreuzergeschwaders machte die Beschädigungen dieses Schiffes noch schwerer. Auch der Zerstörer *Onslow* beteiligte sich daran, bevor Tovey (wie sich einer seiner Offiziere erinnert)

> erkannte, daß die feindlichen Schlachtkreuzer eine weitere Schwenkung ausgeführt hatten, so daß wir jetzt für einen Tor-

pedoangriff (in) einer idealen Position standen. Der Kommandant lief feindwärts, und als wir 8000 Yards (73 hm) von dem an der Spitze stehenden Schlachtkreuzer entfernt waren, wendeten wir nach Backbord, um das Ziel ins Visier zu bringen. Unglücklicherweise wurde in diesem Augenblick unser Schiff mittschiffs getroffen und von ausströmenden Dampfwolken umhüllt; in der Verwirrung wurde nur einer unserer Torpedos abgeschossen. Der Kommandant schickte den Leutnant nach achtern, um klären zu lassen, was los war. Er fand noch drei Torpedos vor, sichtete die (*Wiesbaden*) einige Seemeilen querab von uns, zielte und schoß einen Torpedo auf sie ab, (der) unterhalb des Kommandostandes traf. Der Leutnant kam auf die Brücke zurück und meldete, daß noch zwei Torpedos vorhanden seien. (Daher) entschied der Kommandant, erneut anzugreifen (und) einen letzten Torpedoangriff gegen die feindliche Schlachtlinie (vorzutragen), die wieder aus dem Dunst hervortrat. (Tovey) lief dann mit verminderter Geschwindigkeit vom Feinde ab, (bis) zwei Granaten im zweiten Maschinenraum detonierten (und) das Schiff innerhalb der Reichweite der gegnerischen Artillerie liegenblieb. (Glücklicherweise) entfernte sich das Kampfgeschehen von uns, (und bald) waren beide Flotten außer Sicht. Um 19.15 Uhr sichtete uns der Zerstörer *Defender*. Auch dieses Schiff war eine ›lahme Ente‹, weil seine Geschwindigkeit durch einen 15-cm-Treffer im vordersten Kesselraum auf 10 Knoten verringert war. Daher nahm unser Kommandant das Angebot des *Defender* an, uns abzuschleppen.

Aber es dauerte 48 Stunden, bevor ›Der Krüppel‹ und ›Der Gelähmte‹, wie Kipling die beiden Zerstörer nannte, die Sicherheit des Hafens von Aberdeen erreichten. Mit gleichem Heldenmut und größerem Erfolg führte die von ihrer Flottille abgedrängte *Acasta* einen Torpedoangriff gegen die Steuerbordseite der *Seydlitz* aus.

Kurz vor 18.00 Uhr sichtete Arbuthnots I. Kreuzergeschwader die II. Aufklärungsgruppe Boedickers, als diese von ihrem ungleichen Kampf mit dem III. Schlachtkreuzergeschwader zurückkehrte. Da er keine genaue Kenntnis von den Bewegungen Scheers hatte, entschloß sich der Kontreadmiral, der nicht vergessen hatte, wie er als Kommandant der *Orion* am 10. Dezember 1914 seine ›goldene Gelegenheit‹ verpaßt hatte, sofort zur Verfolgung und eröffnete das Feuer auf die waidwunde *Wiesbaden.* Wenige Minuten später brachen Hippers Schlachtkreuzer und Behnckes III. Schlachtgeschwader nur 7000 Yards (64 hm) entfernt aus dem Dunst hervor und eröffneten das Feuer auf die vier britischen Kreuzer, deren Panzerung niemals dem Beschuß durch schwere Artillerie hatte widerstehen sollen. »Die Panzerkreuzer wurden dauernd von Einschlagfontänen eingedeckt«, erinnert sich ein Offizier der *Neptune,* »sie wurden immer wieder getroffen, sie müssen wirklich durch die Hölle gefahren sein.«

> Zunächst schien die *Defence* unbeschädigt zu sein (schrieb der Kommandant des Zerstörers *Obedient*), aber sie lag in schwerem Kampf inmitten von rings um sie einschlagenden Salven. (Dann, um 16.15 Uhr,) traf eine Salve die *Defence* dicht hinter dem achteren Turm, und eine ungeheure rote Flamme schoß in die Höhe. Das Schiff legte sich unter diesem Schlag weit über, richtete sich aber schnell wieder auf und dampfte weiter. Fast unmittelbar (danach) sahen wir eine (weitere) Salve auf *Defence* einschlagen; diesmal zwischen dem Geschützturm auf der Back und dem vordersten Schornstein. (Die *Defence)* verschwand in einer gewaltigen schwarzen Wolke, die jäh auf eine Höhe von etwa 100 Fuß (30 m) emporschoß. Als sich die Wolke ebenso schnell verzogen hatte, war keine Spur des Schiffes mehr zu sehen.

Diese vernichtende Explosion kostete Admiral Arbuthnot, Kapitän Ellis und der gesamten 900 Mann starken Besatzung des Flaggschiffs das Leben.

> *Warrior* (wie sich Kapitän Molteno erinnert) stand jetzt zwischen der feindlichen Schlachtflotte und unserem V. Schlachtgeschwader. Nachdem wir auf die *Wiesbaden* zwei letzte Salven aus unseren Steuerbordgeschützen abgegeben hatten, zog ich mich zurück. Die *Warspite* war etwa 2 sm achteraus ihres Geschwaders und hatte einen großen Kreis in Richtung Feind geschlagen, (weil) sich ihr Ruder verklemmt hatte. Als sie zwischen *Warrior* und der feindlichen Flotte hindurchfuhr, zog sie das gesamte feindliche Feuer auf sich, das vorher auf uns konzentriert gewesen war. Zweifellos hat das die *Warrior* vor der Versenkung gerettet.

Trotzdem befand sich *Warrior* in bemitleidenswertem Zustand. Mindestens 15 schwere Granaten hatten das Schiff getroffen, das über 100 Tote und Verwundete an Bord hatte. *Warrior* brannte achtern und das Oberdeck war völlig verwüstet; sie hatte Steuerbordschlagseite und so starke Beschädigungen im Maschinenraum, daß die gesamte Dampferzeugung ausgefallen war. Gegen 19.00 Uhr lag *Warrior* jedoch westlich vom sich entfernenden Kampfgeschehen und sichtete die *Engadine*, die sie zu sich befahl. Um 21.00 Uhr nahm Robinsons Seeflugzeugträger den außer Gefecht gesetzten Kreuzer Moltenos in Schlepp. Aber (wie Flight Lieutenant Rutland sich erinnert):

> Nachts wurde das Wetter schlechter, und das Heck (der *Warrior)* sank immer tiefer. Bei Tagesanbruch war klar, daß sie keinen Hafen erreichen konnte. Die Vorbereitungen zur Aufgabe des Schiffes wurden getroffen. Es herrschte ziemlich grober Seegang, aber die *Engadine* hatte als ehemalige Kanalfähre rings um den Rumpf große und feste Scheuerleisten, die das Längsseitsgehen erleichterten. Ohne sie hätten wir nie lange genug längsseits bleiben können, um die Besatzung von etwa 900 Mann zu übernehmen. Unsere Offiziere und Mannschaften standen an der Reling der *Engadine* und packten die herübersteigenden Männer. Die beiden Schiffe arbeiteten wild gegeneinander, das Kreischen zerreißenden Stahls war gräßlich. Die *Engadine* holte sich mehrere Löcher, und die Fender aus mit Draht zusammengebundenen Haselnußstöcken wurden rasch zermalmt. Die Verwundeten wurden auf Tragbahren übernommen. Gerade war der letzte Mann an Bord gehievt worden, als (er) von der Tragbahre rutschte und zwischen die beiden Schiffe fiel. Mehrere Offiziere und Männer kletterten auf die Reling, um ihm nachzuspringen, aber der Kommandant brüllte, niemand dürfe über Bord springen. Der arme Kerl hatte sich an den Resten eines Fenders festgeklammert, aber da es nur Sekunden dauern konnte, bis er herunterfiel, kümmerte ich mich weiter um die Verwundeten. Dann sah ich eine Gruppe Matrosen über Bord schauen. Ich rannte nach vorn und sah den (Mann), der weit genug nach vorn getrieben war, um ohne wirkliches Risiko gerettet zu werden. Ich ergriff eine Leine mit einem großen Auge, mit der zwei Leute versucht hatten, ihn wie mit einem Lasso einzufangen. Ich ließ mich daran herab, schwamm zu dem Mann, legte mir die Schlinge um, hielt ihn in

den Armen und rief den Leuten an Deck zu, uns an Bord zu hieven.

Leider starb der Gerettete später an seiner Verwundung. Für seinen selbstlosen Einsatz erhielt Rutland noch die Albert-Medaille zum D. S. O., den er für seinen Aufklärungsflug zu Beginn der Schlacht erhalten hatte. Molteno und seine Besatzung brachten ein dreifaches Hoch aus, als Robinsons *Engadine* die sinkende *Warrior* hinter sich ließ und Kurs auf Rosyth nahm, das am nächsten Tag sicher erreicht wurde.

Die *Black Prince* fand ein schrecklicheres Ende. Ebenfalls durch schwere Treffer stark beschädigt, mußte sie sich aus dem Gefecht zurückziehen. Weil sie noch 12 Knoten laufen konnte, entschloß Bonham sich unklugerweise, im Kielwasser von Jellicoes Schlachtflotte zu folgen. Gegen Mitternacht wurde sein Schiff von der in der Mitte von Scheers Gros stehenden *Thüringen* gesichtet. Unter dem konzentrierten Feuer von fünf deutschen Schlachtschiffen flog die *Black Prince* in die Luft – »ein Bild schauriger Großartigkeit« *(Scheer)* – und sank mit der gesamten Besatzung. *Duke of Edinburgh* war das einzige Schiff des unter einem Unstern stehenden Geschwaders Arbuthnots, das der Vernichtung entkam; Captain Blackett konnte den Schutz von Jellicoes Schlachtflotte erreichen und sich den Kreuzern des Geschwaders Heath anschließen.

Die Sicht an der ›windigen Ecke‹ war so schlecht, daß Burney zwar um 17.50 Uhr die *Barham* sichtete, Evan-Thomas die *Marlborough* aber erst nach 18.00 Uhr in Sicht bekam. In der Annahme, Burneys Flaggschiff führe die bereits zur Gefechtslinie entwickelte Schlachtflotte an, versuchte Evan-Thomas, sein V. Schlachtgeschwader in Position vor die *Marlborough* zu bringen. Dann erkannte er seinen Fehler und verzichtete darauf, seine Schiffe vor den Schlachtschiffen Jellicoes vorbeizuführen, weil dadurch ihr Feuer behindert worden wäre. Statt dessen steuerte er das Ende der Linie an, eine zwar verständliche, aber unpraktische Entscheidung, denn seine Schiffe konnten ihre höhere Geschwindigkeit nun nicht wie in den ›Grand Fleet Battle Orders‹ vorgesehen ausnützen. Das Geschwader war zu einer großen Schwenkung nach Backbord gezwungen, während der ihm Scheers Schlachtflotte weitere Treffer beibrachte, und beim Zurückschwenken nach Steuerbord klemmte das Ruder der *Warspite*.

> Wir schwangen hinter dem Heck der *Valiant* herum, liefen weiter im Kreis auf den Feind zu, kamen sehr nahe (erinnert sich der Erste Offizier der *Warspite*) und lagen auf Westkurs, als (Captain Phillpotts) schließlich durch Steuern mit den Schrauben das Schiff wieder auf Kurs bringen konnte. Die gesamte feindliche Spitzendivision konzentrierte während dieses Kreisschlags ihr Feuer auf uns. Schwere Treffer schlugen ein. Jeder dachte, daß wir jetzt versenkt würden. Aber die Deutschen konnten uns wegen Wasserfontänen, Gischt und Rauch nicht sehen und stellten zu unserem Glück das Feuer ein.[151]

Die Reserverudermaschine der *Warspite* wurde versehentlich mit 10 ° Ruderlage angekuppelt, so daß das Schiff einen zweiten Kreis 10 000 Yards (91,4 hm) von der Spitze des deutschen Gros beschrieb, bevor Phillpotts sein Schiff wieder unter Kontrolle bringen konnte. Diese unfreiwilligen Kreise bewahrten *Warrior* vor der Katastrophe, die Arbuthnots Flaggschiff vernichtet hatte, aber die *Warspite* erlitt durch 13 neue Treffer beträchtliche Schäden. Als die Rudermaschine weiter Schwierigkeiten machte, befahl Evan-Thomas Phillpotts, die Gefechtslinie zu verlassen und das Schiff nach Rosyth zurückzubringen. Dort kam die *Warspite* nach erfolglosen Torpedoangriffen von *U 51* und *U 63* am 1. Juni sicher an.

Bisher wußte Scheer noch immer nichts von der Annäherung der britischen Schlachtflotte, die sich hinter der über der ›windigen Ecke‹ stehenden Wand von Rauch und Dunst zur Schlachtformation entwickelt hatte. Als Folge der irrtümlichen Meldung Hippers, der Hoods Schlachtkreuzer als vier Linienschiffe angesprochen hatte, hoffte Scheer noch immer, nur einem Teil der Grand Fleet gegenüberzustehen und diesem ernste Schäden zufügen zu können. Daher ließ der deutsche Flottenchef die Spitze seiner Linie um 2 Strich nach Steuerbord in Richtung auf diese Schiffe drehen, bevor seine Illusionen abrupt zerstört wurden: Über den ganzen weiten Bogen im Dunst vor ihm zuckten grelle Feuerblitze aus den 24 massigen, schemenhaft grauen Formen der Schiffe der mächtigsten Flotte, die die Welt je gesehen hatte. Um 18.17 Uhr eröffnete *Marlborough* das Feuer auf die Spitze des Geschwaders Behncke, dann folgten *Agincourt* mit ihren 14 30,5-cm-Geschützen, *Revenge* mit acht 38,1-cm-Geschützen und viele weitere Großkampfschiffe, von denen manche Hippers Schlachtkreuzer bekämpften, während andere wie *Iron Duke* die unglückliche *Wiesbaden* erneut unter Feuer nahmen. Jellicoe und alle seine Offiziere und Mannschaften hatten jetzt die tiefe Befriedigung, nach fast zwei Jahren nervenzermürbenden Wartens endlich die deutsche Hochseeflotte zum Kampf gestellt zu haben. Und noch mehr: Sie hatten Scheer überrascht, bevor er seine Flotte zur Schlacht hatte entwickeln können. Da er die lange Strecke durch die von Minen geräumte Fahrrinne von der Jade zu Horns Riff mit seinen drei Geschwadern in Kiellinie hatte zurücklegen müssen, hatte er diese Formation beibehalten, während er Hipper nach Norden folgte. Jellicoes Schlachtflotte hatte nun Scheer den ›Querstrich über sein T gezogen‹[152] und die Spitze der deutschen Linie in ernstliche Bedrängnis gebracht, da nur wenige deutsche Schiffe den britischen Feuerüberfall erwidern konnten. Die Schlachtkreuzer *Lützow* und *Derfflinger* und die Linienschiffe *König, Großer Kurfürst* und *Markgraf* wurden getroffen, während Scheers Geschützbedienungen ihren Gegnern nicht einen Treffer beibringen konnten.

Dagegen erzielten Hippers Schlachtkreuzer erneut einen dramatischen Erfolg gegen Beatty. Während die *Lion* ihre drei Schwesterschiffe vor die *King George V*[153] führte, manövrierte Hood seine drei Schlachtkreuzer mit dem überlegenen Geschick, das seines großen Namens würdig war[154], in eine Position vor dem Flaggschiff Beattys. Alle sieben britischen Schlachtkreuzer waren nun in ein schweres Gefecht mit Hippers fünf Schlachtkreuzern verwickelt und erzielten neun Treffer auf *Lützow* und vier auf *Derfflinger,* während Napiers Kreuzer einen erfolglosen Torpedoangriff vortrugen. »Es war klar«, schreibt Korvettenkapitän von Hase, I. Artillerieoffizier auf *Derfflinger,* »daß der Gegner uns jetzt viel besser sehen konnte, als wir ihn. (Aber um 18.29 Uhr) zerriß der Nebelschleier querab vor uns, als ob sich ein Bühnenvorhang teilte. Und vor uns stand in der Mitte des nebelfreien Teiles des Horizontes in völliger Klarheit und mit scharfumrissenen Konturen ein gewaltiges Großkampfschiff mit zwei Schornsteinen zwischen den Masten und einem dritten Schornstein unmittelbar an den vorderen Dreibeinmast geklemmt.« An Bord dieser *Invincible* hatte Hood seinen Artillerieoffizier im Vormars eben mit den Worten ermutigt: »Ihr Feuer ist sehr gut. Äußerste Feuergeschwindigkeit. Jeder Schuß wirkt.« Aber (von Hase) »um 18.31 Uhr feuerte *Derfflinger* seine letzte Salve auf dieses Schiff, und dann spielte sich vor unseren Augen zum drittenmal das ungeheuerliche Schauspiel ab, das wir bei der *Queen*

Mary und der *Defence* beobachtet hatten«. Eine schwere Granate traf den Turm ›Q‹ der *Invincible;* Sekunden später flogen nacheinander die Magazine ›Q‹ und ›P‹ in die Luft. Da das Schiff 170 m lang war und in weniger als 55 m tiefem Wasser sank, sah ein Offizier der *Indomitable,* »wie das Schiff mit beiden Enden senkrecht aus dem Wasser stand. Es war anscheinend mittschiffs durchgebrochen, und jede Hälfte stand auf dem Meeresboden auf. Überlebende klammerten sich an treibende Wrackteile. Niemals habe ich etwas Erhebenderes erlebt als die Hurrarufe dieser Handvoll, als wir an ihnen vorbeifuhren.« Nur sechs konnten von dem Zerstörer *Badger* gerettet werden. Der tapfere Admiral, Kapitän Cay und über 1000 Offiziere und Mannschaften waren gefallen.

Ihr Opfer war jedoch nicht vergebens: Vier der Schlachtkreuzer Hippers befanden sich nun in schlimmerem Zustand als die restlichen sechs britischen Schlachtkreuzer. *Lützow* war stark beschädigt, hatte schwere Schlagseite und lag mit dem Bug bereits so tief im Wasser, daß der deutsche Admiral, nachdem seine Schiffe sich nach SW in den aufkommenden Dunst hatten absetzen können, ein Torpedoboot für sich und seinen Stab längsseits rief und Harder befahl, mit Geleitschutz durch zwei Boote der 1. Torpedobootshalbflottille und zwei Boote der 12. Halbflottille allein den Hafen anzusteuern, ohne daß viel Hoffnung für das Gelingen der Rückfahrt bestand. Kapitän zur See Hartog, Kommandant des *Derfflinger,* der durch das durch ein großes Leck im Bug eindringende Wasser und eine ausgefallene Funkanlage behindert war (*Derfflinger* hatte 20 schwere Treffer erhalten und 180 Tote und Verwundete an Bord), führte die restlichen vier deutschen Schlachtkreuzer. Hipper versuchte, an Bord der *Seydlitz* zu gelangen, aber Kapitän von Egidys Schiff stand vorn bis zum Mitteldeck unter Wasser. Da Kapitän Zenkers Besatzung keinen der Geschütztürme auf *Von der Tann* wieder hatte gefechtsklar machen können, war nur *Moltke* kampfbereit. Aber es dauerte fast zwei Stunden, bis Hipper dort an Bord gehen, seine Kommandoflagge setzen und wieder den Befehl über sein arg mitgenommenes Geschwader übernehmen konnte.

Behnckes Linienschiffe hätten ähnlich schwere Schäden erlitten, wenn die deutsche Marine nicht ein Manöver entwickelt hätte, das ihnen jetzt den Rückzug ermöglichte: Eine Schwenkung hätte eine sichere Katastrophe bedeutet; eine normale Wendung war nicht möglich, da die deutsche Gefechtslinie einen Bogen bildete.

Deutsches Linienschiff ›Ostfriesland‹, 1. Division, I. Geschwader. Luftaufnahme eines deutschen Marine-Luftschiffs.

Deutscher Kleiner Kreuzer ›Elbing‹. Am 31. Mai 1916 feuerte der Kreuzer in dem Scharmützel mit dem britischen Kleinen Kreuzer ›Galatea‹ die ersten Schüsse der Skagerrakschlacht. Nach einem Torpedotreffer britischer Zerstörer während der harten Nachtgefechte versuchte ›Elbing‹ durch die deutsche Linie zu gelangen, kollidierte jedoch mit dem Linienschiff ›Posen‹ und mußte bei Annäherung von Feindstreitkräften um 3.00 Uhr morgens des 1. Juni 1916 von seiner Besatzung gesprengt werden.

Torpedoboote fahren U-Boot-Sicherung für die deutschen Schlachtkreuzer ›Seydlitz‹ (vorn links) und ›Derfflinger‹.

Zu ihrem Glück hatte die deutsche Marine eifrig eine Alternative geübt, die als ›Gefechtskehrtwendung‹ bezeichnet wurde. Dabei wendete das Schlußschiff zuerst, und die anderen drehten nacheinander ab, sobald sie sahen, daß das am nächsten achteraus stehende Schiff zu drehen begann. (Da sich dieses Manöver als so nützlich erwies, ist es von Interesse, hier festzuhalten, daß Jellicoe eine Wendung aller Schiffe seiner Flotte streng ablehnte. Er zog eine gleichzeitige Schwenkung aller Divisionsflaggschiffe vor, deren Schiffe ihnen nacheinander folgten, obwohl das den Nachteil hatte, daß die Schiffe sich zeitweilig beim Schießen behinderten.) Scheer erkannte sehr schnell die taktisch ungünstige Stellung, in die Jellicoe ihn gebracht hatte. Deshalb befahl er um 18.35 Uhr zwar mit einiger Besorgnis, weil dieses Manöver noch nie im Gefecht versucht worden war, aber trotzdem ohne Zögern diese Gefechtskehrtwendung nach Steuerbord. Sie wurde unter dem Rauchschleier der Torpedoboote so hervorragend ausgeführt, daß die gesamte deutsche Schlachtflotte innerhalb von vier Minuten nach W dampfte – direkt vom Gegner weg. Bis auf die einen südlichen Kurs steuernde *Lützow* mit ihren Geleittorpedobooten folgten auch Hippers Schlachtkreuzer ebenso wie Boedickers und Reuters Kleine Kreuzer. Deshalb war die Hochseeflotte um 18.45 Uhr wieder im Dunst verschwunden, ausgenommen die unglückliche *Wiesbaden* und die III. Torpedobootsflottille. Korvettenkapitän Hollmann hatte seine günstige Angriffsposition erkannt, aber Kommodore Michelsen hatte diese Chance zu seinem späteren Bedauern nicht wahrgenommen und Hollmann zurückgerufen, um die Torpedos dieser Flottille für eine andere Gelegenheit aufzusparen. Trotzdem schoß die Flottille vor Ausführung seines Befehls noch sechs Torpedos auf Beattys Schlachtkreuzer ab.

Nichts zeigt besser, mit welchen Schwierigkeiten Jellicoe während dieses kurzen ersten Zusammenpralls der beiden Schlachtflotten zu kämpfen hatte, als dieser Vorgang. Obwohl der britische Oberbefehlshaber die deutsche Hochseeflotte geschickt in die Falle gelockt hatte, hatte es die schlechte Sicht Scheer ermöglicht, seine Schiffe aus einer potentiell katastrophalen Lage zu befreien, bevor *Iron Duke* mehr als neun Salven hatte schießen können. Jellicoe hatte jedoch eine so beneidenswert gute Position errungen, daß für ihn kein Grund zur Niedergeschlagenheit bestand, auch nicht im Hinblick auf seine Überzeugung, daß »sofern das Zusammentreffen der Flotten nicht ziemlich früh am Tage erfolgt, es sehr schwierig, wenn nicht unmöglich sein dürfte, die Schlacht bis zum Ende durchzufechten«. Die Grand Fleet stand so, daß sie die deutsche Hochseeflotte daran hindern konnte, durch den Skagerrak in die Ostsee oder zurück zur Jade zu entkommen. Scheers einziger Trost war, daß bis zum Einbruch der Nacht kaum noch zwei Stunden verblieben.

Viele britische Schiffe, Schlachtschiffe in der Gefechtslinie sowie Kreuzer, besonders *Falmouth* und *Canterbury,* hatten die Gefechtskehrtwendung Scheers beobachtet, auf die es nur einen einzigen wirksamen Gegenzug gab: »entschlossenes und sofortiges Nachsetzen« *(Corbett).* Jedoch meldete keiner der britischen Kommandanten seinem Oberbefehlshaber dieses Feindmanöver. Die Feuerleitgruppe an Bord von *Iron Duke* erkannte die Gefechtskehrtwendung Scheers zwar innerhalb von drei Minuten, unterließ es aber, die eigene Brücke darauf aufmerksam zu machen. ›In einem kritischen Augenblick der Schlacht sah sich Admiral Jellicoe wiederum einzig und allein auf seine eigenen Beobachtungen angewiesen‹ (DER KRIEG ZUR SEE). Aber die schlechte Sicht beschränkte seinen Ausblick auf vier Linienschiffe Scheers, und Jellicoe nahm zunächst an, das Verschwinden des Feindes sei auf das Dichterwerden von Dunst und Gefechtsqualm zurückzuführen. Wenige Minuten später (18.44 Uhr) schloß er auf eine geringe Kursänderung Scheers und ließ seine eigene Schlachtflotte divisionsweise nach SO schwenken. Weitere 11 Minuten verstrichen, bevor Jellicoe zu der Erkenntnis kam, daß Scheer eine große Schwenkung ausgeführt haben mußte; er änderte erneut den Kurs, aber nur bis Süd, d. h. 90° vom feindlichen Kurs abliegend. Obwohl er nicht gezögert hatte, seine Flotte ins Gefecht zu bringen, handelte er jetzt gemäß seiner erklärten Überzeugung, seine Schiffe nicht dadurch in Gefahr bringen zu dürfen, daß er einem ablaufenden Gegner zu dicht folgte, von dem er annahm, daß er massierte Torpedobootsangriffe vortragen und sein Kielwasser verminen würde. Diese falsche Annahme wurde um 18.55 Uhr durch eine Unterwasserexplosion bestärkt, die Kapitän Ross' *Marlborough* erschütterte, einen Kesselraum vollaufen ließ und ihre Geschwindigkeit auf 17 Knoten verminderte. Dies war die Folge eines Torpedotreffers, wahrscheinlich ein letzter trotziger Schlag von Reiss' waidwund geschossener *Wiesbaden,* aber Jellicoe konnte die Minengefahr nicht ausschließen. Erst zehn Minuten später – also 30 Minuten nach Scheers Befehl zur Gefechtskehrtwendung nach W – ließ Jellicoe seine Flotte Kurs SWzS steuern. Während dieses ganzen Zeitraums hatten es nicht nur

Jellicoes Kreuzer unterlassen, den Verbleib von Scheer zu melden. Gleichzeitig wurde auch der Versuch der britischen Schlachtkreuzer, die Verfolgung des Feindes aufzunehmen, durch einen Kreiselkompaßausfall der *Lion* verzögert, die einen vollen Kreisbogen schlug (siehe Anhang III).

Aber das alles sollte nicht von großer Bedeutung sein, denn Scheer traf jetzt eine Entscheidung, die bis heute ohne ausreichende Rechtfertigung geblieben ist. Verständlich wäre es gewesen, wenn er seinen westlichen Kurs beibehalten hätte, um ein weiteres Zusammentreffen mit einem überlegenen Feind vor Einbruch der Nacht zu vermeiden. Statt dessen befahl er um 18.52 Uhr den Flottillen Schuurs und Goehles einen Torpedoangriff. Drei Minuten später brachte er seine Flotte durch eine zweite Gefechtskehrtwendung auf Gegenkurs, so daß er erneut auf die Gefechtslinie Jellicoes zusteuerte – zurück in die Falle, aus der er gerade entkommen war. Einige Jahre später schrieb der deutsche Flottenchef dazu:

> Wenn der Feind uns folgte, mußte unser Verhalten bei Beibehalten der nach dem Umlegen der Linie eingenommenen Richtung den Charakter eines Rückzugs annehmen, und die Flotte mußte bei etwaiger Beschädigung unserer Schlußschiffe sie entweder preisgeben oder sich zu einer Handlungsweise entschließen, die unter dem Druck der feindlichen Wirkung, also nicht aus freiem Entschluß, erfolgte und uns daher von vornherein benachteiligte. Ebensowenig war es angebracht, schon jetzt eine Loslösung vom Feind anzustreben und es ihm zu überlassen, wo er sich uns am nächsten Morgen zu stellen beliebte. Dem vorzubeugen gab es nur ein Mittel: dem Gegner durch einen nochmaligen rücksichtslosen Vorstoß einen zweiten Schlag zu versetzen und die Torpedoboote mit Gewalt zum Angriff zu bringen. Das gute Gelingen der (ersten) Gefechtskehrtwendung bestärkte mich in diesem Vorhaben und führte zu dem Entschluß, von dieser Beweglichkeit weiteren Gebrauch zu machen. Das Manöver mußte den Feind überraschen, seine Pläne für den Rest des Tages über den Haufen werfen und, wenn der Stoß wuchtig ausfiel, das Loslösen für die Nacht erleichtern.

Der Bearbeiter des offiziellen deutschen Admiralstabswerks hat diesen Entschluß mit der britischen Flottentaktik bei Trafalgar verglichen und Nelson zitiert: »Ich denke, es wird den Feind überraschen und in Bestürzung versetzen. Er wird nicht wissen, was der Zweck der Bewegung ist.« Bezeichnenderweise aber ließ er den nächsten Satz des großen Admirals weg: »Es wird zu einem Melée-Kampf kommen, und das will ich erreichen.« Gelegentlich ist behauptet worden, Scheer sei durch eine Meldung der *Moltke* um 18.45 Uhr irregeführt worden, welche die Peilung der britischen Schlachtflotte als OzS angab. Verbunden mit seiner ebenso unrichtigen Ansicht, das britische III. Schlachtkreuzergeschwader sei ein aus vier Schlachtschiffen bestehender Verband, habe dies Scheer zu der Annahme geführt, die Gefechtslinie Jellicoes stehe weiter südlich, als dies tatsächlich der Fall war, und daß eine Kursänderung auf Ost die Hochseeflotte in die Lage versetzen könne, nun ihrerseits das ›T‹ quer zu den Schlußschiffen der Grand Fleet zu kreuzen.[155] Die Wahrheit steckt wohl eher in der Bemerkung, die Scheer dem österreichischen Marineattaché gegenüber kaum zwei Wochen nach der Schlacht gemacht hat: Er habe kein bestimmtes Ziel verfolgt, sondern sei vorgestoßen, weil er der *Wiesbaden* helfen wollte und die Situation völlig unklar gewesen sei, weil er keine FT-Meldung erhalten habe.[156] Tatsächlich war Scheer von seinen Kreuzern, besonders von Boedickers II. Aufklärungsgruppe, die nur eine halbherzige Aufklärung nach Osten durchführte, ebenso im Stich gelassen worden, wie dies Jellicoe widerfahren war. Scheer hat ferner bekannt: Hätte er ein solches Manöver im Frieden ausgeführt, hätte man ihn seines Kommandos enthoben; es sei jedoch notwendig gewesen, sich vom Gegner zu lösen. Sein Stabschef v. Trotha unterstrich diese Äußerung dadurch, daß er die Entscheidung seines Admirals als »Vorbild, wie man es nicht machen darf« bezeichnete.

Auf britischer Seite gab es eine hervorragende Ausnahme von diesem Versagen der Kreuzer in ihrer Funktion als ›Augen der Flotte‹. Goodenough war Scheer gefolgt und konnte Jellicoe um 19.04 Uhr nicht nur die Position der deutschen Schlachtflotte durchgeben, sondern auch melden, daß sie auf Gegenkurs gegangen war. Zu dieser Meldung kam Geschützdonner vom Schluß der britischen Linie: Dort schlug Gaunts Schlachtschiffdivision die III. Torpedobootsflottille Hollmanns ab, die nach einem erfolglosen Versuch zur Bergung der Besatzung der *Wiesbaden* einen Torpedoangriff ausführte, wobei ein Torpedo *Neptune* nur knapp verfehlte. Außerdem war der Angriff der deutschen Flottillen unter Schuur und Goehle zu erkennen. Diese Lage bewog Jellicoe um 19.09 Uhr, seine Schlachtflotte zurück in Kiellinie auf Kurs S zu bringen. Eine Minute später tauchten Hippers Schlachtkreuzer und Behnckes Schlachtgeschwader an Steuerbord aus dem Dunst auf. Der britische Oberbefehlshaber konnte feststellen, daß er wiederum seinem Gegner ›das T kreuzte‹[157]. Um 19.12 Uhr bot ›unsere Flotte ein wunderbar eindrucksvolles Schauspiel (für einen Fähnrich an Bord der *Neptune*), während Salve auf Salve aus unserer Gefechtslinie herausdonnerte‹. Die unglückliche *Wiesbaden* erhielt wiederum Treffer – sie sollte spät in der Nacht bis auf einen Oberheizer mit ihrer gesamten Besatzung sinken. »*Colossus* und *Collingwood* konzentrierten ihre Feuer auf *Lützow*«, erinnert sich ein Offizier des von Kapitän Pound befehligten Schiffes. »Wir feuerten Salve auf Salve auf den Gegner, wobei die Entfernung zuletzt nur etwa 8400 Yards (ca. 77 hm) betrug. Brände brachen an Bord der *Lützow* aus, sie bekam schwere Schlagseite und drehte ab« – so schwer angeschlagen, daß die sie begleitenden Torpedoboote einige Stunden später gezwungen waren, nach Übernahme der Besatzung das Ende der *Lützow* mit einem Torpedoschuß zu beschleunigen.[158] Die meisten britischen Linienschiffe wählten jedoch Ziele an der Spitze von Scheers Schlachtlinie. *Marlborough* ›sichtete drei Schiffe der *König*-Klasse und eröffnete das Feuer (auf eines von ihnen) auf eine Entfernung von 10 750 Yards (98,3 hm). Die sechste, zwölfte, dreizehnte und vierzehnte Salve erzielten klar erkennbare Treffer. Eine große graue Qualmwolke stieg in der Nähe des Fockmastes empor.‹ Beattys Schiffe, 3 sm vor Jerrams Flaggschiff stehend, fielen in das Gefecht ein. Um 19.20 Uhr eröffnete *Indomitable* erneut das Feuer auf die feindlichen Schlachtkreuzer auf eine Entfernung von 14 000 Yards (128 hm). »Unser Geschwader machte praktisch Schießübungen. Immer wieder zuckten matt orangeglühende Flammen an Bord der Feindschiffe auf. Eines schor aus der Linie aus, das Achterschiff in Flammen gehüllt. Den übrigen entquollen dichte Qualmwolken, die wie ein Leichentuch über dem Wasser hingen.« Diesen Geschoßhagel konnten die Deutschen nur mit wenig Wirkung erwidern. Nur eines der Linienschiffe Jellicoes wurde getroffen. *Colossus* ›lag wiederholt in deckenden Salven mit Einschlägen auf beiden Seiten des Vorschiffs; die vielen Splitterlöcher an der Back entstanden durch Kurzschüsse. Um 19.16 Uhr traf eine Salve: Zwei Granaten, etwa vom Kaliber 30,5 cm, schlugen in die vorderen Aufbauten, eine dritte prallte an der Panzerung neben Turm ›Q‹ ab.‹ Die Schäden an Bord von Pounds Schiff blieben jedoch gering. Nur fünf Besatzungsmitglieder wurden leicht verwundet.

Aber auf deutscher Seite hatten zahlreiche Großkampfschiffe, darunter das Flottenflaggschiff, beträchtlich gelitten. Auf *König* wurde Admiral Behncke verwundet, und *Großer Kurfürst* an der Spitze der Linie erhielt mehrere schwere Treffer, bevor Scheer seinen Fehler korrigieren und seine Schiffe aus dieser gefährlichen Lage befreien konnte. Er entschied sich zur Opferung seiner Schlachtkreuzer und signalisierte: »Schlachtkreuzer ran an den Feind, voll einsetzen.«[159] Trotz ihrer schweren Beschädigungen und obwohl sie ohne ihren Admiral waren, zögerten die von Kapitän Hartog auf *Derfflinger* geführten Schlachtkreuzer der I. Aufklärungsgruppe keinen Augenblick, diesem Befehl zu gehorchen.

> (Die Schlachtkreuzer) warfen sich jetzt mit rücksichtslosem Einsatz, höchste Fahrt laufend, zum Heranbringen der Torpedoboote auf die feindliche Linie. Ein dichter Geschoßhagel überschüttete sie auf ihrem ganzen Weg vorwärts. Treffer auf Treffer traf unser Schiff *(Derfflinger)*. Ein 38,1-cm-Geschoß durchschlug den Turmpanzer von Turm ›Cäsar‹ und explodierte im Inneren des Turms. Dem tapferen Turmkommandanten, Oberleutnant zur See v. Botenstern, wurden beide Beine abgerissen, und mit ihm wurden fast sämtliche Geschützbedienungen getötet. Durch Sprengstücke wurden im Turm eine Haupt- und eine Nebenkartusche entzündet. Der Feuerstrahl der entzündeten Kartuschen schlug in die Umladekammer, wo er zwei Haupt- und zwei Nebenkartuschen auf jeder Seite entzündete, und von da in die Kartuschkammer, wo ebenfalls zwei Haupt- und zwei Nebenkartuschen verbrannten. Die Kartuschen brannten mit großen Stichflammen ab, die haushoch aus dem Turm in die Höhe schlugen – aber sie brannten nur, sie explodierten nicht, wie die Kartuschen bei unserem Gegner getan hatten! Das war die Rettung für unser Schiff! Aber trotzdem war die Wirkung des Abbrennens der Kartuschen katastrophal! Die ungeheuren Stichflammen töten alles, was in ihren Bereich kam. Von den 78 Mann der Turmbesatzung gelang es nur fünf Mann, sich durch das für das Auswerfen von Kartuschhülsen vorgesehene Loch zu retten, zum Teil schwer verwundet. Wenige Augenblicke nach dieser Katastrophe erfolgte eine zweite. Ein 38,1-cm-Geschoß schlug auf die Turm-

decke des Turms ›Dora‹, durchschlug die Turmdecke und explodierte auch hier im Inneren des Turms. Und wieder geschah das Entsetzliche: bis auf einen einzigen Mann, der bei der Explosion durch den Luftdruck durch ein Einsteigeloch aus dem Turm geschleudert wurde, fand die gesamte Turmbesatzung einschließlich aller Munitionskammerleute in Stärke von 80 Mann den gleichzeitigen Tod *(von Hase)*.

Auch *Seydlitz* und *Von der Tann* wurden erneut getroffen, aber die deutschen Schlachtkreuzer brauchten ihre ›Todesfahrt‹ nicht zu vollenden. Um 19.14 Uhr änderte Scheer seinen Befehl durch das Signal ›Große Kreuzer auf die feindliche Spitze operieren‹, was den Schlachtkreuzern bei ihrem Kampf zur Deckung des Absetzmanövers seiner Schlachtflotte mehr Freizügigkeit gab, ohne daß sie sich diesem überwältigenden Feuerhagel aussetzen mußten. Eine Minute später befahl Scheer zum drittenmal an diesem Abend eine Gefechtskehrtwendung um 16 Strich, aber die Ausführung war diesmal erheblich schwieriger. ›Infolgedessen lagen während einiger außerordentlich gefahrvoller Minuten die Schiffe der 5. und 6. Division (III. Geschwader) und das Flottenflaggschiff mit geringer Fahrt auf engstem Raum fast in Dwarslinie nebeneinander . . . Teilweise (mußten die deutschen Schiffe) sogar stoppen und zurückgehen. Sie lagen daher für einige Zeit fast ohne Fahrt, dicht aufgeschlossen auf der Stelle und boten dem feindlichen Feuer ein ausgezeichnetes Ziel‹ (DER KRIEG ZUR SEE).[160] Behnckes Flaggschiff half, die gefährliche Situation zu beseitigen, indem es sich nach Luv heraussetzte und einen künstlichen Rauchschleier erzeugte. *Friedrich der Große* drehte nach Backbord, und Kapitän Natzmer beschleunigte das Manöver dadurch, daß er mit *Ostfriesland* drehte, ohne auf die Einleitung der Wendung durch *Thüringen* zu warten. Die Krise war um 19.35 Uhr überstanden. Scheers Linienschiffe lagen erneut auf Westkurs und setzten sich mit der für Mauves ältere Linienschiffe möglichen Höchstfahrt ab, gefolgt von den vier deutschen Schlachtkreuzern, die wie durch ein Wunder ihren Opfergang überlebt hatten. Nachdem sie dem vernichtenden Salvenfeuer der ganzen Schlachtflotte Jellicoes nur 15 Minuten ausgesetzt gewesen waren – verglichen mit über 25 Minuten beim ersten Zusammentreffen –, verschwanden die deutschen schweren Schiffe im Dunst. Die britische Schlachtflotte war daher bereits zur Feuereinstellung gezwungen, als – um ein typisches Beispiel zu nennen – die *Agin-*

court aus ihren 14 großkalibrigen Geschützen nicht mehr als zehn Salven hatte abgeben können.

Jellicoe hatte die Verwirrung beobachtet, in die er Scheers Flotte versetzt hatte. Warum ließ er dann zu, daß sein Gegner sich ihm zum zweitenmal auf diese Weise entzog? Scheer hatte zur Deckung seiner Gefechtskehrtwendung seine Torpedobootsflottillen zum Angriff befohlen. Diesen Befehl konnten jedoch nur die Flottillen von Schultz und Goehle ausführen, weil sie den Vorteil hatten, schon vor über 20 Minuten einen Angriffsbefehl erhalten zu haben. Die Boote der III., V. und VII. Flottillen standen viel zu weit nördlich; Schuurs Boote erwiesen sich beim Vorgehen als zu langsam, so daß sie wieder zurückbeordert werden mußten. Die VI. und IX. Flottillen liefen in das Abwehrfeuer der Mittelartillerie der britischen Linienschiffe und mußten den Gegenangriff der Kleinen Kreuzer Le Mesuriers und der XI. Zerstörerflottille Hawksleys abfangen. Trotz der Verluste unter ihren 20 Booten stießen die deutschen Torpedoboote kühn vor, kamen bis auf 8000 Yards (73 hm) heran und schossen 31 Torpedos ab. Nur zehn erreichten aber die britische Gefechtslinie, ihre Wirkung jedoch war unproportional hoch. Mit gutem Grund, denn Beatty gewann den gleichen Eindruck, glaubte Jellicoe seine Schlachtflotte jetzt durch einen massiven Torpedobootsangriff ernstlich bedroht. Im Russisch-Japanischen Krieg hatten zwar weniger als 5% der über 100 abgeschossenen Torpedos ihr Ziel getroffen. Dennoch hatten enthusiastische britische (und deutsche) Verfechter dieser neuen Waffe ihre Admirale überzeugt, daß über 30% der 1914 zur Verfügung stehenden schnelleren und weiter laufenden Torpedos treffen würden, wenn nicht sofort drastische Ausweichmanöver eingeleitet wurden. Jellicoes ständige Anweisungen hatten nicht nur die Notwendigkeit solcher Ausweichmanöver hervorgehoben, sondern als beste Gegenmaßnahme das divisionsweise Abdrehen unterstrichen, wodurch die Schiffe aus der Reichweite der Torpedos entkommen konnten. Vor dieser Schlacht hatte nichts darauf hingewiesen, daß das bei schlechter Sicht einen größeren Nachteil haben würde, als nur die Gefechtsentfernung vorübergehend um 3000 bis 4000 Yards (27 – 37 hm) zu vergrößern, nämlich daß die Fühlung mit dem Feind verlorenging. Daher erschien unter solchen Bedingungen die risikoreichere Alternative eines Zudrehens auf den Feind gerechtfertigt (»Ich war gegen diese Konzeption des Abdrehens der gesamten Linie vor der Torpedogefahr. Ein Zudrehen auf den Feind dürfte in manchen Fällen wirksamer sein.« *[Sturdee]).* »Ich glaube, ein Zudrehen in Richtung auf den (Torpedo-)Angriff könnte manchmal eine nützliche Gegenmaßnahme sein« (*Jellicoes Kommentar; 1936 geschrieben;* siehe auch Seiten 129/31). Um 19.23 Uhr und mit der dritten Gefechtskehrtwendung Scheers zusammenfallend befahl Jellicoe seiner Flotte das Abdrehen. Dies tat er so ungern, daß er die Kursänderung auf zwei Strich begrenzte; einige Minuten später ließ er sich jedoch dazu überreden, weitere zwei Strich zuzugeben. Während die deutsche Schlachtflotte nach Westen schwenkte, drehte die britische Grand Fleet nach SO ab. Dies beschleunigte nur den Augenblick, in dem Scheers Schiffe verschwanden, ohne daß dadurch die Torpedogefahr völlig ausgeschaltet wurde. Mehrere Schlachtschiffe Jellicoes mußten Torpedolaufbahnen ausweichen: *Marlborough,* zum Beispiel, ›änderte den Kurs nach Steuerbord, so daß (eine) Blasenspur vor dem Schiff vorbeilief; Nummer zwei passierte so dicht achteraus, daß wir bestimmt getroffen worden wären, wenn das Heck nicht unter der Wirkung des Ruders herumgeschwungen wäre; Nummer drei muß eine falsche Tiefeneinstellung gehabt haben, (denn) er lief direkt unter dem Schiff hindurch‹.

Jellicoes Entscheidung zu diesem Zeitpunkt, von Scheer abzudrehen, war jedoch nicht der alleinige Grund dafür, daß er die Fühlung mit einem Gegner verlor, der sich keiner überlegenen Flotte stellen wollte. Erneut glaubte der britische Oberbefehlshaber, »das zeitweilige Verschwinden des Feindes auf ein Dichterwerden des Dunstes zurückführen zu müssen, (da) auch keine Meldung über diese Kursänderung der deutschen Flotte bei mir einging«, obwohl Scheers letzte Gefechtskehrtwendung von zahlreichen britischen Linienschiffen am Schluß der Linie ausgemacht und insbesondere durch *Valiant* bereits um 19.23 Uhr erkannt worden war. Als Jellicoe um 19.35 Uhr die Torpedogefahr überstanden glaubte, nahm er an, eine Kursänderung von fünf Strich – d. h. ein Strich mehr als beim Abdrehen – werde genügen, um die Flotte wieder auf Schußweite an den Feind zu bringen. Scheer hatte zwar zunächst Kurs West gesteuert, dann aber auf den um drei Strich divergierenden Kurs SW gedreht. Die Folge war nach dem Gefechtsbericht der *Malaya,* ›daß dies das letzte war, was wir vom Feind bei Tageslicht sahen‹. Und dies galt auch für die meisten anderen britischen Linienschiffe. Selbst Goodenough, der Scheers Kurs erfaßt hatte, unterließ eine Meldung an seinen Oberbefehlshaber. Jellicoe erkannte jedoch um 19.40 Uhr aufgrund eines Funkspruchs von *Lion*, daß sein Zudrehen auf den Gegner nicht ausreichend gewesen war. Er änderte den Kurs erneut, aber nur soweit, daß er jetzt parallel zu seinem nicht mehr sichtbaren Gegner steuerte. In der Zwischenzeit war Beattys Entschlossenheit, den ›Feind ins Nahgefecht zu ziehen‹, nicht wieder durch Kompaßausfälle behindert worden. Nach Steuerbord aus der britischen Linie ausscherend, geriet er nochmals mit deutschen Schlachtkreuzern ins Gefecht. Um 19.45 Uhr konnte er die Peilung der Spitze von Scheers Schlachtflotte sowie – noch wichtiger – ihren Kurs melden. Unglücklicherweise verwirrte Goodenough die Lage durch die irrtümliche Meldung, eine unbekannte Anzahl Feindschiffe seien nach NW detachiert worden. Erst um 20.00 Uhr, als bis zum Einbruch der völligen Dunkelheit nur noch etwa eine Stunde verblieb und Scheer bereits 15 sm entfernt stand, nahm Jellicoe die drastische Kurskorrektur vor, die zur Wiedergewinnung der Fühlung mit dem Gegner notwendig war. Er drehte seine Schlachtflotte auf Kurs West, ließ jedoch die Geschwindigkeit nicht über die 17 Knoten steigern, die die beschädigte *Marlborough* eben noch mithalten konnte. Eine Minute später erhielt der britische Oberbefehlshaber einen um 19.47 Uhr abgesetzten Funkspruch Beattys: »Schlage vor, daß Spitze der Schlachtschiffe den Schlachtkreuzern folgt. Wir können dann die ganze feindliche Schlachtflotte abschneiden.« In dieser Absicht hatte Beatty bereits seine Kleinen Kreuzer zur Fühlungnahme vorausgeschickt. Die verzögerte Durchgabe dieses Funkspruchs wurde durch Jellicoe noch verschlimmert. Er wartete fast 15 Minuten, bevor er Jerram befahl: »Unseren Schlachtkreuzern folgen«, ohne die Dringlichkeit zu betonen und ohne eine Begründung. Zu diesem Zeitpunkt hatten Beattys Schiffe nicht nur die Fühlung mit dem Gegner verloren, sondern waren auch außer Sicht von *King George V* geraten. Ohne Fahrterhöhung steuerte Jerram daher in die Richtung, in der er Beatty zuletzt gesehen hatte und aus der gerade jetzt erneuter Kanonendonner (von Napiers Kreuzern) zu hören war. Jerram ahnte nicht, daß er zwei Strich vom Feinde *weg* gedreht hatte.

Trotzdem lagen beide Flotten noch immer auf konvergierenden Kursen, weil Scheer darüber besorgt war, wie weit er von seinem Stützpunkt abgedrängt wurde. Jeweils vier Seemeilen, die er nach Westen auszuholen gezwungen war, bedeuteten die Verlängerung seines Rückmarsches um eine weitere halbe Stunde. Daher war er bereits um 19.45 Uhr auf Kurs Süd gegangen, als *Iron*

Duke nur 12 sm östlich stand. ›Durch die Meldung der T-Flottillen war es zur Gewißheit geworden, daß wir uns im Kampf mit der ganzen englischen Flotte befunden hatten‹, schrieb er. ›Gelang es, die feindliche Umfassung abzuwehren und Horns Riff vor dem Feind zu erreichen, so blieb uns die Freiheit des Entschlusses für den nächsten Morgen gesichert. Dies zu ermöglichen, mußten alle Flottillen für die Nacht zum Angriff angesetzt werden, auch auf die Gefahr hin, daß sie bei Tagesanbruch bei den zu erwartenden neuen Kämpfen fehlen sollten. Das Gros selbst mußte in geschlossenem Verband auf dem nächsten Weg Horns Riff ansteuern und diesen Kurs, allen Angriffen des Feindes trotzend, durchhalten.‹ Eine Folge dieser Entscheidung waren die Gefechte zwischen den beiden Flotten vor Einbruch der Nacht.

> Um 20.20 Uhr kamen die feindlichen Schlachtkreuzer erneut in Sicht (schrieb ein Offizier der *Indomitable*). Einige Sekunden später eröffneten sie das Feuer. Die meisten Männer meiner Turmbesatzung waren nach draußen geklettert, um etwas frische Luft zu schnappen. Jetzt stürzten sie in aller Eile wieder in den Turm zurück und begannen um 20.26 Uhr wieder kräftig auf eine Entfernung von 8800 Yards (80,5 hm) zu feuern. Das deutsche Feuer lag recht gut. Salveneinschläge waren auf beiden Seiten des Schiffes mehrfach zu sehen. Viele Salven unseres Geschwaders erzielten Treffer; an Bord mehrerer feindlicher Schiffe wurden starke Brände beobachtet. Um 20.42 Uhr hatte der Feind genug und setzte sich ab, so daß wir das Feuer einstellten. Sollte ich das Glück haben, noch mal eine Seeschlacht mitzumachen, werde ich dafür sorgen, daß in unseren Geschützturm nur ein Grammophon mitgenommen wird. Wir hatten eines im Turm und ein zweites in der Umladekammer (unmittelbar unter diesem); während jeder Gefechtspause jaulten die beiden gleichzeitig – jedoch mit verschiedenen Platten. Das Ergebnis war für mich einer der wirklichen Schrecken des Krieges.

Die deutschen Schlachtkreuzer, die ihre Position an der Spitze von Scheers Gros wieder einzunehmen versuchten, erhielten erneut ›schweres Feuer (von Beattys Streitkräften). Vom Feinde war nur das Aufblitzen der Salven zu sehen. Die bereits stark havarierten Schiffe erhielten neue Treffer, ohne das Feuer ernstlich erwidern zu können.‹ *Derfflinger* hatte nur noch zwei intakte

30,5-cm-Geschütze und über 3000 Tonnen Wasser im Schiff. »Sie drehten daher ab und schoben sich zwischen dem II. und III. Geschwader hindurch nach Feuerlee« *(Scheer)*. Diese letzte Gefechtsberührung war gerade in dem Augenblick erfolgt, als Hipper versuchte, bei *Moltke* an Bord zu gehen. Das Schiff mußte nun aber mit hoher Fahrt ablaufen, so daß Hipper erst nach 21.00 Uhr den Befehl über sein Geschwader wieder übernehmen konnte.

Auch Napiers Kreuzer gerieten ins Gefecht; nach Angaben eines Offiziers der *Yarmouth*

> hatten wir Befehl, nach Westen gegen die Spitze der gegnerischen Gefechtslinie aufzuklären. Wir waren dabei, von *Falmouth* aus auszufächern, als um 20.20 Uhr fünf feindliche Kleine Kreuzer in NNW ausgemacht wurden. Diesen folgten zwei Schlachtkreuzer, die von unseren Schlachtkreuzern beschossen wurden. Wir bildeten eine Kiellinie und nahmen den Kampf mit den feindlichen Kleinen Kreuzern auf eine Entfernung von 7000 Yards (64 hm) auf. Alle gegnerischen Salven lagen kurz; unser Feuer mag genauso schlecht gelegen haben, denn die Trefferlage war unter den schon fast aussichtslosen Lichtverhältnissen unmöglich zu beobachten. Der Gegner drehte ab, und wir bekamen ihn nie wieder in Sicht.

Dann stießen Beattys Schlachtkreuzer auf die alten Linienschiffe Mauves', die sie beschossen. Treffer auf *Schleswig-Holstein*, *Pommern* und *Hessen* genügten, um dieses nun die deutsche Schlachtflotte anführende II. Geschwader zum Abdrehen nach SW zu zwingen, wo es außer Sicht geriet. Auch Le Mesurier und Hawksley sahen das feindliche Gros. Es gibt jedoch keine aufschlußreichere Feststellung, die zeigt, wie so viele britische Kreuzerkommandanten ihren Oberbefehlshaber im Stich gelassen haben, als diese: »Als wir beobachteten, daß *King George V* von uns weglief, schien es uns notwendig zu sein, ihr zu folgen, *um nicht den Anschluß* (an unsere eigene Flotte) *zu verlieren*«[161]. Kein Wunder also, daß Beatty nach der Schlacht folgendes in seine ›Fighting Instructions‹ einfügte: »Es wird allen unterstellten Führern zur Pflicht gemacht, die Befehle des Oberbefehlshabers vorwegzunehmen und in seinem Geiste zu handeln. Es gibt deren nur zwei, und sie sind denkbar einfach: Solange noch ein schweres Schiff des Feindes schwimmt, muß es aufgespürt und gemeldet, sodann angegriffen und vernichtet werden.«

Etwas früher, um 20.10 Uhr, sichtete Hawksley die östlich von der übrigen Flotte Scheers stehende deutsche V. Torpedobootsflottille unter Heinecke und führte seine Zerstörer, unterstützt durch das IV. Leichte Kreuzergeschwader, zum Angriff. Die britischen Schiffe sichteten daher auch Behnckes Geschwader, das nun den Schluß des deutschen Gros bildete. Hawksley verpaßte zwar diese Gelegenheit für einen Torpedoangriff; aber Le Mesuriers Schiffe hatten mehr Erfolg. Ein Offizier der *Calliope* schrieb:

> Nach Annäherung auf etwa 8500 Yards (79 hm) drehten wir auf einen Kurs parallel zum (Feind), um einen Torpedo abzuschießen. Vor dem Drehen wurden wir nicht beschossen, vielleicht weil wir nicht klar als Freund oder Feind zu erkennen waren. Diesen Fehler machte der Feind nach unserer Drehung sehr schnell wieder gut, und sein Feuer lag bald deckend. Nachdem wir unseren Torpedo abgefeuert hatten, liefen wir mit Höchstfahrt auf östlichem Kurs ab, um uns wieder unserer eigenen (Flotte) anzuschließen. Wir befanden uns etwa zehn Minuten in Sicht der deutschen Schiffe (und) erhielten fünf Treffer. Nur unsere hohe Geschwindigkeit und unser Zickzackkurs bewahrten uns vor der Vernichtung.

Die Beschädigung seines Flaggschiffs hinderte Le Mesurier an der Abgabe einer Meldung, aber Jellicoe sah etwas von diesem Gefecht und ließ um 20.38 Uhr an *Comus* morsen: »Worauf feuern Sie?« Die Antwort »Feindliche Schlachtflotte« schien dem Admiral zu beweisen, daß seine Absicht, näher an Feind heranzukommen, gelingen würde. Einen Augenblick später wurde dies bestätigt, als am Schluß der britischen Linie Kanonendonner aufklang: Goodenoughs Geschwader war mit der deutschen II. Torpedobootsflottille zusammengetroffen.

> Während noch Dämmerlicht herrschte (erinnert sich ein Offizier der *Nottingham*) hatten wir ein kurzes Scharmützel mit deutschen (Torpedobooten), von denen *Southampton* eines versenkt zu haben glaubte; aber der Feind verschwand schnell in Dunst und Dunkelheit, bevor wir auf wirksame Schußentfernung herankommen konnten. Ich hatte schon seit 14.00 Uhr ohne Überbekleidung auf der Brücke gestanden; ich glau-

be nicht, daß ich jemals so gefroren habe, aber schließlich kann man sich keinen Mantel aus seiner Kammer holen lassen, wenn man dabei ist, die Schlacht von Jütland zu schlagen.

Jellicoe mußte bis 21.00 Uhr warten, bevor genauere Meldungen von *Lion* und *Falmouth* die Lage einigermaßen klärten. Eine dritte, wichtigere Begegnung folgte. Die Kleinen Kreuzer *Caroline* und *Royalist,* die vor *King George V* standen, mit der Jerram seit einer Dreiviertelstunde versuchte, Beattys unsichtbar gewordenen Schiffen zu folgen, ›um die ganze feindliche Schlachtflotte abzuschneiden‹, sichteten Scheers Gefechtslinie. Die Kommandanten Crooke und Meade wendeten sofort zum Torpedoangriff auf die alten Linienschiffe Mauves und meldeten dies an Jerram. Vor allem weil sein ›Navigationsoffizier, der gerade von der Schlachtkreuzerflotte zu Jerram versetzt worden war, ganz sicher war, daß es sich bei den gesichteten Schiffen um unsere Schlachtkreuzer handelte‹, gab Jerram den Befehl, den Angriff abzubrechen. Als Crooke jedoch wiederholte, daß es sich um den Feind handelte, signalisierte Jerram: »Wenn Sie ganz sicher sind, angreifen«, worauf *Caroline* und *Royalist* ihre Torpedos abschossen. Auch Hawksley sichtete diese Schiffe, sprach sie als feindliche an und drehte auf sie zu. Er erwartete, daß Jerrams Geschwader das Feuer eröffnen würde; dies geschah aber nicht. Wie er nach der Schlacht selbst freimütig erklärte, war der Admiral davon überzeugt, daß es sich um Beattys Schiffe handeln müsse. Aber nicht jeder an Bord des II. Schlachtgeschwaders teilte seine Ansicht; Levesons Flaggleutnant auf *Orion* sagte: »Sir, wenn Sie jetzt die Linie verlassen und dorthin schwenken, wird Ihr Name so berühmt wie der Nelsons.« Aber wie Evan-Thomas hatte Leveson vor allem eines gelernt: gehorchen. Nach kurzem Zögern antwortete er deshalb: »Wir müssen dem vor uns fahrenden Schiff folgen.« Als die deutschen Schiffe schnell nach Westen abdrehten, bevor sie auf Südkurs zurückschwenkten, führte Jerram die britische Schlachtflotte weiter auf einem zum Feind parallelen Kurs, statt an diesen heran.

Dies war das letzte Zusammentreffen zwischen Einheiten der beiden großen Flotten, wenig mehr als 50 sm von der dänischen Küste entfernt, bevor die Sommernacht über die Nordsee herabsank. Aber die Sonne würde bereits in fünf Stunden wieder aufgehen, wenn ein neuer Tag begann. Trotz schwerer Verluste, die vor allem Hipper und seinen Schlachtkreuzern zuzuschreiben waren, war die Grand Fleet unter Jellicoes kühler, unbeirrbarer Führung Herr der Lage geblieben. Scheer hatte zweimal aus dem donnernden Geschoßhagel der schweren Geschütze seines Gegners fliehen müssen. Die Grand Fleet stand als Schlachtlinie von mehr als zehn Seemeilen Länge zwischen der deutschen Hochseeflotte und ihren sicheren Stützpunkten. Der 31. Mai 1916 war kein neues Trafalgar geworden, vor allem deshalb nicht, weil das Zusammentreffen der Flotten erst so spät am Nachmittag erfolgt war, weil Scheer jedes Gefecht zu vermeiden suchte und weil der Dunst die Sicht stark behindert hatte. Die britischen Offiziere und Mannschaften hofften jedoch zuversichtlich, einem neuen »Glorreichen Ersten Juni«[162] entgegenzusehen.

5
DIE NACHT

»Durch schlechte Sichtverhältnisse unterstützt, vermied die deutsche Schlachtflotte ein längeres Gefecht mit unseren Hauptstreitkräften und lief, sobald diese auf dem Schlachtfeld erschienen, in ihre Häfen zurück.«

Kommuniqué der britischen Admiralität am 2. Juni 1916

»In der Dunkelheit flammten in NW heftige Kämpfe auf, zogen sich achteraus in unserem Kielwasser hin und erstarben in Richtung Osten. Nur wenige Seemeilen von uns entfernt geschah Großes, aber zu unserem Erstaunen (es überrascht mich noch heute) behielt unsere Schlachtflotte ihren Kurs nach Süden bei.«

Ein Offizier von HMS ›Canada‹ (heute Kontreadmiral Sir William Jameson), 1961

Scheer war so fest entschlossen, vor Tagesanbruch[163] die Fahrrinne durch die Minenfelder südlich von Horns Riff zu erreichen, um seine Flotte vor der Vernichtung am nächsten Tag zu retten, daß er einen Nachtkampf riskierte, der seiner Überzeugung weniger verlustreich verlaufen würde. Die deutschen Schiffe waren für Nachtgefechte ausgerüstet und ausgebildet; nicht dagegen die britische Flotte. Nach britischen Vorstellungen waren Nachtgefechte zu vermeiden: Die britischen Schiffe hatten nicht genug Scheinwerfer, und die vorhandenen ließen sich nicht präzise führen. Außerdem hatten sie keine Leuchtgranaten, mit denen der Gegner beleuchtet werden konnte, ohne daß man seinen Geschützen ein Ziel bot. Diese Leuchtgranaten waren für die britische Marine etwas so Neuartiges, daß ein Kommandant schrieb: ›Der Feind benutzte weiße Feuerbälle für einen uns unbekannten Zweck.‹ Aus diesen Gründen ›verwarf Jellicoe die Idee eines Nachtgefechts, das seiner Meinung nach zu Katastrophen führen konnte. Erstens wegen der vielen (feindlichen) Torpedofahrzeuge und zweitens wegen der Unmöglichkeit, zwischen eigenen und feindlichen Schiffen zu unterscheiden.‹ Damit waren jedoch seine Gründe gegen einen Nachtkampf nicht erschöpft. Er hielt es ferner für unwahrscheinlich, daß sein Gegner, nachdem er zweimal vor der britischen Schlachtflotte so scharf abgedreht hatte, das Risiko eingehen würde, durch Ansteuern von Horns Riff nachts erneut auf die britische Flotte zu treffen, zumal Scheer zwei weitere minenfreie Wege zur Jade zur Verfügung standen. Jellicoe beschloß daher, »nach Süden zu steuern, wodurch ich in der Lage sein müßte, das Gefecht bei Tag wiederaufzunehmen und dann auch günstig stehen würde, um den Feind abzuschneiden, falls er in Richtung Helgoland oder zur Ems und dann die norddeutsche Küste entlang steuern sollte«.

Daher ließ der britische Oberbefehlshaber seine Schlachtflotte um 21.17 Uhr in vier Kolonnen in Dwarslinie zur Nachtformation aufschließen. Jerrams II. Schlachtgeschwader stand dem Feind am nächsten. In Richtung Osten folgten Sturdees IV. Schlachtgeschwader mit *Iron Duke* an der Spitze, dann Burneys I. Geschwader und schließlich Evan-Thomas' drei Linienschiffe der *Queen Elizabeth*-Klasse als Backbord-Flügelkolonne. Jellicoe signalisierte ›Keine Gefechtsabsichten für die Nacht‹[164]; die Kommandanten seiner Linienschiffe mußten annehmen, daß sie eine verhältnismäßig ruhige Nacht erwarten konnten und daß es zur Wiederaufnahme des Kampfes am nächsten Morgen kommen würde. Beatty teilte diese Lageeinschätzung seines Oberbefehlshabers:

> Ich hielt bis 21.24 Uhr weiter südwestlichen Kurs bei. Da nichts mehr gesichtet wurde, nahm ich an, daß der Feind in NW stand und daß wir daher günstig zwischen dem Gegner und seinen Stützpunkten standen. (Bei Empfang von Jellicoes Signal,) wonach der Kurs der Schlachtflotte S sei, angesichts der Beschädigungen (meiner) Schlachtkreuzer und da unsere strategische Stellung es als sicher erscheinen ließ, daß wir den Feind bei Tag unter sehr günstigen Voraussetzungen von neuem würden stellen können, hielt ich es weder für erstrebenswert noch zweckmäßig, nachts näher an den Feind heranzugehen. Infolgedessen konnte ich annehmen, den Absichten des Oberbefehlshabers dadurch zu entsprechen, daß ich auf den Kurs

der (eigenen) Flotte einschwenkte. Ich hatte sicherzustellen, daß die feindliche Flotte ihre Stützpunkte nicht dadurch erreichen konnte, daß sie um die Südflanke unserer Streitkräfte herumsteuerte.

Deshalb führte Beatty seine Schiffe auf eine Position 15 sm WSW des Flottenflaggschiffs *Iron Duke*. Die Kleinen Kreuzer Alexander-Sinclairs und Napiers hielten mit. Goodenough hatte bereits eine Position achteraus von Burneys Schlachtgeschwader eingenommen. Die Kreuzer von Heath und Le Mesurier hatten eine Flankenposition östlich von Evan-Thomas' Geschwader eingenommen, obwohl dies die dem Gegner abgewandte Seite war.

Jellicoe verkannte jedoch keineswegs die Möglichkeit, daß Scheer versuchen könnte, die direkte Route nach Horns Riff einzuschlagen. Um 21.27 Uhr befahl er daher den Zerstörerflottillen, seiner Schlachtflotte mit 5 sm Abstand zu folgen.

Wenn ich (die Zerstörer) so stationierte, würden sie drei Bedingungen erfüllen. Sie würden in einer hervorragenden Angriffsposition stehen, *wenn der Feind mit der Absicht schwenken sollte, (seinen) Heimathafen während der Nacht zu erreichen*[165]. Die Zerstörer würden ferner in der Lage sein, die feindlichen (Torpedoboote) anzugreifen, sofern sie unsere Flotte suchten, um einen Nachtangriff gegen (unsere) schweren Schiffe zu führen. Schließlich würden die Zerstörer auch klar vor unseren eigenen Schiffen sein, wodurch die Gefahr, daß sie unsere Schlachtschiffe versehentlich angreifen oder von diesen beschossen werden könnten, auf ein Mindestmaß beschränkt war.

Jellicoe übersah zweierlei: Zu diesem Zeitpunkt hatten seine Zerstörer kaum eine Vorstellung vom Standort des Gegners, auch nicht von dem der eigenen Schlachtkreuzer und Kreuzergeschwader. Hawksley, der erst kürzlich zum Kommodore der Zerstörerflottillen der Grand Fleet ernannt worden war, hatte nicht genügend Zeit gehabt, um mit seinen Flottillen koordinierte Angriffe zu üben, geschweige denn Nachtangriffe. Beides waren ernste Nachteile:

Die britischen Zerstörer tappten nicht nur im wahrsten Sinne des Wortes im dunkeln; bei Auftauchen eines möglichen Feindes mußte vielmehr jede Flottille auf eigene Initiative handeln, während der Torpedo damals noch eine so ungenaue Waffe war, daß nur massierte Angriffe Erfolg versprachen. Jellicoe entsandte ferner um 22.05 Uhr den Minenleger *Abdiel* zum Legen einer Minensperre vor dem Horns-Riff-Feuerschiff. *Abdiel* führte diesen Befehl ohne weiteren Vorfall bis 02.00 Uhr aus und kehrte dann nach Rosyth zurück.

Was der britische Oberbefehlshaber zu diesem Zeitpunkt von seinen Schiffen erfahren konnte, insbesondere durch Jerrams Ablehnung der Meldung der *Caroline* und aus einem Funkspruch Beattys um 21.38 Uhr, der den Kurs des Gegners mit WSW angab, mußte Jellicoe zu der Annahme führen, daß die deutsche Hochseeflotte weit in NW stand. In Wirklichkeit war sie nur 8 sm von ihm entfernt. Scheer hatte seinen Kurs um 21.14 Uhr auf etwas östlich von SSO geändert, lag seither auf einem Jellicoes in spitzem Winkel konvergierenden Kurs und lief 16 Knoten, auf die er durch das Geschwader Mauves beschränkt war. Dieser Kurs ›ist durchzuhalten‹, signalisierte Scheer seinen Kommandanten, weil er direkt auf Horns Riff zuführte, für das er durch einen Funkspruch um 21.06 Uhr für den Morgen Luftaufklärung durch Zeppeline anforderte. Seine Linienschiffe, deren Reihenfolge durch die letzte Gefechtskehrtwendung umgekehrt war, sollten nun von dem unbeschädigt gebliebenen I. Geschwader mit dem Spitzenschiff *Westfalen* (Kapitän Redlich) geführt werden. Daher beorderte Scheer seine älteren Vor-Dreadnought-Linienschiffe an den Schluß der Linie. Mauve wollte eben diesen Befehl ausführen, als *Schleswig-Holstein* (Kapitän Barrentrapp) ein weißes Licht an Backbord meldete, das als Topplaterne eines britischen Kreuzers erkannt wurde. Das fragliche Schiff war einer von Goodenoughs Kreuzern, der jedoch nichts von ihren größeren Gegnern bemerkte. Auch einige Minuten später konnten Beattys Schlachtkreuzer die Kreuzer der deutschen II. und IV. Aufklärungsgruppe nicht ausmachen, die beide auf der dem Feind zugekehrten Seite ihrer Flotte standen, wo sie das große Glück hatten, beobachten zu können, wie *Lion* per Morsescheinwerfer an *Princess Royal* durchgab: ›Bitte geben Sie Erkennungszeichen und Antwortsignal in voller Stärke, da sie verlorengegangen sind.‹ Diese Aufforderung der *Lion* war zwar verständlich, aber die Verwendung eines so hellen Lichtes, das der Hochseeflotte die derzeitigen britischen Erkennungssignale verriet, sollte schwerwiegende Folgen haben. Alle drei deutschen Kommandanten entschieden sich gegen eine Feuereröffnung, die ihre Anwesenheit verraten hätte. Mauve wartete, bis das britische II. Leichte Kreuzergeschwader verschwunden war, bevor er seine Linienschiffe schwenken ließ. Scheers Schlachtflotte hatte daher ihre Nachtmarschformation erst um 22.00 Uhr eingenommen. Zu diesem Zeitpunkt waren Hippers schwer mitgenommene Schlachtkreuzer an den Schluß der Linie beordert worden.

Fast zwei Stunden vorher hatte sich Scheer zu einem Vorstoß zur Erleichterung des Absetzens seiner Flotte entschlossen. Kommodore Michelsen (auf *Rostock*) sollte mit allen verfügbaren Torpedobooten Nachtangriffe durchführen. Aber obwohl die Deutschen in dieser Taktik besonders ausgebildet waren, hatten sie die Notwendigkeit einer Suchgruppe, die den Feind vor Beginn eines solchen Angriffs aufspüren mußte, nicht erfaßt. Ferner mußte Michelsen bald feststellen, daß Kommodore Heinrich (auf *Regensburg*) den Befehl Scheers schon vorweggenommen hatte: Er hatte die Boote ausgewählt, die noch mehr als einen Torpedo hatten – Schuurs II. Flottille und drei Boote der VI. Flottille von Schultz – und hatte ihnen um 20.45 Uhr[166] befohlen, einen Angriff im Sektor ONO bis OSO auszuführen, wo er die britische Schlachtflotte vermutete. Der Rest der Boote der Flottille Schultz sowie Goehles IX. Flottille sollten das Gros der Schlachtflotte sichern oder sich Michelsen anschließen. Michelsen entschied sich dafür, den Befehl seines Kameraden nicht zu widerrufen, und befahl seinen eigenen einsatzfähigen Flottillen, Heineckes V. und Kochs VII. Flottille, um 21.10 Uhr in zwei südlicheren Sektoren Angriffe vorzutragen, weil er hoffte, dadurch würde wenigstens eine Flottille die britische Schlachtflotte aufspüren.

Die II. Flottille griff jedoch zu früh an: Es war noch immer hell genug, so daß die deutschen Boote durch Goodenoughs Kreuzer und Hawksleys XI. Zerstörerflottille abgewehrt werden konnten, bevor sie auf Torpedoschußweite herankamen. Eine halbe Stunde später versuchte Kommodore Heinrich einen erneuten Angriff und mußte erkennen, daß er zu weit hinter der britischen Flotte stand, um einen Erfolg zu erzielen. Mit der von Michelsens Gruppe getrennten III. Flottille Hollmanns nahm er Kurs auf Skagen, auf welcher Route dann etwa 20 Torpedoboote am nächsten Tag Kiel erreichten, ohne an der Schlacht weiter teilgenommen zu haben.[167]

Michelsens Angriffe litten unter weiteren Schwierigkeiten: Kurz nach 21.30 Uhr wurden Kochs Boote von Behnckes Schlachtschiffen beschossen, zu ihrem Glück ohne ernste Folgen. Wichtiger war, daß aus Besorgnis, die aus den Schornsteinen sprühenden Funken verschlackter Feuer würden ihren Angriff verraten, beide Flottillen ihre Geschwindigkeit auf 18 Knoten begrenzt hatten, so daß sie auf Jellicoes Zerstörer, nicht aber auf seine Schlachtschiffe stießen. Um 21.50 Uhr sichteten Kochs Torpedoboote die britische IV. Zerstörerflottille Wintours mit Kurs N, mit dem sie ihre Position für den Nachtmarsch ansteuerte. In der Annahme, daß diese Flottille Jellicoes schwere Schiffe sicherte, schossen die Deutschen vier Torpedos – ohne Erfolg, denn im entscheidenden Augenblick drehte die britische IV. Zerstörerflottille nach S auf den britischen Flottenkurs. Einer ihrer Zerstörer, die *Garland* unter Kapitänleutnant R. S. Goff, entdeckte den Feind und eröffnete das Feuer, aber Wintour entschied sich gegen eine Verfolgung. Daher konnte Koch zu einem weiteren Angriff ansetzen. Diesmal lagen seine Boote jedoch schon zu weit achteraus. Wie die Torpedoboote Heinrichs liefen sie weit hinter der Grand Fleet vorbei und steuerten dann Horns Riff an. Um von Hase zu zitieren: »Es ist merkwürdig und äußerst bedauerlich, daß unsere (Torpedo-)Boote die ganze Nacht nach der großen englischen Flotte gesucht und sie nicht gefunden haben, obwohl doch ihre letzte Position genau bekannt war.«

Gegen 21.40 Uhr sichteten *Frankfurt* und *Pillau* den britischen Kleinen Kreuzer *Castor* mit der XI. Zerstörerflottille, die ebenfalls ihre Position für den Nachtmarsch einnehmen wollten. Aber die Sichtverhältnisse waren so trügerisch, daß die britischen Schiffe nichts von der deutschen II. Aufklärungsgruppe sahen, als diese mehrere Torpedos auf eine Entfernung von sechs Kabellängen (11,1 hm)[168] abschoß und dann schnell abdrehte, ohne das Feuer zu eröffnen oder Scheinwerfer aufleuchten zu lassen, ›um zu vermeiden, die (britischen) Zerstörer nach sich in Richtung auf die (deutsche) Schlachtflotte zu ziehen‹ (Der Krieg zur See). Eine halbe Stunde später schloß die II. Aufklärungsgruppe erneut zu der von *Castor* geführten Zerstörerflottille auf. Dieses Mal erkannte Hawksley die schemenhaften Schatten an Steuerbord voraus, nahm aber an, daß es sich um eigene Einheiten handelte, weil sie das gültige britische Erkennungssignal morsten. Die vier deutschen Kreuzer kamen auf etwas mehr als 1 sm heran, bevor sie ihre Scheinwerfer mit einem Schlag aufleuchten ließen und ein mörderisches Feuer eröffneten, durch das *Castor* beträchtliche Schäden, zumeist an den Aufbauten, sowie zahlreiche Ausfälle unter dem nicht hinter Panzerschutz arbeitenden Personal erlitt, bevor sie das Feuer erwidern konnte. »Von den achteraus stehenden acht Zerstörern schossen zwei Torpedos ab (von denen einer unter der *Elbing* durchlief), aber einige waren so durch das Geschützfeuer der *Castor* geblendet, daß sie nichts erkennen konnten, und andere waren so sicher, daß ein Irrtum vorlag und sie von eigenen Schiffen beschossen wurden, daß sie beschlossen, keine Torpedos abzuschießen« *(Hawksley)*. Der Vorteil, den die Deutschen bei diesem kurzen Zusammentreffen gewannen – nur eines ihrer Schiffe, die *Hamburg*, erlitt nennenswerte Schäden –, war ebensosehr auf Jellicoes Unterlassung zurückzuführen, seine Zerstörer bei Einbruch der Nacht ausreichend über den Standort des Feindes und seiner eigenen Flotte zu informieren, wie auf Boedickers clevere Verwendung des britischen Erkennungssignals, das die Deutschen beim Blinkverkehr zwischen *Lion* und *Princess Royal* aufgefangen hatten.[169] Wie Wintour versuchte auch Hawksley nicht, Fühlung mit dem Feind zu halten. Da der Operationsbefehl der Grand Fleet keinen Einsatz der Zerstörer für Nachtangriffe vorsah und Jellicoe keine anderen Befehle gegeben hatte, hielt es der britische Commodore für seine Hauptpflicht, in Fühlung mit der eigenen Schlachtflotte zu bleiben, um für den erwarteten Kampf am nächsten Morgen zur Verfügung zu stehen.[170]

Diesem Zusammentreffen folgte schnell ein weiteres zwischen dem Geschwader Goodenoughs und der Aufklärungsgruppe Reuters.

> Etwa um 22.15 Uhr (wie sich Oberleutnant King-Hall erinnert) tauchte Steuerbord querab, kaum 1500 Yards (13,7 hm) entfernt, eine in gleicher Richtung steuernde Linie von fünf Schiffen auf. Einige Minuten verstrichen voll äußerster Spannung, denn Neuankömmlinge hatten ebensowenig Lust wie wir, ihre Identität zu enthüllen. Dann aber entschieden beide Geschwader fast gleichzeitig, daß das andere der Feind sein mußte, und eröffneten ein heftiges Feuer. Das Gefecht dauerte $3^1/_2$ Minuten. Die ersten vier deutschen Schiffe konzentrierten ihre Scheinwerfer und Geschütze auf *Southampton*, das fünfte schoß auf *Dublin*. Dagegen waren *Nottingham* und *Birmingham* vorsichtig genug, ihre Scheinwerfer nicht einzuschalten, und wurden daher auch nicht beschossen. Die Entfernung war erstaunlich gering. Kein Schuß konnte fehlgehen. Das Geschütz wurde abgefeuert und erzielte einen Treffer; das Geschütz

wurde geladen, Mündungsfeuer zuckte auf, der Abschußknall donnerte, das Rohr prallte zurück und glitt nach vorn; dann saß bereits ein weiterer Treffer. Aber um Geschütze zu laden, braucht man Männer; Fleisch und Blut müssen die Granaten und Kartuschen heben, die hungrigen Verschlüsse öffnen und schließen. Aber Fleisch und Blut kann Sprengstoff nicht widerstehen, und an Deck von HMS *Southampton* detonierte eine große Menge solcher hochexplosiven Sprengstoffe. Nach der Feuereröffnung beginnt der wahre Schrecken eines Nachtkampfes. Wir wußten nicht, wo die Deutschen standen. Unsere Geschützbedienungen existierten praktisch nicht mehr. Sprachrohre und Fernsprecher waren in Stücke geschossen. Wir brauchten unbedingt Zeit zur Reorganisation, deshalb wagten wir nicht, Licht zu zeigen. Aber das Oberdeck war mit Toten und Verwundeten übersät.

Obwohl die Schäden auf *Dublin* in diesem kurzen, aber äußerst heftigen Gefecht nicht so schwer wie die von *Southampton* waren, verlor Kapitän Scotts Schiff den Anschluß an das eigene Geschwader; das gleiche Schicksal widerfuhr der *Birmingham* unter Kapitän Duff. Aber das Geschwader Reuters hatte weitaus mehr gelitten. King-Hall hatte »den Einsatzbefehl nach unten an den Torpedoraum gegeben und wartete ungeduldig auf die Klarmeldung. Endlich kam sie, nämlich ›Fertig‹. Ich schoß auf eine Gruppe feindlicher Scheinwerfer. (Sie) erloschen plötzlich, und das (feindliche) Schiff schor nach Steuerbord aus.« Der torpedierte (deutsche Kleine Kreuzer) *Frauenlob* sank anschließend mit Kapitän zur See Hoffmann und fast der ganzen Besatzung. Nur fünf Überlebende konnten gerettet werden.

Diese Kämpfe wurden sofort an Scheer gemeldet, der von der Brücke auf *Friedrich der Große* aus selbst einiges davon beobachtet hatte. Er erkannte, daß sein Gros auf einem Kurs lag, der ihn durch das Kielwasser Jellicoes Flotte führen würde, weil er vom deutschen Funkabhördienst die Information erhalten hatte, daß die britischen Zerstörer für den Nachtmarsch 5 sm hinter der britischen Flotte stationiert sein würden. Wenn alles gut ging, hatte die deutsche Hochseeflotte außer störenden Scharmützeln mit britischen leichten Streitkräften nichts zu fürchten, bevor sie kurz vor Tagesanbruch die Sicherheit ihrer eigenen Minenfelder erreichte. Als die *Westfalen* Kurs auf S änderte, um dem Kampf zwischen den Kreuzern Goodenoughs und Reuters auszuweichen, wurde Kapitän Redlich um 22.34 Uhr befohlen, wieder zurück auf SOzO zu gehen, kurz darauf erhielt er den Befehl, das Horns-Riff-Feuerschiff anzusteuern. »Durchhalten«, wiederholte Scheer immer wieder, wenn ein britischer Angriff seine Einheiten von diesem Ziel abzudrängen drohte.

Auch Jellicoe hatte diese Gefechte gesehen und gehört. Aus den von *Garland* und *Castor* eingehenden Meldungen schloß er, daß es sich dabei lediglich um das Vorgehen feindlicher leichter Streitkräfte handelte, die seine Schlachtflotte suchten. Denn um 21.55 Uhr hatte ihm die Admiralität eine Zusammenfassung der Anweisungen Scheers an Michelsen durchgegeben: »Drei Zerstörerflottillen haben Befehl, Sie während der Nacht anzugreifen.« In Whitehall, wo man allerdings nur wenig über den Verlauf der Schlacht wußte, machte man weitere Versuche, dem Oberbefehlshaber zu helfen. So hatte Jellicoe um 21.23 Uhr eine Meldung mit Angabe der von dem Schlußschiff von Scheers Linie um 21.00 Uhr erreichten Position und die Information erhalten, daß die deutsche Schlachtflotte Südkurs steuerte. Da diese Position SW von *Iron Duke* lag, ließ Jellicoe die Meldung unbeachtet: »Ich hätte keinen Augenblick Feindinformationen der Admiralität mehr vertraut als Meldungen von Schiffen, die den Feind tatsächlich (in NW)[171] gesichtet hatten.« Diese Erfahrung ließ ihn auch die Richtigkeit der nächsten Feindmeldung anzweifeln, die er von der Admiralität erhielt. Zwischen 21.55 Uhr und 22.10 Uhr konnte ›Room 40‹ die dechiffrierten Texte von vier Befehlen Scheers vorlegen. Der Operationsstab der Admiralität kombinierte drei davon zu einer Meldung, die Jellicoe um 23.30 Uhr erhielt: »Deutsche Schlachtflotte um 21.14 Uhr zum Rückmarsch in die Stützpunkte befohlen. Schlachtkreuzer am Schluß. Kurs SSO³/₄O, Fahrt 16 Knoten.« Der größte Teil dieser Information stimmte mit seiner eigenen Lagebeurteilung überein, aber Jellicoe hielt den Feindkurs für falsch, weil dieser bedeutet hätte, daß die deutsche Schlachtflotte sehr dicht bei seinem Schlußschiff stehen mußte, obwohl er eben erst zwei anderslautende Meldungen von eigenen Schiffen erhalten hatte. Es handelte sich um Goodenoughs Meldung über sein Gefecht mit der IV. Aufklärungsgruppe (die Durchgabe hatte sich durch die Notwendigkeit verzögert, die Meldung über *Nottingham* weiterzugeben, da die Funkanlage der *Southampton* zerschossen war) sowie um eine Meldung der *Birmingham*, die etwas später Hippers Schlachtkreuzer kurz gesichtet hatte. Diese Meldungen hatten Jellicoe in der Annahme bestärkt, daß die Hochseeflotte auch jetzt noch im Nordwesten stand. (Duffs Meldung war durch einen unglücklichen Zufall unabsichtlich irreführend: Kurz nach 23.15 Uhr war, aus noch darzustellenden Gründen, die Hochseeflotte gezwungen, ihren Kurs auf WzS zu ändern, bevor sie auf S zurückdrehte – als Duff seine Beobachtung machte – und schließlich wieder südöstlich in Richtung Horns Riff lief.) Alle diese Irrtümer hätten aber keine große Rolle zu spielen brauchen: Die vierte von ›Room 40‹ aufgefangene Meldung war Scheers Anforderung von Luftaufklärung im Raum Horns Riff durch Zeppeline. Das war das eindeutigste Anzeichen für den Weg, auf dem die Hochseeflotte zurückmarschierte. Trotzdem wurde diese Meldung nicht an Jellicoe durchgegeben. Die fadenscheinige Erklärung für dieses Versagen war, daß »der Chef des Stabes den Lageraum verlassen hatte, um übermüdet ein Nickerchen zu machen, und einen Offizier als Verantwortlichen zurückgelassen hatte, der mit deutschen Operationsbefehlen keine Erfahrung hatte und die Bedeutung dieses Funkspruchs nicht erfaßte« *(Admiral James)*. Die Wahrheit dürfte jedoch in dem bereits erwähnten Mißtrauen begründet liegen, mit dem Thomas Jackson der Arbeit von ›Room 40‹ begegnete. (Aus Geheimhaltungsgründen hatte kein anderer Offizier der Operationsabteilung Zugang zu den ›geheimen Feindnachrichten‹, die ›Room 40‹ lieferte.) »Hätte mir die Admiralität die Information über die Luftschiffaufklärung bei Horns Riff durchgegeben, hätte ich selbstverständlich während der Nacht den Kurs in diese Richtung geändert«, schrieb Jellicoe später. Nun aber behielt die britische Flotte ihren Kurs bei, während ihr Oberbefehlshaber sich in dem Glauben bestärkt wußte, daß er bei dem einen ganzen Tag dauernden Artillerieduell mit den schweren Schiffen des Feindes am nächsten Tag einen entscheidenden Sieg erringen würde. Diesem Kampf, der kurz nach dem Morgengrauen beginnen würde, zuversichtlich entgegensehend, zog Jellicoe sich in seinen Admiralsraum hinter der Brücke auf *Iron Duke* zurück, um in der noch drei Stunden dauernden Nacht etwas Ruhe zu finden.

Diese Stunden verstrichen nicht, ohne daß Jellicoes Ruhe gestört wurde. Weitere Funksprüche, sporadischer Geschützdonner und das grelle weiße Leuchten der Scheinwerfer wurden ihm gemeldet. Aber ihm wurde von der Admiralität und seinen Admiralen und Kommandanten nicht alles zur Kenntnis gebracht, das er hätte wissen müssen: So erfuhr er nichts davon, daß Boedickers drei verbleibende Schiffe mit der westlichsten britischen Zerstörerflottille, der IV. Flottille Wintours, zusammengetroffen waren. Dabei spielte sich nach Aussage eines Offiziers des Zerstörers *Spitfire* (Kapitänleutnant C. W. Trelawney) folgendes ab:

> Die Nacht war pechschwarz. Wir hatten nicht die geringste Ahnung, wo der Feind stand. Selbst von der Position unserer eigenen Schiffe hatten wir nur eine sehr ungenaue Vorstellung. Die Flottille lief in Kiellinie. Captain ›D‹[172] (Wintour) auf *Tipperary* führte, gefolgt von *Spitfire, Sparrowhawk* und etwa acht weiteren Zerstörern. *Broke* stand in der Mitte. Etwa um (23.15 Uhr) konnten wir an Steuerbord drei mit hoher Fahrt laufende Kreuzer erkennen, die sich in einem Winkel von etwa 20 Grad unserem Kurs näherten. Wir schlossen daraus, daß sie britische Schiffe sein mußten, aber als sie noch 500–700 Yards (4,6–6,4 hm) entfernt standen, verlangte *Tipperary* das Erkennungszeichen. Als Antwort flammten auf allen drei Schiffen *(Frankfurt, Pillau* und *Elbing)* starke Scheinwerfer auf, die hauptsächlich auf *Tipperary* gerichtet waren. Nur wenige Scheinwerferstrahlen huschten über uns und das nächste Boot hinweg. Nach kurzer Pause brach ein wahrer Granatenhagel über unser unglückliches Führungsschiff herein, das in weniger als einer Minute getroffen wurde und vorn schwer in Brand geriet.

Ein Offizier der *Tipperary* erzählt, wie ›die zweite feindliche Salve unser Hauptdampfrohr traf und zerschmetterte, (so daß) die Turbinen zum Stillstand kamen und wir bewegungsunfähig liegenblieben. Achtern waren wir nur von drei Granaten getroffen; dort waren nur wenige Leute verwundet. Aber die meisten mittschiffs stationierten Männer waren tot oder verwundet. Vorn (wo) das Schiff brannte, gab es überhaupt nur zwei Überlebende‹; Kapitän Wintour war nicht unter ihnen.

In der Zwischenzeit hatten *Spitfire,* zwei folgende Boote und *Broke* (Korvettenkapitän W. L. Allen) gedreht und Torpedos abgeschossen. »Zu unserer großen Freude wurde beobachtet, wie (ein Torpedo) das zweite Feindschiff zwischen den achteren Schornsteinen und dem Großmast traf. Das Schiff schien sein Feuer einzustellen, bekam Schlagseite, und alle seine Scheinwerfer erloschen.« Das getroffene Schiff war die *Elbing,* die vor etwa neun Stunden den ersten Schuß dieser Schlacht abgefeuert hatte. Vor der Wucht dieses Angriffs zurückweichend, versuchte Fregattenkapitän Madlung mit den beiden anderen Schiffen dadurch zu entkommen, daß er durch die Spitzenformation der deutschen Schlachtflotte hindurchlief. Die Kommandanten Kapitän zur See von Trotha und Fregattenkapitän Mommsen[173] erreichten zwar das geschützte Feuerlee des I. Geschwaders Schmidts, aber Madlungs angeschlagene *Elbing* besaß nicht mehr die notwendige Manövrierfähigkeit: sie wurde von Konteradmiral Engelhardts Divisionsflaggschiff, dem Linienschiff *Posen* (Kapitän zur See Lange) gerammt. Diese zweite schwere Beschädigung setzte die Maschinenräume der *Elbing* unter Wasser, so daß die Dampferzeugung ausfiel.

Nach diesem Rückzug der II. Aufklärungsgruppe Boedickers wurden die führenden Zerstörer der britischen IV. Flottille von den Linienschiffen *Westfalen, Nassau* und *Rheinland* an der Spitze von Scheers Gros heftig unter Feuer genommen. Die britischen Zerstörer nahmen mutig mit ihren 10-cm-Geschützen den Kampf auf und verursachten beträchtliche Schäden an den Aufbauten ihrer riesigen Gegner. Glücklicherweise lag das deutsche Feuer auf diese kurze Entfernung sehr schlecht: obwohl die *Westfalen* in vier Minuten fast 150 Schuß aus ihrer 15-cm-Mittelartillerie und aus Geschützen leichterer Kaliber abgab, wurde nur einer der Zerstörer ernstlich beschädigt. Als Trelawney erkannte, daß *Spitfire* keine Torpedos mehr abfeuern konnte,

> lief er zu *Tipperary* zurück, die jetzt nur noch ein brennendes Wrack war. Als wir uns (der *Tipperary*) näherten, erkannten wir, (daß die *Nassau,* Kapitän zur See Klappenbach) uns zu rammen versuchte. Sie kam mit voller Fahrt von Backbord voraus auf uns zu. Der Kommandant gab den Befehl »Ruder hart Steuerbord, beide Maschinen volle Kraft voraus!« und brüllte »Vorschiff räumen!«. Es war keinen Augenblick zu früh; die beiden Schiffe stießen Bug an Bug zusammen. Ich erinnere mich an ein furchtbares Krachen und wurde über das Deck geschleudert. Ich fühlte, wie *Spitfire* weit nach Steuerbord überholte, so weit wie ein Schiff auf See niemals krängen kann. Als wir zusammenstießen, eröffnete der Feind mit seinen 28-cm-Geschützen das Feuer auf uns. Glücklicherweise konnte er die Geschützrohre nicht tief genug senken, um uns zu treffen, aber die Druckwelle riß alles vor sich weg. Unser Vormast stürzte an Deck; der vordere Scheinwerfer krachte auf die Brücke und fiel dann auf Deck. Der vorderste Schornstein wurde wie der

Klappschornstein eines Flußdampfers umgeknickt. Das feindliche Schiff schrammte unsere Backbordseite entlang und zermalmte alles vor sich; unsere Boote stürzten krachend herunter, samt den aus den Sockeln gerissenen Davits. Aber keine der feindlichen Granaten traf uns bis auf zwei, die durch die Segeltuchverkleidung um die Brückenreling hindurchfegten; (dort) wurde mit Ausnahme des Kommandanten (der am Kopf verwundet wurde), des Steuermanns und eines Matrosen die ganze Brückenbesatzung getötet. Schließlich kam (die *Nassau*) achteraus von uns klar und verschwand; sie ließ uns zwar noch schwimmend zurück, aber wir trieben in einem sehr üblen Zustand dahin. Der Schaden an (unserem) Vorschiff und der Rumpfseite war beträchtlich; etwa 60 Fuß (ca. 20 m) vom Bug nach achtern waren entlang der Backbordseite weggerissen. Dafür hatte der Feind etwa 20 Fuß (ca. 6 m) seines Oberdecks in unserem Meßdeck hinterlassen. (Aber) unser Maschinenpersonal entschied, daß unser gutes Schiff mit drei der vier Kessel weiterfahren konnte, und da die Schotten gut hielten, wurde der achtere Steuerstand angeschlossen, (und) wir setzten uns mit 6 Knoten Fahrt nach Westen ab.

Und so begann ›mit den zusammengeklebten Resten einer Seekarte‹ navigierend die *Spitfire* ihre Heimreise bei auffrischendem Wind und immer gröberer See. Etwa 36 Stunden später erreichte sie den sicheren Hafen und lief am Nachmittag des 2. Juni den Tyne aufwärts.

Die Hauptlast dieses Gefechts hatten die führenden britischen Zerstörer zu tragen, da die am Schluß der Linie stehenden Zerstörer zunächst der sicheren Annahme waren, Boedickers Schiffe seien britische Kreuzer, die einem furchtbaren Irrtum erlegen waren. Dann aber enthüllten zufällige Scheinwerferstrahlen die unverkennbaren Silhouetten deutscher Großkampfschiffe der *Helgoland*-Klasse. Die Nähe wenigstens eines Teils der Hochseeflotte wurde von Allen an Bord der *Broke* klar erkannt. Obwohl er wußte, daß die *Tipperary* zum Wrack geschossen war, so daß er jetzt Führer der Zerstörer (›Captain D‹) war, unterließ er es wie die anderen Zerstörer, diese äußerst wichtige Erkenntnis an Jellicoe zu funken. Das unterblieb selbst dann, als die Zerstörer etwas Luft erhielten, weil dieser Angriff die Spitze der Kiellinie Scheers nach WzS abgedrängt hatte.[174] Während dieser Gefechtspause konnte Allen acht Zerstörer seiner zerstreuten Flottille sammeln und mit südlichem Kurs ablaufen, um seine Position in der Nähe der Schlachtflotte Jellicoes wieder einzunehmen. Aber kurz nach Mitternacht wurde

> die massige Form eines großen Schiffes an Steuerbord voraus gesichtet, höchstens eine halbe Meile entfernt (erinnert sich ein Offizier der *Broke*). Der Kommandant befahl sofort, das Erkennungssignal zu verlangen. Aber er hatte kaum ausgesprochen, da schaltete das fremde Schiff eine senkrechte Lichterkette ein, ein in unserer Marine unbekanntes Signal. »Steuerbord zwanzig; beide Maschinen volle Kraft voraus; vorderstes Steuerbordrohr Feuer, wenn Ziel erfaßt; alle Geschütze Grün vier null, ein Schlachtschiff.« Aber der Deutsche hatte unsere Bewegungen offenbar beobachtet, und wir kamen zu spät. (Die *Westfalen*) schaltete grelle Scheinwerfer an, die direkt in unsere Augen strahlten. Und schon heulten Granaten über unsere Köpfe hinweg.

Die Erinnerungen des Leutnants der *Sparrowhawk* (Kommandant: Kapitänleutnant S. Hopkins) führen die Geschichte des zweiten Zusammentreffens der britischen IV. Zerstörerflottille mit der Spitze der deutschen Hochseeflotte fort:

> Das Ruder wurde herumgerissen, um die *Sparrowhawk* nach Backbord zu werfen, und der Befehl zum Abschuß des letzten Torpedos gegeben. Die vor uns stehende *Broke* hatte ebenfalls das Ruder umgelegt, aber als beide Schiffe drehten (wurde sie) vorn von einer Salve getroffen. Zu meinem Schrecken sah ich, wie *Broke* – als sie ihr Ruder hätte stützen und einen Torpedo schießen sollen, wie wir dies taten – weiter schnell nach Backbord drehte, (da) ihr Ruder klemmte. Neben dem feindlichen Geschützfeuer, das mit jeder Salve auf beiden Seiten unseres Schiffes lag, steuerte die *Broke* mit 28 Knoten direkt auf unsere Brücke zu. Ich weiß noch, daß ich die Warnung schrie »Alle Mann festhalten!« und der Bedienung des (vorderen) Geschützes zurief, die Back zu räumen, (und) daß ich, als der Rammstoß erfolgte, noch dachte: »Jetzt passiert's.« (Aber) was dann geschah weiß ich nicht mehr, bis ich mich auf der Back wiederfand – aber nicht auf unserem Schiff, sondern auf der *Broke*, (die) ein völliges Wrack war.

Bevor die beiden Schiffe auseinandertrieben, gelang es dem Leutnant der *Sparrowhawk,* wieder zurück auf sein eigenes Schiff zu springen. Die fünf folgenden Zerstörer konnten den Havaristen ausweichen, aber die *Contest* (Kapitänleutnant E. G. H. Masters) konnte Hopkins' Schiff nicht rechtzeitig erkennen und beschädigte es weiter, indem sie mehrere Meter vom Heck abriß.

Broke war schwer beschädigt und hatte 42 Tote und 34 Verwundete an Bord, sechs Mann wurden vermißt. Glücklicherweise hielt das vordere Schott des vordersten Kesselraums, so daß Allen langsam nach NW dampfen konnte. Eine Stunde später, als seine Hoffnung auf ein Entkommen bereits wieder gestiegen war, sah er zwei von ihrer Flottille versprengte deutsche Torpedoboote. Jedoch »schienen die Deutschen noch mehr Angst zu haben als wir. Nach Annäherung bis auf 500 Yards (4,6 hm) eröffnete das deutsche Führerboot das Feuer mit seinem Buggeschütz. Wir antworteten mit dem einzigen noch brauchbaren Geschütz. Zu unserer Überraschung und Erleichterung legten daraufhin beide Torpedoboote das Ruder hart über und verschwanden im Morgendunst.« Nach diesem beunruhigenden Vorfall setzte Allen die langsame Fahrt nach NW fort, bis er am 2. Juni um 06.00 Uhr in noch sehr großer Entfernung vom nächsten Hafen mit der unangenehmen Tatsache konfrontiert wurde, daß die vorderen Schotten des Schiffes bei Kurs NW, d. h. gegen die rauhe See, nicht viel länger widerstehen konnten. Er sah sich gezwungen, das Heck in die schwere See zu drehen und Richtung Helgoland zu steuern. Wind und Seegang ließen glücklicherweise gegen Sonnenuntergang nach, und er konnte wieder Richtung Tyne steuern, den er 24 Stunden nach der *Spitfire* erreichte.

Die lahme *Sparrowhawk* kam nicht wieder in Fahrt und blieb am Ort des Zusammenstoßes liegen, beleuchtet durch die Flammen der brennenden *Tipperary.* Gegen 02.00 Uhr wurde sie von einem einzelnen deutschen Torpedoboot gesichtet, das sich auf 100 Yards (ca. 90 m) näherte, dann aber doch kein Feuer eröffnete und in Richtung Osten verschwand. Kurz danach sank die *Tipperary,* so daß ihre verräterischen Flammen erloschen. Hopkins und seine Besatzung erlebten in der Morgendämmerung einen weiteren sorgenvollen Augenblick: Aus dem Nebel tauchte ein deutscher Kleiner Kreuzer auf, nur etwa 2 sm entfernt. Die Besatzung der *Sparrowhawk* wollte schon mit dem einzigen noch klaren Geschütz das Gefecht aufnehmen, aber zu ihrem Erstaunen eröffnete der Feind jedoch nicht das Feuer. Und dann, um 3.40 Uhr, »sahen wir dieses Schiff vorn sehr langsam tiefersacken, bis es plötzlich einen Augenblick lang fast senkrecht aus dem Wasser ragte und dann sank. Wir waren zu diesem Zeitpunkt fast völlig fertig, ohne jede Hoffnung und fast am Ende. Und dann dies: Sie können sich vorstellen, was wir dabei empfanden.« Das fremde Schiff war in der Tat fast ein Geisterschiff: Es handelte sich um den schwer beschädigten Kleinen Kreuzer *Elbing*, der von Fregattenkapitän Madlung und seiner Besatzung aufgegeben worden war.[175]

Um 06.10 Uhr gab es erneuten Alarm, diesmal U-Boot-Alarm. Das U-Boot erwies sich aber als ein Carley-Floß voller Männer. »Als sie etwas näher an uns herangepaddelt waren, hörten wir sie singen: ›It's a long, long way to Tipperary.‹ Da wußten wir, wer die Männer waren.« Fünfzehn Männer von Wintours Besatzung wurden gerettet. Eine Stunde später kamen drei britische Zerstörer in Sicht. *Marksman* (Korvettenkapitän N. A. Sulivan) nahm die demolierte *Sparrowhawk* in Schlepp. Aber beide Schlepptrossen brachen sehr schnell. Sulivan mußte melden, daß ein Schleppen bei der vorherrschenden rauhen See unmöglich geworden war. Er bekam den Befehl, nach Übernahme der Überlebenden der Besatzung von Hopkins und der wenigen glücklichen Überlebenden der *Tipperary*, die kurz vorher gerettet worden waren, das Wrack der *Sparrowhawk* zu versenken.

Weder Allen noch Hopkins hatten ihren zweiten Zusammenstoß mit dem deutschen I. Geschwader weitermelden können. Korvettenkapitän R. B. C. Hutchinson von der *Achates*, der das Kommando über die Reste der IV. Flottille übernommen hatte, unterließ dies jedoch ebenfalls. So blieb der britische Flottenchef erneut in Unkenntnis der entscheidenden Tatsache, daß Scheers Schlachtflotte sein Kielwasser kreuzte. Aber wenn dies auch Kritik ist, für die Zähigkeit, mit der diese sechs britischen Zerstörerkommandanten und ihre Besatzungen gegen den Feind kämpften, kann es nur Lob geben. Ihr Mut wurde durch einen Erfolg belohnt: *Achates* und zwei andere Zerstörer schossen ihre Torpedos ab, bevor sie vom Feind nach Nordosten verjagt wurden. Einer traf die *Rostock*, Michelsens Flaggschiff, und beschädigte sie so stark, daß sie in Schlepp genommen werden mußte. Die *Fortune* (Kapitänleutnant F. G. Terry) hatte im Widerspruch zu ihrem Namen (Fortune = Glück) Pech und wurde versenkt. *Porpoise* (Korvettenkapitän H. D. Colville) wurde durch eine schwere Gra-

Der britische Schlachtkreuzer ›Lion‹, Flaggschiff des Vizeadmirals Sir David Beatty, führt die Kiellinie des I. britischen Schlachtkreuzergeschwaders an (2. Schiff von rechts: Schlachtkreuzer ›Tiger‹).

Deutsche Kleine Kreuzer und Torpedoboote setzen zum Angriff an.

Deutsches Torpedoboot ›B 109‹. Bei der Untersuchung des dänischen Dampfers ›N. J. Fjord‹ wurde dieses Torpedoboot zusammen mit dem Schwesterboot ›B 110‹ der 4. Halbflottille der 2. Torpedobootsflottille der Aufklärungsstreitkräfte durch den britischen Kreuzer ›Galatea‹ gesichtet. Ohne diesen Vorfall wäre es möglicherweise gar nicht zur Schlacht gekommen.

nate stark beschädigt, konnte jedoch davonschleichen. Die *Ardent* (Kapitänleutnant G. A. Marsden) sichtete

ein großes Schiff auf Gegenkurs. Ich griff sofort an. Aus sehr geringer Entfernung wurden unsere restlichen Torpedos geschossen, aber bevor ich noch eine Wirkung erkennen konnte, schaltete der Feind Scheinwerfer ein. Jetzt wurde mir klar, daß unsere *Ardent* es mit einer ganzen Division deutscher Linienschiffe aufgenommen hatte. Unsere Geschütze waren gegen solche Gegner nutzlos; wir konnten nichts tun, als auf die erste Salve zu warten. Sie kam schließlich; Granate auf Granate traf uns, unsere Geschwindigkeit sank, bis wir liegenblieben. Unsere drei Geschütze hörten nacheinander zu feuern auf. Ich war verwundet, fühlte aber keinen starken Schmerz oder Unwohlsein, obwohl später ein Granatsplitter von der Größe meines kleinen Fingers aus mir herausoperiert wurde. (Als) der Feind plötzlich seine Scheinwerfer ausschaltete und das Feuer einstellte, konnte ich fühlen, wie das Schiff sank. Ich (befahl) meinem I. Offizier, die Boote und Flöße aussetzen zu lassen oder das, was davon übrig war, und zu versuchen, möglichst viele Männer zu retten. Ich erblickte ein Bild furchtbarer Verwüstung, als ich nach achtern ging. Viele (waren) gefallen. Ich (ließ) durchsagen, jeder solle sich jetzt selbst zu retten versuchen. Dann wurden wir wieder jäh von Scheinwerfern beleuchtet, und der Feind jagte vier oder fünf weitere Salven auf Kernschußnähe in unser Schiff. Die *Ardent* erhielt einen starken Stoß und kenterte. Ich wurde auf die Seite des Schiffes geworfen, bevor ich ins Wasser fiel, und konnte einen Rettungsring ergreifen, der glücklicherweise in Reichweite war. Die *Ardent* sank langsam außer Sicht, (und) als Rauch und Dampf sich hoben, konnte ich viele Köpfe im Wasser sehen, etwa 40 bis 50. Es gab außer einigen Rettungsringen (und ähnlichem) keinerlei Rettungsmittel, so daß ich fürchtete, daß nur wenige überleben würden. Ich sprach mit vielen, sah die meisten nacheinander sterben. Keiner zeigte die geringste Furcht vor dem Tode. Ich hörte keine Hilferufe, kein Stöhnen oder gar Angstschreie. Es war ihre Freude – und sie sprachen davon bis zum Ende –, daß sie und *Ardent* ›ihr Teil‹ getan hatten. Nach langer, ermüdender Zeit ging die Sonne auf. Ich fand einen Riemen eines unserer Beiboote und klemmte ihn mir unter die Arme. Dann muß ich mehrfach in einen Halbschlaf versunken sein. Aber jedesmal wurde ich dadurch wieder wach, daß mir die Wellen ins Gesicht schlugen, denn es ging eine ziemlich hohe Dünung. (Schließlich,) als ich wieder einmal aufschreckte, sah ich die *Marksman* ganz nahe vor mir liegen. Ich rief um Hilfe; als Antwort erhielt ich einen willkommenen und ermutigenden Zuruf. (Dann) fiel ich wieder in eine Art Bewußtlosigkeit, (daher) weiß ich nicht mehr, wie ich kurz nach 06.00 Uhr an Bord gezogen wurde.

Seiner Besatzung, von der außer ihm nur noch ein Mann überlebte, sprach Marsden diese von Herzen kommende Anerkennung aus: »Alle Männer dieses Schiffes kämpften mit wahrem Heldenmut, bis das Deck unter ihren Füßen versank. Dann sahen sie ihrem Tod gefaßt und mit jener glücklichen Zufriedenheit entgegen, der nach meiner Überzeugung denen zuteil wird, die bis zuletzt ihre Pflicht getan haben.« Einen ähnlichen Nachruf haben viele Männer beider Flotten verdient.

Diese dramatische Reihe erbitterter Gefechte zwischen der IV. britischen Zerstörerflottille und Scheers Gros kostete die Deutschen zwei Kleine Kreuzer, gegen den Verlust von vier britischen Zerstörern und drei schwerbeschädigten. »Allein auf sich selbst gestellt hatten (Wintours Schiffe) die Angriffswucht der gesamten deutschen Schlachtflotte getragen. Nicht ein Mann hatte auch nur mit den Wimpern gezuckt. Immer wieder (hatten) sie angegriffen, bis fast jedes Boot alle Torpedos verschossen hatte oder zum Wrack geworden war. Der von ihnen bewiesene Mut und ihre Geschicklichkeit hatten eines zur Gewißheit gemacht: Das Unvermögen der Flottille, (mehr) zu erreichen, war nicht auf menschliche Unzulänglichkeiten zurückzuführen. Es war die Folge der Schwächen ihrer Waffe (des durch Überwasserschiffe abgefeuerten Torpedos), die überschätzt worden war« *(Corbett)*. Scheers entschlossen verfolgte Absicht, vor Tagesanbruch Horns Riff zu erreichen, war dadurch nur kurz aufgehalten worden. Obwohl die Dunkelheit fast eine Stunde lang wieder und wieder von dem Mündungsfeuer schwerer Geschütze erhellt worden war, gelangte kein Wort darüber zu Jellicoe. Man kann verstehen, warum keiner der Kommandanten britischer Zerstörer, die von deutschen Großkampfschiffen so höllisch beschossen wurden, eine Feindmeldung abgab. Aber zwischen 23.15 und 00.15 Uhr gab es manche anderen, die ihrem Oberbefehlshaber hätten melden können, daß die deutsche Hochseeflotte im Begriff war, das Kielwasser der britischen Grand Fleet zu kreuzen. Etwa ab 22.00 Uhr hatte die durch Torpedotreffer beschädigte *Marlborough* die 17 Knoten nicht mehr halten können. Als Folge war ihre Division langsam zurückgeblieben. Da Burney von dieser Schwierigkeit seines Flaggschiffs Evan-Thomas keine Mitteilung machte, blieb auch das V. Schlachtgeschwader, das sich nach *Marlborough* orientierte, ebenfalls immer weiter zurück. Scheers konvergierender Kurs kreuzte somit das Kielwasser dieser sieben britischen Schlachtschiffe nur 3 sm hinter ihnen. Sie hatten daher sehr viel mehr vom Kampf der IV. Zerstörerflottille beobachten können als die übrige britische Schlachtflotte. Dies gilt insbesondere für *Malaya,* das Schlußschiff des Geschwaders von Evan-Thomas. Boyle berichtet: »23.40 Uhr. Drei Strich Steuerbord achteraus beobachteten wir Vorgänge, die wir als Angriff unserer Zerstörer auf feindliche Schiffe ansahen, die den gleichen Kurs wie wir steuerten. Das Spitzenschiff hatte zwei Masten, zwei Schornsteine und einen klar erkennbaren Kran, anscheinend *Westfalen*-Klasse.« Es war in der Tat die *Westfalen,* das Spitzenschiff der in Kiellinie laufenden Schiffe Scheers. Alle Geschütze der *Malaya* wurden auf den Feind gerichtet und der Artillerieoffizier erbat Feuererlaubnis. Boyle verweigerte sie. Wie Arbuthnot am 16. Dezember 1914 argumentierte er: Was er sehen könne, das müsse auch für die nur zwei Schiffspositionen weiter vorn stehende *Barham* (d. h. das Flaggschiff) sichtbar sein. Daher müsse *Malaya* den Befehl von Evan-Thomas abwarten. Unter dieser irrigen Annahme gab Boyle keine Feindmeldung ab. *Barham* und *Valiant* sowie Burneys I. Schlachtgeschwader sahen jedoch nur, was ihnen wie ›ständige Angriffe von Torpedofahrzeugen auf größere Schiffe erschien (die sie nicht identifizieren konnten), zunächst im Westen und dann im Norden‹.

An Backbord der IV. Flottille stand die XIII. Zerstörerflottille. Daher beobachtete Farie etwa um 23.30 Uhr schweres Geschützfeuer an Steuerbord querab von *Champion.* Er ging sofort auf Höchstfahrt und ›holte nach Osten aus, (weil) ich den Feind mit (meiner) eigenen Flottille nicht angreifen konnte, (solange) unsere eigenen Streitkräfte zwischen mir und dem Feind (standen)‹. Dies tat er ohne Abgabe eines Signals, und da er eine abgeblendet fahrende Flottille führte, verlor Farie die Fühlung mit allen außer *Moresby* und *Obdurate.* Ferner zwang er die östlich von ihm stehenden britischen Flottillen, noch weiter in dieser Richtung zu schwenken, so daß eine Lücke für den Durchbruch der deutschen Flotte aufgerissen wurde, während seine eigenen Schlußschiffe, *Menace* und *Nonsuch*, fast von *Frankfurt* und *Pillau* gerammt und versenkt worden wären. Da aber die Zerstörerflottillen der Grand Fleet nicht für koordinierte Nachtangriffe organisiert und ausgebildet waren, ist Faries Verhalten verständlich. Seine Unterlassung jeder Meldung über seine Beobachtungen steht natürlich auf einem ganz anderen Blatt. Es sollten sich jedoch noch weit schlimmere verpaßte Gelegenheiten ergeben. Kurz nachdem sich die deutschen Schlachtkreuzer an den Schluß von Scheers Gros gesetzt hatten, meldete die beschädigte *Seydlitz*, daß sie die Fahrt von 16 Knoten nicht mehr halten könne. Der Schlachtkreuzer erhielt daraufhin den Befehl, sich allein nach Horns Riff durchzuschlagen. Kapitän zur See von Egidy steuerte dann weit ausholend in östlicher Richtung. Bald darauf verlor auch Hippers Flaggschiff *Moltke* die Fühlung und steuerte ebenfalls einen östlicheren Kurs als das deutsche Gros. In der Folge erlebten beide Schlachtkreuzer Begegnungen mit der Grand Fleet. Um 22.30 Uhr sichtete *Moltke* (Kapitän zur See Karpf) Jerrams II. Schlachtgeschwader und wurde auch durch das Schlußschiff *Thunderer* ausgemacht. Aber Captain Fergusson meldete weder die *Moltke* noch eröffnete er das Feuer, ›da es nicht ratsam erschien, die Position (unserer) Schlachtflotte zu verraten‹; Karpf konnte sich nach Westen absetzen. Er nahm jedoch seinen ursprünglichen Kurs zu bald wieder auf, so daß er Jerrams Schiffe um 22.55 Uhr erneut voraus sichtete. Diesmal sah überhaupt niemand an Bord der britischen Schiffe Hippers Flaggschiff, so daß *Moltke* erneut entkommen konnte. Wieder drehte Karpf in Richtung Horns Riff, eine Schwenkung, die um 23.20 Uhr zum drittenmal durch Sichtung britischer Schiffe vereitelt wurde. Jetzt befahl Hipper, Karpf solle einen südlichen Kurs steuern. Dadurch konnte *Moltke* gegen 01.30 Uhr vor der Grand Fleet passieren und endlich eine sichere Position erreichen. Da die Funkanlage auf *Moltke* ausgefallen war, erhielt Scheer keine Kenntnis von diesen Begegnungen, bis Hipper um 02.27 Uhr dem Torpedoboot *G 39* begegnete, dessen Funkanlage noch klar war. Die von diesem durchgegebene Meldung kam dann schon zu spät, um noch von Nutzen zu sein. Selbst wenn sie gleich eingegangen wäre, hätte sie Scheer nur gezeigt, daß er auf Kurs SOzO hinter der britischen Schlachtflotte vorbeilief.

Der deutsche Schlachtkreuzer *Seydlitz* sollte auf noch erstaunlichere Weise entkommen. Etwa um Mitternacht wurde *Seydlitz* von *Marlborough* aus gesichtet und als ›ein großes Schiff‹ angesprochen. Sonst geschah nichts. Dann wurde sie von der *Revenge*, dem nächsten Schiff, gesichtet. Kapitän Kiddle verlangte Erkennungszeichen, gab sich jedoch mit einem falschen Antwortsignal zufrieden! Jetzt wurde *Seydlitz* durch das Linienschiff *Agincourt* am Schluß der britischen Linie gesichtet. Captain Doughty ›verlangte jedoch nicht das Erkennungszeichen, um die Position unserer Division nicht zu verraten‹. Auch die Leichten Kreuzer *Boadicea* und *Fearless* sahen die *Seydlitz,* folgten jedoch dem Beispiel der Kommandanten in Burneys Schlachtgeschwader, »und für einen Torpedoschuß war es zu spät, als sie einwandfrei identifiziert war« *(Roper)*. Egidy, mit Tausenden von Tonnen Wasser im zerschmetterten Rumpf seines Schlachtkreuzers, konnte somit an vier britischen Schlachtschiffen vorbeischleichen, ganz zu schweigen von einer Begegnung mit einer ganzen Flottille britischer Zerstörer. Die *Seydlitz* erreichte am Morgen Horns Riff und war in Sicherheit.

Um 00.30 Uhr stand die Spitze von Vizeadmiral Schmidts I. Geschwader östlich von Jellicoes Schlachtflotte. Zwischen Scheer und der vollen Sicherheit für seine Flotte standen jedoch noch immer drei Gruppen britischer Zerstörer. Die westlichste hätte aus den sieben Booten der zusammengelegten IX. und X. Flottillen unter Goldsmith bestehen sollen. Von *Lydiard* geführt, hätte sie vor der auf Kollisionskurs liegenden deutschen Linie noch klar passieren müssen. Ohne Kenntnis Goldsmiths hatten sich jedoch die sechs Boote der XIII. Flottille angehängt, die die Fühlung mit *Champion* verloren hatten. Die vier Schlußschiffe dieser überlangen Zerstörerlinie sichteten das deutsche I. Geschwader, als sie dessen Kurs dicht voraus kreuzten. Die ersten zwei Zerstörer erkannten ihre Gegner erst, als es für einen Angriff bereits zu spät war. Der Zerstörer *Petard,* als nächstes Schiff, befand sich in hervorragender Angriffsposition, aber

> *Petard* hatte bereits während der Tagesangriffe sämtliche Torpedos verschossen (erinnert sich der Kommandant, Kapitänleutnant E. C. O. Thomson). Wir konnten also nichts tun, als uns abzusetzen. Wir gingen auf Höchstfahrt, wendeten scharf nach Backbord, um vom Bug des Feindes klarzukommen. Sobald wir diesen knapp voraus passiert hatten, schaltete *(Westfalen)* ihre Scheinwerfer ein und richtete sie auf uns. Wir sahen das Aufblitzen (ihrer) Mittelartillerie. Unser Boot zitterte

leicht, und wir nahmen an, daß wir achtern getroffen waren. Das zweite Schiff in der feindlichen Linie – wir konnten jetzt insgesamt vier sehen – fiel in das Feuergefecht ein. Eine Salve traf uns vorn, verfehlte aber glücklicherweise die Brücke. Die deutschen Scheinwerfer schwenkten (dann) von uns weg auf die *Turbulent*, das mir folgende Schiff. Sie wurde (durch *Westfalen*) gerammt und versenkt.[176] Wir entkamen ohne weiteren Vorfall, nachdem wir sechs Treffer (erhalten hatten), (wobei einer) die Bedienung des achteren 10-cm-Geschützes getötet oder schwer verwundet hatte. Alle Offizierskammern waren zerstört. Der Schiffsarzt fiel gerade in dem Augenblick, in dem seine Hilfeleistungen am nötigsten waren.

Für die meisten der aus diesem jähen Zusammenprall unversehrt hervorgegangenen elf britischen Zerstörer ›ereignete sich alles so plötzlich, daß wir uns kaum bewußt wurden, was hier geschah. Irgendwie dämmerte es uns (an Bord der *Nicator*) überhaupt nicht, daß dies die deutsche Flotte war, welche unsere Schlachtlinie am schwächsten Punkt durchbrach.‹ Es ist schwer, eine Erklärung für das Versagen der *Petard* und ihrer Schwesterschiffe zu finden. Sie hatten den Gegner erkannt, jedoch keine Funkmeldung an Jellicoe abgegeben, dessen meiste Schlachtschiffe über den Verlauf der Nacht nicht mehr zu berichten wußten, als Captain Bruen auf *Bellerophon*, der an drittletzter Stelle in Sturdees IV. Schlachtgeschwader stand: »Während der ersten Wache hörten wir häufigen Kanonendonner im Nordosten; dort schien ein Kreuzer heftig in Brand geraten zu sein. Gegen 23.40 Uhr wurde achteraus wieder geschossen, und in der ersten Stunde der Mittelwache war gelegentlich Geschützfeuer Backbord achteraus zu hören. *Sonst verging die Nacht ohne besondere Vorfälle.*« An Bord der etwa 5 sm voraus stehenden *Lion* erwartete Chatfield, ›jeden Moment (von Torpedobooten) angegriffen zu werden. Es ereigneten sich jedoch keine Vorfälle, *mit Ausnahme vieler Anzeichen, daß andere Teile der Flotte keine so friedliche Nacht verbrachten wie wir.*‹[177] An Bord der *Iron Duke* jedoch, wie Dreyer berichtet, hatte niemand angenommen, daß während der Nacht mehr geschah, als ›Versuche deutscher Kreuzer und Zerstörer, zum Angriff auf unsere Schlachtflotte durch unseren Zerstörersicherungsgürtel zu brechen‹.

Für eine weit größere Unterlassungssünde war die Admiralität verantwortlich: Um 23.15 Uhr hatte ›Room 40‹ zwei Funksprüche dechiffriert. Der erste war um 22.32 Uhr von Scheer abgesetzt und lautete: ›Hochseeflotte steuert SOzO.‹ Vielleicht war dieser Kurs nur unwesentlich anders als der, den der Lageraum des Operationsstabes eine halbe Stunde zuvor bereits an Jellicoe durchgegeben hatte. Las man ihn jedoch zusammen mit dem von Michelsen etwa um die gleiche Zeit an seine Torpedoboote durchgegebenen Funkbefehl: ›Bis 02.00 Uhr sammeln bei Horns Riff oder Kurs um Skagen‹, dann gab es nur den einen Schluß: Der Operationsstab im Lageraum der Admiralität hatte wichtigste Informationen (trotz der irrtümlichen Auslassung der Worte ›beim eigenen Gros‹ nach ›sammeln‹ durch ›Room 40‹) zurückgehalten, die Jellicoe bereits um Mitternacht hätten erreichen und in die Lage versetzen können, Scheer vor dem Horns-Riff-Feuerschiff abzuschneiden. Das Schicksal wollte es anders: In Abwesenheit des Ersten Seelords und des Chefs des Operationsstabes unternahm Thomas Jackson mit dieser Information überhaupt nichts. Auch die später aufgefangenen und dechiffrierten folgenden Funkbefehle Scheers wurden ebenfalls nicht an Jellicoe durchgegeben: Der erste von 23.06 Uhr (dechiffriert um 23.50 Uhr) gab Position und Kurs des Gros an. Der zweite um 23.30 Uhr (um Mitternacht dechiffriert) und der dritte um 23.36 Uhr (um 00.05 Uhr dechiffriert) betrafen kleinere Kursänderungen der deutschen Hochseeflotte. Zwei weitere Funksprüche zeigten Scheers Position um 00.43 Uhr und um 01.03 Uhr (um 01.20 bzw. 01.25 Uhr dechiffriert). Auch diese Informationen hätten Jellicoe noch rechtzeitig erreichen können, wodurch die weiteren Ereignisse beeinflußt worden wären, doch sie wurden ebenfalls nicht an das britische Flaggschiff *Iron Duke* weitergegeben. Man muß sich wirklich fragen, aus welchen Gründen sich der Chef der Operationsabteilung dann jedoch bewogen fühlte, Jellicoe um 01.48 Uhr mitzuteilen, daß deutsche U-Boote aus ihren Häfen ausliefen, und ihm die Position der sinkenden *Lützow* sowie um 03.12 Uhr die der aufgegebenen *Elbing* durchzugeben, denn verglichen mit den oben erwähnten Informationen waren solche Hinweise nur von äußerst beschränktem Wert.

Goldsmiths Zerstörer hatten beinahe völlig unbehindert den Kurs der deutschen Hochseeflotte kreuzen können. Dazu wäre wohl auch die von Kapitän Stirling auf *Faulknor* geführte XII. Zerstörerflottille in der Lage gewesen, wenn es nicht der Zufall gewollt hätte, daß sie ihre Position nach Burneys zurückgefallener

Linienschiffsdivision peilte und daher über 10 sm hinter *Iron Duke* stand:

Um 01.43 Uhr (berichtete ein Offizier der *Obedient*), als die Morgendämmerung anbrach, sichteten wir an Steuerbord eine Kiellinie von Schiffen mit Kurs OSO. Wegen des Dunstes konnten wir nicht feststellen, ob es sich um eigene oder gegnerische Schiffe handelte. Unsere Zweifel wurden jedoch sehr bald beseitigt, da eines der Schiffe uns mit einem (falschen Erkennungssignal) anmorste. Wir (führten) die dem Feind am nächsten stehende Division, (daher) entschloß sich unser Kommandant (Korvettenkapitän G. W. Campbell) zum Angriff. Dazu änderten wir unseren Kurs nach Steuerbord; kurz darauf beobachteten wir aber, daß der Feind etwa 6 Strich abgefallen war, (so) daß wir zurückdrehten und uns *Faulknor* anschlossen, (die) mit der Fahrt auf 23 Knoten heraufgegangen war und 16 Strich nach Steuerbord gedreht hatte. Der Feind war nunmehr an Backbord klar sichtbar. Vorn liefen Dreadnoughts, gefolgt von älteren Linienschiffen. Für einen Angriff waren die Bedingungen fast ideal. Es war schon zu hell für einen Scheinwerfereinsatz; gleichzeitig aber war es, mit dem Nebel als zusätzlicher Tarnkappe, immer noch ausreichend dunkel, daß für Artillerie das Erfassen schnell beweglicher Ziele schwierig sein mußte.

Um 02.05 Uhr schossen wir auf eine Entfernung von 2000 bis 3000 Yards (18,3–27,4 hm) unseren ersten Torpedo ab, als wir querab vom vierten Schiff der Linie lagen. Gleichzeitig eröffnete der Feind das Feuer mit allen Kalibern. Gerade als es schien, daß wir selbst Treffer erhalten hatten und dachten, unser Torpedo sei ein Fehlschuß, kam unsere Belohnung: Genau mittschiffs auf der *Pommern* erschien ein dunkelroter Feuerball. Er verbreitete sich nach vorn und achtern, schoß in großen roten Feuerzungen an den Masten empor und vereinigte sich dann zu einer schwarzen Qualmwolke, aus der Flammen und Funken stoben. Dann sah man Bug und Heck emportauchen, als ob das Rückgrat des Schiffes gebrochen sei, bevor uns der Dunst die Sicht nahm. In der folgenden Stille sagte auf der Brücke jemand: »Arme Teufel; die sind nicht auf ihre Kosten gekommen.« Es lag weiter schweres Feindfeuer auf uns; *Nessus* und *Onslaught* wurden getroffen.[178] Wir gingen auf Höchstfahrt und steuerten wilde Zickzackkurse, was uns rettete. Weitere Torpedos wurden (durch die Division der *Maenad*) auf den Feind abgefeuert. Treffer konnten jedoch nicht beobachtet werden, und der Morgennebel verhüllte die Feindschiffe sehr schnell.

Stirlings Angriff war der mit dem größten Geschick ausgeführte der ganzen Schlacht, jedenfalls auf britischer Seite, obwohl nur sechs seiner Zerstörer insgesamt 17 Torpedos schießen konnten, während die übrigen Schiffe durch das genau liegende deutsche Geschützfeuer abgewehrt wurden. Der Treffer kostete Scheer das Vor-Dreadnought-Linienschiff *Pommern* mit Kapitän zur See Bölken und seiner ganzen Besatzung. In scharfem Gegensatz zu den geschilderten früheren Vorfällen gab Stirling außerdem nicht weniger als drei Feindmeldungen ab. Leider wurde aus unbekannt gebliebenen Gründen – vielleicht wegen einer beschädigten Antenne auf *Faulknor* oder durch Störfunken des Gegners – keine der ersten zwei Funkmeldungen an Bord der *Iron Duke* oder von einem anderen britischen Schiff empfangen. Und auch der dritte Funkspruch wurde nur durch *Marksman* aufgefangen, einem Schiff von Stirlings eigener Flottille. Wären diese Funksprüche angekommen und hätte Jellicoe seine Schlachtflotte sofort herumgerissen, hätte er eine Position in der Nähe der deutschen Minenfelder erreichen können, von der aus er gegen Scheers Schlachtflotte das Artilleriegefecht auf 10 000 Yards (91,4 hm) Entfernung um 03.30 Uhr hätte beginnen können. Selbst wenn er etwas später geschwenkt hätte, hätte er einige der beschädigten deutschen Schiffe abfangen können, die nicht mehr mit dem Gros mithalten konnten. Wie die Dinge aber lagen, war die sich lange hinziehende Schlacht nun fast vorbei. Jellicoes zweckmäßiger Einsatz seiner Zerstörerflottillen mit der Aufgabe, den Durchbruch der Hochseeflotte während der Nacht zu verhindern, war fehlgeschlagen. Noch schlimmer aber war, daß Jellicoe erstaunlicherweise nicht wußte, daß es Scheer gelungen war, sich seinem Zugriff zu entziehen.

Scheers unumstößlicher Entschluß hatte die deutsche Hochseeflotte tatsächlich quer durchs Kielwasser der Grand Fleet geführt. Dabei hatte er keine größeren Verluste erlitten als ein altes Linienschiff *(Pommern)* und drei Kleine Kreuzer *(Frauenlob, Rostock, Elbing)*. Dennoch ergab sich für ihn, als bei Tagesanbruch bei seinem Gros nichts vom Feinde zu sehen war, folgende Lage:

> Die von den Panzerkreuzern[179] eingegangenen Meldungen zeigten, daß die erste Aufklärungsgruppe ein ernstliches Gefecht nicht mehr führen konnte. Auch die Spitzenschiffe des III. Geschwaders hätten mit Rücksicht auf ihren Munitionsbestand, der durch das langandauernde Feuergefecht dieser Schiffe stark heruntergegangen sein mußte, ein längeres Gefecht nicht mehr gut führen können. Von den schnellen Kleinen Kreuzern standen nur noch *Frankfurt, Pillau* und *Regensburg* zur Verfügung, und auf die Luftschiffaufklärung war bei dem unsichtigen Wetter gar kein Verlaß. Es war somit aussichtslos, den im Süden gemeldeten Feind regelrecht zu stellen. Der Zusammenstoß und seine Folgen wären dem Zufall überlassen gewesen. Ich sah deshalb von weiteren Operationen ab und gab den Befehl zum Einlaufen *(Scheer)*.

Aber um 02.30 Uhr lagen die Minenfelder, hinter denen die deutsche Hochseeflotte dann in Sicherheit sein würde, immer noch eine Fahrtstunde entfernt.

An Bord der *Neptune* hielt ein Fähnrich die zuversichtliche Stimmung fest, von der die Grand Fleet erfüllt war, als die Sonne aufging: »Um 02.00 Uhr waren wir alle wieder auf unseren Gefechtsstationen. Die Sichtverhältnisse versprachen einen besseren Tag. Wir hatten noch reichlich Munition. Wir waren alle von einem Gefühl beseelt: Wenn wir die Gelegenheit erhielten, würden wir alles, was vom Gegner noch übrig war, schnell erledigen. Die Geschütze waren geladen geblieben. Wir waren bereit, das Feuer wieder zu eröffnen.« Selbst jetzt vermutete Jellicoe die feindliche Schlachtflotte noch im Westen; er war auch nicht enttäuscht, als bei Morgengrauen nirgends deutsche Einheiten auszumachen waren, denn der Morgennebel begrenzte die Sicht auf 4 sm. Er war jedoch besorgt, feststellen zu müssen, in welchem Maße seine Geschwader und Flottillen auseinandergezogen waren. Sieben seiner Schlachtschiffe waren während der Nacht weit zurückgeblieben. Außer Le Mesuriers IV. Leichtem Kreuzergeschwader waren die Schlachtkreuzer und Kleinen Kreuzer, die er für die Suche nach dem Gegner brauchte, voraus außer Sicht. Ferner verfügte er über keine Zerstörer mehr, um feindliche Torpedobootangriffe oder, was potentiell noch bedrohlicher erschien, deutsche U-Boote abzuwehren, vor denen ihn die Admiralität ausdrücklich gewarnt hatte. »All dies«, so schrieb er, »machte es unklug, bei Tageslicht näher an Horns Riff heranzugehen, wie dies meine Absicht gewesen war. Es war offenkundig erforderlich, die Schlachtflotte und die Zerstörer zu sammeln, bevor die Schlacht wiederaufgenommen werden konnte.« In der Annahme, Scheer stehe in Nordwesten, nicht aber im Süden, ging Jellicoe um 02.30 Uhr bei 17 Knoten Marschgeschwindigkeit auf Gegenkurs und entwickelte seine Schlachtflotte in Gefechtskiellinie, nachdem er seine Position und Absichten an Beatty und die anderen Befehlshaber gefunkt und sie angewiesen hatte, ihm zu folgen.

Der Hochseeflotte wäre daher jede weitere Gefechtsberührung erspart geblieben, wenn Farie nicht um 23.30 Uhr die Entscheidung getroffen hätte, nach Osten abzudrehen, statt sich dem entschlossenen Angriff Wintours anzuschließen, als *Champion*, mit Ausnahme von *Moresby* und *Obdurate*, die Fühlung mit ihrer XIII. Flottille verloren hatte. Das Tageslicht ermöglichte ihm nun wieder die Unterscheidung zwischen Freund und Feind. Daher drehte Farie in Richtung auf den Kanonendonner, der von Stirlings Gefecht im Morgengrauen stammte. Seine Streitkräfte hatten sich noch um *Marksman* und *Maenad* von der XII. Flottille verstärkt, als er um 02.30 Uhr die letzten vier Schiffe der *Deutschland*-Klasse in der Kiellinie Scheers im Westen sichtete. Jedoch ergriff er diese Chance für einen Angriff nicht, sondern drehte mit *Champion* nach Osten ab. Aber Kapitänleutnant R. V. Alison an Bord der *Moresby* weigerte sich, dem Führer zu folgen: Er zeigte die gleiche Entschlußkraft, die so viele britische Zerstörerkommandanten in krassem Gegensatz zu ihren Vorgesetzten an Bord der Linienschiffe Jellicoes bewiesen hatten. Er »hielt die Annahme des Gefechts für zwingend, heißte das Signal ›Kompaßkurs West‹ vor, holte nach Backbord aus und schoß um 02.37 Uhr einen Torpedo. Eine Erschütterung ließ unser Boot zwei Minuten später erbeben. Ich war sicher, daß der Torpedo etwas getroffen haben mußte.« Das hatte er auch. Allerdings hätte ein so kühner Angriff einen größeren Erfolg verdient, als nur das deutsche Torpedoboot *V 4* auf den Grund des Meeres zu schicken.[180]

Dies war das letzte, was irgendeine britische Einheit von größeren deutschen Schiffen in Sicht bekam, bevor die Spitze von Scheers Kiellinie um 03.30 Uhr das Horns-Riff-Feuerschiff ausmachte und auf Südkurs in die minenfreie Fahrrinne schwenkte. Allerdings sollte nicht die ganze Hochseeflotte die Jade ohne weitere Zwischenfälle erreichen. Etwa um 03.30 Uhr sichteten *Cham-*

pion und ihre vier Zerstörer die vier deutschen Torpedoboote, die 1250 Mann der geretteten Besatzung der versenkten *Lützow* an Bord hatten. Die Entfernung fiel schnell auf 3000 Yards (27,4 hm); beide Seiten eröffneten das Feuer und das deutsche Torpedoboot *G 40* war bald außer Gefecht gesetzt.[181] Ebenso schnell aber hatte Farie seinen Gegner wieder im Nebel verloren, so daß die unbeschädigten deutschen Torpedoboote ihr lahmgeschossenes Schwesterboot in Schlepp nehmen konnten. Die inzwischen durch *Regensburg* verstärkte kleine deutsche Streitmacht wurde 40 Minuten später erneut ausgemacht, diesmal von der beschädigten *Dublin,* die, seitdem sie den Anschluß an ihr Geschwader verloren hatte, nachts allein durch die deutsche Hochseeflotte hindurchgefahren war, glücklicherweise ohne entdeckt zu werden. Aber bevor Scott oder Heinrich den Entschluß zur Feuereröffnung fassen konnten, hatten sie einander schon wieder im Nebel aus den Augen verloren, so daß *G 40* schließlich den Hafen erreichen konnte. Die lahmgeschossene *Rostock,* die ebenfalls in Richtung Horns Riff geschleppt wurde, war weniger glücklich. Ihre Begleitboote *V 71* und *V 73* fühlten sich durch eine Zeppelinmeldung (von L 11) über ganz in der Nähe stehende britische Linienschiffe so beunruhigt, daß sie das in Schlepp von *S 54* befindliche Schiff versenkten, nachdem sie Kommodore Michelsen und die Besatzung seines Flaggschiffs übernommen hatten. Schließlich lief um 05.20 Uhr Schmidts Flaggschiff, das Großkampfschiff[182] *Ostfriesland,* auf eine von *Abdiel* gelegte Mine – nicht auf eine in der gleichen Nacht gelegte, sondern auf eine vom 5. Mai. Kapitän Natzmers Schiff wurde jedoch nicht ernstlich beschädigt, und dieser Vorfall konnte Scheer nicht daran hindern, den Kurs auf die Jade weiter durchzuhalten. Dort kam er mit einem Gefühl der Erleichterung, das von fast allen seiner Offiziere und Mannschaften geteilt wurde, am frühen Vormittag an.[183] Behnckes Flaggschiff *König* lag mit dem Vorschiff so tief im Wasser, daß es erst bei Flut über die Amrum-Bank hinweglaufen konnte. Der Rückmarsch des Schlachtkreuzers *Seydlitz* gestaltete sich noch schwieriger. Sein Tiefgang betrug vorn nicht weniger als 12,8 m. Das Schiff geriet daher vor Horns Riff auf Grund. Glücklicherweise konnte Egidy auch dieses Hindernis meistern, bevor britische Einheiten in Reichweite kamen. *Seydlitz* saß dann auf der Amrum-Bank fest, bis ihr Bergungsschlepper zu Hilfe kamen. Aber auch sie hatten 32 Stunden zu kämpfen, bevor die *Seydlitz* mit dem Heck zuerst in den Hafen eingebracht werden konnte.

Es wurde bereits eine Zeppelinmeldung erwähnt: Fünf deutsche Luftschiffe hatten am 31. Mai um 11.30 Uhr ihre Hallen zur Durchführung einer Aufklärungsfahrt in einem Bogen mit einem Radius von 200 sm um Horns Riff verlassen. Trotz dringender Aufforderung durch Funk, besonders nachdem *Galatea* von *Elbing* gesichtet worden war, gelang es keinem der Zeppeline, näher als 30 sm an die britische oder deutsche Flotte heranzukommen, bevor sie um 18.00 Uhr zurückgerufen wurden. Eine Ironie des Schicksals ist es, daß Scheers Anforderung einer Luftaufklärung für die Morgenstunden des 1. Juni den Befehlshaber der Luftschiffe überhaupt nicht erreichte. Dennoch ließ Fregattenkapitän Strasser aus eigenem Entschluß um Mitternacht sechs Zeppeline aufsteigen. Vier erreichten nicht mehr als ihre Schwesterschiffe am Tag zuvor. L 24 verwirrte die Lage noch weiter, indem es die durch den Skagerrak zurückmarschierenden deutschen Torpedoboote als britische Schiffe ansprach und eine noch irrtümlichere Meldung über eine britische Geister-Schlachtflotte in der an der Nordwestküste Dänemarks liegenden Jammer-Bucht funkte. Nur L 11 konnte einen Feindkontakt herstellen. Um 03.19 Uhr, so erinnert sich ein Offizier der *Neptune*, »erschien plötzlich ein Zeppelin aus dem Morgennebel und steuerte auf uns zu. Turm ›X‹ erhielt den Befehl, einen Schuß mit maximaler Erhöhung abzugeben. Unser Vordermann feuerte eine ganze Breitseite, und andere Schiffe fielen ein. Das Luftschiff hob den Bug verächtlich in die Morgenbrise und verschwand. Wir erhielten den Befehl, keine Munition zu verschwenden.« L 11 beschattete dann die Grand Fleet eine Stunde lang und kam um 03.40 Uhr so dicht an *Indomitable* heran, daß es mit einer Salve der 30,5-cm-Geschütze beschossen wurde. Die Meldungen dieses Luftschiffes bestätigten nur die Richtigkeit von Scheers Entschluß, die Sicherheit von Horns Riff aufzusuchen und in den Hafen zurückzumarschieren, ohne zu versuchen, den Kampf wiederaufzunehmen. Die von Borkum-Reede am 31. Mai um 20.45 Uhr ausgelaufenen U-Boote erreichten noch weniger: Nur eines der sechs sichtete überhaupt ein Schiff. *U 46* fuhr einen erfolglosen Angriff auf *Marlborough*, als sie von Zerstörern gesichert zur Tyne zurücklief, nachdem Burney um 02.30 Uhr seine Flagge auf *Revenge* gesetzt hatte.

Beatty hatte keine der Informationen erhalten, die die Admiralität nachts an Jellicoe übermittelt hatte, und stand zu weit vor der Flotte, um viel von den Zerstörergefechten gesehen zu haben. Daher teilte er die Meinung seines Oberbefehlshabers über den

Standort der deutschen Flotte nicht. Er nahm an, daß der Feind mit solcher Fahrt zu einer seiner südlichen Routen zur Jade gelaufen war, daß er eher südwestlich als nördlich stehen mußte. Daher behielt seine Schlachtkreuzerflotte ihren Kurs weiter bei, in der großen Hoffnung, bald das Insichtkommen der deutschen Flotte melden zu können. Erst kurz nach 03.00 Uhr schloß sich Beatty dem Kurs der Grand Fleet nach Norden an. Aber auch dann noch hielt Beatty seine eigene Einschätzung der Lage für richtig, so daß er um 04.04 Uhr an Jellicoe funkte: »Vorschlage meine Aufklärung SW, um Feind aufzufinden.« Nur zehn Minuten früher hatte Jellicoe jedoch die Nachricht erhalten, die mit einem Schlage alle seine Hoffnungen zunichte machte: Durch einen Funkspruch, den die Admiralität um 03.30 Uhr durchgab, erfuhr der britische Oberbefehlshaber, daß die deutsche Hochseeflotte um 02.30 Uhr nur 16 sm von Horns Riff entfernt gestanden hatte, d. h. 30 sm nordöstlich von *Iron Duke,* und den Kurs SOzO mit 16 Knoten Fahrt durchhielt. Da seitdem eineinhalb Stunden vergangen waren, konnte Jellicoe nur einen Schluß ziehen und gab diese ›bittere Pille‹ an Beatty weiter: »Feindliche Flotte ist in den Hafen zurückgelaufen.« Damit kamen beide Admirale und die Offiziere und Mannschaften der britischen Flotte allmählich zu der bitteren Erkenntnis, daß »wir die Hochseeflotte an diesem Tag nicht mehr sehen würden, und daß es eine Vollendung des Werkes vom gestrigen Tage nicht geben würde«.

Um 04.15 Uhr formierte der britische Oberbefehlshaber seine Schlachtflotte zur Gefechtsordnung für den Tag. Jellicoe und Beatty, die um 05.20 Uhr in Sichtverbindung gekommen waren, hofften noch immer, wenigstens die beschädigte *Lützow* oder *Elbing* zu finden. Aber als ihre Schiffe das Schlachtfeld absuchten, fanden sie »als einziges Zeichen des Feindes Hunderte seiner ertrunkenen Blaujacken in ihren Schwimmwesten in der Nähe eines großen Ölflecks und inmitten von Wrackteilen, die das Grab eines Schiffes markierten« (ein Offizier der *New Zealand).* Ebenso viele schreckliche Spuren versenkter britischer Schiffe fanden sich – sonst nichts. Um 11.00 Uhr blieb Jellicoe nur eine mögliche Entscheidung: Er informierte die Admiralität, daß die Grand Fleet in ihre Häfen zurücklaufe. Während des Rückmarsches nach Scapa Flow und Rosyth, wo sie früh am nächsten Morgen Anker warfen, kam es auf vielen Schiffen zum Schlußakt des dramatischen Geschehens. An Bord der *Lion* bot die Bergung der armen verkohlten Leichen aus Turm ›Q‹ einen traurig-schrecklichen Anblick. Zur Bestattung traten der Admiral, der Flaggkapitän und alle wachfreien Offiziere und Mannschaften auf dem Achterdeck an, wo der Kommandant das letzte Gebet verlas. Dann traten zwei Gruppen Matrosen direkt achtern an Backbord und Steuerbord in Aktion. Die Gefallenen wurden nacheinander auf eine Planke unter den Union Jack gelegt. Dann glitten immer zwei gleichzeitig über Bord und wurden der See übergeben. Insgesamt waren es 95 arme verstümmelte Körper, darunter die Leichen von sechs Offizieren, die, in Hängematten eingenäht und an den Füßen beschwert, so auf die letzte Reise gingen. Die Schiffskapelle spielte während der halben Stunde dieser traurigen Zeremonie einige Choräle und den Totenmarsch. Wie wir sahen, spielte sich auf anderen Schiffen ähnliches ab *(Korvettenkapitän [ing.] Rundle)*.

»Ich betrauere den Verlust tapferer Männer, darunter vieler persönlicher Freunde, die für die gerechte Sache ihres Landes gefallen sind«, übermittelte am 3. Juni König Georg V. an Jellicoe. »Noch mehr aber bedauere ich, daß sich die deutsche Hochseeflotte wegen des nebligen Wetters der vollen Konsequenz eines Kampfes zu entziehen vermochte, den herbeiführen zu wollen sie stets erklärt hat, für den sie jedoch, als sich die Gelegenheit bot, keinerlei Neigung verspürte.«

6

EIN SIEG FÜR WEN?

»Nicht im heißesten Kampf,
Nicht gegen des Schicksals Wut,
Steigen Helden in jene Höh',
Die überdauert, bis der Frieden
erreicht . . .«

Kipling über Jütland, 1916

»(Jellicoe) ließ sich, als er später Beatty als Flottenchef Platz machte, und sein König ihn zum Lord machte, den Namen eines ›Viscount of Scapa‹[184] geben! Damals spöttelte manch einer, daß sich ein Admiral seinen Namen nach einem öden Platz geben ließ, an dem seine Flotte vier Jahre fast dauernd vor Anker gelegen hatte. Und doch hat dieses vierjährige Ankern der englischen Flotte entscheidend dazu beigetragen, daß jetzt unsere gesamte Kriegsflotte nach eben diesem Scapa Flow geführt werden mußte, und daß sie jetzt auf dem Meeresgrund in der Bucht von Scapa Flow liegt.«

Korvettenkapitän von Hase

Die britischen Verluste in der Schlacht vor Jütland waren viel schwerer als die deutschen: Von den rund 60 000 Offizieren und Mannschaften auf den 151 Schiffen der Grand Fleet waren 6097 gefallen. Die deutsche Hochseeflotte dagegen, deren 99 Schiffe etwa 36 000 Offiziere und Mannschaften als Besatzung hatten, hatte 2551 Gefallene zu beklagen. (Die Anzahl der Verwundeten war auf beiden Seiten fast gleich: britische Besatzungsmitglieder: 510; Deutsche: 507.[185]) Der Sieger einer Seeschlacht aber erweist sich nicht durch die größere Anzahl toter Gegner. Die beiderseitigen Schiffsverluste lassen sich am besten in einer Tabelle zusammenfassen:[186]

	Britische Grand Fleet	Deutsche Hochseeflotte
Linienschiffe (Vor-Dreadnought-Typ)	–	1
Schlachtkreuzer	3	1
Panzerkreuzer	3	–
Kleine Kreuzer	–	4
Zerstörer/Torpedoboote	8	5
Insgesamt	14	11

Aufgrund dieses Zahlenverhältnisses (und der Tonnagerelation 115 025:61 180 ts) nahmen die Deutschen den Sieg für sich in Anspruch, insbesondere wegen der größeren Anzahl versenkter schwerer britischer Schiffe (zu denen Scheer irrtümlich die *Warspite* hinzuzählte). Am 2. Juni 1916 aber war die Grand Fleet immer noch doppelt so stark wie die Hochseeflotte. Sie verfügte über 31 Großkampfschiffe, gegenüber nur 18 deutschen, sowie über sieben Schlachtkreuzer, gegenüber nur vier deutschen. Noch wichtiger aber war, daß innerhalb von 12 Stunden nach der Rückkehr nach Scapa Flow und Rosyth Jellicoe 26 Schlachtschiffe und sechs Schlachtkreuzer mit vierstündiger Seeklarbereitschaft einsatzbereit melden konnte. Nur *Marlborough* und *Warspite* mußten sofort in Reparatur gehen. Die Reparaturen von *Barham, Malaya, Lion* und *Tiger* konnten warten, bis die vier in Überholung bzw. Ausrüstung befindlichen Schiffe (siehe Anmerkung 110 und 113) von den Werften kamen. Scheer dagegen konnte keinen so günstigen Stand melden: *König, Großer Kurfürst* und *Markgraf* mußten sofort zur Reparatur in die Werft, ohne auf *König Albert* und *Bayern* zu warten.[187] (Siehe Anmerkung 111.) Alle vier Schlachtkreuzer waren so schwer beschädigt, daß der letzte erst wieder im Dezember dienstbereit war.[188] (Die Reparaturen des letzten britischen Schiffes, der *Marlborough,* waren bereits Anfang August beendet.) Die Zahl der deutschen Kleinen Kreuzer war auf nur sechs gesunken – verglichen mit Jellicoes 30 Kreuzern. Daher war die Hochseeflotte fast zwei Monate lang weder auslauf- noch kampffähig.

Die britischen Besatzungsverluste lagen deshalb soviel höher, weil *Queen Mary, Indefatigable* und *Invincible* jeweils durch eine einzige Salve vernichtet worden und explodiert waren, während die lahmgeschossene *Lützow* die Schlacht fast überstand, bevor sie von ihren Sicherungsbooten versenkt wurde.[189] Eine Erklärung ist aufgrund der Ereignisse im Turm ›Q‹ der *Lion* schnell zu geben (Siehe Seiten 90/95). Es ist sehr zu bedauern, daß die britische Admiralität die Wichtigkeit eines besseren Schutzes der Munitionsmagazine gegen Korditbrände nicht richtig eingeschätzt hat, wie dies aufgrund der Meldungen über die fast erfolgte Vernichtung des Panzerkreuzers *Kent* in der Schlacht bei den Falklandinseln möglich gewesen wäre.[190] Daher waren die erforderlichen Verbesserungen an den britischen Schiffen nicht bereits vor der Schlacht vor Jütland durchgeführt worden: An Bord von Hippers Schlachtkreuzern wurden am 31. Mai durch britische Granaten neun Geschütztürme durchschlagen; mehrere brannten vollständig aus, aber es kam zu keiner Explosion von Munitions- oder Kartuschmagazinen. Dies war jedoch nicht der einzige Grund, warum *Seydlitz, Derfflinger, König* und *Großer Kurfürst,* um die vier schwerstbeschädigten deutschen Schiffe zu nennen, die schweren Treffer überstanden. Die deutsche Marine hatte ihre Schiffe in zahlreichere wasserdichte Abteilungen unterteilt: ihre neuesten Großkampfschiffe wiesen sechs Maschinenräume und sechs Kesselräume auf, verglichen mit je drei an Bord der britischen Schiffe. Selbst mit dieser Schutzmaßnahme gegen übermäßiges Überfluten bei Treffern an oder unter der Wasserlinie hatten sich die Deutschen nicht zufriedengegeben; an Bord der *Seydlitz* gab es auch eine hervorragende Leckwehr, ganz im Gegensatz zur *Iron Duke,* deren I. Offizier, der Leiter der Leckwehr hätte sein sollen, als Hauptartilleriebeobachter im Vormars stationiert war. Scheers schwere Schiffe besaßen auch einen weiteren Vorteil: Fishers Weigerung, aus dem Marineetat Mittel für neue Docks abzuzweigen, hatte die britischen Konstrukteure gezwungen, die Breite der Großkampfschiffe auf die Breite der verfügbaren Docks abzustellen; Tirpitz dagegen hatte die Docks gebaut, die erforderlich waren, um seinen Großkampfschiffen größere Breiten und damit höhere Stabilität zu geben. Ferner hatten sich die Deutschen bei den meisten ihrer Linienschiffe und Schlachtkreuzer mit Geschützen kleinerer Kaliber begnügt, so daß sie diesen Schiffen einen stärkeren Panzerschutz geben konnten. Die folgenden typischen Zahlen zeigen, wieviel näher die deutschen Großkampfschiffe der Forderung von Tirpitz kamen, daß sie unversenkbare Artillerieplattformen sein sollten, als gleich alte britische Einheiten:

	Linienschiffe		Schlachtkreuzer	
	Iron Duke	*König*	*Lion*	*Derfflinger*
Wasserverdrängung (ts/t)	25 000	(25 796)[191] 25 390	26 350	26 180 (26 600)[191]
Länge (m)	176,8	174,7	201,2	210,0
Breite (m)	27,4	29,5	26,8	29,0
Hauptbewaffnung (cm)	10x34,3	10x30,5	8x34,3	8x30,5
Stärke der Panzerung (mm)				
Seiten (maximal)	305	350	229	300
Türme (maximal)	280	350 (300)[192]	229	305 (270)[192]
Höchstgeschwindigkeit (Knoten)	21	21	27	26,5

Der Vorteil der schwereren Panzerung der deutschen Schiffe war jedoch nicht so groß, wie man hätte erwarten können: Nachkriegsversuche mit der *Baden*[193] zeigten, daß die Qualität der Panzerung dieses Schiffes britischen Gütenormen nicht entsprach.

Solange Seeschlachten fast auf Kernschußweite geschlagen wurden, ließen sich Schiffe am besten dadurch schützen, daß man die Seiten panzerte. Obwohl eine Deckspanzerung gegen steil auftreffende Geschosse relativ wichtig wurde, als die Gefechtsentfernungen stiegen, wurde dieses Erfordernis von britischen wie deutschen Konstrukteuren so wenig berücksichtigt, daß die Decks deutscher[194] und britischer Großkampfschiffe mit Panzerungen von nicht mehr als 2,5 Zoll (63,5 mm) versehen waren. Aber dies erwies sich wegen der schlechten britischen Schießleistungen als größerer Nachteil für die Grand Fleet als für die deutsche Flotte. Die schlechtesten Schießergebnisse hatten die Schlachtkreuzer Beattys, die die Hauptlast des Kampfes trugen. Dies geht aus der folgenden Tabelle hervor.[195] (Siehe auch die Anmerkung 138 und Anmerkung 145.)

	Abgegebene Schüsse 30,5 cm und darüber	*Erzielte Treffer*	*Schuß pro Treffer*
Britische Schlachtkreuzer	1650	26	64
Britische Linienschiffe	2626	98	26

Diesem artilleristischen Leistungsunterschied ist im wesentlichen der Eindruck eines höheren Leistungsstandards der Hochseeflotte zuzuschreiben, welcher über dem der Grand Fleet insgesamt zu liegen schien:

	Geschützzahl 28 cm und darüber	*Erzielte Treffer*	*Treffer pro Geschütz*
Britische schwere Einheiten	344	124	0,36
Deutsche schwere Einheiten	244	120	0,53

Tatsächlich aber ergibt sich nur ein geringfügiger Unterschied bei den *Linienschiffen* beider Flotten:

	Geschützzahl 28 cm und darüber	*Erzielte Treffer*	*Treffer pro Geschütz*
Britische Linienschiffe	296	110	0,37
Deutsche Linienschiffe	200	80	0,4

Hippers Bemerkung über den anderen britischen Nachteil wurde an anderer Stelle bereits zitiert (S. 95). Während seiner Dienstzeit bei der Admiralität, vor dem Krieg, war sich Jellicoe darüber im klaren, daß panzerbrechende Granaten benötigt wurden, die vor allem dann panzerbrechend waren, wenn sie beim Schießen über weite Entfernung schräg auftrafen. Jedoch war er nicht lange genug Chef des Marinewaffenamts (Director of Naval Ordnance), um dieses Ziel auch zu erreichen.[196] Es zerbarsten mehr britische Granaten beim Auftreffen, statt den Panzer erst zu durchschlagen und dann zu detonieren, als dies bei deutschen Granaten der Fall war. Auch diese Mängel in der Munitionsausrüstung der britischen Flotte bilden keine Kriterien für die Entscheidung, wer aufgrund der Anzahl verlorener und schwer beschädigter Schiffe als Sieger anzusehen ist. Im Vergleich zu Nelsons Sieg am Nil (Aboukir)[197], bei der nur zwei französische Schiffe entkamen, und Trafalgar (1805), wo Villeneuve zwei Drittel seiner Linienschiffe verlor, oder mit der Schlacht von Tsuschima (1905), wo Rojestwenskys baltische Flotte gänzlich vernichtet wurde, muß die Schlacht vor Jütland als unentschieden bezeichnet werden. Aber »Siege werden nicht durch Vergleich von Verlusten und aufgrund der Zahl versenkter Schiffe, nicht aufgrund taktischer Ereignisse während der Schlacht entschieden, *sondern allein durch die Folgen*«[198] (*Hankey*).

Scheers Zielsetzung war auf die Schwächung des Gegners beschränkt, bei der er den Kampf mit mehr als nur einem Teil der gegnerischen Flotte vermeiden wollte. Jellicoes Ziel war es, der Hochseeflotte so viel Schaden wie möglich zuzufügen, ohne seine eigene Flotte einem übermäßigen Risiko, insbesondere durch Unterwasserangriffe, auszusetzen. Die erste Runde ging an Scheer, weil Hippers Streitkräfte nach ihrer zufälligen Gefechtsberührung mit Beatty diesen in die Reichweite der Geschütze des deutschen Gros lockten. Die zweite Runde ging an Jellicoe, da Beatty seinerseits den nichtsahnenden Scheer nach Norden locken konnte, bis er überraschend auf die gesamte britische Schlachtflotte traf. Dieser Erfolg der britischen Schlachtkreuzerflotte, die damit ihre Hauptaufgabe im Zusammenwirken mit Jellicoes Schlachtflotte erfüllte, ist eine Widerlegung jener Kritiker, die behaupten, Beatty sei während der ersten Phase der Schlacht entscheidend geschlagen worden. Die dritte Runde brachte Punktgleichheit; obwohl Jellicoe Erfolg mit seiner Taktik hatte, die Hochseeflotte auf einem Kurs in den Kampf zu zwingen, auf dem sie von ihren Stützpunkten abgeschnitten wurde, unterließ er es jedoch, energisch nachzustoßen, als Scheer vor diesem massiven Angriff zurückprallte, und zum zweitenmal, als sein Gegner ihm durch die unkluge Kehrtwendung nach Osten eine weitere große Chance bot. Die vierte Runde ging an Scheer: Nachts konnte er sich wieder aus der gefährlichen Falle befreien, in die er gegangen war; bei Tagesanbruch hatte er seine Flotte in Sicherheit gebracht. Das Ergebnis lautet also zwei zu eins (bei einer unentschiedenen Runde) für die Kaiserliche Marine. Obwohl die deutsche Flotte erst jüngsten Ursprungs war, erwiesen sich ihre Schiffe, Bewaffnung und Ausrüstung in mehreren wichtigen Punkten der britischen Marine überlegen. Die deutschen Besatzungen waren ebenso gut, in mancher Beziehung vielleicht sogar besser ausgebildet. Viele deutsche Kommandanten erwiesen sich als ebenso kompetente Schiffsführer, einige zeichneten sich besonders aus. Auch war ihre Haltung nicht durch die Unmenschlichkeit befleckt, die den U-Boot-Krieg charakterisierte. Vor allem aber hatte die deutsche Flotte in Admiral Reinhard Scheer einen Oberbefehlshaber, der ein entschlossener Kämpfer und als Taktiker Jellicoe ebenbürtig war. Sein wesentlicher taktischer Fehler wurde durch die Art, wie er seine Flotte aus der Umklammerung löste, wieder ausgeglichen. Und in Vizeadmiral Franz Hipper besaß die Kaiserliche Marine den fähigsten Admiral beider Seiten während des ganzen Ersten Weltkrieges.

Wie aber steht es mit Jellicoes Zielsetzung, für welche seine Offiziere und Mannschaften – nicht zum geringsten die häufig vergessenen Männer in den Kessel- und Maschinenräumen – mit so viel Mut gekämpft hatten und die so bitter durch das Ergebnis enttäuscht wurden: »Wir hatten den Feind auf dem Präsentierteller und ließen ihn abziehen. So lange zu warten und dann vom Feind abzudrehen, statt auf ihn zu, hat uns krankgemacht. Der Feind hatte uns die Chance gegeben, und wir durften sie nicht ergreifen« (Kommandant eines Schiffes der Grand Fleet, zitiert von *Richmond*). Nach einer Wartezeit von fast zwei Jahren war Jellicoe endlich mit der deutschen Hochseeflotte in Gefechtsberührung gekommen. Mit meisterlicher Fertigkeit setzte er 27 Großkampfschiffe gegen die 16 deutschen Linienschiffe ein. Die schlechte Sicht und die wenigen vor Einbruch der Nacht verbleibenden Stunden begünstigten einen Feind, der nicht bereit war, sich zu stellen und zu kämpfen. Trotzdem versetzte Jellicoe unter Verlusten, die sich die Grand Fleet durchaus leisten konnte, seinem Feind Schläge, die Scheer mit Bestürzung erfüllten. Vor allem aber blieb die Schlacht vor Jütland nicht auf diese vier Runden beschränkt. Nach dem Morgengrauen des 1. Juni 1916 folgte eine fünfte Runde, wenn auch eine ohne Blutvergießen: »An jenem der Schlacht folgenden Morgen fand sich Jellicoe als unbestrittener Herr der Nordsee ohne Anzeichen eines Gegners, ein Zustand, der praktisch für den ganzen Krieg andauerte« *(Hankey)*. ›Deutschland war um Haaresbreite einer vernichtenden Niederlage zur See entkommen. Für jeden denkenden Menschen war klar, daß diese Schlacht die letzte sein mußte und würde‹ *(Berliner Tageblatt)*[199]. Die Meinung neutraler Länder wurde durch eine New Yorker Zeitung zum Ausdruck gebracht: ›Die deutsche Flotte hat ihren Gefängniswärter angegriffen, aber sie bleibt hinter Gittern.‹

Die Blockade der britischen Grand Fleet blieb ungebrochen. Im Gegensatz zu dem, was häufig vorgetragen und geschrieben worden ist, blieb die deutsche Hochseeflotte keinesfalls für den Rest des Krieges in ihren Häfen. Scheer erkannte bald, daß seine Offiziere und Mannschaften nicht so leicht davon zu überzeugen waren, daß sie einen Sieg errungen hatten, wie die deutsche Öffentlichkeit. Die Flucht vor der Flotte, die zu bekämpfen sie ausgebildet worden waren, und die Schäden an ihren Schiffen mußten ihre Kampfmoral beeinträchtigen. Um sie wiederherzustellen, unternahm Scheer seinen nächsten Vorstoß bereits zweieinhalb Monate nach der Schlacht. Er lief mit zwei Schlachtkreuzern und 18 Großkampfschiffen aus, um im Morgengrauen Sunderland zu beschießen. Durch ›Room 40‹ vorgewarnt, hatte die Admiralität das Auslaufen der Grand Fleet mit 27 Dreadnoughts und 6 Schlachtkreuzern am 18. August befehlen können. Am nächsten Tag um 13.45 Uhr, nach einer Verzögerung von etwa zwei Stunden durch U-Boot-Alarm, konnte Jellicoe so zuversichtlich einem Gefecht entgegensehen, daß er der Flotte »Klar Schiff zum Gefecht« befahl. Aber die Mißgunst des Zufalls verweigerte ihm seine Schlacht; Scheer war bereits auf dem Rückmarsch. Im Gegensatz zum 31. Mai hatte die Admiralität diesmal auch die Harwich-Streitkräfte in See gehen lassen. Als ein aufklärender Zeppelin sie meldete und irrtümlich berichtete, daß sie von einem Linienschiffsgeschwader begleitet seien, drehte Scheer auf SO, um dieser Geisterflotte nachzujagen. Als er seine Fehleinschätzung erkannte, war es für die Durchführung der beabsichtigten Beschießung Sunderlands bereits zu spät, und er nahm Kurs Richtung Heimat. Tyrwhitt stellte um 17.45 Uhr die Fühlung mit dem Gegner her, verfügte aber nicht über genügend starke Streitkräfte, um mehr zu tun, als den Gegner zu beschatten, denn Jellicoe stand zu weit entfernt, um eingreifen zu können.

Beide Seiten erlitten bei dieser vergeblichen Operation Verluste durch U-Boot-Angriffe. Die Kleinen Kreuzer *Nottingham* und *Falmouth* wurden versenkt, das deutsche Großkampfschiff *Westfalen* beschädigt.[200] Als Folge dieses deutschen Vorstoßes bestätigte die Admiralität erneut Jellicoes Strategie. Die Grand Fleet, in der es etwa ein Jahr dauern sollte, bis die vor Jütland enthüllten technischen Mängel behoben werden konnten, war für die Sache der Alliierten kriegswichtig; die deutsche Hochseeflotte war für Deutschland von sekundärer Bedeutung und konnte größeren Risiken ausgesetzt werden. Nur unter außergewöhnlichen Umständen, z. B. bei einer drohenden Invasion oder einem deutschen Angriff gegen die Themse oder die Straße von Dover, sollte die britische Schlachtflotte in den Raum südlich von Horns Riff vorstoßen dürfen. Als ›Room 40‹ eine erneute Warnung abgab, wonach Scheer einen weiteren Vorstoß für den 18. Oktober beabsichtigte, wurde die Grand Fleet nicht sofort in See befohlen, wo sie möglichen U-Boot-Angriffen ausgesetzt gewesen wäre; sie sollte nur klar zum Auslaufen sein, brauchte dann aber nicht einzugreifen. Ein vor der Deutschen Bucht stehendes britisches U-Boot torpedierte den Kleinen Kreuzer *München*[201] nur wenige Stunden, nachdem die Hochseeflotte die Jade verlassen hatte. Scheer fürchtete eine Falle und kehrte um.

Die enttäuschenden Ergebnisse dieser zwei Flottenvorstöße nach der Skagerrakschlacht zeigten Scheer, daß seine Aussicht, nur einen Teil der Grand Fleet in eine Falle zu locken, zu gering war, um die Risiken weiterer Angriffe gegen britische Häfen zu rechtfertigen. Noch immer von der Konzeption der deutschen Flotte als einer ›Fleet in being‹ besessen, stimmte der Kaiser dem neuen Operationsplan zu. Im gleichen Monat (Dezember 1916) entschied Lloyd Georges Kabinett, der Ernst der U-Boot-Gefahr erfordere die Ernennung Jellicoes zum Ersten Seelord. Somit war Jellicoe in die Admiralität zurückgekehrt, als der Kaiser, von Hindenburg und Ludendorff gedrängt, sich Scheers Ansicht zu eigen machte, wonach man der eisernen Blockade der Grand Fleet mit der einzigen maritimen Waffe begegnen müsse, gegen die es keine Verteidigung gab, und ›daß selbst der günstigste Ausgang einer Schlacht auf hoher See England nicht zum Frieden zwingen wird. Eine siegreiche Beeendigung des Krieges kann nur durch Zerstörung der wirtschaftlichen Existenz Großbritanniens durch den Einsatz von U-Booten zum Handelskrieg erreicht werden.‹ Am 1. Februar 1917 erklärte daher Deutschland wieder den uneingeschränkten U-Boot-Krieg. Die »Flotte wurde zum Heft der Waffe, deren scharfe Klinge das U-Boot darstellte« *(Scheer)*. Das heißt aber auch: Großbritannien war weiterhin nicht in der Lage, die Deutsche Bucht durch Minenfelder vollständig gegen U-Boote abzuriegeln, weil eine deutsche ›Fleet in being‹ verhinderte, daß britische Zerstörer dort patrouillierten. Der U-Boot-Krieg, den man auch als indirektes Ergebnis der Schlacht vor Jütland ansehen kann, mit all seinen Auswirkungen auf die neutralen Länder, war fast erfolgreich. Die Schiffsverluste stiegen so steil an, daß die britischen Nahrungsmittelreserven auf die Versorgungsmengen für sechs Wochen zusammenschrumpften; ähnliches galt für Bunkeröl, so daß die Bewegungen der Grand Fleet beschränkt werden mußten. Aber der U-Boot-Krieg sollte nicht die endgültige Entscheidung zugunsten Deutschlands herbeiführen. Als sich die Vereinigten Staaten am 6. April 1917 den Alliierten anschlossen, wurde die britische Marine durch so zahlreiche Zerstörer verstärkt, daß Jellicoe, unterstützt durch das frische

Blut aus der Grand Fleet, mit dem er dem britischen Admiralstab neues Leben eingeflößt hatte, eine wesentliche Änderung einführen konnte: Anstelle des wenig zweckmäßigen Verfahrens, Handelsschiffe durch Patrouillendienst auf Schiffahrtsrouten zu schützen, wurde das Konvoisystem eingeführt. Die Zahl versenkter Schiffe konnte dadurch schnell verringert werden.

Beatty war Jellicoes Nachfolger als Oberbefehlshaber der Grand Fleet geworden, aber trotz seiner aggressiven Führerrolle als Befehlshaber der Schlachtkreuzerflotte schlug er nach Übernahme des Oberbefehls keine wesentlichen Änderungen des Einsatzplans der Grand Fleet vor. Seine Macht zur Aufrechterhaltung der Blockade Deutschlands sollte nicht durch Verluste bei U-Boot-Angriffen gefährdet werden, selbst dann nicht, als der Verlust der *Vanguard*[202] durch ein nach Scapa Flow verlegtes Geschwader von sechs Großkampfschiffen unter dem Sternenbanner der USA mehr als ausgeglichen wurde. Eine wichtige Neuerung führte Beatty jedoch ein: Im April 1917 begann er, die Handelsschiffahrt mit Skandinavien, für deren Sicherheit er verantwortlich war, in Form von Geleitzügen durchzuführen. Neben einem U-Boot-Abwehrgeleit von zwei Zerstörern und einer Anzahl von bewaffneten Fischdampfern ließ er sie jeweils durch Kleine Kreuzer gegen Scheers Überwasserschiffe decken. Es dauerte sechs Monate, bevor Scheer diese Gelegenheit ergriff, den U-Boot-Krieg zu unterstützen, ohne die Existenz der Hochseeflotte aufs Spiel zu setzen. Am 17. Oktober 1917 brachen die deutschen Kleinen Kreuzer *Brummer* und *Bremse* über einen von Bergen nach Lerwick laufenden Geleitzug herein und versenkten zehn der zwölf Handelsschiffe nach Vernichtung der Begleitzerstörer *Mary Rose* und *Strongbow.* Zwei Monate später (12. 12. 1917) wiederholte Scheer diesen Erfolg mit vier großen Torpedobooten *(G 101, 103, 104* und *V 106).* Diesmal wurden alle sechs Handelsschiffe des angegriffenen Geleits sowie einer der beiden Begleitzerstörer, *Partridge,* versenkt.[203] Beide Male gelang es den Deutschen, den britischen Kreuzern auszuweichen.

Diese Erfolge des Gegners wurden jedoch durch ein weiteres Gefecht in der südlicheren Nordsee aufgewogen. Die in der Deutschen Bucht als eine der vielen britischen U-Boot-Abwehrmaßnahmen gelegten umfangreichen britischen Minensperren brachten Scheers Minensucher bei ihrer Arbeit bis zu 150 sm weit in die Nordsee hinaus. Als ihre Torpedobootsicherungen von Tyrwhitts Streitkräften angegriffen wurden, ließ der deutsche Flottenchef auch Großkampfschiffe zur Unterstützung seiner vorgeschobenen Streitkräfte auslaufen. Um sie zu fassen, entsandte Beatty Admiral Napier mit den Großen Kreuzern *Courageous* und *Glorious* auch zwei Geschwader Kleiner Kreuzer, unterstützt durch die Schlachtkreuzergruppe[204] sowie das I. Schlachtgeschwader bis hinunter nach Horns Riff. Im Morgengrauen des 17. November entdeckten sie bei schlechter Sicht vier deutsche Kleine Kreuzer und verfolgten sie, bis Napier um 09.30 Uhr die Minengefahr für zu groß ansah und seine größeren Schiffe zurückrief. Kontreadmiral Phillimore an Bord des Schlachtkreuzers *Repulse* hatte jedoch Nelsons Beispiel nicht vergessen: So wandte er diesem Rückrufsignal sein ›blindes Auge‹[205] zu und unterstützte die eigenen Kleinen Kreuzer weiter, bis sie wie erwartet deutsche Großkampfschiffe sichteten. Unter deren Feuer zogen sich die britischen Schiffe in der Hoffnung zurück, ihre stärkeren Gegner hinaus auf See zu ziehen, wo das britische I. Schlachtgeschwader wartete. Leider ließen sich Scheers schwere Schiffe nicht hinauslocken, und die britischen Streitkräfte mußten sich zurückziehen, ohne daß es auf beiden Seiten größere Schäden gegeben hätte.

Wären solche offensiven Operationen wiederholt worden, hätten sie vielleicht zu beträchtlichen britischen Erfolgen führen können. Angriffe durch trägergestützte Flugzeuge auf die Luftschiffhallen von Tondern führten jetzt jedenfalls zu Erfolgen, im Gegensatz zu ähnlichen Versuchen vor der Schlacht vor Jütland. Aber im Januar 1918 unterbreitete jedoch Beatty seine Lagebeurteilung in einem Memorandum, das vom britischen Kriegskabinett zustimmend zur Kenntnis genommen wurde. Danach war nach dem völligen Fehlschlag der alliierten Flandern-Offensive im voraufgegangenen Herbst die militärische Gesamtlage zu ernst, um eine absichtlich herbeigeführte Seeschlacht zu rechtfertigen, selbst angesichts der beträchtlichen zahlenmäßigen Überlegenheit der Grand Fleet mit ihren 43 Großkampfschiffen und Schlachtkreuzern (Scheer verfügte nur über insgesamt 24 Großkampfschiffe). Die Blockade mußte aufrechterhalten bleiben; daneben war die wichtigste Aufgabe der Marine der Sieg über die deutschen U-Boote. Alle übrigen Anstrengungen der Nation mußten darauf konzentriert werden, das Heer zu stärken, das so furchtbare Verluste erlitten hatte. Gemeinsam mit der französischen Armee hatte es die Deutschen zurückzuhalten, die nach dem Zusammenbruch Rußlands[206] ihre Westfront mit aus dem Osten abgezogenen Truppen verstärkt hatten, bis das volle Gewicht der amerikanischen Armee etwa ab 1919 in die Waagschale geworfen werden konnte. Flottenaktionen blieben dennoch immer möglich; die Katastrophen der skandinavischen Geleitzüge hatten Beatty gezwungen, diesen als Deckung eine Division Großkampfschiffe beizugeben. Scheer konnte durchaus versuchen, eine solche Teilstreitmacht mit seiner ganzen Hochseeflotte anzugreifen. Einerseits begrüßte Beatty eine Gelegenheit, seine bei Jütland verlorenen Schiffe zu rächen. Andererseits befürchtete er, daß ein deutscher Vorstoß gerade dann erfolgen könnte, wenn die Deutschen kurz vorher turnusmäßig ihren Geheimkode geändert hatten und bevor ›Room 40‹ ihn hatte knacken können, so daß die Admiralität ihn nicht so frühzeitig warnen konnte, daß die Grand Fleet rechtzeitig auf dem Schlachtfeld erscheinen konnte, bevor der Feind vier britische Schlachtschiffe überwältigt hatte. Genau das wäre im April 1918 beinahe passiert. Scheer war durch Erfahrung klug geworden und hielt seine Absichten geheim, indem er seinen Einheiten den unnötigen Gebrauch der FT-Anlagen verbot. Zum Glück für den fraglichen Geleitzug war Scheers eigene Information ebenfalls fehlerhaft. Der Geleitzug war bereits im Firth of Forth, als die Hochseeflotte erst die norwegische Küste erreicht hatte. Und als Hippers Schlachtkreuzer dann noch eine vergebliche Suchaktion in Richtung Bergen vorantrieben, verlor der Schlachtkreuzer *Moltke* eine Schiffsschraube, und ein Maschinenraum lief voll. Die Funkmeldung des Kommandanten über die Marschunfähigkeit des Schiffes wurde von der Admiralität aufgefangen. Die Grand Fleet lief aus Rosyth aus, wohin sie kurz vorher von Scapa Flow aus verlegt worden war. Scheer war sich jedoch darüber im klaren, daß der Funkspruch von *Moltke* ihn um das Überraschungsmoment gebracht hatte, auf dem sein ganzer Plan beruhte. Er verlor daher keine Zeit und befahl den Rückzug der Hochseeflotte in Richtung Helgoland, nachdem er das Linienschiff *Oldenburg* abgestellt hatte, um den havarierten Schlachtkreuzer einzuschleppen. Bei Einbruch der Nacht stand Scheer bereits südlich der Vormarschlinie Beattys, so daß er die Jade ohne weiteren Vorfall erreichte, ausgenommen einen von einem britischen U-Boot erzielten Torpedotreffer auf der glücklosen *Moltke*.

Der Sommer 1918 brachte eine erstaunliche Wende im Kriegsglück der Alliierten. Im April waren die Deutschen über die kühnen Angriffe auf Zeebrugge und Ostende durch Admiral Keyes[207] bestürzt, obwohl diese U-Boot-Stützpunkte nicht für längere Zeit blockiert waren. Ludendorffs Frühjahrsoffensive, die *Kaiserschlacht* in der Champagne, hatte ihr Angriffsziel Paris beinahe erreicht. Aber dank einer Million frischer amerikanischer Soldaten konnten die Alliierten an der Marne einen vernichtenden Gegenschlag führen. Am 8. August, ›dem schwarzen Tag des deutschen Heeres‹ (wie Ludendorff ihn nannte), kam Haig, dessen Soldaten noch vor kurzem ›mit dem Rücken zur Wand‹ gekämpft hatten, 14 km voran. Im September befanden sich Ludendorffs Truppen an der ganzen Westfront im Rückzug. Vor allem aber hatte die Blockade durch die Grand Fleet – früher als erwartet – den deutschen Durchhaltewillen ausgehöhlt. Seit über einem Jahr hatte der Reichstag unter dem Druck der Sozialdemokraten unter Erzberger gestanden, Friedensverhandlungen einzuleiten. Nun stand er nicht nur unter dem Eindruck einer möglichen militärischen Niederlage, sondern war auch mit einer drohenden Revolution konfrontiert, die aus dem Unmut der Bevölkerung über wachsende Versorgungsschwierigkeiten, insbesondere bei Lebensmitteln, erwuchs, unter denen das Volk litt. Am 5. Oktober wandte sich der neue Kanzler, Prinz Max von Baden, an den amerikanischen Präsidenten Wilson mit der Bitte um einen Waffenstillstand. Gleichzeitig entstand der Eindruck, daß Admiral Scheer, der im Juli Chef des Admiralstabes geworden war, das Auslaufen der Hochseeflotte zu einem letzten Gefecht befehlen würde. Selbst ein Teilerfolg der Flotte, so schien er zu folgern, wäre eine nützliche Trumpfkarte für die Verhandlungen am Konferenztisch. Hipper, nunmehr Flottenchef, plante einen Angriff auf die Schiffahrt vor der Themsemündung, der durch die Hochseeflotte in der Hoffnung gedeckt werden sollte, daß sich die Grand Fleet so weit nach Süden locken lassen würde, daß sie vor Terschelling zum Kampf gezwungen werden konnte. Welchen Erfolg dieser ›Todesritt‹ der deutschen Flotte gehabt hätte, ob die Grand Fleet den Schauplatz hätte erreichen können und wie der Kampf geendet hätte, sollte sich niemals mehr erweisen. Die deutsche Hochseeflotte, bei der es bereits im Juli und August 1917 zu ernsten Meutereien gekommen war, hatte zu lange untätig im Hafen oder auf Reede gelegen. Die Moral ihrer Besatzungen war nicht mehr stark genug, um der Unzufriedenheit zu widerstehen, die in Deutschland die Oberhand zu gewinnen begann. Als Hipper am 29. Oktober 1918 den Auslaufbefehl gab, verweigerten seine Schiffe den Gehorsam und hißten die rote Flagge. Der U-Boot-Krieg, des Kaisers einzige Hoffnung auf einen Sieg zur See, war zu diesem Zeitpunkt bereits eingestellt worden.

Jellicoe hatte in der Zwischenzeit den Marinestab zwar vollständig reorganisiert, um die Admiralität leistungsfähiger zu machen, und war von der Notwendigkeit des Geleitzugsystems überzeugt. Trotzdem sollte es ihm nicht vergönnt sein, die Früchte dieser Maßnahmen zu ernten. Sein Pessimismus ließ ihn Lloyd Georges Vertrauen verlieren; im Gegensatz zu Beatty war ihm die Presse nicht gerade freundlich gesinnt; er konnte die autokratischen Methoden des Ersten Lords der Admiralität, Sir Eric Geddes[208, 209], auf die Dauer nicht hinnehmen. Ende 1917 wurde er plötzlich entlassen und durch den gefügigeren Wemyss[210] ersetzt, der somit zum Vertreter der Royal Navy bei den Waffenstillstandsverhandlungen wurde. Aufgrund der hartnäckigen Forderungen Beattys verlangte Wemyss strikt die Übergabe der deutschen Flotte. Dagegen opponierten nicht nur die deutschen Delegierten, sondern auch der amerikanische Admiral Benson. Marschall Foch, den die Verbündeten zuletzt noch als Oberbefehlshaber der alliierten Streitkräfte akzeptiert hatten und dessen Hauptanliegen eine schnelle Beendigung des Massensterbens an den Landfronten war, erzwang einen Kompromiß: die U-Boote sollten ausgeliefert, die Hochseeflotte dagegen bis zur Klärung ihres Schicksals durch eine Friedenskonferenz interniert werden. Am 11. November 1918 konnte König Georg V. in sein Tagebuch schreiben: ›Der große Tag ist gekommen. Wir haben den Krieg gewonnen.‹ Neun Tage nach dem Waffenstillstand lief der größte Teil der deutschen Hochseeflotte zur letzten Fahrt aus. Am Morgen des 21. November 1918 traf sie in der Nordsee mit der Grand Fleet zusammen, ohne einen Schuß abzugeben. Ein Triumph[211] ohne Parallele in der britischen Geschichte, dessen Glanz nur dadurch getrübt wurde, daß Beatty es unterlassen hatte, die Admirale Fisher und Jellicoe einzuladen, ihn als seine Gäste an Bord des Flaggschiffs *Queen Elizabeth* mitzuerleben.[212] ›Die deutsche Kriegsflagge ist bei Sonnenuntergang niederzuholen‹, signalisierte Beatty, nachdem die deutsche Hochseeflotte im Firth of Forth Anker geworfen hatte. ›Sie darf ohne Erlaubnis nicht wieder gehißt werden.‹[213]

Mochte der Ruhm der Royal Navy durch ihr Unvermögen, vor Jütland einen großen Sieg zu erkämpfen, auch gelitten haben, nun strahlte er hell im Zenit. Die entscheidenden Folgen dieser Schlacht waren jetzt klar. Das Unvermögen, die Blockade durch die Grand Fleet zu durchbrechen, hatte Scheer gezwungen, wieder zur Waffe des uneingeschränkten U-Boot-Krieges zu greifen. Diese war nicht nur besiegt worden, sondern hatte Amerika auf seiten der Alliierten in den Krieg gezwungen. Die Auswirkungen der Blockade auf das deutsche Volk und in geringerem Maße die Ankunft amerikanischer Truppen in Frankreich hatten die alliierten Armeen in die Lage versetzt, Deutschlands militärische Macht niederzuringen. Die deutsche Hochseeflotte starb mit der Unterzeichnung des Friedensvertrages von Versailles im Juni 1919; unter Ausnutzung der vorteilhaften Waffenstillstandsbedingungen, wonach die deutschen Besatzungen ohne Behinderung[214] durch britische Wachen an Bord ihrer Schiffe bleiben durften[215], versenkten die Deutschen ruhmlos ihre Schiffe in den ruhig-geduldigen Wassern von Scapa Flow.[216] Die bombastische Bezeichnung ›Hochseeflotte‹ ließ selbst Hitler niemals wieder aufleben[217]; denn nichts hätte vollständiger sein können, als das Versagen dieser Flotte bei dem Versuch, das Ziel des arroganten Wilhelm II., der nun als abgedankter Monarch im neutralen Holland im Exil lebte, und seines Apostels, Großadmirals von Tirpitz, zu erreichen: Großbritanniens Vorherrschaft auf den Meeren zu brechen.

Die Schlacht vor Jütland war kriegsentscheidend; denn sie hatte den Alliierten den Sieg in diesem Krieg ermöglicht – aber eine Studie dieser Schlacht kann nicht mit dieser Feststellung schließen. Zwei Fragen sind zu beantworten: Warum führte die Schlacht vor Jütland nicht zu einem klaren Sieg für einen der Gegner? Und zweitens: Hätten Jellicoe oder Scheer sie zu einem solchen klaren Sieg gestalten können? Was den deutschen Flottenchef anbelangt, ist die Beantwortung der ersten Frage schnell und einfach: Er hatte Befehl, jeden Kampf mit mehr als einem ihm unterlegenen Teil der Grand Fleet zu vermeiden. Was die zweite Frage betrifft, war Deutschland eine Landmacht, deren Hauptwaffe eine hervorragende Armee war, die einen Sieg über Frankreich errungen hätte, wäre sie nicht voreilig in einen Zweifrontenkrieg geworfen worden. Die fehlende Erkenntnis, daß die Seemacht Großbritanniens auf seiner Handelsmarine wie auf der Royal Navy beruhte, hatte Tirpitz in den grundlegenden Fehler verfallen lassen, eine Überwasserflotte zu bauen, deren Schiffe wegen ihrer mangelnden Fahrtdauer nicht aus der Nordsee ausbrechen und gegen die britische Handelsschiffahrt in aller Welt operieren konnten. Die Bedeutung dieser Lehre sollte sich dann die Kriegsmarine des Dritten Reiches schnell zu eigen machen. Die Aussichten, durch eine Seeschlacht im Jahre 1916 oder später der Grand Fleet genügend Verluste zuzufügen, um dadurch ihre Blockade zu brechen, waren zu gering, um das Risiko größerer Verluste der Hochseeflotte zu rechtfertigen, die Deutschland nicht mehr ersetzen konnte. Als die U-Boot-Waffe bewiesen hatte, daß sie dem Lebensnerv Großbritanniens so viel mehr Schaden zufügen konnte, mußte die Hochseeflotte am zweckmäßigsten als ›Fleet in being‹ intaktgehalten werden, um eine britische Nahblockade der deutschen U-Boot-Stützpunkte zu verhindern, um die britischen Zerstörer in Atem zu halten, die sonst zur Bekämpfung der U-Boote eingesetzt worden wären, und schließlich um zu gewährleisten, daß die Alliierten das Gros ihrer Seestreitkräfte nicht für Operationen einsetzen konnten, die die Heimat direkt gefährdet hätten, wie zum Beispiel Landeoperationen an der deutschen Nordseeküste.

Die Beantwortung der beiden Fragen aus Jellicoes Sicht erfordert dagegen eine eingehendere Analyse. Mängel wie die Fehler und Unterlassungssünden im Signalwesen, die von britischen Einheiten begangen wurden, waren bereits im Gefecht auf der Doggerbank und bei anderen Operationen der ersten Kriegsjahre in der britischen Marine aufgetreten. Man hätte aus diesen Fehlern lernen können und müssen. Dazu gehörten auch die Versäumnisse der britischen Admirale und Kommandanten, die Feindsichtmeldungen unterließen; ungenügende Zusammenarbeit zwischen ›Room 40‹ und dem Operationsstab im Lageraum der Admiralität; schlechte artilleristische Leistungen und mangelhafte Konstruktion von Schiffen und Granaten. Dennoch kann keiner dieser an sich schwerwiegenden Gründe als ausreichende Erklärung dafür angesehen werden, daß es der Grand Fleet mit ihrer überwältigenden Übermacht und dem Nimbus der Royal Navy als einer fast unbesiegbaren Streitmacht am 31. Mai 1916 nicht gelungen war, als Sieger aus der Schlacht hervorzugehen. »Wer nie im Kriege Fehler gemacht hat, hat nie Krieg geführt« *(Marschall Turenne)*. Die Gründe lagen tiefer und erhellten eine zeitlose Wahrheit für alle, deren Beruf der Krieg auf See ist.

Am Nachmittag (des 1. Juni) kam Beatty ins Kartenhaus der *Lion*. Er setzte sich müde und niedergeschlagen auf die Bank und schloß die Augen. Unfähig, seine Enttäuschung über den Ausgang der Schlacht zu verbergen, wiederholte er mit müder,

Der Führer der deutschen Aufklärungsstreitkräfte, Vizeadmiral Franz Hipper, steigt während der Schlacht von seinem schwer getroffenen Flaggschiff, dem Schlachtkreuzer ›Lützow‹, mit seinem Stab auf das Torpedoboot ›G 39‹ über, das ihn in der Nacht an Bord des Schlachtkreuzers ›Moltke‹ bringt (Reproduktion eines Gemäldes von Prof. Bohrdt).

Von den Granaten der deutschen Schlachtkreuzer ›Seydlitz‹ und ›Derfflinger‹ getroffen, fliegt der britische Schlachtkreuzer ›Queen Mary‹ (Explosionswolke rechts) in die Luft.

tonloser Stimme: »Da stimmt etwas nicht mit unseren Schiffen.« Dann blickte er auf und fügte hinzu, *»und da stimmt etwas nicht mit unserem System«*[218] *(Chalmers).*

Die Entwicklung der ›Großen Kanonen‹, mit ihrer Aufstellung in Breitseitbatterien, hatte den Artilleriekampf zwischen Flotten in Kiellinie als zweckmäßigere Alternative zum Kampf Schiff gegen Schiff erzwungen, der alle Seeschlachten vor der Armada (1588) gekennzeichnet hatte. Die neue Taktik wurde durch Blake, Deane und Monk gegen die Holländer bei Gabbard und Scheveningen (1653) erfolgreich angewandt. Die ›Fighting Instructions‹ (Operationsbefehle) der Royal Navy von 1691 hatten das Prinzip der zentralisierten Führung hinzugefügt. Sie schrieben nicht nur den Artilleriekampf in Kiellinie vor, sondern verboten jede Abweichung, ›bis die Hauptmacht des Gegners außer Gefecht gesetzt oder in die Flucht geschlagen ist‹. Die Schlachtflotte war zwar in Vorhut, Gros und Nachhut gegliedert; trotzdem sollte sie durch den Befehlshaber vom Zentrum aus straff geführt werden. (›Der Generalkapitän muß sich beim Mittelgeschwader befinden, damit er die Schiffe überblicken kann, die vor ihm segeln und die ihm folgen‹, schrieb Alonzo de Chavez im Jahre 1530.) Der Ausgang der Seeschlachten von Barfleur (1692) und Malaga (1703), bei denen Admiral Rooke allen Kommandanten schlimmste Strafen angedroht hatte, wenn sie die Schlachtlinie ohne Befehl verließen, schien die Richtigkeit dieser Vorschriften zu bestätigen. Im 18. Jahrhundert waren viele Admirale davon überzeugt, daß das Artillerieduell in Kiellinie die einzige Taktik sei, eine Seeschlacht siegreich zu schlagen; dadurch versäumte Graves die Gelegenheit, die französische Flotte unter De Grasse am Chesapeake (1781) zu vernichten. Dennoch gab es immer wieder einige, die von der starren Regel abwichen, nur einen Teil der Linie des Gegners angriffen und den Preis für ihren Mißerfolg bezahlten, insbesondere Mathews bei Toulon (1744) und (der nach Kriegsgerichtsurteil hingerichtete) Byng vor Menorca (1756). Es gab auch eine dritte Schule: Sie hatte die beschränkte Gültigkeit dieser *Permanent Fighting Instructions* erkannt, wenn sie starr gegen eine französische Flotte angewandt wurden, die sich nur widerwillig zur Schlacht stellte, und entwickelte eigene Abwandlungen. So durchbrach Rodney die feindliche Linie bei Saintes (1782) mit einem solchen Erfolg, daß niemand ihn zu kritisieren wagte. Schließlich aber, was noch wichtiger war, gab es kühne

Männer, die die *Instructions* ignorierten: Anson in der ersten Schlacht von Finisterre (1747), Hawke in der Quiberon Bay (1750) und Byron vor Granada (1779) befahlen eine allgemeine Verfolgung, sobald sie erkannten, daß ein Artilleriegefecht zwischen in Kiellinie laufenden Flotten unmöglich war, weil ihre französischen Gegner ihnen auswichen. Ihren Todesstoß erhielten die *Permanent Fighting Instructions* durch die Erfolge solcher ketzerischer Neuerer und endgültig durch die Siege Boscawens bei Lagos (1759) und Rodneys in der Schlacht bei Kap St. Vincent (1780).[219] Ihre Nachfolger nutzten dann den Vorteil der von Howe, Kempenfelt und Popham entwickelten Signalkodebücher. Mit Hilfe der neuen Taktik durchbrach Howe die Kiellinie des Feindes an vielen Punkten in der Schlacht am Glorreichen 1. Juni (1794). Bei St. Vincent (1797) verließ Nelson die Kiellinie, um einer möglichen Flucht des Feindes zuvorzukommen, und Jervis, dem diese Aktion gefiel, befahl seinen Schiffen, Nelson dabei zu unterstützen. Bei Camperdown (1797) griff Duncan in zwei Kolonnen an und spaltete die Schlachtlinie der Niederländer in drei Teile. Bei Trafalgar (1805) schließlich griff Collingwoods Division den Schluß der Schlachtlinie Villeneuves an, während Nelson in der Mitte durchbrach und die französisch-spanische Flotte in heillose Verwirrung stürzte.

Aus Erfahrungen dieser Jahrhunderte kristallisierten sich zwei Lehren heraus: Das zentral geleitete Artillerieduell von in Kiellinie kämpfenden Flotten war nur selten entscheidend. Die *Fighting Instructions* durften daher nicht als unabänderlicher Befehl betrachtet werden. Dennoch kehrte nach dem Sieg über Napoleon die alte Starrheit wieder ein, als 1816 eine Neuauflage der *Instructions* in der Royal Navy eingeführt wurde. Wie das Geleitzugsystem wurde somit ein weiteres wertvolles Stück Erfahrung in die Rumpelkammer angeblich irrelevanter Vergangenheit verbannt. Der Artilleriekampf in Kiellinie wurde als Grundlage der Flottentaktik erneut eingeführt, weil »dies die Befehlshaber der unbequemen Notwendigkeit enthob, unaufhörlich scharf und systematisch vorausdenken und im Ernstfall rasch Änderungen befehlen zu müssen. Indem man Untergebenen keinerlei Verantwortung überläßt, nimmt man ihnen auch die Möglichkeit, Fehler zu machen« *(Richmond)*. Die einzig annehmbare Lösung der wahrscheinlichen Pattsituation schien die durch Tsuschima (1905) bewiesene, allerdings schwer zu verwirklichende Taktik zu sein, sich auf einen Teil der feindlichen Linie zu konzentrieren, indem man vor oder hinter dieser im fast rechten Winkel die eigene Flotte vorbeizog, d. h. das sogenannte ›Kreuzen des T‹ (Crossing the T). Trotzdem befürworteten einige wenige Admirale eine weitere Lösung, die dezentralisierte Taktik. Admiral Sir William May hatte als Oberbefehlshaber der britischen Home Fleet in den Jahren 1910–11 zahlreiche Manöver durchgeführt, bei denen die Divisionsadmirale verhältnismäßig freie Hand zum Manövrieren ihrer Schiffe erhielten, um überlegene eigene Kräfte jeweils auf einen Teil der gegnerischen Linie konzentrieren zu können. Mit seinen eigenen Worten: »Die Aufteilung der Flotte gibt Untergebenen die erforderliche Freizügigkeit. Dadurch packt man das Übel der rein defensiven Formation der Kiellinie an der Wurzel und erreicht ein offensives Vorgehen.« Die Koordination solcher Angriffe war allerdings schwierig, und Mays Nachfolger gab sie wieder auf. Callaghan ließ sie erneut aufleben, und auch Jellicoe machte sie sich, wenn auch in abgewandelter Form, zu eigen, insbesondere für sein schnelles V. Schlachtgeschwader. Trotzdem tat er während der vielen von ihm in den drei Jahren vor der Schlacht vor Jütland durchgeführten Manöver wenig, um mit Schiffen etwas anderes einzuüben als die starre Gefechtskiellinie. Jellicoes klinischer Verstand befaßte sich zu sehr mit zentralisierter Befehlsgewalt. Er gab Schlacht*befehle*, keine *Anweisungen*, und das Konzept blinden Gehorsams, der seinen Untergebenen anerzogen war – »Jeder Offizier hat den Bewegungen des anwesenden Vorgesetzten hinsichtlich der Durchführung jeder Evolution oder der Erfüllung eines Auftrags zu folgen« *(King's Regulations and Admirality Instructions)* –, führte dazu, daß diese 75 Seiten allgemein als Dogma akzeptiert wurden, außer von den draufgängerischen jungen Zerstörerkommandanten. Jellicoe entmutigte alle, die auf Veränderungen drängten, vor allem Sturdee, der überzeugter Anhänger der ›dezentralisierten Taktik‹ war und nach Jütland sagte: »Hätte ich die Position der Steuerbordflügelkolonne innegehabt, hätte ich den Signalbefehl zur Entwicklung der Gefechtslinie ignoriert und mein Geschwader auf die andere Seite der Deutschen geführt. Will man seinen Feind vernichten, muß man ihn in einem Netz fangen.« Da ihm der ›Nelson-Geist‹ fehlte, erwartete Jellicoe von seinen Kommandanten stets unbedingte Befolgung schriftlicher Befehle. Er erkannte nicht, daß bei einer so großen Flotte, die er gar nicht ganz überblicken konnte, der Erfolg von persönlichen Interpretationen seiner Absichten abhängen würde – und von der Initiative seiner Admirale und Kommandanten bei der Ausführung unter Berücksichtigung der jeweiligen Umstände.

Zwei dieser Umstände waren für das Geschehen vor Jütland von besonderer Bedeutung: die herrschende schlechte Sicht und die wenigen Stunden Tageslicht, nachdem die Schlachtflotten in Gefechtsberührung gekommen waren. »War es denn wahrscheinlich, daß die schwächere und weniger schwer bestückte deutsche Flotte sich selbst der Vernichtung aussetzen würde, um unserer Konzeption einer Seeschlacht zu entsprechen?« *(Dewar)*.

> Als die Grand Fleet nun in Sicht gekommen war (schrieb Kapitän Cowan, Kommandant der *Princess Royal*) und in Schußweite (vom Feind) stand, hätten wir am liebsten unsere Mützen in die Luft geworfen. Die Lage schien uns die Gewißheit zu geben: Jetzt hatten wir sie! Die Deutschen sahen sich unserer überlegenen Schlachtflotte gegenüber, die nach zwei Jahren des Wartens nach Blut lechzte. Dann aber begann die verzweiflungsvolle, pompöse Entwicklung der Grand Fleet zur Schlachtordnung. Ich habe ihren Wert nie begreifen können. *Wir* wollten nur, daß sich wenigstens *eine* ihrer Divisionen uns anschloß und uns die zusätzliche Schlagkraft verleihen würde, die wir brauchten, um die Spitze der feindlichen Linie zu zerschmettern.

Die 27 britischen Großkampfschiffe (d. h. ohne *Warspite*) hätten einen ganz anderen Erfolg gegen die nur 16 Großkampfschiffe und sechs älteren Linienschiffe der deutschen Hochseeflotte erzielen können, wenn sich Jellicoes II. und IV. Schlachtgeschwader östlich, das IV. und V. Schlachtgeschwader dagegen westlich der feindlichen Linie zum Gefecht entwickelt hätten. Dann hätte Scheers Gefechtskehrtwendung der deutschen Flotte wenig genützt. Zwischen dem Feuer zweier Teilstreitkräfte, von denen jede seiner eigenen nur unwesentlich nachstand, wäre Scheer gezwungen gewesen, die Schlacht anzunehmen oder eine Flucht nach Süden zu versuchen, wobei Mauves langsames II. Geschwader vernichtet worden wäre. Da Tyrwhitts und Bradfords Schiffe vor ihm gestanden hätten, hätte Scheer nur sehr geringe Hoffnung haben können, daß mehr als ein Bruchteil seiner Flotte auf einer der südlichen Routen den Hafen erreichen würde. Natürlich ist es sehr viel leichter, das heute zu erkennen, als es an jenem 31. Mai 1916 für Jellicoe war, dies zu befehlen, oder für Burney, es auf eigene Initiative zu tun. ›Keiner meiner Kritiker‹, schrieb Jellicoe, ›scheint sich darüber im klaren zu sein, wie sehr der Mangel an Informationen über die Hochseeflotte und die schlechte Sicht meinen Einsatz der Flotte beeinträchtigt haben.‹[220] Weder Jellicoe noch Beatty dürfen herabgesetzt werden, weil ihnen geniale Eigenschaften fehlten.

Der zweite Hauptgrund für das magere Ergebnis von Jütland war Jellicoes Vorsicht. Diese hatte er in seinem Memorandum an die Admiralität bereits im Oktober 1914 offen dargelegt (siehe Seiten 44/46); durch sein zweimaliges Abdrehen vom feindlichen Torpedofeuer weg und seine sehr langsame Reaktion auf die beiden Gefechtskehrtwendungen Scheers hat er sie dann unter Beweis gestellt. »Die Lehren dieses Kampfes, die sich in meine Seele eingebrannt haben, waren diese: Nimmt man nicht jede Gelegenheit sofort wahr, wenn sie sich bietet, kehrt sie niemals zurück. Und ferner: Wenn eine überlegene Flotte die Chance zum Zuschlagen hat, ist es besser, gar nicht mehr an Torpedos zu denken. Die durch deutsche Torpedoangriffe an jenem Tag verursachten Schäden waren verschwindend gering, verglichen mit der Wirkung ihres Artilleriefeuers« *(Cowan)*. Jellicoe hatte 1916 den während einer Seeschlacht durch U-Boot-Angriffe drohenden Gefahren zu große Bedeutung beigemessen; er nahm ferner unbegründeterweise an, daß der Gegner in seinem Kielwasser Minensperren hinterlassen würde; dem feindlichen Torpedoeinsatz maß er eine Bedeutung zu, die er nie verdiente (in beträchtlichem Gegensatz zu der geringen Bedeutung, die er dem Einsatz der Torpedowaffe durch seine eigenen Schiffe zuerkannte). Seine Vorsicht beruhte auf vier Faktoren[221]: Einer lag in der Geistesart, mit der er an Probleme heranging. Der zweite entsprang der übermäßigen Beschäftigung der Royal Navy mit technischen Erfindungen, die im Vorkriegsjahrzehnt so reiche Blüten getrieben hatten, und in der Wichtigkeit, die man der materiellen Überlegenheit im ›Dreadnought‹-Wettrüsten mit Deutschland beimaß. Damit einhergegangen war eine zunehmende Vernachlässigung des menschlichen Elements insbesondere der Heranbildung von ›Kommandanten für den Krieg‹ anstelle von ausschließlichen ›Schiffskapitänen‹. »Der Künstler ist größer als sein Material, der Kämpfer stärker als seine Waffen. An den Männern lag es, nicht so sehr an ihren Waffen, daß die (britische) Marine des 18. Jahrhunderts ihren endgültigen Triumph erkämpfen konnte« *(Mahan)*. Der dritte Faktor war von einer Art, mit der sich seit den Tagen der Armada kein britischer

Admiral konfrontiert gesehen hatte: Als Rodney, Howe, Jervis und Nelson ihre Siege errangen, hatten sie dabei jeweils nur ein Drittel der britischen Schlachtflotte aufs Spiel zu setzen brauchen. Die Strategie des deutschen Kaisers hatte die Admiralität gezwungen, die ganze Marine einem einzigen Mann anzuvertrauen. Selbst wenn Nelsons 27 Segellinienschiffe durch Villeneuve bei Trafalgar vernichtet worden wären, hätte Großbritannien zur Verteidigung des Kanals noch immer über 54 Linienschiffe verfügt; Jellicoe durfte nur eine kleine Handvoll der Dreadnoughts seines Landes riskieren, ›um alles zu gewinnen oder zu verlieren‹.

> Jellicoes vierte Rechtfertigung war noch fundamentalerer Art: Es ist absolut notwendig, den Krieg als Ganzes zu betrachten, und jene engstirnige Beschränkung zu vermeiden, die darin liegt, unser Augenmerk ausschließlich auf die deutsche Flotte zu richten. Wir müssen *Deutschland* aushungern und kampfunfähig machen, *Deutschland* vernichten. Die Vernichtung der deutschen Flotte ist ein Mittel zum Zweck, nicht aber das Ziel an sich. Wenn wir in dem Bemühen zur Vernichtung der deutschen Flotte Risiken eingehen, die unseren Erfolg im Kampf um das höhere Ziel, der Vernichtung Deutschlands, gefährden können, dann sind solche Risiken zu groß *(Richmond)*.

Schnell aufeinanderfolgende Regierungen ohne Erfahrung und mit geringen Fachkenntnissen in Sachen Kriegführung hatten es zugelassen, daß das Kriegsministerium die relativ geringe Heeresmacht Großbritanniens auf den Kontinent geworfen und dadurch die Verteidigung Frankreichs zu einem Eckstein der britischen Strategie gemacht hatte. (Die Befürchtung, Großbritannien müsse eine Niederlage erleiden, wenn die Kanalhäfen fielen, stellte sich 1940 als Irrtum heraus.) Die britische Flotte, die mächtigste der Welt, erhielt eine zweitrangige Rolle. Zu wenige Soldaten waren für den eigentlichen Zweck des britischen Heeres übriggeblieben: amphibische Operationen gegen die feindlichen Flanken. Großbritannien und das Empire hatten sich verleiten lassen, eine Generation junger Männer in Flandern zu verheizen und mehr aufzuwenden, als sie sich leisten konnten, um diese Anstrengungen weiter zu unterstützen. Die Flotte mußte nur sicherstellen, daß der Zustrom von Menschen und Material nach Nordfrankreich nicht unterbrochen wurde und verhindern, daß das deutsche Kriegspotential durch Importe aus Übersee gestärkt wurde. Diese Rolle war im wesentlichen defensiv; die britische Flotte sollte nicht zur Vernichtung einer Feindflotte aufs Spiel gesetzt werden, deren Einfluß auf die Kampfhandlungen in Frankreich nur sehr gering war, insbesondere weil sie auch dafür benötigt werden konnte, den Handel gegen eine weitere im Atlantik aufmarschierende Flotte zu schützen, falls die Vereinigten Staaten durch die britische Blockade provoziert würden, an der Seite Deutschlands in den Krieg einzutreten. »Nur der Dummheit der Deutschen haben es die Engländer zu verdanken, daß sie aus einer überaus ernsten Situation befreit worden sind, die sich in ihren Beziehungen zu diesem Lande (den USA) im Frühjahr 1916 entwickelt hatte« *(Robert Lansing, amerikanischer Außenminister).* Nachdem die ersten Kriegswochen die alliierten Armeen in einen Kampf gezogen hatten, der ein jahrelanges Patt in Frankreich bedeutete, hätte niemand befürworten können, die Grand Fleet solle zur Vernichtung der deutschen Hochseeflotte aufs Spiel gesetzt werden. »Selbst erfahrenste Befehlshaber hätten wahrscheinlich wie Jellicoe gehandelt: auf seine Waffe verließ sich die Welt. Er war nicht bereit, unkalkulierbare Risiken einzugehen« *(Chatfield).* »Er kämpfte dafür, einen deutschen Sieg unmöglich zu machen, statt einen britischen Sieg sicherzustellen« *(Falls).* Aber »die Erkenntnis, daß eine entscheidende Schlacht in einer bestimmten Situation nicht notwendig ist und nicht durch ein zu großes Risiko erkauft werden darf, sollte keinesfalls zu einer von defensiver Denkweise bestimmten Taktik führen« *(Churchill).*

Beatty erkannte die erste dieser Ursachen des mageren Erfolgs vor Jütland nicht nur: während Jellicoe seine *Battle Orders* um einige Punkte ergänzte, die sich in der Schlacht als notwendig erwiesen hatten, und Nachtschießübungen einführte, nahm sein Nachfolger als Oberbefehlshaber eine vollständige Revision der gesamten Befehlsanweisungen vor, die 1917 herauskam und einen

> klaren Fortschritt im taktischen Denken darstellte. Die äußerst mathematischen Prinzipien, die ihren Höhepunkt in der starren Schlachtordnung althergebrachter Form gefunden hatten, verschwinden, und an ihre Stelle tritt jetzt eine kurze, knappe Darlegung von Prinzipien, die durch ein hohes Maß an Mut und Risikofreudigkeit geprägt sind. Hätten solche Anweisungen bereits am 31. Mai letzten Jahres existiert und hätten die Offiziere (der Royal Navy) den Geist dieses Operationsbefehls

bereits damals schon gründlich verstanden und danach gehandelt, so hege ich nur einen äußerst geringen Zweifel an der Vernichtung der Hochseeflotte an diesem Tag. Gerechterweise muß man natürlich anerkennen, daß diese neuen Anweisungen teilweise auf Erfahrungen aus jener Schlacht beruhen *(Richmond)*.

Allerdings sollte Beatty nie Gelegenheit erhalten, diese neuen Anweisungen in Wirklichkeit zu erproben, oder zu beweisen, daß seine Taktik trotz des Zwanges zu einer Defensivstrategie von keinerlei Defensivgeist beeinflußt war. Man kann vielleicht sagen, Jellicoe habe nicht genügend Feuer gehabt, aber fairerweise muß man zugeben, Beatty habe vielleicht zuviel gehabt. Vielleicht hätte er die ganze Grand Fleet so ohne Rücksicht auf Verluste geführt wie seine Schlachtkreuzerflotte in den ersten Phasen der Schlacht vor Jütland. Beschließen wir diesen Gedankengang mit klugen Worten aus einer deutschen Feder[222]:

> Da gibt es jene, die darauf bestehen, die (britische) maritime Strategie der Vorsicht sei ein Fehler gewesen. Sie behaupten, das Versäumnis, die alliierten Flotten bei günstiger Gelegenheit aggressiv einzusetzen, habe zu einer unnötigen Verlängerung des Krieges geführt; daß der U-Boot-Krieg und die gewaltigen Verluste in zweifelhaften Landschlachten bewiesen hätten, die Politik der vorsichtigen Bewahrung habe ein größeres Risiko in sich getragen, als man bei Verfolgung einer aggressiven Strategie und Taktik zur Erzielung entscheidender Siege auf See hätte eingehen müssen. Es gilt anzuerkennen, was durch Seemacht wirklich erreicht worden ist. Gleichzeitig ist festzustellen, daß die Flotten sich bietende Gelegenheiten, mehr zu erreichen, nicht ergriffen haben. *Die Wurzel des Übels lag nicht in einzelnen, als vielmehr in dem System, das sich allein mit materiellen Vorbereitungen zufriedengegeben, die Entwicklung von Plänen für die eigentliche Kriegführung und der für Seekriege erforderlichen menschlichen Fähigkeiten jedoch vernachlässigt oder unvollständig gelassen hatte.*[223]

Aber ein dogmatisches taktisches System, das kein entscheidendes Ergebnis herbeiführen konnte, verknüpft mit einer zu starren Konzeption des Gehorsams gegenüber Befehlen, bildete jedoch nur eine der Ketten, die Jellicoes und Beattys Hände fesselten.

Dazu kam auch eine verfehlte Strategie, die Großbritanniens Hauptwaffe ignorierte und die überlegene Royal Navy nicht dazu einsetzte, die militärische Macht Deutschlands von den Flanken her aufzurollen. Keine dieser Ketten war von den beiden selbst geschmiedet worden, und in der Grand Fleet besaß keiner der beiden Admirale jenen ›Anflug von Wahnsinn‹ – Aristoteles' Definition des Genies –, um die eine Kette zu zerbrechen, noch die Macht, die andere zu lockern, bevor es zu spät war.

Für Scheer und Hipper bedeutete die Skagerrakschlacht das Ende der ersten Flotte, die seit über 100 Jahren der britischen Seemacht den Fehdehandschuh hingeworfen hatte. Ihre Marinekarrieren endeten, und beide Männer zogen sich aus dem öffentlichen Leben zurück. Nur Scheer erhob in seinen zwei Werken über den Krieg die Stimme. Sein Platz in der Geschichte war gesichert, als er 1928 starb, kurz bevor er England als Jellicoes Gast besuchen wollte. Hipper überlebte Scheer um vier Jahre. Einen größeren Flottenführer als ihn hat die deutsche Marine nicht hervorgebracht, obwohl er nicht die persönlichen Eigenschaften besaß, die erforderlich gewesen wären, um seine Männer im Oktober 1918 für den geplanten letzten Verzweiflungskampf der Hochseeflotte begeistern zu können. Der Architekt dieser Flotte, Tirpitz, war von 1924 bis 1928 Reichstagsabgeordneter und trug entscheidend dazu bei, Hindenburg dazu zu überreden, sich für die Präsidentschaft nominieren zu lassen; aus seiner streitbaren Feder flossen mehrere streitbare Bücher, bevor er 1930 starb. Damit waren alle drei von der Bühne abgetreten, bevor die bescheidene, durch den Vertrag von Versailles den Deutschen zugestandene Flotte wieder aufgebaut wurde, um einen zweiten Versuch zur Herausforderung der britischen Seemacht zu unternehmen.

Von dem britischen Trio starb zuerst Fisher 1920, von vielen als der größte Admiral seit Nelson betrauert. Unmittelbar nach dem Krieg unternahm Jellicoe als Marineberater der Dominions eine Weltreise, bevor er Generalgouverneur von Neuseeland wurde. Nach der Pensionierung arbeitete er bis zu seinem Tod im Jahre 1935 vor allem für die *British Legion* (britischer Frontkämpferverband) und das Wohl derer, die unter ihm gekämpft hatten. Beatty blieb Oberbefehlshaber der Grand Fleet bis zu ihrer Auflösung im März 1919. Von November 1919 bis 1927 war er Erster Seelord und schlug die vielleicht schwerste Schlacht seines Lebens: den Kampf um die Aufrechterhaltung der Stärke der britischen Marine gegen die Apathie einer kriegsmüden, verarmten

Nation. Er lebte lang genug, um Jellicoe das letzte Geleit zu geben, obwohl er selbst an einer schweren Grippe litt. Vier Monate später wurde auch er von einer dankbaren Nation in der Krypta der St.-Pauls-Kathedrale in London beigesetzt. Niemand kann ernsthaft bestreiten, daß diesen drei Männern, dem Schöpfer und den Befehlshabern der größten Flotte von Großkampfschiffen, die die Welt je gesehen hat, das Hauptverdienst für den schließlich errungenen Sieg über Deutschland und das demütigende Ende der deutschen Hochseeflotte in Scapa Flow zufällt. Ihr Vermächtnis war nicht das, was Fisher ›die Tragödie‹ von Jütland genannt hat, sondern eine von ihren Ketten befreite Marine, die zwar durch die Flottenverträge von Washington (1922) und London (1930) beträchtlich geschwächt wurde, jedoch den alten Nelsonschen Geist beweisen sollte, als Großbritannien erneut aufgerufen war, 1939 seinen Lebensnerv zu verteidigen, diesmal unter Führung von Pound[224], seinerzeit Kapitän der *Colossus*. Harwood [225] zögerte nicht, mit *Exeter, Ajax* und *Achilles* den Kampf gegen die stärkere *Admiral Graf Spee* aufzunehmen. Tovey[226], der vor dem Skagerrak an Bord des Zerstörers *Onslow* gekämpft hatte, bezwang als Befehlshaber der Home Fleet die *Bismarck*. Cunningham, dessen Mittelmeerflotte, durch Admiral Chatfield, ehemals auf *Lion*, und Admiral W. W. Fisher, ehemals auf *St. Vincent*, für Nachtgefechte ausgebildet worden war, zeigte den alten Angriffsgeist gegen einen stärkeren Feind, den er bei Tarent[227] und Matapan[228] schlug. Fraser[229] jagte und versenkte die *Scharnhorst*. Noble und Horton errangen in der Schlacht auf dem Atlantik den Sieg gegen die deutsche U-Boot-Waffe. Vor allem aber bewältigten Royal Navy und britische Handelsmarine den Transport riesiger Armeen über See, zuerst nach Nordafrika, dann nach Sizilien und Italien und schließlich über den Englischen Kanal nach dem Kontinent, wo Deutschland bei seinem zweiten Versuch zur Eroberung Europas vernichtend geschlagen wurde.

Jellicoe zollte Beatty diesen Tribut in einer seiner *Jutland Dispatches:*

> Sir David Beatty bewies seine hervorragenden Eigenschaften kühnen Führertums, fester Entschlossenheit und richtiger strategischer Erkenntnis. Er erfaßte die Lage sofort richtig, als zuerst die leichten Feindstreitkräfte, dann die Schlachtkreuzer und schließlich die Schlachtflotte in Sicht kamen. Ich teile die Gefühle voll, die ihn beseelt haben müssen, als Abendnebel

und einsetzende Dunkelheit die Flotte jenes vollständigen Sieges beraubten, für den er sich eingesetzt hatte und für den seine Schiffe sich so hart geschlagen hatten. Die von ihm nicht nur bei dieser, sondern auch bei zwei vorausgegangenen Operationen bewiesenen Leistungen waren von allergrößtem Wert.

Zwanzig Jahre nach der Schlacht schrieb Beatty in *The Times:*

> Jellicoe verkörperte alle höchsten Ideale, für die die Royal Navy eintritt. Unser Land schuldet ihm tiefen Dank für seine hervorragenden Leistungen während des Krieges. Er war ein aufrechter Mann, ein Beispiel höchster Integrität in allem, was er unternahm. Die Tradition der britischen Marine bedeutete ihm viel, und man kann sagen, daß er ein Admiral war, der diese Tradition noch glorreicher machte.

Die Nation sprach ihr Urteil 1948 mit den Worten des Herzogs von Gloucester, als er die Bronzebüsten beider Admirale enthüllte:

> Gemeinsam führten (sie) die Royal Navy durch die letzte Krise der langen Jahrhunderte, in denen Seemacht allein auf Schiffen und Seeleuten beruhte. Ihre Namen überbrücken den Abgrund zwischen der klassischen Tradition von Trafalgar und dem Beginn des totalen Krieges, wie wir ihn heute kennen. Vor zwölf Jahren wurden sie in der St.-Pauls-Kathedrale beigesetzt; aber es ist nur gerecht, daß wir ihnen diese letzte Ehre auf dem Trafalgarplatz erweisen, am Denkmal unseres größten Seemanns und am Jahrestag seines größten Sieges.

Jellicoe und Beatty haben vielleicht keine so hohen Säulen wie Nelson verdient, aber beiden gebührt jener Nischenplatz am Nelsondenkmal, wo, mit Admiral Hopwoods Worten,

> Auf sie das rätseltiefe, nicht mehr sehend' Aug' zu blicken scheint
> Des Großen, aller Worte Eitelkeit abhold seit alters her,
> Voll Dank jedoch, daß sie jetzt beide stehen, ihm vereint,
> In seiner langen Wache Einsamkeit auf dem Trafalgar Square.

NACHWORT

Zwischen unserer Gegenwart und den in diesem Buch dargestellten Ereignissen vom 31. Mai 1916 liegen für den deutschen Leser des Jahres 1976 *drei* epochemachende geschichtliche *Wendepunkte:* Der totale Zusammenbruch von 1945, das Ende der Weimarer Republik 1933 und der Untergang des Kaiserreichs im Jahre 1918. Mit jedem dieser Ereignisse hat sich nicht nur das deutsche Schicksal, sondern auch das *Selbstverständnis* und das *Geschichtsbild* in Deutschland von Grund auf geändert. Eine deutsche Bundesmarine und Volksmarine trennt von der kaiserlich-deutschen Marine die Zeit der Kriegsmarine und der Reichsmarine. Bevor ihre Einheiten die Bundesdienstflagge oder die Staatsflagge der DDR setzten, hatten nach der kaiserlichen Kriegsflagge *drei* andere Flaggen über deutschen Kriegsschiffen geweht.

Englische Verfasser und Leser müssen sich jedoch auch heute noch als in einem fast tausendjährigen kontinuierlichen Geschichtsgang stehend empfinden. Für sie gibt es *keinen* geschichtlichen Bruch. Sie sehen heute das *gleiche* politische System um sich wie 1916, die *gleiche* Kriegsflagge, die *gleiche* Royal Navy. Und wenn nun zum 60. Jahrestag der Begegnung der deutschen Hochseeflotte und der britischen Grand Fleet vor dem Skagerrak als erste seit mehr als einer Generation in deutscher Sprache erscheinende populäre Darstellung der größten Seeschlacht des navalistischen Zeitalters dieses Werk aus der Feder eines britischen Autors vorgelegt wird, das für britische Leser, auf britische Quellen gestützt, aus britischer Sicht geschrieben und vom britischen Geschichtsbild geprägt ist, so kann es nicht verwundern, daß es in deutschen Augen ungleichgewichtig erscheint. Ereignisse, die nach dem Geschichtsbewußtsein einer heutigen Generation in Deutschland schon fast in die Welt des Vor-Vorgestern gehören, lassen sich eben hier eher von einem fast schon außenstehenden leidenschaftslosen Standpunkt aus betrachten. Daher sollte man diese Darstellung einem deutschen Leserpublikum von heute nicht ohne einige Anmerkungen übergeben.

Es galt jedoch auch noch einen weiteren Aspekt der Verschiedenheit in der Bearbeitung marine-historischer Themen auf beiden Seiten des Kanals zu berücksichtigen: Geschichtlich Interessierten in Deutschland stehen breitere Perspektiven offen, da man hierzulande den *sprachlichen Schlüssel* für das Unterlagenmaterial *beider* Seiten besitzt. Englische Autoren finden natürlich leichteren Zugang zum internen Quellenmaterial der Royal Navy; dieses ist jedoch in der zahlreichen englischen Sekundärliteratur weitestgehend aufbereitet. Britisches Bemühen um einen ausgewogenen Standpunkt muß jedoch auch heute noch unter den Auswirkungen jener englischen Tradition leiden, die gegenüber allem Fremden, und daher auch fremden Sprachen gegenüber, eine fast an Arroganz grenzende xenophobe Abneigung oder Nichtachtung walten läßt. Kleinere Nationen im allgemeinen, größere unter dem Druck geschichtlicher Ereignisse, haben sich dagegen Kenntnisse, zumindest in *einer* Weltsprache, aneignen müssen, weil das Vermögen, über den begrenzenden Horizont des eigenen Sprachraums hinwegblicken zu können, als Überlebensfrage erschien. Im Gegensatz zum englischen Leserpublikum kann sich also das deutsche neben eigenen, auch fremdsprachliche – wenigstens *englische* – Publikationen *direkt* erschließen. In England dagegen sind selbst Wissenschaftler allzuoft beim Zugang zu fremden, etwa deutschsprachigen Quellen auf zufällige, sporadische, jedenfalls schon zahlenmäßig unzureichende *Übersetzungen* angewiesen. (Die Literaturhinweise der Originalausgabe des vorliegenden Buches scheinen dies einmal mehr zu bestätigen.) Damit aber muß jeder Darstellung ein wesentliches Korrektiv fehlen. Eine hinreichend ausgewogene und faire Darstellung und Beurteilung der ›anderen‹ Seite ist somit deutschen Autoren (und Lesern) eine größere Selbstverständlichkeit und leichter zu übende Tugend.

Neben auf Fakten bezogenen Anmerkungen zum Text schienen einzelne Thesen des Verfassers insbesondere zur Vorgeschichte der Seeschlacht vor dem Skagerrak einer anderen Akzentsetzung, schon im Hinblick auf die deutsche Quellenlage, zu bedürfen: Der Kern des *Risikogedankens,* welcher der kaiserlich-deutschen Flottenpolitik zugrunde lag, war in der Begründung der *Novelle von 1900 zum Deutschen Flottengesetz von 1898* so formuliert worden:

> »Deutschland muß eine so starke Schlachtflotte besitzen, daß ein Krieg auch für den seemächtigsten Gegner mit derartigen Gefahren verbunden ist, daß seine eigene Machtstellung in Frage gestellt wird.«

Ferner ist auch der Einleitungssatz heranzuziehen:

»Für das heutige Deutsche Reich ist die Sicherung seiner wirtschaftlichen Entwicklung, im besonderen seines Welthandels, eine Lebensfrage. Zu diesem Zwecke braucht das Deutsche Reich nicht nur Frieden auf dem Lande, sondern auch Frieden zur See – nicht aber Frieden um jeden Preis, sondern einen Frieden in Ehren, der seinen berechtigten Bedürfnissen Rechnung trägt.«

Zu anderen Zeiten wurde dies durch das Prinzip ›Si vis pacem, para bellum‹ umrissen. Durch bloße Auswechslung von Vokabeln ergibt sich aus diesem Wortlaut eine Definition der noch heute von den Weltmächten geübten Politik. Denn auch heute, so müssen wir zur Kenntnis nehmen, ist es erklärte Politik sich konfrontierender Systemblöcke, dem potentiellen Gegner das Mittel der ›glaubwürdigen Abschreckung‹ zur Sicherung eines menschenwürdigen Friedens entgegenzustellen, d. h. militärische Macht, die für Aggression und Erringung der Weltherrschaft zwar nicht ausreicht, wohl aber glaubhaft stark genug ist, den potentiellen Gegner davon abzuhalten, nun etwa seinerseits den Versuch zu machen, die Weltherrschaft an sich zu reißen; denn jede Aggression würde einen Gegenschlag so furchtbarer Wirkung für den Angreifer auslösen, daß er, auch in Verantwortung nur für das eigene System, davor zurückschrecken muß. Eine Auseinandersetzung mit dem Wert oder Unwert einer Strategie des Risikos – oder wie wir heute sagen, der Abschreckung – muß in unserer Zeit, in der Vernichtungsmittel weltweite Katastrophenwirkung haben, nicht nur als eine kontemplativ-historische Beschäftigung, vielmehr als Auseinandersetzung mit einem Problem hautnaher Wirklichkeit und Aktualität erscheinen.

Wenn 1914 der erklärte *politische* Zweck dieser Abschreckungspolitik, die Vermeidung des Krieges, durch die Konzeption der Risikoflotte nicht erreicht wurde, so lag dies an der falschen Einschätzung des gegenseitigen Risikos seitens der für die Führung der Politik Verantwortlichen. Um ›glaubhaft‹ zu wirken, mußte auch für die deutsche Flotte der britische *Dreadnought*-Sprung mitgemacht werden. Das politische Ziel der Friedenssicherung wurde zwar nicht erreicht. *Militärisch* erwies sich jedoch die deutsche Hochseeflotte während des Ersten Weltkrieges für die Kriegführung der Mittelmächte in den auch wirtschaftlich entscheidenden Räumen, in der Nordsee und Ostsee (schließlich hatte England jeden größeren Konflikt in Mittel- und Osteuropa selbstverständlich auch als Seekrieg in der Ostsee geführt, letztmalig im Krimkrieg), ja sogar im Mittelmeer (Dardanellen-Operation), als jener in seinem Rahmen durchaus abschreckender Risikofaktor, ohne den eine längere Kriegführung überhaupt unmöglich gewesen wäre. Auf den Verlust der Kolonien und das Erliegen des deutschen Welthandels im Falle eines weltweiten Krieges hatten sich, wie der Wortlaut der Begründung zum Flottengesetz implizite ausweist, die Schöpfer der deutschen Flotte ohnehin von vornherein eingestellt. Kolonien und Handel sollten ja durch Frieden gesichert werden.

Billigerweise wird man es aber den für die Schaffung des *militärischen* Instruments für diese Politik der ›glaubwürdigen Abschreckung‹ in Deutschland Verantwortlichen, noch dazu in einer Zeit, in der das deutsche Kaiserreich als Hauptstütze des Dreibundes für seine Verteidigung vor allem selbst sorgen mußte – und sich nicht etwa als kleinerer Partner in einem Bündnissystem weltweiten Ausmaßes verstehen konnte –, doch wohl nicht allein anlasten können, daß dieses im politischen Auftrag geschaffene Instrument auf eine Fehlspekulation hinausgelaufen sei. Der katastrophalen Fehlspekulation sind heute die politisch führenden Kreise *aller* großen Nationen der Welt vor 1914 gleichermaßen schuldig zu sprechen. Militärische Macht allerdings, auch wenn sie zunächst als untergeordnetes Instrument zur Durchsetzung eines politischen Willens geschaffen wird, droht zu allen Zeiten ihrerseits auf die Politik bestimmende Rückwirkungen auszuüben. In diesem Circulus vitiosus befindet sich die Welt noch heute.

Die ›Abschreckung‹ durch Dreadnought-Flotten hat politisch nicht kriegverhindernd auf die Völker zu wirken vermocht: Der Mensch hatte seine Vernichtungsmittel noch nicht zu ihrer heutigen Furchtbarkeit und Anonymität gesteigert; von politischen Führungen und öffentlichen Meinungen wurden damals ›Risiken‹, auch unkalkulierbare, mit einer Leichtigkeit eingegangen und sogar bejaht, die wir heute als sträflichen Leichtsinn, ja als Verbrechen zu betrachten gelernt haben. Im Zeitalter der Panzerschiffflotten konnte der Krieg noch immer viele Menschen, selbst staatstragende Gesellschaftsordnungen, als etwas Schönes, Hehres und Ehrenvolles begeistern; denn die persönliche oder nationale Ehre hatte einen weit höheren Stellenwert als die Humanitas, als das menschliche Leben. Quantitative Unterschiede können qualitative Veränderungen bewirken: Im Zeitalter nuklearer Waffen, die in Sekundenschnelle Millionen von Menschen ›verdampfen‹ lassen würden, muß es um nüchternstes Kalkül im Namen der Menschlichkeit gehen. Der Feuerball über *Hiroshima* vom 6. August 1945 markiert endgültig jene Schwelle, an der sich die Qualität menschlichen Lebens zur Notwendigkeit des politischen Zusammenlebens auf dieser Welt wandelte. Hoffen wir, daß die Kreise, die im Namen der Völker Verantwortung tragen und an die Stelle der persönlichen oder nationalen Ehre heute eine System-Ehre zu setzen neigen, diese geschichtliche Lehre stets beherzigen werden.

Die Darstellung der Skagerrakschlacht selbst, die insbesondere einer detaillierten Untersuchung der Gründe bedurfte, die zu Scheers taktischen Entschlüssen führten, kann im Rahmen eines Nachworts einer kritischen Würdigung natürlich nicht unterzogen werden; dazu bedürfte es eines eigenen Buches. Wohl aber erscheinen einige Bemerkungen zu den Thesen des Verfassers über die Folgewirkungen angebracht.

Am Morgen nach der Schlacht konnte die deutsche Hochseeflotte aufgrund der geographischen Verhältnisse zeitlich vor der britischen Flotte in ihre Stützpunkte einlaufen und ihre Wunden zählen. Erleichtert konnte Admiral *Scheer* feststellen, daß die zwar schmerzlichen Verluste angesichts der haarscharf vermiedenen Katastrophe doch erfreulich gering geblieben waren. Die deutschen Schiffe hatten sich als erstaunlich widerstandsfähig, ihre Besatzungen, die selbst schwer angeschlagene Schiffe heimzubringen imstande gewesen waren, als seemännisch kompetent und militärisch tapfer erwiesen. Die junge deutsche Hochseeflotte hatte sich geschickt kämpfend mit Erfolg geschlagen und aus einer fast hoffnungslosen Situation herausgebracht. Trotz überwältigender *›Odds‹* hatte sie darüber hinaus dem ungeheuer überlegenen, fast doppelt so starken Gegner sogar fast doppelt so hohe Verluste an Schiffstonnage und Menschen beigebracht, als sie selbst hatte erleiden müssen; und sie hatte – damals noch immer ein Zeichen des Triumphs – 177 Gefangene eingebracht. Die britische Grand Fleet dagegen hatte nicht einen einzigen deutschen Seemann gerettet. Die britische Marine selbst betrachtete in den ersten Bulletins den Ausgang der Schlacht als enttäuschenden Mißerfolg. Was Wunder also, daß man in Deutschland von ganzem Herzen erleichtert annahm, die Berechtigung zu haben, einen ›*Seesieg vor dem Skagerrak*‹ zu feiern.

Dieser Ausgang der ersten seit *Trafalgar,* noch dazu gegen einen traditionslosen Gegner geschlagenen großen Flottenschlacht war in seiner Wirkung auf die britische Öffentlichkeit und das Selbstvertrauen der Royal Navy einem Erdbeben gleichzusetzen, einem Schock für die Nation und ihre Marine, wie niemals zuvor in ihrer langen Geschichte. So wurden z. B. die Verluste der Grand Fleet an Schlachtkreuzern für so schwerwiegend befunden, daß man sich an das verbündete Japan wandte, in der Hoffnung, die ganze *Kongo*-Klasse kaufen zu können. Überstürzte Untersuchungen und Verbesserungen des internen Systems, der Bewaffnung und der Schiffskonstruktionen folgten. In dem Versuch nachzuweisen, daß *Jellicoe* so und nicht anders hatte handeln können, ließ die interne offizielle Kritik der britischen Marine nicht das kleinste Beweisstückchen unbeachtet. Vor allem aber, so lautete das Schlußurteil, hätte *Jellicoe* im Gegensatz zu allen anderen alliierten Befehlshabern, ›den Krieg an einem Nachmittag verlieren können‹. Scharfe Kritiker, denen sich auch Beatty-Protektor *Churchill* anschloß, lasteten *Jellicoe* den schockierend enttäuschenden Ausgang, diesen ›Gesichtsverlust‹ dennoch an.

Hätte aber Admiral *Jellicoe* wirklich den Weltkrieg an diesem Nachmittag verlieren können? Daß eine überlegene, zahlenmäßig doppelt so starke Flotte im Kampf gegen einen unerfahrenen Gegner überhaupt eine vernichtende Katastrophe hätte erleiden können, war schließlich mehr als unwahrscheinlich. Unter allergünstigsten Umständen wäre ein für die deutsche Hochseeflotte einigermaßen erfolgreicher Ausgang einer langen und durchgeschlagenen Tagschlacht gegen die gesamte Grand Fleet wohl zu einem *Pyrrhus*-Sieg geworden, unter dem sie mit an Sicherheit grenzender Wahrscheinlichkeit mehr gelitten hätte als der Gegner: Sie hätte sich zu Tode gesiegt; denn größere deutsche Schiffsverluste konnten während des Krieges nicht mehr ausgeglichen werden.

In bezug auf die maritimen Operationsmöglichkeiten hätte also eine ausgeprägtere britische Niederlage kaum etwas geändert. Umgekehrt aber hätte ein an sich sehr viel wahrscheinlicherer und daher allgemein erwarteter vollkommener Sieg Jellicoes, und damit die Vernichtung oder Ausschaltung der deutschen Hochseeflotte als Fleet-in-being, entscheidende Auswirkungen gehabt. Angesichts der Blutopfer vor Verdun, der beginnenden Kriegsmüdigkeit und der materiellen Mangelerscheinungen hätte eine vernichtende Niederlage der kaiserlichen Marine in Deutschland zu einer tiefen psychologischen Krise führen müssen. Die Ausschaltung der deutschen Hochseeflotte hätte es den Alliierten ermöglicht, die für die Royal Navy aufgebrachten materiellen Aufwendungen und menschlichen Anstrengungen dem Heer zugute kommen zu lassen. Eine siegreiche Grand Fleet hätte Flankenangriffe in Nord- und Ostsee unternehmen und die lebenswichtigen deutschen Erztransporte aus Skandinavien unterbinden können; so aber blieb die Ostsee ein »deutscher Teich« *(Marder)*. Die Anwesenheit eines starken und siegreichen britischen Flottengeschwaders in der Ostsee im Winter 1916 und im Frühjahr 1917 hätte deutsche Unternehmungen im Baltikum (Oesel) unmöglich gemacht und wahrscheinlich sogar das Zusammenbrechen Rußlands verhindern können. Während des ganzen Krieges gab es britische operative Überlegungen in Richtung Ostsee; und sobald die deutsche Marine 1918 ausgeschaltet war, setzte Großbritannien gerade in der Ostsee zum Seekrieg gegen die revolutionäre rote Flotte und zur Unterstützung der verbündeten weißen Streitkräfte an (Interventionskrieg: Cowan's War, Kronstadt, Archangelsk). Der Waffenstillstand von Brest-Litowsk und das schließliche Ausscheiden Rußlands aus dem Krieg läßt sich als indirekte Folge des Ausgangs der Skagerrakschlacht werten. Schließlich hätte der Wegfall der bei Fortbestand der deutschen Hochseeflotte andauernden Invasionsfurcht britische Heeresstreitkräfte in England für den Einsatz auf dem Kontinent freigesetzt. So aber wurde nach der Skagerrakschlacht ein eigener Invasions-Abwehr-Ausschuß eingesetzt und die britische ›Invasionsfurcht‹ bestand bis zum Frühjahr 1918 fort.

Die zunächst wichtigste Auswirkung des Ausgangs der Skagerrakschlacht aber war diese: Der ungeschmälerte Fortbestand der Hochseeflotte ermöglichte Deutschland den (erst am 1. Februar 1917 erklärten) uneingeschränkten U-Boot-Krieg, der als *Hochseekrieg* die Alliierten fast an den Rand des Zusammenbruchs brachte. Hätte die Royal Navy nach einem Vernichtungsschlag bei Jütland sich nicht noch stärker zurückhalten müssen, sondern zur Nahblockade der deutschen Nordsee, ja sogar zu Landungsoperationen an deutschen Nordsee- und Ostseeküsten übergehen können, so hätte sie nicht einen immer längeren und verlustreicheren Hochseekrieg auf jenen Meeren führen müssen, auf denen sie sich nach Vertreibung der wenigen deutschen Auslandsschiffe in den ersten Kriegsmonaten im Besitz der absoluten Seeherrschaft zu befinden glaubte.

Die Unmöglichkeit einer Nahblockade machte den deutschen U-Boot-Krieg auf hoher See möglich. Trotz des enormen materiellen und menschlichen Einsatzes auf britischer Seite entwickelte er sich zu ungeahnter Härte und Gefährlichkeit. Eine Ausschaltung der deutschen Hochseeflotte hätte stärkste Sicherungsstreitkräfte für den Konvoidienst und die U-Boot-Bekämpfung freigesetzt, die U-Boot-Gefahr auch dann leichter bezwingbar gemacht, wenn es trotz Vernichtung der Hochseeflotte nicht zur Nahblockade der deutschen Küste gekommen wäre. Die bloße Existenz der ungeschlagenen, sich sogar siegreich fühlenden und im Selbstvertrauen gestärkten Hochseeflotte machte ein Einschließen der Unterseeboote in deutschen Häfen unmöglich. Daher sollten sie nun durch einen gewaltigen Mineneinsatz in weiterer Entfernung vor den Küsten ›eingemauert‹ werden. Der zunächst nur durch Großbritannien, später vor allem durch die USA (dem Haupteinsatzzweck der US-Navy in europäischen Gewässern) geführte alliierte Minenkrieg entwickelte sich zu einem harten Kampf zwischen britischen und amerikanischen Minenlegern und deutschen Minensuchern. Der alliierte Minenkrieg wurde zum Fehlschlag wegen der hartnäckigen und geschickten Arbeit der immer weiter draußen arbeitenden deutschen Minensucher, welche die Royal Navy deshalb nicht anzugreifen und nachhaltig zu vernichten vermochte, weil ihnen schwere Einheiten der deutschen Hochseeflotte eine wirkungsvolle Nahunterstützung gaben *(Churchill)*.

Auch die Minenoffensive konnte den deutschen U-Boot-Krieg bis zum Kriegsende nicht zum Erliegen bringen. Er verlangte den Alliierten, insbesondere Großbritannien, im Atlantik einen ungeheuren Einsatz ab: Im November 1918 standen allein 4000 Schiffe unter dem ›White Ensign‹ im Kampf gegen deutsche U-Boote, die Großbritannien von allen Schrecken des Krieges jene größte Furcht und tiefste Sorge bereiteten: Daß nämlich eine Handvoll seekranker deutscher Landratten das mächtige britische Empire an den Rand des Abgrunds hatte bringen können *(Churchill)*.

Nicht *Jellicoe,* sondern *Scheer* hätte also an diesem Nachmittag den Krieg für seine Seite fast schlagartig verlieren können. Das erfolgreiche Bestehen der Feuerprobe vor dem Skagerrak durch die Hochseeflotte hat zwar den schließlichen Ausgang des Krieges nicht beeinflussen können. Dies aber ist auf einem übergeordneten Kontoblatt der Geschichte zu verzeichnen.

Der Ausgang der Schlacht vor Jütland übte in Großbritannien und in der Royal Navy einen traumatischen Schock aus und hinterließ tiefe psychologische Wunden, die selbst heute noch nachwirken, zu einer Zeit, da man in Deutschland seit fast zwei Generationen die Skagerrakschlacht als geschichtlich nicht mehr relevant erachten zu können glaubt.

Die Royal Navy, jenes höchste und mächtigste militärische Instrument, dem Großbritannien über ein Jahrhundert lang das Beste zugeführt hatte, was das Land an Menschen und Mitteln einzusetzen vermochte, jene Grand Fleet, die an zahlenmäßiger Stärke, Tonnage, Geschwindigkeit, Kaliberstärke und Feuergewalt so überwältigend überlegen war, deren Besatzungen an Disziplin, Geschick und Kampfesmut ein Maximum dessen darstellten, was einhundert Jahre absoluter Seeherrschaft und vierhundert Jahre erfolgreiche Seekriegsschulung hatten prägen können, jene britische Flotte mußte zu ihrer tiefsten Betrübnis und Enttäuschung feststellen, daß der in britischen Augen als eklatanter Mißerfolg gewertete Ausgang dieses Zusammenstoßes die deutsche Hochseeflotte zu einem knirschend anzuerkennenden Erfolg *nicht* etwa durch *›unfaire‹ Waffen* (Torpedos, Minen und U-Boote) geführt hatte, sondern auf einem Gebiet, in dem sich die Royal Navy bis zum 31. Mai 1916 für unschlagbar gehalten hatte: Im *klassischen Artilleriekampf* zwischen schweren Einheiten.

Die »Besessenheit« mit dem Ausgang der Skagerrakschlacht *(Roskill)* und das »Trauma von Jütland« *(Marder)* führten zu schärfsten, so ganz und gar unenglisch-ernsten Auseinandersetzungen in der britischen Öffentlichkeit und in der Royal Navy selbst. Marine und Land spalteten sich in wütendem Streit fast eine Generation lang in *›Jellicoeisten‹* und *›Beattyisten‹*, in einem alle Parteiungen der Klasse, Familie und der politischen Überzeugung kreuz und quer trennenden, fast verzweifelten Versuch, einen Schuldigen zu finden für das, was man zwar der jungen deutschen kaiserlichen Marine nicht als Sieg zugestehen konnte, auch heute noch nicht, jedoch als tief verwundenden und schockierenden Mißerfolg, ja als Niederlage der Royal Navy wertete.

Spätere Generationen konnten die Dinge leidenschaftsloser, mit einer nicht von persönlicher Loyalität zu einem der beiden britischen Befehlshaber beeinflußten Einstellung beurteilen, so unser Autor. Andere Kreise haben geglaubt, den wahren Schuldigen auch in jenem ›System‹ selbst, das die Royal Navy hervorgebracht und ausgemacht hatte, erkennen zu können *(Correlli Barnett)*. Bis zum heutigen Tage aber ist ›Jutland‹ ein *Reizwort*, besonders für der Royal Navy nahestehende Kreise geblieben.

Eine ausgewogene, umfassende deutsche moderne Darstellung der Gesamtepoche verbleibt zu leisten: Im Lande *Hippers* und *Scheers* muß dem breiten Publikum, vor allem der jüngsten Generation der nach 1945 Geborenen, das Geschehen vor dem Skagerrak als ›Geschichte aus Großvaters Zeiten‹ erscheinen. So fehlte es auch in Deutschland nicht an jüngsten – retrospektiv urteilenden – Versuchen, den Bau der Hochseeflotte und den Risikogedanken, wie sie sich mit dem Namen *Tirpitz* verbinden, in eine Art geschichtliche *›Systemschuld‹* umzudeuten. Die deutsche Marine selbst, ebenso wie das Gros der Marinehistoriker in aller Welt, ist in ihrer Bewertung der Schlacht als einen Erfolg für die deutsche Hochseeflotte und als wesentliches Ereignis in der Seekriegsgeschichte einhellig geblieben.

Einem deutschen Leserpublikum im Jahr 1976 sollte die Wiederbeschäftigung mit diesem Problemkreis eines zu bedenken geben: Am 31. Mai 1916 hat sich die deutsche Marine die zwar nur bitter gewährte Anerkennung im Geschichtsbewußtsein der britischen Nation ebenso wie der Royal Navy erkämpft. Mag die Schlacht auch in der geistigen Landschaft der Bundesrepublik Deutschland – wie wir glauben zu Recht – als ein Stück sehr weit zurückliegender Vergangenheit gelten, einer hierzulande übrigens durchaus bewältigten: In Großbritannien spielt die Erinnerung an ›Jutland‹ noch immer eine psychologische Rolle, scheint sie immer noch ›unbewältigte Vergangenheit‹ zu sein, symbolisiert sie doch den Wendepunkt in der Geschichte des britischen Weltreiches, der das Ende der durch die Royal Navy bewirkten Ära einer weltweiten *Pax Britannica* einleitete.

Für die Allgemeinbildung hierzulande mag es belanglos erscheinen, ob man mit Namen wie *Scheer* und *Hipper*, *›Wiesbaden‹* und *›Lützow‹* vertraut ist, und mögen sich auch deutsche Nachschlagewerke und Geschichtsbücher weitgehend darüber, wie über deutsche Marinegeschichte im allgemeinen, ausschweigen, weil ihre Problematik schon von ›vorgestern‹ zu sein scheint: In England, mit seiner ununterbrochenen Seefahrtstradition, aber wird man den Gegner nicht vergessen. Das mag auch der Grund dafür sein, daß um den 60. Jahrestag dieser ›größten Seeschlacht der Geschichte‹ kein originär-deutsches Buch, sondern ein aus dem Englischen übersetztes Werk in Deutschland erscheint. Ein gutes Buch, aber eben ein vom englischen Geschichtsbild getragenes; ein faires Buch, aber eines, wie der Autor ehrlich ausspricht, das nicht von jenem übergeordneten allgemein-menschlichen Standpunkt aus geschrieben sein wollte und konnte, der alles Geschehene mitleidend abwägt und anerkennt, der Helden und Menschen auf beiden Seiten sieht, der Licht und Schatten objektiv verteilt, ein Unterfangen, das für Menschen, die in geschichtlicher Loyalität zu einer Seite verhaftet sind, wahrscheinlich überhaupt unerreichbar ist.

Ein moderner deutscher Gesamtbericht über die Schlacht bleibt schließlich für die Zukunft auch schon deshalb noch zu leisten, weil neben allem ›Zurechtrücken‹ der Generallinie eine ausgewogene Schilderung dieser Begegnung eine Darstellung der einzelnen Kampferlebnisse *nicht nur englischer* sondern *auch deutscher Besatzungen* umfassen müßte. Dafür stehen umfangreiche deutsche Quellen zur Verfügung. Zu schildern wäre dabei, was im vorliegenden Buch, seiner ganzen Anlage nach, fast völlig übergangen wird: die menschliche Seite der Kampferlebnisse deutscher Besatzungen. Nur so könnte der Eindruck vermieden werden, wie er beim Lesen des Buches mit seinen ausführlichen Zitaten aus britischen Augenzeugenberichten entstehen muß, daß nämlich britische Helden aus Fleisch und Blut gegen unbeseelte deutsche Roboter kämpften. Vor allem müßte eine solche Darstellung der Erinnerung auch an die deutschen Seeleute gerecht werden, die während der Schlacht ihr Leben ließen. Es waren dies (nach DER KRIEG ZUR SEE) Männer folgender Schiffe (von den 507 Verwundeten sind einige noch nach der Schlacht ihren Verletzungen erlegen):

Beim Gros unter Vizeadmiral Reinhard Scheer:

844 Mann von S.M.S. ›Pommern‹ (†), Linienschiff, 3. Division, II. Geschwader
320 Mann von S.M.S. ›Frauenlob‹ (†), Kleiner Kreuzer, IV. Aufklärungsgruppe
90 Mann von S.M. Torpedoboot ›V 48‹ (†), 6. Halbfl., III. Torpedobootsflottille

45 Mann von S.M.S. ›König‹, Linienschiff, 5. Division, III. Geschwader

18 Mann von S.M. Torpedoboot ›V 4‹ (†), 9. Halbfl., V. Torpedobootsflottille

15 Mann von S.M.S. ›Großer Kurfürst‹, Linienschiff, 5. Division, III. Geschwader

14 Mann von S.M.S. ›Rostock‹ (†), Kleiner Kreuzer, Führerschiff der T-Flottillen

14 Mann von S.M.S. ›Hamburg‹, Kleiner Kreuzer, IV. Aufklärungsgruppe

11 Mann von S.M.S. ›Markgraf‹, Linienschiff, 5. Division, III. Geschwader

11 Mann von S.M.S. ›Nassau‹, Linienschiff, 2. Division, I. Geschwader

10 Mann von S.M.S. ›Rheinland‹, Linienschiff, 2. Division, I. Geschwader

8 Mann von S.M.S. ›Oldenburg‹, Linienschiff, 1. Division, I. Geschwader

8 Mann von S.M.S. ›Stettin‹, Kleiner Kreuzer, IV. Aufklärungsgruppe

8 Mann von S.M.S. ›München‹, Kleiner Kreuzer, IV. Aufklärungsgruppe

3 Mann von S.M.S. ›Schleswig-Holstein‹, Linienschiff, 4. Division, II. Geschwader

3 Mann von S.M. Torpedoboot ›S 32‹, 1. Halbfl., I. Torpedobootsflottille

2 Mann von S.M.S. ›Westfalen‹, Linienschiff, 2. Division, I. Geschwader

1 Mann von S.M.S. ›Ostfriesland‹, Linienschiff, 1. Division, I. Geschwader

1 Mann von S.M.S. ›Schlesien‹, Linienschiff, 3. Division, II. Geschwader

1 Mann von S.M. Torpedoboot ›G 40‹, 1. Halbfl., I. Torpedobootsflottille

Bei den Aufklärungsstreitkräften unter Vizeadmiral Franz Hipper:

589 Mann von S.M.S. ›Wiesbaden‹ (†), Kleiner Kreuzer, II. Aufklärungsgruppe

157 Mann von S.M.S. ›Derfflinger‹, Schlachtkreuzer, I. Aufklärungsgruppe

115 Mann von S.M.S. ›Lützow‹ (†), Schlachtkreuzer, I. Aufklärungsgruppe
98 Mann von S.M.S. ›Seydlitz‹, Schlachtkreuzer, I. Aufklärungsgruppe
88 Mann von S.M. Torpedoboot ›S 35‹ (†), 18. Halbfl., IX. Torpedobootsflottille
33 Mann von S.M. Torpedoboot ›V 29‹ (†), 18. Halbfl., IX. Torpedobootsflottille
17 Mann von S.M.S. ›Moltke‹, Schlachtkreuzer, I. Aufklärungsgruppe
11 Mann von S.M.S. ›Von der Tann‹, Schlachtkreuzer, I. Aufklärungsgruppe
4 Mann von S.M.S. ›Elbing‹ (†), Kleiner Kreuzer, II. Aufklärungsgruppe
4 Mann von S.M.S. ›Pillau‹, Kleiner Kreuzer, II. Aufklärungsgruppe
3 Mann von S.M.S. ›Frankfurt‹, Kleiner Kreuzer, Führerschiff der T-Flottillen
2 Mann von S.M. Torpedoboot ›B 98‹, Führerboot der II. Torpedobootsflottille
1 Mann von S.M. Torpedoboot ›G 87‹, 11. Halbfl., VI. Torpedobootsflottille
1 Mann von S.M. Torpedoboot ›G 86‹, 11. Halbfl., VI. Torpedobootsflottille
1 Mann von S.M. Torpedoboot ›S 52‹, 17. Halbfl., IX. Torpedobootsflottille
(Beim Untergang von ›V 27‹, 17. Halbfl., IX. Torpedobootsflottille, konnte die gesamte Besatzung gerettet werden.)

Insgesamt 2551 Gefallene auf 35 Schiffen!

Welche Schicksale stehen hinter diesen nüchternen Zahlen und Tabellen: Tapferkeit, Treue und Hingabe bleiben – von allen relativen Zielsetzungen gelöst – hohe menschliche Tugenden. Geschichtsschreibung kann sich schließlich nicht in Darstellung, Analyse und Wertung der großen Ereignisse, Entwicklungen, Systeme und Zielsetzungen erschöpfen: Sie bedarf auch, und vor allem, der Darstellung und Würdigung der handelnden Menschen, ihres Erlebens, Strebens, Ringens und Leidens, ihres Selbstverständnisses, nicht nur als ›Geschichte kleiner Form‹ oder Erlebnis- und Memoirenliteratur, sondern als Gesamtschau dessen, was Geschichte ausmacht: Leben als Resultante der Wirkungen aller Einzelmenschen und der sie beseelenden Vorstellungen. Historische Gerechtigkeit wird dabei nicht durch retrospektive, anachronistisch wertende Kritik oder abstrakte wertfreie Behandlung erzielbar sein. Vielmehr gilt es, jedes Zeitalter aus sich selbst heraus zu deuten und mit humanistischem Maß zu messen, um eine Antwort zu erhalten auf die Grundfrage: *Was geschah mit den Menschen?*

Nicht allen Völkern wurde jene läuternde Wirkung an die Wurzeln rührender existentieller Katastrophen zuteil, die den Blick für die Relativität aller menschlichen Zielsetzungen öffnet. Vom Zeitgeist des Navalismus, der zu jenem Krieg und jener Seeschlacht führte, mögen uns heute in Deutschland bereits Welten trennen. Dem geschichtlichen Geschehen vor dem Skagerrak selbst, voll leidender und Leiden verursachender menschlicher Hingabe, Stärke und Schwäche, Tapferkeit und technischer Erfolge, Triumph, Liebe und Haß, voller Wünsche und Ängste auf beiden Seiten – diesem Geschehen und den Menschen, denen es Schicksal wurde, sollte man, auch wenn der *dahinter* stehenden Überzeugungswelt von einem heutigen Standpunkt aus die menschliche und politische *Billigung* versagt bleiben müßte, dennoch historische und menschliche *Gerechtigkeit* widerfahren lassen können.

Hamburg, im Herbst 1975

R. K. Lochner

ANHANG I

Die britische Grand Fleet vor Jütland

SCHLACHTFLOTTE (Battle Fleet)

Linienschiffe[230]
(in der Reihenfolge der Gefechtskiellinie)

II. SCHLACHTGESCHWADER (Second Battle Squadron)

King George V	Captain (= Kapitän zur See) F. L. Field[231] (Geschwaderflaggschiff des Vizeadmirals Sir Martyn Jerram)
Ajax	Captain G. H. Baird
Centurion	Captain M. Culme-Seymour
Erin	Captain The Hon. V. A. Stanley
Orion	Captain O. Backhouse (Divisionsflaggschiff des Kontreadmirals A. C. Leveson)
Monarch	Captain H. G. Borrett
Conqueror	Captain H. H. D. Tothill
Thunderer	Captain J. A. Fergusson

IV. SCHLACHTGESCHWADER

Iron Duke	Captain F. C. Dreyer (Flottenflaggschiff des Admirals Sir John Jellicoe[232])
Royal Oak	Captain C. Maclachan
Superb	Captain E. Hyde-Parker (Divisionsflaggschiff des Kontreadmirals A. L. Duff)
Canada	Captain W. C. M. Nicholson
Benbow	Captain H. W. Parker (Geschwaderflaggschiff des Vizeadmirals Sir Doveton Sturdee)
Bellerophon	Captain E. F. Bruen
Téméraire	Captain E. V. Underhill
Vanguard	Captain J. D. Dick

I. SCHLACHTGESCHWADER

Marlborough	Captain G. P. Ross (Geschwaderflaggschiff des Vizeadmirals Sir Cecil Burney)
Revenge	Captain E. B. Kiddle
Hercules	Captain L. Clinton-Baker
Agincourt	Captain H. M. Doughty
Colossus	Captain A. D. P. R. Pound[233] (Divisionsflaggschiff des Kontreadmirals E. F. A. Gaunt)

St. Vincent	Captain J. C. Ley
Collingwood	Captain V. H. G. Bernard
Neptune	Captain W. W. Fisher[234]

Anmerkung: Von diesen Großkampfschiffen waren neun mit je zehn 30,5-cm-Geschützen, eines mit 14 und elf mit zehn 34,3-cm-Geschützen, eines mit zehn 35,6-cm-Geschützen und zwei mit acht 38,1-cm-Geschützen bewaffnet. Die Mittellinienaufstellung der Geschütztürme gestattete, daß sämtliche Geschütze beide Breitseiten bestreichen konnten, ausgenommen bei sechs der mit 30,5-cm-Geschützen bewaffneten Schiffen, deren seitliche Turmaufstellung die Breitseiten auf je acht Geschütze beschränkte. Alle Schiffe trugen eine Mittelartillerie von 16 bis 20 10-cm-Geschützen oder 12 bis 22 15-cm-Geschützen und waren mit zwei bis vier Unterwassertorpedorohren (Kaliber 45,7 bzw. 53,3 cm) ausgerüstet. Die Seitenpanzerung betrug 228 bis 330 mm, die Panzerung der Türme 203 bis 330 mm. Ihre Höchstgeschwindigkeit betrug 21 bis 22 Knoten; die Wasserverdrängung lag zwischen 18 600 und 28 000 tons[235].

Schlachtkreuzer (Battlecruisers)
(zeitweilig unterstellt)

III. Schlachtkreuzergeschwader (Third Battlecruiser Squadron)

Invincible	Captain A. L. Cay (Geschwaderflaggschiff des Kontreadmirals The Hon. H. L. A. Hood)
Inflexible	Captain E. H. F. Heaton-Ellis
Indomitable	Captain F. W. Kennedy

Anmerkung: Diese Schlachtkreuzer waren mit je acht 30,5-cm-Geschützen (durch die seitliche Aufstellung zweier Türme [Flügeltürme] waren ihre Breitseiten auf sechs Geschütze beschränkt), 16 10-cm-Geschützen und fünf Unterwassertorpedorohren (Kaliber 45,7 cm) bewaffnet. Bei einer Seitenpanzerung von 150 mm und einer Panzerung der Geschütztürme von 178 mm hatten sie eine Wasserverdrängung von 17 250 tons und eine Höchstgeschwindigkeit von 25 Knoten.

Panzerkreuzer (Armoured Cruisers)

I. Kreuzergeschwader (First Cruiser Squadron)

Defence	Captain S. V. Ellis (Geschwaderflaggschiff des Kontreadmirals Sir Robert Arbuthnot)
Warrior	Captain V. B. Molteno
Duke of Edinburgh	Captain H. Blackett
Black Prince	Captain T. P. Bonham

II. Kreuzergeschwader

Minotaur	Captain A. C. S. H. D'Aeth (Geschwaderflaggschiff des Kontreadmirals H. L. Heath)

Hampshire	Captain H. J. Savill
Cochrane	Captain E. La T. Leatham
Shannon	Captain J. S. Dumaresq

Anmerkung: Diese Panzerkreuzer hatten eine gemischte Bewaffnung von vier bis sechs 23,4-cm-Geschützen (bzw. vier 19-cm-Geschützen auf *Hampshire*) und zehn 15-cm- bzw. 19-cm-Geschützen (bzw. vier 19-cm-Geschützen auf *Warrior* und *Cochrane*), ferner drei bis fünf Torpedorohre (Kaliber 45,7 cm). Bei einer Seitenpanzerung von 150 mm und einer Wasserverdrängung von 10 850 bis 14 600 tons hatten sie eine Höchstgeschwindigkeit von 23 Knoten.

Kleine Kreuzer (Light Cruisers)

IV. Leichtes Kreuzergeschwader (Fourth Light Cruiser Squadron)

Calliope	Commodore C. E. Le Mesurier (Führerschiff)
Constance	Captain C. S. Townsend
Caroline	Captain H. R. Crooke
Royalist	Captain The Hon. H. Meade
Comus	Captain A. G. Hotham
Unterstellt[236]	
Active	Captain P. Withers
Bellona	Captain A. B. S. Dutton
Blanche	Captain J. M. Casement
Boadicea	Captain L. C. S. Woollcombe
Canterbury	Captain P. M. R. Royds
Chester	Captain R. N. Lawson

Anmerkung: Die Bewaffnung dieser Kleinen Kreuzer bestand aus sechs bis zehn 10-cm-Geschützen *oder* zehn 14-cm-Geschützen *oder* zwei bis drei 15-cm-Geschützen plus sechs bis acht 10-cm-Geschützen. Ferner waren sie mit zwei bis acht Torpedorohren (Kaliber 53,3 cm) ausgerüstet. Einige der Schiffe hatten einen Seitenpanzer von 76 bis 101 mm, andere keinen Seitenschutz. Bei einer Wasserverdrängung zwischen 3 300 und 5 200 tons hatten sie eine Höchstgeschwindigkeit von 26 bis 30 Knoten. Die unterstellten Kreuzer dienten vor allem als Signalwiederholer.

Zerstörer (Destroyers)

IV. Flottille (Fourth Flotilla)

Tipperary (Captain C. J. Wintour, Flottillenführer), *Acasta Achates, Ambuscade, Ardent, Broke* (Flottillenführer), *Christopher, Contest, Fortune, Garland, Hardy, Midge, Ophelia, Owl, Porpoise, Shark, Sparrowhawk, Spitfire, Unity*

XI. Flottille (Eleventh Flotilla)

Castor (Kleiner Kreuzer: Commodore J. R. P. Hawksley), *Kempenfelt* (Flottillenführer), *Magic, Mandate, Manners, Marne, Martial, Michael, Milbrook, Minion, Mons, Moon, Morning Star, Maunsey, Mystic, Ossory*

XII. Flottille (Twelfth Flotilla)

Faulknor (Captain A. J. B. Stirling, Flottillenführer), *Maenad*, *Marksman* (Flottillenführer), *Marvel*, *Mary Rose*, *Menace*, *Mindful*, *Mischief*, *Munster*, *Narwhal*, *Nessus*, *Noble*, *Nonsuch*, *Obedient*, *Onslaught*, *Opal*

Anmerkung: Mit nur wenigen Ausnahmen waren diese Zerstörer mit zwei bis drei 10-cm-Geschützen und zwei bis vier Torpedorohren (Kaliber 53,3 cm) bewaffnet, hatten eine Wasserverdrängung von 800 bis 1000 tons und eine Höchstgeschwindigkeit von 30 bis 35 Knoten.

Hilfsschiffe

Abdiel	(Minenleger)
Oak	(Zerstörer, als Tender bzw. Depeschenboot des Flottenflaggschiffes)

SCHLACHTKREUZERFLOTTE (Battlecruiser Fleet)

Schlachtkreuzer
(in der Reihenfolge der Gefechtskiellinie)

Lion	Captain A. E. M. Chatfield[237] (Flaggschiff des Vizeadmirals Sir David Beatty)

I. Schlachtkreuzergeschwader (First Battlecruiser Squadron)

Princess Royal	Captain W. H. Cowan (Geschwaderflaggschiff des Kontreadmirals O. de B. Brock)
Queen Mary	Captain C. I. Prowse
Tiger	Captain H. B. Pelly

Anmerkung: Mit acht 34,3-cm-Geschützen in Türmen in Mittellinienaufstellung und 16 10-cm-Geschützen *(Tiger* zwölf 15-cm-Geschütze) und zwei (*Tiger* vier) Unterwassertorpedorohren (Kaliber 53,3 cm) und einem Panzerschutz von 229 mm (Seiten und Türme) verdrängten diese Schiffe 26 350 *(Tiger:* 28 500) tons und hatten eine Höchstgeschwindigkeit von 27 Knoten.

II. Schlachtkreuzergeschwader (Second Battlecruiser Squadron)

New Zealand	Captain J. F. E. Green (Geschwaderflaggschiff des Kontreadmirals W. C. Pakenham)
Indefatigable	Captain C. F. Sowerby

Anmerkung: Technische Angaben, siehe *Invincible*-Klasse.

Schnelle Schlachtschiffe (Fast Battleships)
(Zeitweise unterstellt)

V. Schlachtgeschwader (Fifth Battle Squadron)

Barham	Captain A. W. Craig (Geschwaderflaggschiff des Kontreadmirals H. Evan-Thomas)

Valiant	Captain M. Woollcombe
Warspite	Captain E. M. Phillpotts
Malaya	Captain The Hon. A. D. E. H. Boyle

Anmerkung: Diese schnellen Schiffe der *Queen Elizabeth*-Klasse waren mit acht 38,1-cm-Geschützen in Türmen in Mittellinienaufstellung und einer Mittelartillerie von 14 15-cm-Geschützen sowie vier Unterwassertorpedorohren (Kaliber 53,3 cm) bewaffnet. Bei einer Seitenpanzerung von 330 mm und einer Turmpanzerung von ebenfalls 330 mm verdrängten sie 27 500 tons. Ihre Höchstgeschwindigkeit betrug 24 Knoten.

Kleine Kreuzer (Light Cruisers)

I. Leichtes Kreuzergeschwader (First Light Cruiser Squadron)

Galatea	Commodore E. S. Alexander-Sinclair (Führerschiff)
Phaeton	Captain J. E. Cameron
Inconstant	Captain B. S. Thesiger
Cordelia	Captain T. P. H. Beamish

II. Leichtes Kreuzergeschwader (Second Light Cruiser Squadron)

Southampton	Commodore W. E. Goodenough (Führerschiff)
Birmingham	Captain A. A. M. Duff
Nottingham	Captain C. B. Miller
Dublin	Captain A. C. Scott

III. Leichtes Kreuzergeschwader (Third Light Cruiser Squadron)

Falmouth	Captain J. D. Edwards (Flaggschiff des Kontreadmirals T. D. W. Napier)
Yarmouth	Captain T. D. Pratt
Birkenhead	Captain E. Reeves
Gloucester	Captain W. F. Blunt

Anmerkung: Die Schiffe des II. und III. Leichten Kreuzergeschwaders verdrängten 5 250 bis 5 400 tons und hatten einen seitlichen Panzerschutz von 76 mm. Bewaffnet waren sie mit acht 15-cm-Geschützen und zwei Torpedorohren (Kaliber 53,3 cm), ihre Höchstgeschwindigkeit betrug 25 Knoten. Daten für I. Leichtes Kreuzergeschwader, siehe IV. Leichtes Kreuzergeschwader.

Zerstörer (Destroyers)

I. Flottille (First Flotilla)
Fearless (Kleiner Kreuzer: Captain C. D. Roper), *Acheron, Ariel, Attack, Badger, Defender, Goshawk, Hydra, Lapwing, Lizard*

IX. und X. Flottille (vereinigt) (Ninth and Tenth Flotilla)
Lydiard (Commander M. L. Goldsmith), *Landrail, Laurel, Liberty, Moorsom, Morris, Termagent, Turbulent*

XIII. Flottille (Thirteenth Flotilla)
Champion (Kleiner Kreuzer: Captain J. U. Farie), *Moresby,*

Narborough, Nerissa, Nestor, Nicator, Nomad, Obdurate, Onslow, Pelican, Petard

Anmerkung: Technische Daten, siehe unter XII. Zerstörerflottille. *Fearless* und *Champion* siehe unter IV. Leichtes Kreuzergeschwader.

Seeflugzeugträger (Seaplane-Carrier)

Engadine	Lieutenant-Commander Robinson

Deutscher Kleiner Kreuzer ›Regensburg‹, Führerkreuzer von Kommodore Heinrich, dem II. Führer der Torpedoboote, im britischen Feuer (Reproduktion eines Gemäldes von Claus Bergen).

Oben: Der britische Zerstörer ›Shark‹ der 4. Zerstörerflottille (bei Jellicoes Schlachtflotte) sank in den Abendstunden des 31. Mai 1916 beim Zusammenstoß der Torpedobootsflottillen Hippers mit britischen Zerstörern, die Admiral Hoods Schlachtkreuzer sicherten. Das Schwesterboot ›Sparrowhawk‹ wurde im Nachtgefecht durch Einheiten der deutschen Hochseeflotte schwer beschädigt und sank nach Kollision mit dem Zerstörer ›Broke‹.

Treffer einer 38-cm-Panzersprenggranate im Oberdeck des deutschen Linienschiffs ›Großer Kurfürst‹ der König-Klasse, 5. Division, III. Geschwader.

Unten: Deutscher Kleiner Kreuzer ›Wiesbaden‹. Er wurde während der Schlacht zur Legende: Gegen 18.00 Uhr durch Admiral Hoods Schlachtkreuzer bewegungsunfähig geschossen, diente er der ganzen britischen Grand Fleet als Zielscheibe. Die Besatzung, die das Schiff bis 3.00 Uhr morgens halten konnte, fand bis auf den Oberheizer Zenne den Tod, auch der an Bord befindliche Dichter Gorch Fock, dessen Namen seither zwei Segelschulschiffe der deutschen Marine getragen haben.

ANHANG II

Die deutsche Hochseeflotte vor dem Skagerrak[238]

DAS GROS (Linienschiffe)
(In der Reihenfolge der Gefechtskiellinie)

III. Geschwader

5. Division:	*König*	Kapitän zur See Brüninghaus (Geschwaderflaggschiff des Konteradmirals Paul Behncke[239])
	Großer Kurfürst	Kapitän zur See Ernst Goette
	Markgraf	Kapitän zur See Seiferling
	Kronprinz	Kapitän zur See Constanz Feldt
6. Division:	*Kaiser*	Kapitän zur See Frhr. v. Keyserlingk (Divisionsflaggschiff des 2. Admirals, Konteradmiral Nordmann)
	Prinzregent Luitpold	Kapitän zur See Karl Heuser
	Kaiserin	Kapitän zur See Sievers
	Friedrich der Große	Kapitän zur See Theodor Fuchs (Flottenflaggschiff des Vizeadmirals Reinhard Scheer)

I. Geschwader

1. Division:	*Ostfriesland*	Kapitän zur See v. Natzmer (Geschwaderflaggschiff von Vizeadmiral Erhard Schmidt)
	Thüringen	Kapitän zur See Hans Küsel
	Helgoland	Kapitän zur See v. Kameke
	Oldenburg	Kapitän zur See Höpfner
2. Division:	*Posen*	Kapitän zur See Richard Lange (Divisionsflaggschiff des 2. Admirals, Konteradmiral Engelhardt)
	Rheinland	Kapitän zur See Rohardt
	Nassau	Kapitän zur See Hans Klappenbach
	Westfalen	Kapitän zur See Redlich

II. Geschwader

3. Division:	*Deutschland*	Kapitän zur See Hugo Meurer (Geschwaderflaggschiff von Konteradmiral Mauve)
	Pommern	Kapitän zur See Bölken
	Schlesien	Kapitän zur See Friedrich Behncke

4. Division:	*Hannover*	Kapitän zur See Wilhelm Heine (Divisionsflaggschiff des 2. Admirals, Konteradmiral Frhr. v. Dalwigk zu Lichtenfels)
	Schleswig-Holstein	Kapitän zur See Varrentrapp
	Hessen	Kapitän zur See Rudolf Bartels

Anmerkung: Das I. Geschwader bestand aus den Großkampfschiffen der *Nassau-* und *Ostfriesland*-Klasse. Die vier Nassaus waren mit zwölf 28-cm-Geschützen, die vier Ostfrieslands mit zwölf 30,5-cm-Geschützen bestückt; die Breitseiten beider Klassen waren durch seitliche Turmaufstellung auf je acht Geschütze beschränkt.

Das III. Geschwader bestand aus modernen Großkampfschiffen der *Kaiser-* und *König*-Klasse mit je zehn 30,5-cm-Geschützen; die Breitseiten der *Kaiser*-Klasse waren (teilweise) auf acht Geschütze beschränkt. Die deutschen Großkampfschiffe führten eine Mittelartillerie von zwölf (bzw. ab *Ostfriesland* 14) 15-cm-Geschützen sowie fünf bis sechs Unterwasserausstoßrohre für Torpedos der Kaliber 45 bzw. 50 cm. Die 18 873 bis 25 796 Tonnen[240] großen Schiffe wiesen eine Höchstgeschwindigkeit von 20 bis 22 Knoten auf. Panzerschutz: Seitenpanzerung 300 bis 350 mm, Geschütztürme 280 bis 300 mm.

Das II. Geschwader bestand aus den veralteten (Vor-Dreadnought-) Linienschiffen der *Deutschland*-Klasse sowie der *Hessen* (noch ältere *Preußen*-Klasse). Technische Daten der *Deutschland*-Klasse: Bewaffnung mit vier 28-cm-Geschützen, 14 17-cm-Geschützen und sechs Unterwasserausstoßrohren des Kalibers 25 cm. 13 191 Tonnen Wasserverdrängung, 18 bis 19 Knoten Höchstgeschwindigkeit. Seitenpanzer bis 240 mm, Panzerschutz der Türme bis 280 mm. (Abweichung für *Hessen:* 13 208 Tonnen; Seitenpanzer 225 mm; Turmpanzer 250 mm.)

IV. Aufklärungsgruppe (Kleine Kreuzer)[241]

Stettin	Fregattenkapitän Friedrich Rebensburg (Flaggschiff des Kapitäns zur See und Kommodore v. Reuter)
München	Korvettenkapitän Oskar Böcker
Frauenlob	Fregattenkapitän Georg Hoffmann
Stuttgart	Fregattenkapitän Hagedorn
Hamburg	Korvettenkapitän v. Gaudecker (eigentlich Flaggschiff des Führers der Unterseeboote, jedoch der IV. Aufklärungsgruppe zugeteilt)

Anmerkung: Diese Kleinen Kreuzer hatten eine Wasserverdrängung von 2 706 bis 3 480 Tonnen, keinen Seitenpanzerschutz und waren jeweils mit zehn 10,5-cm-Geschützen und zwei Torpedorohren (45 cm) bewaffnet. Sie liefen 21,5 bis 24,5 Knoten.

Torpedobootsflottillen

Kleiner Kreuzer *Rostock*	Fregattenkapitän Otto Feldmann (Flaggschiff des I. Führers der Torpedoboote, Kapitän zur See und Kommodore Michelsen)

I. Torpedobootsflottille Chef (i. V.): Kapitänleutnant Conrad Albrecht *(G 39)*

bestehend nur aus der
1. Halbflottille *(G 39, G 40, G 38, G 32)*[242]
(Die 2. Halbflottille lag in Kiel in der Werft)[243]
Insgesamt vier Boote

III. Torpedobootsflottille Chef: Korvettenkapitän Hollmann *(S 53)*

bestehend aus der
5. Halbflottille *(V 71, V 73, G 88)*[244] und der
6. Halbflottille *(S 54, V 48, G 42)*[245]
Insgesamt 7 Boote

V. Torpedobootsflottille Chef: Korvettenkapitän Heinecke *(G 11)*

bestehend aus der
9. Halbflottille *(V 2, V 4, V 6, V 1, V 3)* und der
10. Halbflottille *(G 8, G 7, V 5, G 9, G 10)*
Insgesamt 11 Boote

VII. Torpedobootsflottille Chef: Korvettenkapitän v. Koch *(S 24)*

bestehend aus der
13. Halbflottille *(S 15, S 17, S 20, S 16, S 18)* und der
14. Halbflottille *(S 19, S 23, V 189)*
Insgesamt 9 Boote. (Das zur 14. Halbflottille gehörige Boot *V 186* war am Morgen des 31. Mai wegen Kondensatorhavarie zurückgeschickt worden.)[246]

Anmerkung: Die deutschen Torpedoboote trugen keine Namen. Sie waren lediglich durch einen Buchstaben und eine Nummernbezeichnung gekennzeichnet. (Die Buchstaben bezeichneten die Bauwerft: B = Blohm & Voss; G = Germania; V = Vulkan; S = Schichau.) Ihre Größe reichte von 568 Tonnen (32 Knoten) bis 1 374 Tonnen (37 Knoten). Sie waren mit zwei bis vier 8,8-cm-Geschützen sowie vier bis sechs Torpedorohren (50 cm) bewaffnet. – Der Kleine Kreuzer *Rostock* hatte eine Wasserverdrängung von 4 900 Tonnen, einen Seitenpanzer von 60 mm, lief 27 Knoten und war mit zwölf 10,5-cm-Geschützen sowie zwei Torpedorohren (50 cm) bewaffnet.

Die Aufklärungsstreitkräfte

I. Aufklärungsgruppe (Schlachtkreuzer)[247]

Lützow	Kapitän zur See Harder (Flaggschiff des Befehlshabers der Aufklärungsstreitkräfte, Vizeadmiral Franz Hipper)[248]
Derfflinger	Kapitän zur See Hartog
Seydlitz	Kapitän zur See Moritz v. Egidy
Moltke	Kapitän zur See v. Karpf
Von der Tann	Kapitän zur See Hans Zenker[249]

Anmerkung: Bewaffnung der Schlachtkreuzer: *Von der Tann:* acht 28-cm-Geschütze, zehn 15-cm-Geschütze. *Moltke* und *Seydlitz:* zehn 28-cm-Geschütze, zwölf 15-cm-Geschütze. *Lützow* und *Derfflinger:* acht

30,5-cm-Geschütze, zwölf (*Lützow:* 14) 15-cm-Geschütze. Alle Schlachtkreuzer hatten eine Torpedobewaffnung von vier Unterwasserrohren (45 cm, 50 cm bzw. ab *Lützow* 60 cm). Die 19 370 bis 26 741 Tonnen großen und 27 bis 29 Knoten laufenden Schiffe hatten eine Seitenpanzerung von 250 bis 300 mm, während ihre Geschütztürme mit Panzern von 230 bis 270 mm geschützt waren.

II. Aufklärungsgruppe (Kleine Kreuzer)[250]

Frankfurt	Kapitän zur See Thilo v. Trotha (Flaggschiff des Führers der II. Aufklärungsgruppe, Konteradmiral Boedicker)
Pillau	Fregattenkapitän Mommsen
Elbing	Fregattenkapitän Madlung
Wiesbaden	Kapitän zur See Fritz Reiss

Anmerkung: Frankfurt und *Wiesbaden:* 5 180 Tonnen; 60 mm Seitenpanzer. *Pillau* und *Elbing:* 4 390 Tonnen; kein seitlicher Panzerschutz. Die vier Kreuzer führten eine Bewaffnung von acht 15-cm-Geschützen und zwei bis vier Torpedorohren (50 cm). Sie liefen 27,5 Knoten.

Torpedobootsflottillen

Kleiner Kreuzer *Regensburg*	Fregattenkapitän Heuberer (Flaggschiff des II. Führers der Torpedoboote, Kapitän zur See und Kommodore Heinrich)

II. Torpedobootsflottille — Chef: Fregattenkapitän Schuur *(B 98)*
bestehend aus der
3. Halbflottille *(G 101, G 102, B 112, B 97)* und der
4. Halbflottille *(B 109, B 110, B 111, G 103, G 104)*
Insgesamt 10 Boote

VI. Torpedobootsflottille — Chef: Korvettenkapitän Max Schultz *(G 41)*
bestehend aus der
11. Halbflottille *(V 44, G 87, G 86)*[251] und der
12. Halbflottille *(V 61, V 45, V 46, S 50, G 37)*
Insgesamt 9 Boote

IX. Torpedobootsflottille — Chef: Korvettenkapitän Goehle *(V 28)*
bestehend aus der
17. Halbflottille *(V 27, V 26, S 36, S 51, S 52)* und der
18. Halbflottille *(V 30, S 34, S 33, V 29, S 35)*
Insgesamt 11 Boote

Anmerkung: Der Kleine Kreuzer *Regensburg* war der *Rostock* ähnlich, hatte jedoch nicht vier, sondern drei Schornsteine. Torpedoboote: Siehe oben unter Gros.

ANHANG III

Die Harper-Studie

»Dies, die erste Kraftprobe zwischen beiden Flotten, ist zur bittersten Enttäuschung dieses schrecklich enttäuschenden Krieges geworden. Das eigene Vertrauen, vielleicht ein übertriebenes Vertrauen in die Macht der Flotte, ist erschüttert.«

Lord Hankey, am 2. Juni 1916

Der Ausgang der Schlacht vor Jütland war ein solcher Schock für eine Nation, die zwei Jahre darauf gewartet hatte, daß ihre Marine der deutschen Flotte in einer Schlacht begegnen würde, von der sie einen mit Trafalgar vergleichbaren Triumph erwartet hatte, daß Kontroversen unausbleiblich waren. Jedoch sollten besondere Gründe den Jütland-Streit im Nachkriegsjahrzehnt in Großbritannien so heftig machen und so lange andauern lassen, daß er selbst heute noch nicht ganz erloschen ist. Der erste Grund war das von der Admiralität, bevor Jellicoe nach Scapa Flow zurückkehren und seinen ersten Bericht übermitteln konnte, voreilig herausgegebene Kommuniqué, mit dem sie dem deutschen Anspruch auf den Sieg entgegenzuwirken versuchte, den Berlin in alle Welt hinausposaunt hatte, seitdem Scheer früher auf die Jade zurückgekehrt war. Die einfallslose Sprache dieses Dokuments erweist sich schon in den kurzen Zitaten, die den Kapiteln 3 und 5 dieses Buches vorangestellt sind. Es enthielt blasse Redewendungen wie »Die Verluste (der britischen Schlachtkreuzerflotte) waren schwer«, und dann wurden diese Verluste einfach aufgezählt. Umgekehrt aber wurde erklärt, daß »die feindlichen Verluste ernst« gewesen seien, wobei weder Einzelheiten angegeben noch die von den restlichen deutschen Schiffen erlittenen schweren Beschädigungen hervorgehoben wurden. Als Öffentlichkeit und Presse in Großbritannien daraus den voreiligen Schluß zogen, die Grand Fleet sei besiegt worden, wurde von der Admiralität ein beruhigender Schlachtbericht verfaßt; da er jedoch die Schlacht ebensowenig in den erwarteten Triumph verwandeln konnte, wurde die Admiralität von vielen Seiten verdächtigt, die volle Wahrheit zu verheimlichen[252].

Eine Debatte innerhalb der Royal Navy war unvermeidlich; die Lehren jeder Schlacht sollten gründlich analysiert werden, damit etwaige Mängel behoben werden konnten. In diesem Fall aber war die britische Marine in zwei Lager gespalten: in jene, die Jellicoe auf Kosten Beattys lobten, und jene, die es umgekehrt hielten. Zu der kameradschaftlichen Loyalität derer, die entweder unter Jellicoe in der Schlachtflotte oder unter Beatty in der Schlachtkreuzerflotte mitgekämpft hatten, traten andere Faktoren wie das Ressentiment älterer Offiziere gegen Beattys Blitzkarriere und ihre Abneigung gegen sein auffälliges Auftreten, Eigenschaften, die andererseits jüngere Offiziere für ihn eingenommen hatten[253]. Die Presse hatte seit dem Seegefecht bei

Helgoland (28. August 1914) das etwas theatralische Wesen Beattys zum Bild eines wahren Heros gesteigert, gegenüber dem die kühle Persönlichkeit Jellicoes nur wenig zählte. Jetzt tendierte sie dazu, die Schlacht in einen Sieg für die britischen Schlachtkreuzer zu verfälschen und Scheers Entkommen dem Versagen Jellicoes bei der Führung seiner Schlachtflotte anzulasten. (Insbesondere erfolgte eine falsche und Jellicoe Abbruch tuende Interpretation von Beattys Signal um 19.47 Uhr »Schlage vor, daß Spitze der Schlachtschiffe den Schlachtkreuzern folgt. Wir können dann die ganze feindliche Schlachtflotte abschneiden«, die Beatty bei Abgabe des Funkspruchs nicht beabsichtigt hatte.) Eine enttäuschte Nation nahm zur Kenntnis, daß Beatty bald Jellicoe im Kommando der Grand Fleet ablöste und auf diesem Posten blieb, bis sich die Hochseeflotte ergeben hatte, wogegen Jellicoe bereits Ende 1917 aus seinem Amt als Erster Seelord entlassen wurde.

Alles das bewog Admiral Wemyss[254] (der nicht bei der Grand Fleet gekämpft hatte und daher ohne vorgefaßte Meinung war) auf die Nachricht hin, Jellicoe beabsichtige einen eigenen Bericht über die Schlacht zu veröffentlichen[255], einen kleinen Ausschuß unter Captain J. E. T. Harper einzusetzen, der die Aufgabe hatte, einen offiziellen Bericht über die Schlacht mit Schlachtplänen aufgrund aller verfügbaren Dokumente (d. h. Berichte von Admiralen und Kommandanten, Signalkladden der Schiffe, Kurskarten usw.) zu erstellen. Harper arbeitete gründlich; so ließ er z. B. das Wrack der *Invincible* orten, um durch genaue Fixierung des Untergangsorts die Diskrepanzen zwischen den Positionsangaben der beiden Flaggschiffe *Iron Duke* und *Lion* zu klären. Er vermied außerdem peinlich, zustimmende oder kritische Kommentare über die Führung während der Schlacht einfließen zu lassen. Um sicherzustellen, daß die erarbeitete Studie als unparteiisch akzeptiert wurde und um eine auf Falschinformationen beruhende Kontroverse aus der Welt zu schaffen, verfügte Wemyss, die Studie dürfe vor ihrer Veröffentlichung weder Jellicoe noch Beatty zugänglich gemacht werden. Leider gab er gerade in dem Augenblick, als Harper diese Studie im Oktober 1919 abgeschlossen hatte, sein Amt an Beatty ab[256]. Mit der gesamten Admiralität übernahm Beatty also auch die Verantwortung für diese Publikation. Daher konnte er jetzt die Druckfahnen der Studie lesen, woraus er erkennen mußte, daß seine Führung während der Schlacht nicht in jenem günstigen Licht erschien, in dem die Öffentlichkeit den Verlauf der Ereignisse zu sehen gelernt hatte. Harper wurde deshalb veranlaßt, eine Reihe von Änderungen am Text wie an den Karten vorzunehmen. Ferner wurde ein Vorwort hinzugefügt (das übrigens *nicht* von Harper stammte), in dem die Rolle der Schlachtkreuzer hervorgehoben und die der Schlachtflotte bagatellisiert wurde.

Obwohl Harper die meisten Änderungswünsche Beattys akzeptierte, gab es einige, die er mit dokumentarischen Beweisen entkräftete, indem er argumentierte, seine Darstellung komme der Wahrheit wahrscheinlich näher als die Erinnerung eines einzelnen an Ereignisse, die sich vor über drei Jahren abgespielt hatten. Als er jedoch überstimmt wurde, stellte er die taktlose Forderung nach Einfügung einer Anmerkung, wonach er für die veröffentlichte Version keine Verantwortung übernehme, da sie nicht völlig mit den dokumentarisch untermauerten Fakten übereinstimme. Dieser Streit kam Jellicoe zu Ohren, der verständlicherweise Einblick in Harpers Studie verlangte. Seine Einwände gegen manche Änderungswünsche Beattys, von seinem sehr viel stärkeren Einspruch gegen das Vorwort ganz zu schweigen, konnten nur durch die Zusicherung besänftigt werden, daß die Studie erneut durchgearbeitet und nicht veröffentlicht werde, bevor er ihr nicht zugestimmt habe. Die Notwendigkeit, Harpers Arbeit zur Zufriedenheit von Jellicoe wie von Beatty zu revidieren, stellte die Admiralität vor ein so unlösbares Dilemma, daß sie den Einspruch des vorgesehenen Verlages der großen *»Official History«*, der Verkauf dieses Werkes werde durch die frühere Veröffentlichung der Harper-Studie nachteilig beeinflußt werden, als willkommenen Vorwand ergriff, um sie *sine die* in den Archiven verstauben zu lassen.

Bei dieser Entscheidung hatte man jedoch die Tatsache übersehen, daß der Erste Seelord im Parlament bereits die Herausgabe der Studie angekündigt hatte. Nun wurden ätzende Fragen gestellt, insbesondere als Wemyss selbst in einem Brief an *The Times* im Dezember 1920 öffentlich sein Bedauern darüber zum Ausdruck brachte, daß die Harper-Studie noch immer nicht erschienen sei. Die Veröffentlichung der *»Jutland Dispatches«* im gleichen Monat – »eine ungeheure Masse nicht aufbereiteter Fakten, aus denen der Laie unmöglich das wahre Geschehen dieser großen Seeschlacht entwirren kann« *(The Globe)* – konnte nichts dazu beitragen, den in der Öffentlichkeit entstandenen Verdacht zu entkräften, daß die Admiralität etwas zu verbergen habe. Der immer stärkere Ruf nach einer zuverlässigen und lesbaren Darstellung der Schlacht wurde jedoch durch das Erscheinen des III. Bandes der *»Official History, Naval Operations«* im Jahre 1923 im wesentlichen beruhigt. Dieses Werk hatte Sir Julian Corbett[257] so hervorragend ausgeführt, daß die Schwierigkeiten, unter denen seine Arbeit gelitten hatte, kaum ersichtlich wurden; er hatte keinen Zugang zu detaillierten deutschen Darstellungen der Schlacht gehabt, und aus gerechtfertigten Geheimhaltungsgründen hatte man ihm untersagt, die von »Room 40« dechiffrierten deutschen Funksprüche zu erwähnen. Auf der anderen Seite aber hatte man ihm die Verwendung der Harper-Studie gestattet. Ferner erhielt er Zugang zum Geheimdokument *Naval Staff Appreciation of Jutland*, eine Stabsstudie über den Verlauf der Schlacht, die zur Verteilung innerhalb der Marine erstellt worden war. Leider waren die beiden Verfasser dieser Studie, die Brüder Kapitän K. G. B. und Korvettenkapitän A. C. Dewar, in ihrer Kritik weit über das vernünftige Maß hinausgegangen. Man konnte von keiner Admiralität erwarten, daß sie ein Werk akzeptieren würde, das einerseits so viele Aspekte der britischen Führung dieser Schlacht verdammte, andererseits viele Faktoren überging, die Jellicoes und Beattys Führungsaufgaben so schwierig gemacht hatten. Selbst von dem 40 Jahre später möglichen leidenschaftslosen Standpunkt aus gesehen, muß es überraschend erscheinen, daß diese Studie überhaupt gedruckt worden war, bevor die Admiralität sie einstampfen ließ[258]. Corbetts Version dagegen ließ sich nicht so leicht aus dem Weg räumen. Da Corbett kurz nach Vollendung des Manuskripts gestorben war, konnte man ihn nicht mehr zur Vornahme von Änderungen auffordern, und die Admiralität zögerte, am Werk eines berühmten Historikers »herumdoktern« zu lassen. Als Lösung ließ die Admiralität die pedantisch abgefaßte *Narrative of the Battle of Jutland* veröffentlichen; aber auch diese wurde sehr schnell als stark zugunsten Beattys gefärbte Darstellung erkannt. Unter teilweiser Erfüllung ihrer Zusage gestattete die Admiralität Jellicoe, die Harper-Studie vor der Veröffentlichung zu lesen. Seinen zahlreichen Einwänden begegnete man mit der Unhöflichkeit, sie in einen Anhang zu verbannen und selbst diesen durch zahlreiche abweichende Fußnoten zu entkräften, vor allem mit der Vorbemerkung »Wo der Anhang vom Text abweicht, haben sich Ihre Lordschaften zur Zufriedenheit davon überzeugt, daß der Text in größerer Übereinstimmung mit den verfügbaren Beweisdokumenten steht«. Weiteres Öl ergoß sich in das Feuer des Streits, als *Der Krieg zur See*, das offizielle deutsche Admiralstabswerk, erschien. Trotz der offenkundigen Tendenz, einen deutschen Sieg beweisen zu wollen, warf das Werk neues Licht auf die Art, wie die britischen Streitkräfte geführt worden waren, und das in einer keinesfalls immer für Beatty schmeichelhaften Weise. Der Streit wurde wieder angefacht durch Churchills falsch angelegte Bemerkungen zu einigen Aspekten der Schlacht in seinem Werk *The World Crisis* sowie durch Admiral Sir Reginald Bacons *The Jutland Scandal* (1925), dessen sensationalle Verteidigung Jellicoes in ihrer Wirkung dadurch gesteigert wurde, daß einige, die darin wegen ihrer parteilichen Stellungnahme für Beatty scharf kritisiert wurden, ihm mit einem Prozeß drohten.

Die Kontroverse, während der Beatty stets darauf bedacht war, nicht den geringsten Anschein einer persönlichen Beteiligung zu erwecken, war noch immer ein überaus »heißes Eisen«, als Beatty im Amt des Ersten Seelords durch Jellicoes Schwager und Stabschef während der Skagerrakschlacht ersetzt wurde. Eine der ersten Maßnahmen von Admiral Sir Charles Madden[259] war es, 1927 die überfällige Veröffentlichung von Harpers *Record of the Battle of Jutland* zu verfügen, um »die Vorstellung zu entkräften, daß darin irgendwelche Geheimnisse, sensationellen Beweise oder Vorwürfe enthalten seien«. Die Veröffentlichung erfolgte allerdings aus Kostengründen ohne die Karten und Skizzen. Im gleichen Jahr brachte Harper (der inzwischen pensioniert war) sein Buch *The Truth about Jutland* heraus. Beide Werke trugen viel dazu bei, die gegensätzlichen Argumente ins richtige Licht zu rücken. Jetzt endlich, ein Jahrzehnt nach dem Kriege, schien eine objektive Wertung der Schlacht möglich zu werden. Dies blieb der Stand der Dinge, bis in den späten 30er Jahren Band III von Corbetts *Naval Operations* überarbeitet wurde. Die neue Auflage berücksichtigte nicht nur das offizielle deutsche Admiralstabswerk, sondern brachte auch die von »Room 40« dechiffrierten deutschen Funksprüche, die von der Admiralität nicht an Jellicoe weitergegeben worden waren, obwohl aus ihnen klar hervorging, daß Scheer durch die minenfreie Fahrrinne bei Horns Riff nach Hause zurückmarschierte. Diese überarbeitete Auflage erschien jedoch im Kriegsjahr 1940, zu einer Zeit also, als die britische Öffentlichkeit zu stark von einer anderen Schlacht in Atem gehalten wurde, die sich damals am Himmel über ihren Köpfen abspielte, als daß damals viel über die Ungerechtigkeit geschrieben worden wäre, die Jellicoe infolge des Unvermögens der Admiralität erlitten hatte, noch vor seinem Tode ihren eigenen wichtigen Beitrag zum Entkommen Scheers selbstkritisch zu enthüllen. Trotzdem hätte dieses Werk die Kontroverse beenden sollen; in seiner überarbeiteten Fassung enthüllt Corbetts Werk zusammen mit *Der Krieg zur See* alle relevanten Tatsachen über die Skagerrakschlacht.

Dennoch gibt es weiterhin Kreise, die annehmen, die volle Wahrheit sei noch immer nicht ans Tageslicht gekommen, weil bekannt ist, daß Harper vor seinem Tode bestimmte Dokumente über die Schlacht dem Kuratorium der Royal United Service Institution übergeben hat. Nach Einsicht in diese *Harper Papers* ist der Verfasser nunmehr in der Lage, diese Illusion endgültig zerstören zu können: Die nachgelassenen Papiere Harpers umfassen eine Kopie des Maschinenmanuskript seiner Studie sowie die Druckfahnen des Textes und der Karten und Zeichnungen, auf denen die Veränderungen angemerkt sind, die zwar von Beatty verlangt, von Harper jedoch verweigert worden waren, ferner Kopien der relevanten Admiralitätsprotokolle usw. über die genannten Streitigkeiten sowie eine subjektive und etwas verbitterte Darstellung derselben aus Harpers Feder. Diese Unterlagen zeigen, wie Beatty versucht hat, die schlechten Schießleistungen seiner Schlachtkreuzer zu vertuschen, indem er den Versuch unternahm, Harpers Studie in bezug auf den Zeitraum zwischen 17.00 und 18.00 Uhr (Kurs nach Norden) zuungunsten der besseren Leistungen des V. Schlachtgeschwaders zu »manipulieren«. Ferner versuchte er, die geringe Rolle seiner Schlachtkreuzer bei der Abwehr des unklugen Versuchs Scheers, sich nach seiner ersten Gefechtskehrtwendung einen Weg durch die Grand Fleet zu erkämpfen, übermäßig herauszustellen, indem er ebenfalls eine »Manipulation« an der Studie für den Zeitpunkt zwischen 18.00 und 18.50 Uhr vornahm. Ein besonderes Beispiel hierfür ist der unfreiwillige Kreisschlag von 360 Grad durch sein Flaggschiff *Lion* infolge eines Kompaßversagens (siehe Seite 131). (Trotz aller diesen Vorfall klar beweisenden Zeugenaussagen und trotz der Tatsache, daß er sich zu diesem Zeitpunkt nicht auf der Brücke befunden hatte, weil er die Schäden seines Flaggschiffs untersucht hatte, hatte Beatty darauf bestanden, er habe eine 90-Grad-Wendung zur Annäherung an den Feind befohlen, die infolge des Kompaßausfalls zu einem unfreiwilligen Halbkreis von 180 Grad nach Steuerbord wurde, der dann durch einen weiteren Halbkreis von 180 Grad nach Backbord wieder korrigiert wurde. Beatty scheint sich nicht darüber im klaren gewesen zu sein, daß er damit eine Behauptung aufstellte, die auf einem Trugschluß beruhte: Wäre die anfängliche Drehung wirklich absichtlich gewesen, hätten die Folgen des Kompaßausfalls durch eine Drehung nach Backbord von nur 90 Grad ausgeglichen werden müssen.) Die *Harper-Papiere* enthalten ferner Jellicoes nachdrücklichen Einspruch gegen die implizierte Behauptung des Vorworts, Beatty sei mit seiner unterlegenen Streitmacht Hipper erfolgreich begegnet (d. h. die Anwesenheit des V. Schlachtgeschwaders war völlig unerwähnt geblieben), Jellicoe habe seine Schlachtflotte zu langsam zur Unterstützung Beattys herangeführt, und die britische Schlachtflotte habe, selbst nachdem sie die Hochseeflotte in Reichweite hatte, eine nur geringe Rolle gespielt. Aber dadurch werden nur die

Einzelheiten eines unglücklichen Vorfalls im Leben eines großen Mannes enthüllt. Für die Beurteilung der Schlacht bringen diese Aufzeichnungen keine neuen Erkenntnisse. Und so sind die *Harper Papers* von nur geringem wirklichen Interesse, außer für einen zukünftigen Biographen Beattys oder einen Historiker, der sich die Arbeitsweise der britischen Admiralität in den Jahren nach dem Ersten Weltkrieg zum Thema gewählt hat.

Kurz gesagt, der nach der Schlacht vor Jütland entbrannte Streit muß seit 1940 als beendet gelten. Seither ist die volle Darstellung der Geschichte der Schlacht und eine gerechte Bewertung der wahren Verdienste Jellicoes und Beattys bei der Führung ihrer Flotten möglich. Und der Ruf dieser beiden Admirale, deren Verdienst es hauptsächlich war, daß die deutsche Hochseeflotte sich im November 1918 der Grand Fleet ergab, kann heute nicht mehr dadurch beeinträchtigt werden, daß man die Asche der einmal lodernden Kontroverse durchsucht, die durch eine kleine menschliche Schwäche eines der beiden Kontrahenten zu lange brennend gehalten worden ist. Beatty mag sein Amt als Erster Seelord dazu ausgenutzt haben, um die Wahrheit über die Schlacht vor Jütland zu seinen Gunsten zu verfälschen: Geringere Männer als er haben unter einer solchen *Folie de Grandeur* mit weit geringerer Entschuldigung gelitten. Er hatte mehr zu tragen als sein schweres Amt in der Admiralität nach den unaufhörlichen Belastungen eines viereinhalbjährigen Seekrieges; er ertrug klaglos die private Belastung durch die Sorge um seine neurotische Frau, der er dennoch geduldig und loyal zugetan blieb. Im Leben Nelsons gibt es manche Aspekte, die einer viel härteren Kritik Ansatzpunkte bieten, aber niemand erkennt ihm deswegen das Recht ab, von seiner Säule auf dem Trafalgarplatz auf das Herz Londons herabzublicken.

KURZBIBLIOGRAPHIE

Die folgenden in englischer Sprache veröffentlichten Werke gehören zu den wichtigsten oder aus anderen Gründen interessantesten Darstellungen, die sich mit der Schlacht vor Jütland oder den zu dieser führenden oder aus der Schlacht folgenden Ereignissen befassen (einschließlich der Übersetzungen deutscher Verlagswerke):

Admiralty British, *Jutland Dispatches*
Narrative of the Battle of Jutland
Record of the Battle of Jutland, bearbeitet von Captain J.E.T. Harper
Bacon, Admiral Sir R.H., *The Life of John Rushworth Earl Jellicoe*
Chalmers, Rear-Admiral W.S., *The Life and Letters of David Beatty, Admiral of the Fleet*
Chatfield, Admiral of the Fleet Lord, *The Navy and Defence*
Churchill, Winston S., *The World Crisis, 1914–1918*
Corbett, Julian, and Newbolt, Henry, *History of the Great War based on Official Documents: Naval Operations*
Dreyer, Admiral Sir Frederic, *The Sea Heritage*
Fawcet, H.W., and Hoper, G.W.W., *The Fighting at Jutland*
Frost, Commander H., US-Navy, *The Battle of Jutland*
Gibson, Langhorne, and Harper, Vice-Admiral J.E.T., *The Riddle of Jutland*
Harper, Vice-Admiral J.E.T., *The Truth About Jutland*
Hase, Commander G. von, German Navy, *Kiel and Jutland*
Jameson, Rear-Admiral Sir William, *The Fleet that Jack Built*
Jellicoe, Admiral Viscount John R., *The Grand Fleet, 1914–1918: Its Creation, Development and Work*
Kemp, Lieutenant-Commander P.K., *The Papers of Admiral Sir John Fisher* (Navy Records Society)
Macintyre, Captain Donald, *Jutland*
Marder, A.J., *Fear God and Dread Nought*
Marder, A.J., *From the Dreadnought to Scapa Flow*
Scheer, Admiral Reinhard, German Navy, *Germany's High Seas Fleet in the World War*
Tirpitz, Grand Admiral von, German Navy, *My Memoirs*
Waldemeyer-Hartz, Hugo von, *Admiral von Hipper*
Woodward, E.L., *Great Britain and the German Navy*

Das wichtigste Werk, von dem bisher noch keine englische Übersetzung veröffentlicht worden ist, befindet sich in einer englischen Übersetzung als Typoskript in der Bibliothek der britischen Admiralität: das deutsche Admiralstabswerk *Der Krieg zur See.*

Zu den unveröffentlichten Quellen, an denen keine ernsthafte Darstellung dieser Schlacht vorbeigehen kann, gehören die von Jellicoe und Beatty hinterlassenen persönlichen Papiere, Aufzeichnungen und Briefe sowie die Admiralitätsstudie »*Naval Staff Appreciation of Jutland*«, von der glücklicherweise mindestens zwei Kopien der Vernichtung entgangen sind (siehe Anhang III).

ZUSÄTZLICHE DEUTSCHE BIBLIOGRAPHIE

Auswahl einiger der wichtigsten zum Thema des Buches erschienenen Veröffentlichungen in deutscher Sprache:

Assmann, Kurt, »*Deutsche Seestrategie in zwei Weltkriegen*«, Heidelberg (Scharnhorst-Buchkameradschaft), 1956.

Barnett, Correlli, »*Anatomie eines Krieges*«, München/Esslingen (Bechtle-Verlag), 1963 (1/3 des Buches befaßt sich mit der Skagerrakschlacht).

Berghahn, Volker R., »*Der Tirpitz-Plan*«, Düsseldorf (Dorste-Verlag), 1971. (Mit umfangreichen Literaturangaben.)

Bethmann-Hollweg, Theobald v., »*Betrachtungen zum Weltkrieg*«, Berlin, (Reimar Hobbing), 2 Bde., 1919 und 1921.

Breyer, Siegfried, »*Schlachtschiffe und Schlachtkreuzer 1905–1970*«, München (Lehmanns), 1970.

Bülow, Bernhard Fürst von, »*Denkwürdigkeiten*«, Berlin (Ullstein), 1930/31.

Busch, F. O., »*Die Schlacht am Skagerrak*« (Jugendbuch), Leipzig (Schneider), mehrere Auflagen.

Busch, F. O., »*Die Hochseeflotte ist ausgelaufen*« (Unter Pseudonym Peter Cornelissen), München (Lehmanns), o. J.

Busch, F. O., »*Die Linienschiffe*«, Hamburg (R. Hermes), o. J.

Busch, F. O., »*Das Volksbuch vom Skagerrak*«, Berlin (Limpert), o. J.

Busch / v. Forstner, »*Unsere Marine im Weltkrieg*«, 2 Bände, Berlin (Brunnen-Verlag), 1934. (Mit einer Darstellung der Skagerrakschlacht in Band 1.)

Busch (F. O.) / Lorey (Korvettenkapitän), »*Unter der alten Kriegsflagge*«, Berlin (Reimar Hobbing), o. J.

Czernin, Ottokar Graf, »*Im Weltkrieg*«, (Ullstein) Berlin u. Wien 1919.

Churchill, Winston, »*Weltkrisis I. u. II*« (deutsche Übersetzung), Leipzig (Koehler), 1924. (Mehrere Ausgaben.)

Corbett, Julian S., »*Die Seekriegsführung Großbritanniens*«, (deutsche Übersetzung), Berlin (Vorhut-Verlag Otto Schlegel), o. J.

Cowles, Virginia, »*Wilhelm der Kaiser*« (deutsche Übersetzung von Claus Velmeden), Frankfurt (Ullstein), 1968.

Dohm, Arno, »*Skagerrak*«, Gütersloh (C. Bertelsmann), 11. Auflage 1942.

Eschenburg (Konteradmiral), »*Skagerrak-Jahrbuch 1927*«, Lübeck, 1926. (Mit zahlreichen Darstellungen.)

Freiwald, Ludwig, »*Die verratene Flotte*«, München (Lehmanns), 1931.

Frost, »*Grand Fleet und Hochseeflotte im Weltkrieg*« (deutsche Übersetzung), Berlin (Vorhut-Verlag Otto Schlegel), 1938.

Galster, Karl, »*England, deutsche Flotte und Weltkrieg*«, Kiel, 1925.

Gladisch, »*Die Skagerrakschlacht*«, Berlin (E. S. Mittler), 1936.

Gröner, Erich, »*Die deutschen Kriegsschiffe 1815–1945*« (2 Bände), München (Lehmanns), 1966 und 1968.

Groos, O., »*Der Krieg in der Nordsee*«, (Bd. 5, Januar–Juni 1916), Berlin, 1925 (siehe: Marine-Archiv).

Groos, O., »*Seekriegslehren im Lichte des Weltkrieges*«, Berlin, 1929.

Hase, Georg v., »*Die zwei weißen Völker*«, Leipzig (Koehler), 1920.
Hase, Georg v., »*Der Sieg der deutschen Hochseeflotte am 31. Mai 1916*«, Leipzig (Koehler), 1926.
Hubatsch, Walter, »*Der Admiralstab*«, Frankfurt (Verlag für Wehrwesen Bernard & Graefe), 1958. (Mit umfangreichen Literaturangaben.)
Hubatsch, Walther, »*Die Ära Tirpitz*«, Göttingen (Musterschmidt), 1955. (Mit umfangreichen Literaturangaben.)
Hubatsch, Walther, »*Kaiserliche Marine*«, München (Lehmanns), 1975.
Jellicoe, John, »*Lord Jellicoe's Erinnerungen*« (Englands Flotte im Weltkrieg), übersetzt von Kapitänleutnant a. D. Johannes Spiess, Berlin (Vorhut-Verlag Otto Schlegel), 1937, Band 1.
Jellicoe, John, »*Lord Jellicoe's Erinnerungen*« (Zwischen Skagerrak und Scapa Flow), übersetzt von Kapitänleutnant a. D. Johannes Spiess, Berlin (Vorhut-Verlag Otto Schlegel), 1937, Band 2.
Johann, Ernst (Herausgeber), »*Reden des Kaisers*«, München (dtv), 1966.
Koerner, Peter, »*Der Erste Weltkrieg 1914–1918*«, Band IV, Der Krieg zur See (Taschenbuch), München (Heyne), 1968.
Lichnowsky, Fürst, »*Auf dem Wege zum Abgrund*«, (Carl Reissner, 2 Bde.), Berlin 1927.
Lorenz, Helmut, »*Die versunkene Flotte*«, Berlin (Warneck), 1926.
Ludwig, Emil, »*Wilhelm der Zweite*«, Frankfurt/Hamburg (Fischer), 1968.
Lützow, Friedrich, »*Sieger auf sieben Weltmeeren*«, Berlin (Ullstein), 1936. (Mit Schilderung der Skagerrakschlacht.)
Lützow, Friedrich, »*Die Schlacht vor dem Skagerrak*« in Gadow: »Die deutsche Marine in Vergangenheit und Gegenwart«, Berlin (Scherl), ca. 1925.
Mahan, Alfred Thayer (Auswahl), (Übersetzer und Herausgeber Gustav-Adolf Walter), (Koehler), Herford 1967.
Mahan, Alfred Thayer, »*Der Einfluß der Seemacht auf die Geschichte 1660–1812*« (Faksimile-Neudruck der ungekürzten Ausgabe – 2 Bände – Berlin 1898/99), jetzt (1974) bei Hamecher, Kassel.
Mantey, Eberhard v., »*Auf See unbesiegt*«, München (Lehmanns), Band I = 1921, Band II = 1922. (Mit zahlreichen Einzeldarstellungen.)
Marine-Archiv, »*Der Krieg zur See 1914–1918*« (21 Bände), Herausgeber E. v. Mantey; Bundesarchiv / Militärarchiv / Arbeitskreis für Wehrforschung) Berlin, 1922–1942. Der für das vorliegende Werk wichtigste Band ist: »Der Krieg in der Nordsee«, 5. Band (Januar–Juni 1916), bearbeitet von O. Groos, Berlin (Mittler & Sohn), 1925.
Meurer, »*Seekriegsgeschichte in Umrissen*«, Berlin (Koehler), 1925.
Militärgeschichtliches Forschungsamt (durch Herbert Schottelius und Wilhelm Deist) »*Marine und Marinepolitik im kaiserlichen Deutschland 1871–1914*«, Düsseldorf (Droste-Verlag), 1972. (Mit zahlreichen Literaturangaben.)
Müller, Georg Alexander v., »*Regierte der Kaiser?*«, Göttingen (Herausgeber Walter Görlitz), (Musterschmidt), 1959.
Nauticus, »*Jahrbuch für Deutschlands Seeinteressen*«, Berlin (Mittler & Sohn), jährlich ab 1899.

Nauticus, *»Beiträge zur Flotten-Novelle 1900«*, Berlin (Mittler & Sohn), 1900.
Persius, L., *»Der Seekrieg«*, Charlottenburg, 1919.
Persius, L., *»Menschen und Schiffe in der kaiserlichen Marine«*, Berlin (Dietz), 1925.
Pohl, Hugo v., *»Aus Aufzeichnungen und Briefen während der Kriegszeit«*, Berlin (Sigismund), 1920.
Potter/Nimitz/Rohwer, *»Seemacht – Von der Antike bis zur Gegenwart«*, deutsche Ausgabe, herausgegeben im Auftrag des Arbeitskreises für Wehrforschung von Jürgen Rohwer, Stuttgart (Bernard & Graefe), 1974.
Pross, Harry (Herausgeber), *»Die Zerstörung der deutschen Politik«*, Frankfurt (Fischer), 1959.
Raeder, Erich, *»Mein Leben«*, 2 Bände, Tübingen, 1956/57.
Reuter, Vizeadmiral v., *»Scapa Flow – Das Grab der deutschen Flotte«*, Leipzig (Koehler & Amelang), 1921.
Reventlow, Ernst Graf zu, *»Deutschlands auswärtige Politik 1888–1914«*, Berlin (E. S. Mittler), 1916.
Reventlow, Ernst Graf zu, *»Der Einfluß der Seemacht im Großen Kriege«*, Berlin (Mittler), 1918.
Röhr, Albert, *»Handbuch der deutschen Marinegeschichte«*, Oldenburg/Hamburg (Stalling), 1963 (Neuauflage 1974).
Ruge, Friedrich, *»Scapa Flow 1919«*, (Das Ende der deutschen Flotte), Oldenburg/Hamburg (Stalling), 1969.
Scheer, Admiral Reinhard, *»Vom Segelschiff zum U-Boot«*, Leipzig (Quelle & Meyer), o. J.
Scheer, Admiral Reinhard, *»Deutschlands Hochseeflotte im Weltkrieg«*, Berlin (August Scherl), 1920.
Scheer, Reinhard/Stöwer, Willi, *»Die deutsche Flotte in großer Zeit«*, Braunschweig (Westermann), 1926.
Schmalenbach, Paul, *»Die Geschichte der deutschen Schiffsartillerie«*, Herford (Koehler), 1968.
Schoultz, G. v., *»Mit der Grand Fleet im Weltkrieg«*, (Köhler), o. J.
Schulze-Hinrichs, Alfred, *»Großadmiral von Tirpitz«*, Göttingen (Musterschmidt), 1958.
Schüssler, *»Weltmachtstreben und Flottenbau«*, Witten (Luther), 1956.
Sethe, *»Die ausgebliebene Seeschlacht«*, Berlin (E. S. Mittler), 1933.
Simsa, Paul, *»Marine Intern«* (Entwicklung und Fehlentwicklung der deutschen Marine 1888–1939), Stuttgart, 1972. (Aus Zitaten ohne Quellenangaben zusammengestellt.)
Steen, Hans, *»Habe meine Pflicht getan«* (Jugendbuch), Hannover, 1939.
Stegemann, Bernd, *»Die deutsche Marinepolitik 1916–1918«*, Berlin (Duncker & Humblot), 1970 – Band 4.
Stöwer, Willi/Wislicenus, Georg, *»Kaiser Wilhelm II. und die Marine«*, Berlin (Scherl), 1912.
Tirpitz, Alfred v., *»Erinnerungen«*, Leipzig (v. Hase & Koehler), 1919 (mehrfache Nachdrucke).
Tirpitz, Alfred v., *»Dokumente I und II, Deutsche Ohnmachtspolitik im Weltkriege«*, Hamburg/Berlin (Hanseatische Verlagsanstalt), 1926.

Valentini, v., »*Kaiser und Kabinettschef*«, Oldenburg (Stalling), 1930.
Waldeyer-Hartz, Hugo v., »*Admiral Hipper*«, Leipzig, 1933.
Wegener, »*Die Seestrategie des Weltkrieges*«, Berlin (E. S. Mittler), 1926.
Weniger, »*Die Entwicklung des Operationsplans für die Schlachtflotte*«, Berlin, Marine-Rundschau (E. S. Mittler), 1930.
Weyer, B., »*Taschenbuch der Kriegsflotten*« (1916), München (Lehmanns), ab 1900 bis heute.
Widenmann, »*Marineattaché in London 1907–12*«, Göttingen (Musterschmidt), 1952.
Wilhelm II., »*Ereignisse und Gestalten aus den Jahren 1878–1918*«, (Koehler), 1922.

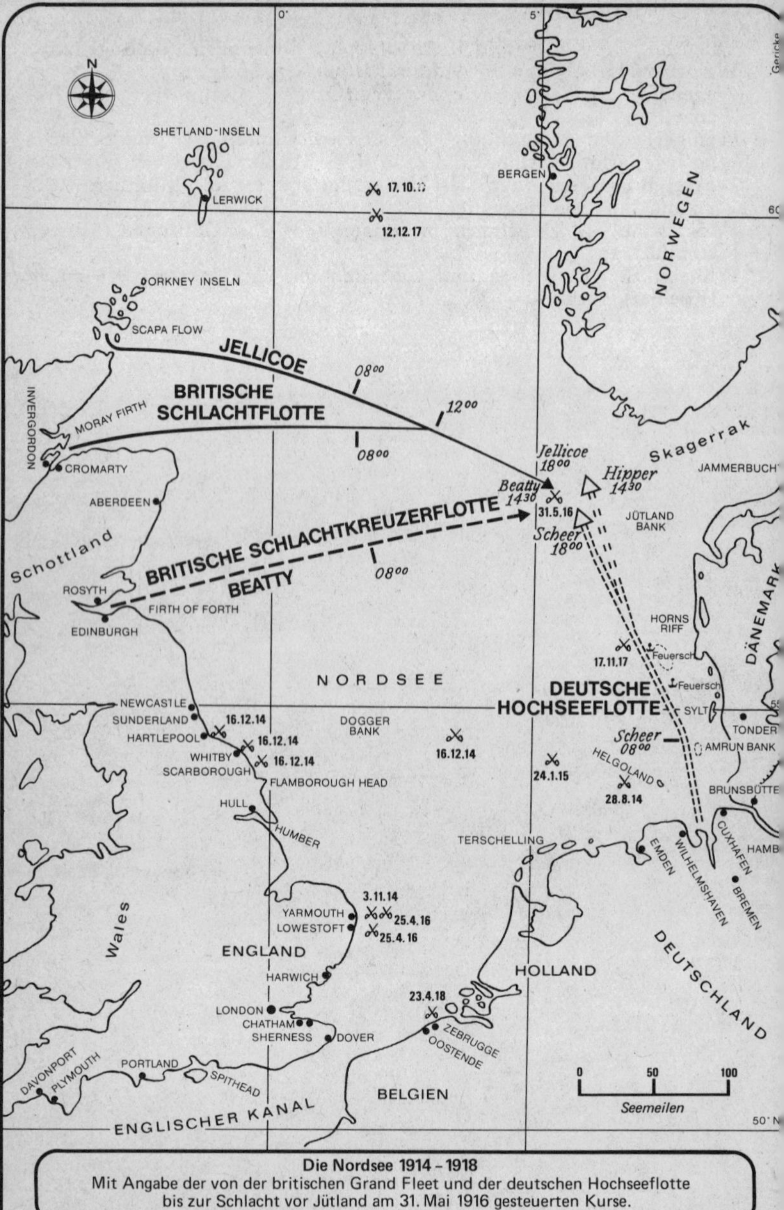

Die Nordsee 1914 – 1918
Mit Angabe der von der britischen Grand Fleet und der deutschen Hochseeflotte bis zur Schlacht vor Jütland am 31. Mai 1916 gesteuerten Kurse.

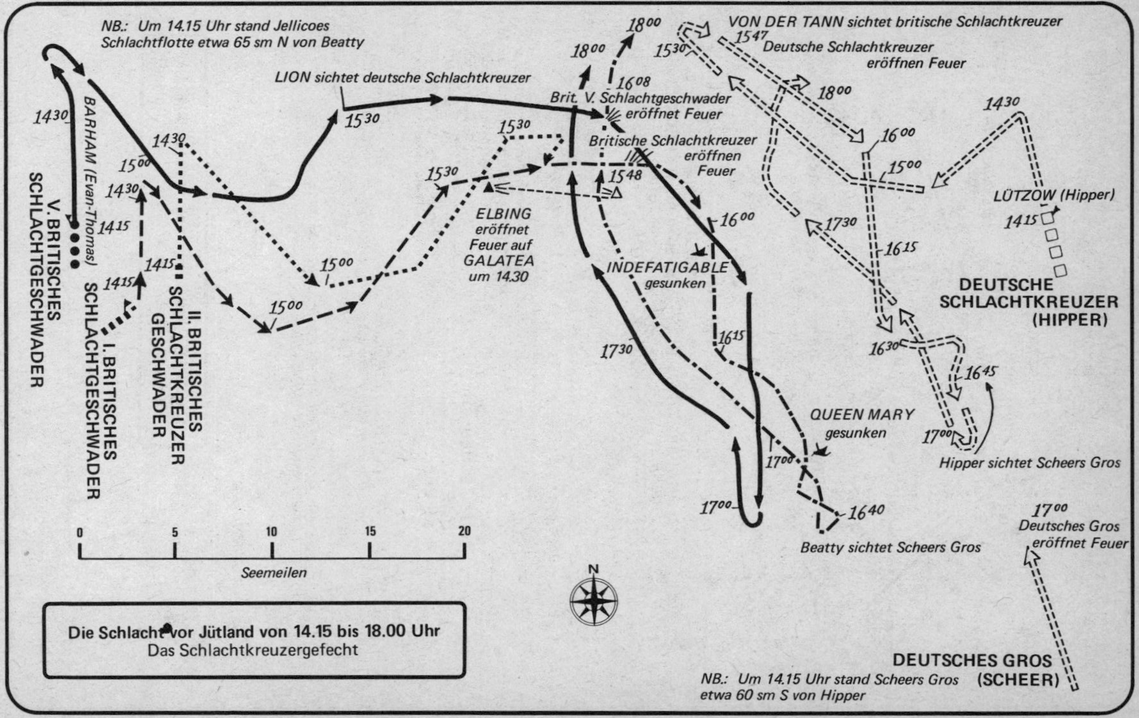

Die Schlacht vor Jütland von 14.15 bis 18.00 Uhr
Das Schlachtkreuzergefecht

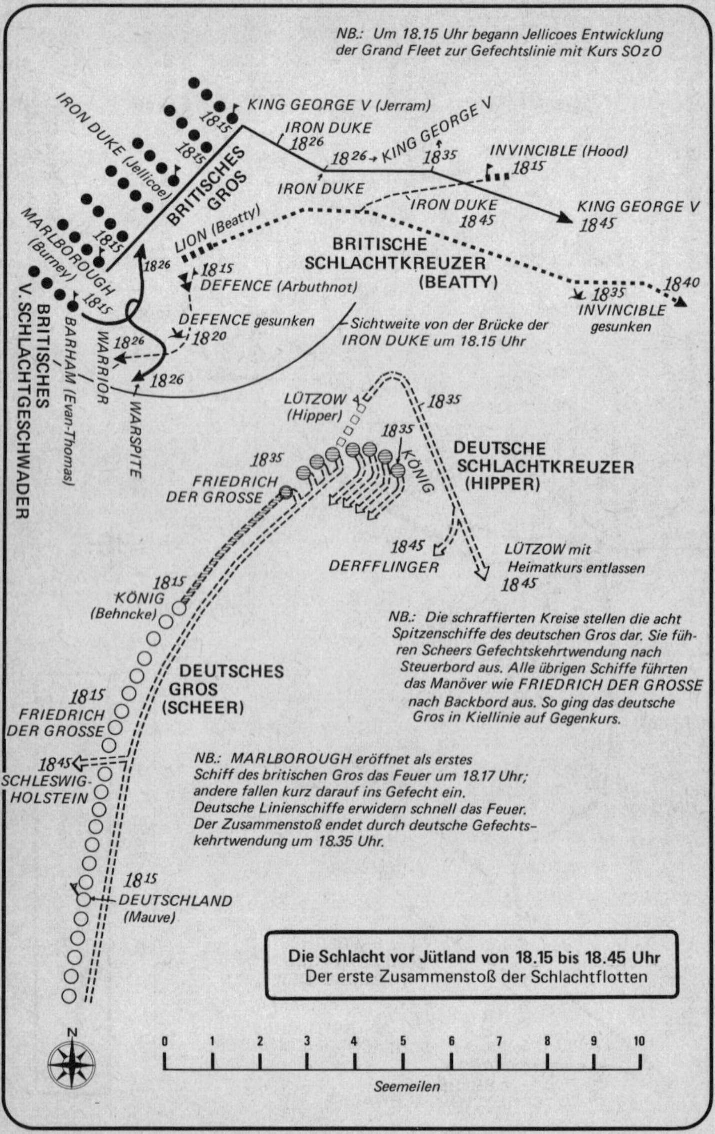

Die Schlacht vor Jütland von 18.15 bis 18.45 Uhr
Der erste Zusammenstoß der Schlachtflotten

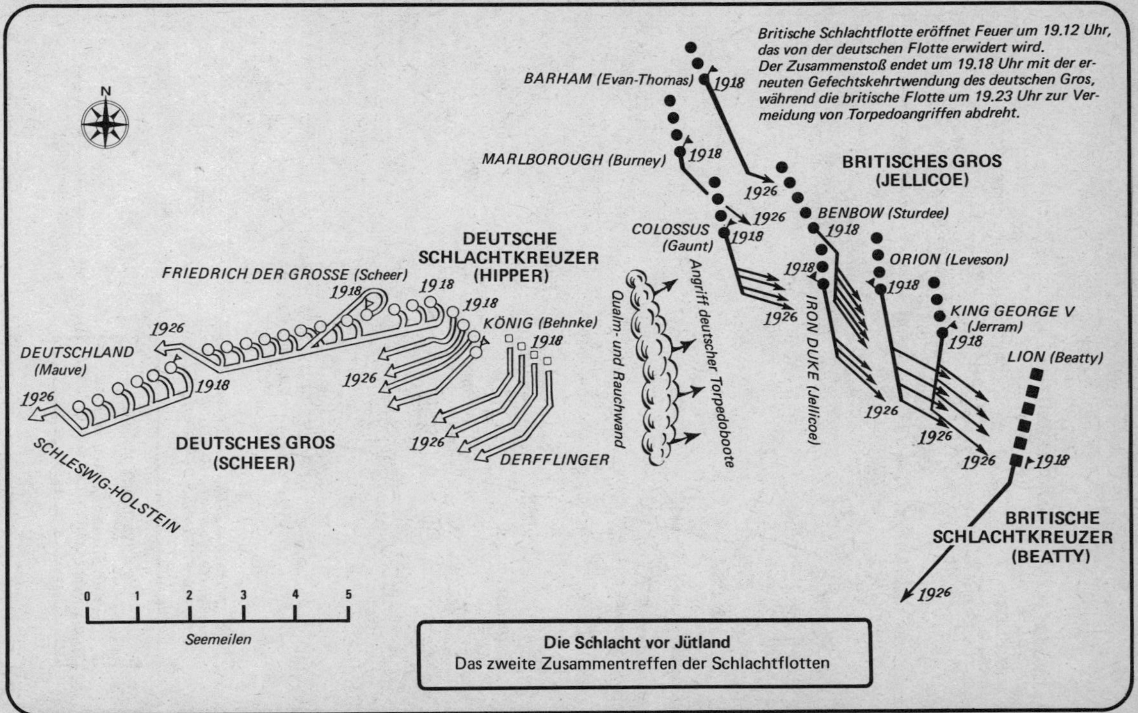

Die Schlacht vor Jütland
Das zweite Zusammentreffen der Schlachtflotten

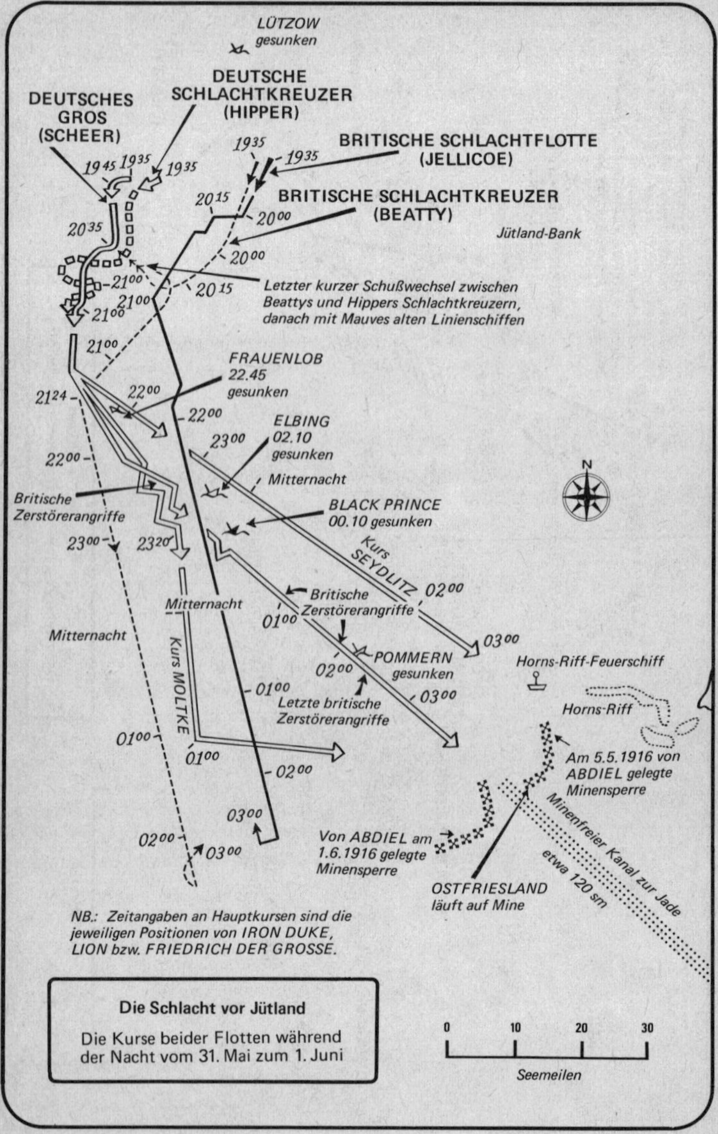

Die Schlacht vor Jütland

Die Kurse beider Flotten während der Nacht vom 31. Mai zum 1. Juni

ANMERKUNGEN

(* des Verfassers; + des Bearbeiters)

1) + »The reason why« (»Die Gründe, warum...«): Buchtitel und seither sprachliche Wendung in Anlehnung an die Ballade Lord Tennysons; d. h. die Gründe für den Fehler, der zum Todesritt der britischen Leichten Kavalleriebrigade unter Lord Cardigan bei Balaclava am 25. Oktober 1854 während des Krimkrieges geführt hatte. Dies hatte den anwesenden französischen General Bosquet zu dem Ausspruch hingerissen: »C'est magnifique, mais ce n'est pas la guerre.«

2) + Dem deutschen Rang Großadmiral entsprechend.

3) + Hier hat der Verfasser zwei kaiserliche Aussprüche kombiniert. Der erste fiel am 23. 9. 1898 bei der Eröffnung des neuen Hafens von Stettin sowie am 18. 6. 1901 bei einer Tischrede an Bord der Kreuzfahrtjacht *Prinzessin Viktoria Luise* auf der Unterelbe, der zweite bei einer Tischrede nach einer Denkmaleinweihung in Köln am 18. 6. 1897. Das Denkmal zeigte einen Neptun mit Dreizack!

4) + Nelsons Seesieg am 21. 10. 1805 über Franzosen und Spanier unter Villeneuve.

5) + 1819 hatte der in der französischen Marineartillerie dienende Major (später General) Henri Joseph Paixhans (1783–1854) das Brisanzgeschoß, d. h. die Sprenggranate, sowie die Bombenkanone erfunden. Erstmalig wurden auf See die neuen Sprenggranaten mit größter Wirkung durch die russische Flotte eingesetzt: Vizeadmiral Nachimow vernichtete am 30. 11. 1853 bei Sinope mit unterlegenen Kräften ein ganzes türkisches Geschwader.

6) + Der Begriff »Turm« bedarf einer Erläuterung: Darunter verstand man zunächst die von Ericsson (amerikanischer Bürgerkrieg: *Monitor*) und dem britischen Captain Coles (HMS *Captain*, 1870 gekentert) verfolgte Konzeption: Die Geschütze waren in einem gepanzerten (autonomen, d. h. auch nach *unten* geschlossenen) Turm angeordnet, der insgesamt drehbar war. Die (seit Vauban im Festungsbauwesen führenden) Franzosen wandten jedoch in den späten 60er Jahren für die Aufstellung der schweren Geschütze auf Panzerschiffen eine aus dem Festungsbau übernommene Konstruktion an: Die Barbette, d. h. nach oben offene Ringwälle, eine Art zylindrischer Panzerbrustwehr (im deutschen Festungswesen Geschützbank genannt). Die französischen Konstrukteure besaßen kein Vertrauen zu dem autonomen Turm, bei dem sich ein äußerst schweres Panzergehäuse mit ebenso schwergewichtigen Geschützen drehen mußte. Das schwere Turmgewicht an Oberdeck machte die Schiffe auch kenteranfällig, vgl. *Captain*-Katastrophe. Außerdem war sowohl bei Vorder- wie Hinterladern beim autonomen Turm der Ladevorgang äußerst schwierig: Die Munition mußte ja von außen herangebracht werden. Dies war u. a. einer der Gründe, warum die britische Marine so lange (bei

Turmschiffen) an Vorderladern festhielt. An Bord von HMS *Inflexible* (1876) z. B. spielte sich der Ladevorgang der in Türmen untergebrachten Zwillingsgeschütze wie folgt ab: Der Turm wurde gedreht, so daß die Geschützmündungen innenbords lagen, dort wurden die Rohrmündungen bis in die an Deck angebrachten Lademulden abgesenkt und die Granaten von außen her mit Hydraulikansetzern eingeschoben. Ein äußerst komplizierter und im Gefecht gefährlicher Vorgang. Die französischen Konstrukteure hielten auch den autonomen Turm für zu schlecht ventilierbar: rauchschwaches oder rauchloses Pulver war damals noch nicht entwickelt. Längere Artilleriegefechte hätten daher sehr bald einen Aufenthalt in den Türmen unmöglich gemacht. Außerdem ergab sich beim damaligen Entwicklungsstand die dauernde Gefahr des Klemmens der zunächst nur auf einem Mittelzapfen, später auch auf einem Lagerlaufkranz ruhenden Drehvorrichtung. Beginnend mit einigen Vorversuchen baute die französische Marine als erstes ausgereiftes Barbette-Panzerschiff die *Admiral Duperré* (1879). Hier waren die schweren Geschütze innerhalb der zylindrischen Panzerbarbetten zunächst auf Kreisbahnschienen (mit entsprechenden Rollen an den Geschützlafetten) drehbar angeordnet. Später wurden die Geschütze samt Lafettenunterbauten auf verbesserte Drehscheiben gesetzt, die auf immer weiter verfeinerten und weniger störanfälligen Laufkränzen liefen. Jetzt brauchte ja nur noch das Gewicht der Geschütze selbst bewegt zu werden; die schweren Panzerbarbetten waren dagegen fest eingebaut. Beim autonomen Turm mußte dagegen der Drehmechanismus das Gesamtgewicht von Geschützen und Panzerturm herumwuchten. Vor allem aber konnten die schweren Barbettenzylinder nach unten tiefer in das Schiff heruntergezogen werden, was die Stabilität der Schiffe wesentlich verbesserte. Auch der Ladevorgang konnte leichter, schneller und sicherer gestaltet werden: Bei Durchbrechung der Geschützplattformen (Drehscheiben) durch geeignete Öffnungen konnte man nun durch nach unten geführte und ebenfalls durch Panzerung geschützte Munitionsschächte mit mechanischen Aufzugsvorrichtungen das Problem der Munitionszufuhr lösen. Nach der Indienststellung der *Amiral Duperré* befaßten sich auch die anderen Marinen mit dem Barbette-Schiff. Mit den britischen Linienschiffen der 1891/92 von Stapel gelaufenen *Royal Sovereign*-Klasse erhielt das moderne gepanzerte Linienschiff seine klassische Form als Barbette-Schiff. Auch die Barbetten der letztgenannten Klasse waren noch nach oben offen. Jetzt brauchte man nur noch zum Schutz der Bedienungsmannschaften und Geschütze gegen Trefferwirkungen und Wetter eine Art »Dach« darüber zu setzen, d. h. eine Panzerhaube, Kalotte, ein »Gunhouse«, das sich mit den Geschützen drehte und allmählich turmförmig ausgestaltet wurde. Äußerlich sahen diese mit einem turmartigen Dach versehenen Barbette-Schiffe den ursprünglichen Turmschiffen so ähnlich, daß man begann, sie zunächst als »verbesserte Turmschiffe« zu bezeichnen. In dieser

Weise bürgerte sich in allen Marinen und Sprachen der Begriff »Geschützturm« für etwas ein, das streng genommen eben kein Turm, sondern eine Barbette ist. So sollte es auch nach Übergang zum *Dreadnought* bis zu den letzten Schlachtschiffen des Zweiten Weltkrieges bleiben.

7) + Alfred Thayer Mahan (1840–1914), amerikanischer Seeoffizier, zuletzt Admiral und Marinehistoriker, der in zahlreichen einflußreichen Schriften auf die Bedeutung der Seemacht bei weltpolitischen Auseinandersetzungen hinwies und eine imperialistisch orientierte Flotten- und Stützpunktpolitik befürwortete. Seine Werke hatten größten Einfluß in Großbritannien, Deutschland und Japan. Sie wurden auf Veranlassung des deutschen Kaisers sofort ins Deutsche übersetzt (zwei Auflagen, Berlin 1898; sein Hauptwerk: *The Influence of Seapower upon History ...*). Der Kaiser ließ Exemplare dieses Werkes unter seinen Seeoffizieren verteilen. Mahans Werke waren Pflichtlektüre in allen Marineakademien der Welt.

8) + Während der Segelschiffszeit wurden Geschütze nach dem Gewicht der aus ihnen abgeschossenen Kugeln klassifiziert.

9) + Karronaden (engl. Carronades) waren nach der sie ab 1774 entwickelnden schottischen Geschützgießerei der Gebrüder Carron benannte, neuartige Geschütze mit dünnwandigeren Rohren. Ihr Treibpulverladungsraum wies einen geringeren Querschnitt als der eigentliche Geschützlauf für das Geschoß auf. Ab etwa 1779 wurden solche Geschütze insbesondere als Oberdeckgeschütze eingesetzt. Karronaden hatten eine Kaliberlänge von etwa 7 und verschossen 12- bis 68pfündige Kugeln.

10) + Britischer Politiker (Liberaler), wiederholt Premierminister: 1868–1874, 1880–1885, 1886, 1892–1894.

11) + Krise von 1885: Durch die expansive Kolonialpolitik Frankreichs unter Ferry kam es zwischen Großbritannien und Frankreich zu Spannungen, insbesondere wegen Ägypten, das im 19. Jahrhundert beide Länder als in ihrer Interessensphäre liegend betrachteten. Großbritannien griff während ziviler Unruhen ein. Als Sühne für Ausschreitungen von Aufständischen beschoß am 11. Juli 1882 eine britische Flotte unter Admiral Seymour Alexandrien. Der anschließende Feldzug fand seinen Höhepunkt mit der legendären Niederlage und dem Tod des britischen Generals Gordon in Khartum am 26. 1. 1885 (Mahdi-Krieg). Höhepunkt der britisch-französischen Krise war 1898 der Faschoda-Konflikt.

12) + Britischer Politiker (1769–1822), wiederholt Außenminister.

13) + Mit 1867 wählte der Verfasser offensichtlich das Jahr der Gründung des Norddeutschen Bundes nach dem preußischen Sieg über Österreich (1866), der für das entstehende Zweite Reich eine kleindeutsche Lösung einleitete. Denn Österreich war nach diesem Kriege aus Deutschland ausgeschieden. Der Deutsche Bund war aufgelöst, und Österreich erkannte die Neugestaltung Deutschlands durch Preußen an, die 1871 in Versailles zur Gründung des *zweiten* deutschen Kaiserreiches führte.

14)+ Louis Napoléon Bonaparte war von 1848–1852 Staatspräsident und von 1852–1870 Kaiser von Frankreich.

15)+ Dieser Ausspruch geht nicht auf den Kaiser zurück, sondern fiel in der Reichstagssitzung vom 6. Dezember 1897 durch den Staatssekretär des Auswärtigen Amtes, Freiherr Bernhard Heinrich Martin v. Bülow (später Fürst von Bülow und von 1900–1909 deutscher Reichskanzler):
»Allerdings sind wir der Ansicht, daß es sich nicht empfiehlt, Deutschland in zukunftsreichen Ländern von vornherein auszuschließen vom Mitbewerb anderer Völker ... Wir sind endlich gern bereit ... den Interessen anderer Großmächte Rechnung zu tragen, in der sicheren Voraussicht, daß unsere eigenen Interessen gleichfalls die ihnen gebührende Würdigung finden. *Mit einem Worte: Wir wollen niemand in den Schatten stellen, aber wir verlangen auch unseren Platz an der Sonne.*«

16)+ Alfred von Tirpitz, am 19. März 1849 in Küstrin (Brandenburg) als Sohn eines höheren Justizbeamten geboren. April 1865 Eintritt als Kadett in die Königlich Preußische Marine. Später mit Schulschiff *Niobe* einjährige Reise bis Westindien. 1869 nach 4½jähriger Dienstzeit zum Unterleutnant (= Leutnant z. See) befördert. Frühjahr 1870 Unterleutnant an Bord des Flaggschiffs *König Wilhelm*. Während des Krieges 1870/71 in Wilhelmshaven blockiert. 1871 Leutnant, 1. Offizier an Bord des Kanonenbootes *Blitz*. 1871/73 Wachoffizier an Bord der Panzerfregatte *Friedrich Carl*. 1875 Kapitänleutnant; 1877 mit Entwicklung der Torpedowaffe betraut (Fiume-Reise 1877/78). Seit Mai 1878 Kommandant des Torpedofahrzeuges *Zieten*. September 1881 Korvettenkapitän, Kommandant des Torpedoversuchskommandos und Kommandant des Torpedoschulschiffs *Blücher*. 1888 Kapitän zur See. 1889 Kommandant des Panzerschiffs *Preußen*; 1890 Kommandant des Panzerschiffs *Württemberg*. 1889/90 im Mittelmeer. Herbst 1890 Chef des Stabes der Marinestation der Ostsee. Januar 1892–1895 Chef des Stabes beim Oberkommando der Marine (Auftrag: Entwicklung der Taktik der Hochseeflotte; führte die Bezeichnung »Linienschiff« wieder ein). Mai 1895 Konteradmiral. Ab Ostern 1896/97 Chef der Ostasiatischen Kreuzerdivision (wählte Tsingtau für späteren deutschen Erwerb). März 1897 Stellvertreter des Staatssekretärs v. Hollmann. 15. Juni 1897 bis 15. März 1916 Staatssekretär und Leiter des Reichsmarineamtes. Brachte das 1. Flottengesetz von 1898 durch, das durch zahlreiche Novellen und Änderungsgesetze ausgebaut wurde. (2. Flottengesetz 14. Juni 1900. Novellen: 1904, 1906, 1908 und 1912.) 1898 Preußischer Staatsminister; 1899 Vizeadmiral; 1900 erblicher Adel; 1903 Admiral; 1911 Großadmiral. Abschiedsgesuch am 12. März 1916 (angenommen 15. März 1916). Danach politische Tätigkeit. August 1917 Gründer (mit W. Kapp) und Präsident der neuen »Vaterlandspartei«. 1924–1928 Reichstagsabgeordneter der Deutschnationalen Volkspartei (eine der Kräfte, die Feldmarschall v. Hindenburg bewegten, sich 1925 als Reichspräsident wählen zu lassen). Schrieb 1919 seine »Erinnerungen«.

Brachte 1924–1926 seine »Politischen Dokumente« (2 Bände) heraus. Am 6. März 1930 in Ebenhausen bei München gestorben.

17) + Der Vorfall war weit schwerwiegender: Der DOAL-Reichspostdampfer *Bundesrath* wurde am 28. 12. 1899 in den neutralen Territorialgewässern der Delagoabucht durch den britischen Kreuzer *Magicienne* angehalten, zur Untersuchung nach Durban geschleppt und erst nach 21 Tagen wieder freigegeben. Trotz energischer Proteste in London erfolgte bereits am 4. 1. 1900 erneut die Aufbringung des DOAL-Reichspostdampfers *General* vor Aden, der 8 Tage festgehalten wurde. Und am 7. 1. 1900 erfolgte die zeitweilige Beschlagnahme des deutschen Afrika-Dampfers *Herzog* und des Segelschiffs *Marie* (*Herzog* wurde 4 Tage, *Marie* dagegen 15 Tage festgehalten). Nach einem neuerlichen schärfsten Notenwechsel sprach die britische Regierung später ihr Bedauern über diese Vorfälle aus.

18) + Dieser Passus findet sich keineswegs in der Präambel der Flottennovelle von 1912, sondern in der Begründung zur Flottennovelle von 1900 zum Flottengesetz von 1898.

19) + Robert Arthur Talbot Gascoyne-Cecil, Marquess of Salisbury (1830–1903). Brit. Premierminister 1885/86, 1886–1892, 1895–1902.

20) + George Canning (1770–1827), brit. Staatsmann, häufig in Ministerämtern, zuletzt als Premierminister, plante als Außenminister die Vernichtung der dänischen Flotte in Kopenhagen mitten im Frieden (vgl. Nelsons Angriff, siehe Anmerkung 46).

21) + Henry John Temple, Viscount Palmerston (1784–1865), brit. Staatsmann, Premierminister 1855–1858, 1859–1865.

22) + Richard Cobden (1804–1865), brit. Politiker und Vorkämpfer für Freihandel und Abrüstung.

23) + John Bright (1811–1899), brit. Politiker und Sozialreformer. Gesinnungsfreund Cobdens.

24) + Arthur James, Earl of Balfour (1848–1930), Konservativer, brit. Staatsmann, wiederholt in Ministerämtern. Premierminister 1902–1905.

25) + Alfred Charles William Harmsworth, Viscount Northcliffe (1865–1922), brit. Verleger und Publizist; Begründer eines einflußreichen Pressekonzerns, der insbesondere eine antideutsche Pressekampagne betrieb. Die britische Regierung machte ihn während des Ersten Weltkrieges zum Propagandaberater.

26) + Robert Erskine Childers (1870–1922), irischer Politiker und Militär. Auch schriftstellerisch tätig: Er brachte 1903 seinen utopischen Roman heraus, der einen künftigen Krieg zwischen Großbritannien und Deutschland in chauvinistischsten Farben beschrieb. Das Buch behandelt siegreiche Seeschlachten und eine erfolgreiche britische Landung an der friesischen Küste. (Als Ire sollte er jedoch ein tragisches Ende nehmen: Etwa 1917 schloß er sich der irischen Freiheitsbewegung an. Während der blutigen Auseinandersetzungen des Jahres 1922 wurde er wegen unerlaubten Waffenbesitzes verhaftet und nach einem Kriegsgerichtsurteil am 24. November 1922 erschossen.)

Ähnliche literarische Entgleisungen, die auf Kriegshetze hinausliefen, gab es auf beiden Seiten. In Deutschland wurde sie insbesondere durch die Stimmungsmache des Deutschen Flottenvereins gefördert, die häufig selbst ihrem Mitbegründer, dem Großadmiral v. Tirpitz, politisch unangenehm war. Während die populäre Schilderung von Childers von der englischen Jugend verschlungen wurde, war in Deutschland ein anderes Buch erfolgreich: August Niemanns Roman *Der Weltkrieg: Deutsche Träume* (Anfang 1904 erschienen; erste Auflage mit 25 000 Exemplaren sofort abgesetzt). Schon im Juli 1904 erschien das Werk in englischer Sprache: *The Coming Conquest of England* und war dort als Beweis unauslöschlicher Feindseligkeit Deutschlands gegen England herausgestellt worden, denn diese deutsche Utopie endete mit dem triumphalen Einzug des siegreichen deutschen Kaisers in London.

27) + John Arbuthnot Fisher, Baron of Kilverstone. Am 25. Januar 1841 in Rambodde (Ceylon) geboren. 1854 in die britische Marine eingetreten. Diente während des Krimkrieges in der Ostsee. 1859/60 als Midshipman an Bord der *Highflyer, Chesapeake* und *Furious* während der chinesischen Wirren. Wurde Sublieutenant (Leutnant z. See) am 25. 1. 1860 und Lieutenant (Oberleutnant) am 4. November 1860. 1863 Artillerieoffizier auf dem Panzerschiff *Warrior*. 2. 8. 1869 Korvettenkapitän. Diente 1869–1872 wieder beim Chinageschwader. 30. 10. 1874 zum Captain befördert und Leiter eines Artillerieausschusses. Kommandant des neuen Turmpanzerschiffes *Inflexible* (Beschießung von Alexandrien 1882). Oktober 1886 bis Mai 1891 Generalinspekteur für Artillerie- und Torpedowesen. 18. Juni 1887 bis 2. August 1890 Marineadjutant der Königin Victoria (2. 8. 1890 zum Kontreadmiral befördert). 1891–1892 Kommandant des Marinearsenals Portsmouth. 1892–1897 Dritter Seelord. 8. Mai 1896 Beförderung zum Vizeadmiral. 1897 Oberbefehlshaber der nordamerikanischen und westindischen Station. 1899 Marineexperte auf der Haager Friedenskonferenz. 1. Juli 1899–1902 Oberbefehlshaber der Mittelmeerflotte. 1902 Beförderung zum Admiral. 1902–1903 Zweiter Seelord. 31. August 1903 Oberbefehlshaber der britischen Flotte in Portsmouth. 1903–1909 Erster Seelord. Politische Querelen, unter anderem eine starke Opposition innerhalb der Marine (angeführt von Lord Beresford gegen seine Reformen) führten 1909 zu seinem Rücktritt. 9. November 1909 zum Baron Fisher of Kilverstone (Norfolk) gemacht. Schied im Januar 1910 aus dem aktiven Marinedienst aus. Privatisierte von 1910–1914, obwohl von Churchill wiederholt konsultiert (u. a. zur Frage der Bestellung Jellicoes als zukünftigen Oberbefehlshaber der Grand Fleet im Kriegsfall). Anstelle von Prince Louis von Battenberg am 30. Oktober 1914 wieder als Erster Seelord zurückgerufen (Churchill: Erster Lord der Admiralität). Wegen des Fehlschlags der Dardanellen-Aktion (Churchill Befürworter; Fisher dagegen) am 15. Mai 1915 als Erster Seelord zurückgetreten. Wurde danach Vorsitzender des sog. »Invention Board«.

Schrieb seine Erinnerungen *Memories* und *Records*, beide 1919. Letzter Dienstgrad: Großadmiral. Starb am 10. Juli 1920 in London.

28) + Der Rang eines »Captain« in der Royal Navy entsprach während der ersten drei Dienstjahre dem Rang eines deutschen Fregattenkapitäns, danach dem eines Kapitäns z. See.

29) + Die oberste Marinebehörde in Großbritannien war die Admiralität, deren Geschäfte von sechs »Lord Commissioners« geleitet wurden. Verantwortlich als Kabinettsminister und Vertreter der Marine im Parlament war der Erste Lord der Admiralität, der kein Seeoffizier war. Ihm war der Parlaments- oder Finanzsekretär beigegeben. Vier der Commissioners waren sog. Seelords (Erster Seelord, Zweiter Seelord usw.), d. h. Admirale mit bestimmten Aufgabenbereichen. Die übrigen Commissioners waren sog. Zivil-Lords (die Admiralität wurde häufig umorganisiert, die Zahl der Lords wechselte). Damit hatte also der »Erste Seelord« das höchste militärische Amt der britischen Marine inne, der »Erste Lord der Admiralität« dagegen das höchste politische Marineamt (Marineminister).

30) + Als Maßeinheit für Entfernungen im Artilleriekampf benutzte die britische Marine das Yard (1 Yard = 0,9144 m; 1 Meter = 1,0936 Yard). Die deutsche Marine dagegen maß in Hektometern (hm). 1 Hektometer = 100 m = 109,36 Yard. Die Yard-Angaben der englischen Ausgabe wurden in Hektometer (hm) bzw. Meter (m) – soweit erforderlich – angenähert oder umgerechnet.

31) + Selborne-System: William Waldegrave Palmer, Earl of Selborne (1859–1942), brit. Politiker, Erster Lord der Admiralität von 1900 bis 1905, führte 1902 das »Selborne-System« für die Offiziersausbildung der britischen Marine ein, das insbesondere dadurch revolutionierend wirkte und Kritik hervorrief, weil die *gemeinsame* Ausbildung der zukünftigen Offiziere aller Laufbahnen (d. h. auch der Ingenieurs-, Torpedo-, Feuerwerker-, Sperrwaffenoffiziere) damit eingeführt wurde. Die Unterlassung ähnlicher Maßnahmen sollte bekanntlich in der deutschen kaiserlichen Marine zu beträchtlichen Schwierigkeiten führen.

32) + So genannt nach Beginald Balliol Brett, Viscount Esher (1852–1930), brit. Staatsmann, Politiker und politischer Schriftsteller; teilte die Deutschfeindlichkeit Fishers; wiederholt in Untersuchungsausschüssen tätig: z. B. 1902 zur Untersuchung der während des Burenkrieges im britischen Heer offenkundig gewordenen Mißstände. 1904 Vorsitzender der Kommission zur Reform des britischen Kriegsministeriums. Ab 1905 Mitglied des Imperial Defence Committee (Reichsverteidigungsausschuß).

33) + In der Seeschlacht von Tsuschima (in der Tsuschima-Straße zwischen der südlichsten japanischen Hauptinsel Kiuschu und Korea) vernichtete am 27./28. Mai 1905 der japanische Admiral Heihachiro Togo (1847–1934) die zur Verstärkung der russischen Fernoststreitkräfte entsandte Ostseeflotte unter Admiral

Sinowij Petrowitsch Rozhestvenskij nach ihrer legendär gewordenen Weltreise. Diese erste größere, zwischen modernen Panzerschiffen ausgefochtene Seeschlacht sollte in allen Marinen eingehend studiert werden und die taktischen Überlegungen bis zur Skagerrakschlacht beeinflussen. Insbesondere führten die artilleristischen Ergebnisse dieses Treffens zur Konzeption des *Dreadnought*-Großkampfschiffes durch Fisher.

34) + Und wohl auch gegen die italienische Flotte, da ja damals Italien dem Dreierbund der Mittelmächte noch angehörte.

35) + Edward Grey, Viscount Grey of Falloden (1862–1933), Liberaler, brit. Staatsmann, 1905–1916 brit. Außenminister.

36) + Ein Hybridtyp zwischen Kreuzern III. Klasse und Kanonenbooten. Die letzten Schiffe dieses (noch voll getakelten) Typs waren die 16 Einheiten der *Alert*-Klasse, die zwischen 1894 und 1903 gebaut wurden. Der Begriff lebte im Ersten Weltkrieg wieder auf – für einen Typ, der später als Korvette oder Fregatte bezeichnet wurde.

37) + In der Literatur waren hierüber die bahnbrechenden Gedanken des italienischen Konstrukteurs Vittorio Cuniberti erschienen (u. a. in Jane's Fighting Ships 1903), die in aller Welt in Marinekreisen Interesse erregten. Die Pläne für die amerikanische *South Carolina*-Klasse waren jedoch bereits vor denen der Dreadnought entstanden, doch sollten diese beiden Schiffe erst später fertig werden als Fishers »Fürchtenichts« (dem er den Projektnamen »Untakeable« gab).

38) + Der Name dieses Schiffes, *Dreadnought* (d. h. Fürchtenichts), des ersten modernen Großkampfschiffes, sollte als Begriff für Linienschiffe dieser Konzeption in alle Sprachen eingehen; diese Großkampfschiffe wurden in Deutschland, der erstmalig sprachregelnden Terminologie (Tirpitz!) des Flottengesetzes gemäß weiterhin als Linienschiffe bezeichnet. Das deutsche Wort Schlachtschiff oder Panzerschiff hatte bis in die Zeit nach dem Ersten Weltkrieg eine allgemeine Bedeutung. Als Begriff für eine bestimmte Schiffsart bürgerte ersterer sich nach dem Ersten Weltkrieg ein, als durch Synthese von Schlachtkreuzer und Linienschiff eine neue Kriegsschiffkonzeption entstanden war. Die Bezeichnung »Panzerschiffe« wählte die deutsche Reichsmarine für die später zu »Schweren Kreuzern« umklassifizierte *Deutschland*-Klasse (1931), die in der ausländischen Presse als »Westentaschenschlachtschiffe« u. ä. bezeichnet wurden. Dem *Dreadnought*-Gedanken folgten so gut wie alle Marinen der Welt.

39) + Damit war *Blücher* als stärkster Panzerkreuzer alten Typs ein hybrides Unikum geworden. Ihn als zu den Schlachtkreuzern gehörig anzusehen, sollte im Doggerbank-Gefecht im Januar 1915 zu seinem tragischen Verlust führen (nur Japan hatte mit *Kurama* und *Ibuki* [1907] ähnliche, wenn auch anders bewaffnete »Spätlinge« gebaut).

40) + Dem Sprachgebrauch des deutschen Flottengesetzes folgend trugen auch diese Schiffe weiter die juristisch-formelle Bezeichnung »Große Kreuzer«, im Marinesprachgebrauch wurden sie

auch häufig ebenfalls noch »Panzerkreuzer« genannt. Unter dem Eindruck des englischen Begriffes »Battle Cruiser« bildete sich jedoch sehr bald für alle deutschen Großen Kreuzer (Panzerkreuzer) ab *Von der Tann* im allgemeinen Sprachgebrauch die Bezeichnung »Schlachtkreuzer« heraus. Die Verwendung des Begriffes Schlachtkreuzer für das Schlachtschiff *Scharnhorst* der deutschen Kriegsmarine begann erst nach dem Zweiten Weltkrieg und ist unrichtig.

41) + Charles William de la Poer Beresford, Baron Beresford (1846–1919), britischer Admiral; 1905–1907 Oberbefehlshaber der britischen Mittelmeerflotte, 1907–1909 der Kanalflotte. Zunächst Befürworter des großen britischen Flottenbauprogramms (Naval Defence Act 1889); seit etwa 1905 aus persönlichen Gründen ebenso wie aus fachlicher Rivalität entschiedener Gegner des Ersten Seelords Fisher. Diese über Jahrzehnte dauernde und in aller Öffentlichkeit mit größter Schärfe ausgetragene Rivalität sollte sich durch die Spaltung des Offizierskorps als schwere Bürde für die Moral der Royal Navy erweisen.

42) + Frederick Archibald Waughan Campbell, Earl of Cawdor (1847–1911), war im Jahr 1905 Erster Lord der Admiralität.

43) + Mit der Verwendung des Begriffs »Annektion« wird übersehen, daß für diese seit 1526 türkischen Gebiete bereits durch den Berliner Kongreß (1878), dessen Signatarmacht auch Großbritannien war, die militärische Besetzung und zivile Verwaltung Bosniens und der Herzegowina Österreich-Ungarn zuerkannt worden war, was durch einen bilateralen Vertrag mit der Türkei (1879) weiter untermauert wurde. Die sog. »Annektion« war also lediglich ein verwaltungsrechtlicher Akt, der einen De-facto-Zustand in eine De-jure-Situation überführte (übrigens wurde die Türkei durch die Rückgabe eines vorher von Österreich-Ungarn besetzten Gebietsteils entschädigt).

44) + Auch das englische Original benutzte das deutsche Wort *Flottenpolitik*. Dies geht auf einen besonders in der englischen Politik weitverbreiteten psychologischen Sprachgebrauch zurück, nämlich durch Verwendung von Fremdwörtern wie z. B. *Realpolitik* oder heute *Ostpolitik* oder *U-Boot* (nur für deutsche Unterseeboote, denn eigene nennt man ja *Submarines*) an sich völlig wertneutralen Begriffen schon von vornherein eine fremdländisch-dubiose Bedeutung zu geben.

45) + Der bibelfeste und seine Korrespondenz sowie Reden mit zahlreichen Bibelsprüchen wie mit handfesten Grobheiten würzende Fisher benutzte das Wort (nach den Offenbarungen Johannis, 14–16: »Denn es sind Geister der Teufel, die tun Zeichen und gehen aus zu den Königen auf dem ganzen Kreis der Welt, sie zu versammeln in den Streit auf jenen großen Tag Gottes des Allmächtigen ... und er hat sie versammelt an einen Ort, der da heißt auf hebräisch Harmagedon ... und es wurden Stimmen und Donner und Blitze und ward ein großes Erdbeben, wie solches nicht gewesen ist, seit Menschen auf Erden gewesen sind ...«) *Armageddon* (siehe oben), als das Wort für jenen

großen Tag, den er als Deutschenhasser für den unausweichlichen Kampf zwischen der britischen und deutschen Flotte herbeisehnte. »Der Tag« ist also keine deutsche, sondern eine Fishersche Erfindung.

46) + Vor Kopenhagen hatte am 1. 4. 1801 Nelson mitten im Frieden die dänische Flotte (wegen des Bündnisses Dänemarks mit Napoleon) überfallen und so gut wie vernichtet. Bei dieser Gelegenheit mißachtete Nelson auch einen Rückruf des ihm vorgesetzten Admirals Parker, indem er das Fernrohr an sein blindes Auge setzte und erklärte, er könne kein Signal erkennen. »Das blinde Auge auf etwas richten« ist seither im Englischen eine häufig angewandte Redensart für »etwas absichtlich, trotzig nicht sehen wollen«.

47) + Der am 1. Juli 1911 befohlene, für das alte und reparaturbedürftige Kanonenboot *Panther* mühselige Einsatz (es mußte bald durch ein anderes Schiff ersetzt werden) ist in die Geschichte unter dem dramatisch-theatralischen Begriff »der Panthersprung von Agadir« eingegangen. Übrigens kritisierte Tirpitz ausdrücklich diese ohne Anhörung des Reichsmarineamts erfolgte »weltpolitisch so schwerwiegende Schiffsbewegung«. Das Auswärtige Amt habe »durch saloppe Geschäftsführung Schaden gestiftet«. »Die Fehlerhaftigkeit dieser Demonstration auf dem Atlantik (war mir) von demselben Augenblick an bewußt, in dem ich erfuhr, daß wir England nicht vorher verständigt hatten.« *(Tirpitz)*

48) + David Lloyd George, Earl Lloyd George of Dwyfor (1863–1945), Liberaler, brit. Staatsmann in verschiedenen Staatsämtern, Premierminister von 1916–1922, Schlüsselfigur bei den Friedensverhandlungen in Versailles.

49) + Das ungekürzte Zitat von Tirpitz, das übrigens in einem Kapitel erscheint, in dem er unkluge machtpolitische Demonstrationen scharf kritisiert, enthält auch die Feststellung: »Die Verhältnisse meines Ressorts ließen mich jedes weltpolitische Demonstrieren in verdoppeltem Maße verurteilen« und lautet: »*Angesichts des englischen Bestrebens, uns mit einer Koalition einzuschnüren,* galt es die Nerven zu behalten, großzügig weiterzurüsten, *Reizungen zu vermeiden* und ohne Beklemmung abzuwarten, bis die fortschreitende Festigung unserer Seemacht *die Engländer veranlaßte, uns friedlich Luft zu geben.*«

50) + Charles A'court Repington (1858–1925), britischer Militär, Militärattaché in mehreren Hauptstädten, nach dem Ausscheiden aus dem Dienst seit 1904 einflußreicher Militärkorrespondent sowie politischer Schriftsteller. Schrieb zumeist für *The Times.*

51) + Admiral of the Fleet Sir Arthur Knyvet Wilson, Baronet (1842–1921), Erster Seelord 1910–1911.

52) + Admiral Sir Fancis Bridgeman (1848–1929); Erster Seelord 1911–1912.

53) + Admiral Prince Louis Alexander Mountbatten, Prince Louis of Battenberg, Marquess of Milford-Haven (1854–1921), Erster

Seelord 1912–1914. Nach Ausbruch des Krieges mußte er seiner deutschen Abstammung wegen unter öffentlichem Druck sein Amt niederlegen.

54) + Später Admiral of the Fleet Sir George Astley Callaghan (1852–1920).

55)* Diese auf der 24-Stunden-Teilung des Tages beruhende Uhrzeitangabe wird für das gesamte Buch verwendet, um eine Verwechslung zwischen den sonst im Englischen üblichen Bezeichnungen a. m. (ante meridiem = Vormittag) und p. m. (post meridiem = Nachmittag) zu vermeiden. Die Zeiten in den aus anderen Quellen zitierten Stellen sind entsprechend geändert. Die Zeitangaben deutscher Berichte und Darstellungen sind um zwei Stunden zurückgerechnet worden, damit sie mit dem britischen Zeitstandard der GMT (Greenwich Mean Time = *mittlere Greenwichzeit*) übereinstimmen.

+ Um weiteren Verwechslungen vorzubeugen, wurde diese britische Zeitangabe auch in der Übersetzung beibehalten. Beim Vergleich der Uhrzeiten zwischen deutschen und englischen Angaben ist daher stets zu beachten, daß damals die Zeitdifferenz zwei Stunden betrug, weil die deutsche Hochseeflotte zur fraglichen Zeit nach mitteleuropäischer *Sommerzeit* rechnete, während der Unterschied zwischen der üblichen mitteleuropäischen Zeit und der von der britischen Flotte benutzten mittleren Greenwichzeit ein Stunde betrug. So erscheint der gleiche Zeitpunkt in deutschen Originalquellen und Aufzeichnungen von Augenzeugen z. B. als 4 Uhr 28 Minuten Nm. (auch die deutsche Flotte benutzte damals die 12er Teilung mit dem Zusatz Vm. = Vormittag, bzw. Nm. = Nachmittag), in englischen Quellen aber als 2.28 p.m. oder wie in diesem Buch unter Verwendung der 24-Stunden-Teilung als 14.28 Uhr. Beim Vergleich der Zeitangaben dieses Werkes mit deutschen Quellen sind daher jeweils *zwei* Stunden hinzuzuzählen. Um das Maß der Verwirrung vollständig zu machen, sind in dem von Fregattenkapitän O. Groos bearbeiteten fünften Band (von Januar bis Juni 1916) der Reihe »Der Krieg in der Nordsee« in dem vom deutschen Marine-Archiv herausgegebenen deutschen Admiralstabswerk *»Der Krieg zur See 1914–1918«*, Berlin 1925, alle Uhrzeiten aus Originalberichten und Aufzeichnungen wiederum auf MEZ umgerechnet. Daher ist bei einem Vergleich dieser Uhrzeiten mit britischen Quellen *eine* Stunde *abzuziehen*, beim Vergleich mit deutschen Originalaufzeichnungen, wie Augenzeugenberichten, Logbüchern, Signalkladden usw. *eine* Stunde *hinzuzuzählen.*

56) + John Rushworth Jellicoe, Earl Jellicoe. Geboren am 5. Dezember 1859 in Southampton als Sohn eines Handelsschiffskapitäns. In Rottingdean ausgebildet. Als Kadett 1872 in die Marine eingetreten. 1878 als Fähnrich Teilnahme am Dardanellenunternehmen. Sublieutenant 1880. 1882 Auszeichnung beim Unternehmen in Ägypten. 1883 Teilnahme an einem Marineartillerielehrgang. 1884 in der Artillerieschule HMS *Excellent.* Artillerieoffizier an Bord des Panzerschiffes *Monarch.* 1886 Tapferkeitsauszeichnung für Rettung der Besatzung eines gestran-

deten Dampfers. 1889–90 in der Artillerieschule. Als Korvettenkapitän (seit 1891) an Bord der *Victoria* überlebte er deren Untergang (1893). 1893 Kommandant der *Ramillies* (Flaggschiff von Admiral Sir Michael Culme-Seymour). Beförderung zum Captain am 1. Januar 1897, sodann im Ausschuß für Artilleriewesen. 1898 Kommandant der *Centurion* und Flaggkapitän des Admirals Sir Edward Seymour während der China-Operationen (Verwundung; Verleihung der Auszeichnung C.B.). Ab 1902 Artilleriemitarbeiter des Dritten Seelords. August 1903 Kommandant des Panzerkreuzers *Drake*. 1905 Generalinspekteur für Marineartilleriewesen. Februar 1907 Kontreadmiral. 1908 Dritter Seelord (Zusammenarbeit mit Sir John Fisher). Befehlshaber der Atlantikflotte. Vizeadmiral 1911. Ende 1911 Befehlshaber der 2. Division der Heimatflotte (Flaggschiff *Hercules*); führte mit dieser wichtige artilleristische Übungen u. a. unter Beratung von Admiral Sir Percy Scott, dem Erfinder der Feuerleitgeräte, durch. Dritter Seelord 1908–1910, Zweiter Seelord 1912–1914. Ab August 1914 Oberbefehlshaber der Grand Fleet. 1915 zum Admiral befördert. (Oberbefehlshaber in der Schlacht vor Jütland am 31. Mai und 1. Juni 1916.) November 1916 zum Ersten Seelord berufen. Verlor das Vertrauen des Premierministers Lloyd George und verließ die Admiralität im Dezember 1917. Erhielt 1918 den Adelstitel Viscount of Scapa und nahm später den Zusatztitel Viscount Brocas of Southampton an. 1919 zum Großadmiral befördert. Nach dem Waffenstillstand Sondermissionen zur Marineberatung der Dominien. Weltreise an Bord des ihm zugeteilten Flaggschiffs *New Zealand*. 1920–1924 Generalgouverneur von Neuseeland. Für seine Leistungen im Ersten Weltkrieg erhielt Admiral Jellicoe vom Parlament eine Zuwendung von 50 000 Pfund. Nach seiner Rückkehr aus Neuseeland 1925 erhielt er die Earlswürde. Schrieb seine Memoiren – 2 Bände – 1919 und 1920. Am 20. November 1935 in London verstorben.

57) + Im Februar 1878 war ein britisches Geschwader zu einer Flottendemonstration in das Marmarameer eingelaufen, um die Regelung der Meerengenfrage (Dardanellen) zu forcieren, die endgültig durch den Berliner Kongreß (1878) und schließlich durch die Konvention von Montreux (1936) geregelt wurde.

58) + Zum Hintergrund der Beschießung von Alexandrien siehe Anmerkung 11.

59) + Während eines Manövers der britischen Mittelmeerflotte vor der syrischen Küste kam es wegen eines gefährlichen Befehls zum Evolutionieren durch den Befehlshaber des britischen Geschwaders, Vizeadmiral Sir George Tryon, zu einer aufsehenerregenden Kollision: Infolge des in blindem Gehorsam ausgeführten Schwenkungsmanövers rammte das Panzerschiff *Camperdown* das Flaggschiff *Victoria*. Admiral Tryon und 358 Mann der Besatzung der in wenigen Minuten sinkenden *Victoria* kamen ums Leben.

60) + Ein auf Admiral Horatio Nelson zurückgehender Ausdruck.

61) + Siehe Anmerkung 45.

Oben: Schwere deutsche Treffer haben die Panzerdecke eines Geschützturms des britischen Schlachtkreuzers ›Lion‹, dem Flaggschiff von Vizeadmiral Sir David Beatty, abgesprengt. Beim Turmbrand fiel die gesamte Geschützbedienung und Turmbesatzung.

Mitte: Deutscher Schlachtkreuzer ›Derfflinger‹ nach der Schlacht.
Die Kampfspuren sind deutlich zu erkennen: Granateinschläge an der Bordwand, die ausgebrannten Türme der schweren Artillerie stehen noch in der Position, in der sie ausfielen. Das Torpedoschutznetz hängt zerrissen herunter. Wegen der Gefahr des Unklarwerdens der Schiffsschrauben durch zerfetzte Torpedonetze wurden diese nach der Schlacht endgültig von allen deutschen Kriegsschiffen entfernt.

Unten: Britischer Kleiner Kreuzer ›Chester‹ mit deutschen Treffern in der Bordwand nach der Schlacht.

Oben: Deutscher Schlachtkreuzer ›Seydlitz‹ nach der Skagerrakschlacht in der Schleuse von Wilhelmshaven: Durch schwere Treffer lief das Vorschiff voll Wasser, die Fische des Bugwappens, sonst 5 m über der Wasserlinie, tauchen ein. Die Rohre und Decke von Turm Anna sind zur Gewichterleichterung abgenommen.
Unten: Deutsches Linienschiff ›Friedrich der Große‹, das Flottenflaggschiff Admiral Scheers, am Pier in Wilhelmshaven.

62)* Da die deutsche Marine die ältere Typenbezeichnung »Torpedoboot« verwendete, wird im vorliegenden Buch für alle deutschen Zerstörer und Torpedofahrzeuge zumeist dieser Begriff benützt. Dadurch wird einerseits eine klare Unterscheidung zwischen den gegnerischen Flottillen erreicht, andererseits kommt damit auch die überlegene Torpedobewaffnung der deutschen Torpedoträger im Gegensatz zur stärkeren Artilleriebewaffnung der britischen »Zerstörer« zum Ausdruck. (Siehe hierzu auch Anhang I und II.)

63) + David Beatty, Earl of the North Sea and of Brooksby. Geboren am 17. Januar 1871 in County Wexford, Irland. Sohn eines Marineoffiziers. Trat als Kadett 1884 an Bord des Schulschiffes *Britannia* in die Royal Navy ein. Von 1896–1898 diente er bei der Marinebrigade in Ägypten und auf Nil-Kanonenbooten während des Sudan-Feldzuges. (Erhielt D.S.O. und wurde zum Korvettenkapitän befördert.) Nacheinander Kommandant von vier Kreuzern. Als Kommandant des Linienschiffes *Queen* der Chinaflotte nahm er an den Kämpfen in China teil. 1900 zum Kapitän z. See befördert. 1910 (von Fisher) zum Kontreadmiral befördert, schlug jedoch ein angebotenes Kommando als 2. Admiral der Atlantikflotte aus. 1911–1913 Marinesekretär des Ersten Lords der Admiralität (Winston Churchill). 1913 erhielt er das Kommando über das Schlachtkreuzergeschwader. 1915 Vizeadmiral. (Befehlshaber in den Gefechten von Helgoland, August 1914, Doggerbank, Januar 1915, und am Skagerrak, Mai 1916.) Nach der Berufung Jellicoes zum Ersten Seelord im Dezember 1916 war Beatty Oberbefehlshaber der Grand Fleet bis 1919. Anfang 1919 wurde er zum Admiral, dann zum Earl Beatty gemacht und zum Großadmiral befördert; er erhielt eine Zuwendung der Krone in Höhe von 100 000 Pfund. War von Nov. 1919–1927 Erster Seelord. Britischer Delegierter bei der Flottenkonferenz in Washington (1922). Beatty starb in London am 11. März 1936.

64) + Sir Winston Churchill (1874–1965) war von Oktober 1911 bis Mai 1915 (als er wegen des Dardanellendesasters zurücktrat) Erster Lord der Admiralität.

65) + Siehe Anmerkung 7.

66) + Am 25. 10. 1415 erlitten hier die Franzosen eine vernichtende Niederlage durch die Engländer.

67) + Im Gegensatz zu diesem summarischen Urteil hat Tirpitz selbst dagegen immer wieder auf einen anderen Kampfauftrag der deutschen Flotte hingewiesen: »Nämlich den einer ehrlichen politischen Defensive«. Sein »Risikogedanke« bedeute »die *politische Defensive* ebenso wie den *taktischen Willen zur Schlacht* in einem Verteidigungskrieg« (Hervorhebungen durch Tirpitz). Ferner: »Im ganzen galt für das Verhältnis, was Bismarck ... (einmal) schrieb: ›Ich habe, was das Ausland anbelangt, in meinem Leben nur für England und seine Bewohner Sympathie gehabt ... aber die Leute wollen sich ja von uns nicht lieben lassen‹.« *(Tirpitz)*

68) + Zu den »kampfeslüsternen Absichten« siehe umseitige Anmerkung 67.

69) + Admiral Hugo von Pohl (1855–1916): Von 1913 bis 1915 Chef des Admiralstabes der Marine. Ab 1915 bis kurz vor seinem Tode Flottenchef.

70)* Die dritte Behörde war das für Ausbildung und Personalwesen der Seeoffiziere verantwortliche Marinekabinett. Sein Leiter war Admiral von Müller, der auch Mitglied des kaiserlichen Hofes war.

71) + Dieses aus einer gastlichen Laune geborene Signal ließ Wilhelm II. im August 1897 von seiner Jacht *Hohenzollern* an die Jacht des russischen Zaren Nikolaus nach dem Zusammentreffen beider Kaiser durchgeben: »Der Admiral des Atlantik grüßt den Admiral des Pazifik.« Der Zar antwortete: »Gute Fahrt.«

72) + Zum Marineverständnis des Kaisers bemerkte Großadmiral von Tirpitz, der sein Verhältnis zum Kaiser durchaus kritisch sah (eine seiner Glossen: »Ein Bekannter sagte mir einmal, in solchen Lagen wie der meinigen wäre das ›Stadium der leichten Ungnade‹ das wünschenswerteste«) in seinen Erinnerungen: »Ohne den Kaiser wäre die Entfremdung Deutschlands von der See und den mit ihr verbundenen Interessen und Kulturaufgaben nicht überwunden worden; das bleibt sein geschichtliches Verdienst.« *(Tirpitz)*

73) + Tatsächlich aber waren weit mehr Vorstöße leichter deutscher Seestreitkräfte erfolgt:
5. 8. 1914: Vorstoß des Hilfsminenlegers (und ehemaligen Helgoland-Bäderdampfers) *Königin Luise* gegen die Themsemündung.
17./19. 8. 14: Vorstoß der Kleinen Kreuzer *Straßburg* und *Stralsund* in das Seegebiet der Hoofden.
21./22. 8. 14: Vorstoß der Kleinen Kreuzer *Rostock, Straßburg, Hamburg* und der VI. Torpedobootsflottille zur Doggerbank.
23.–26. 8. 14: Minenunternehmen des Minenlegers *Albatros,* des Kleinen Kreuzers *Stuttgart* und der 11. Torpedobootshalbflottille gegen die Tyne-Mündung sowie des Minenlegers *Nautilus,* des Kleinen Kreuzers *Mainz* und der 3. Torpedobootshalbflottille gegen die Humber-Mündung.

74) + Als besonders schwerwiegend wurde der Tod des Befehlshabers der II. Aufklärungsgruppe, Konteradmiral Leberecht Maaß, empfunden.

75) + Es waren bereits drei deutsche U-Boot-Vorstöße erfolgt: 6.–11. 8. 1914 in die mittlere Nordsee (dabei gingen *U 13* und *U 15* verloren); 8.–11. 8. 14 in das Seegebiet der Hoofden; 15.–21. 8. 14 gegen die schottische Ostküste und bis vor die Humber-Mündung.

76) + Bucht an der schottischen Nordwestküste, etwa in Höhe von Invergordon.

77) + Tiefe Bucht an der Küste Nordirlands.

78) + Admiral Friedrich von Ingenohl (1857–1933), deutscher Flottenchef bis Ende Januar 1915.

79) HMS *Audacious* war in der Irischen See auf eine von dem deutschen Hilfskreuzer *Berlin* (ehem. Passagierdampfer des Norddeutschen Lloyd) gelegte Minensperre gelaufen.

80) + Am 1. November 1914 vernichtete das deutsche Ostasien-Kreuzergeschwader unter Vizeadmiral Maximilian Graf von Spee (1861–1914) ein britisches Panzerkreuzergeschwader unter Kontreadmiral Sir Christopher George Francis Maurice Cradock (1862–1914). Die britischen Panzerkreuzer *Good Hope* und *Monmouth* sanken mit dem Admiral und ihren gesamten Besatzungen. Dem Geschwader Spee wurde am 8. Dezember 1914 bei den Falklandinseln durch ein überlegenes britisches Schlachtkreuzergeschwader unter Admiral Sturdee ein ähnliches Schicksal zuteil.

81)* Jellicoe wußte dies nicht nur aus praktischer Erfahrung; er hatte eine Übersetzung des Exemplares der Kriegsanweisungen der deutschen Marine erhalten, welche die Russen an Bord des gesunkenen Kleinen Kreuzers *Magdeburg* (siehe Anmerkung 88) erbeutet hatten.

82)* Hervorhebungen durch den Verfasser.

83)* Hervorhebung durch den Verfasser.

84) + Selbst von diesen wurden nur noch die Linienschiffe *Bayern* und *Baden* und die Schlachtkreuzer *Lützow* und *Hindenburg* fertiggestellt. – Zwei weitere Linienschiffe *Sachsen* und *Württemberg* (der *Bayern*-Klasse), sowie die noch während des Krieges in Auftrag gegebenen neuen Schlachtkreuzertypen *Mackensen* und *Graf Spee* wurden wegen des Baustopps (ca. 1917) nicht mehr fertiggestellt. Fünf weitere Schlachtkreuzerneubauten (darunter drei Einheiten eines noch schwereren Schlachtkreuzertyps »Ersatz-*Yorck*«) gediehen nicht über das Anfangsstadium hinaus.

85) + Admiral of the Fleet Sir Henry Bradwardine Jackson (1855–1929), Erster Seelord 1915–1916.

86)* Dies ist nicht ganz richtig: Am 5. April 1915 hatte Jellicoe Auffassungen unterbreitet, die denen vom 30. Oktober 1914 sehr ähnlich waren und von der Admiralität erneut gebilligt wurden. Jedoch scheint Jackson von der Existenz beider Schreiben Jellicoes erst zweieinhalb Monate nach der Schlacht vor Jütland Kenntnis erhalten zu haben.

87) + Die zum Minenlegen in den Downs angesetzte 7. Torpedobootshalbflottille (*S 115, S 117, S 118, S 119*) unter Korvettenkapitän Georg Thiele wurde vor der niederländischen Küste durch weit überlegene britische Streitkräfte (Kreuzer und Zerstörer) nach tapferer Gegenwehr vernichtet.

88) + Aus lange nach dem Krieg von britischer Seite veröffentlichten Geheimpapieren ist der Fall nunmehr so geklärt: Das geheime Signalchiffrierbuch der *Magdeburg* wurde bei der Leiche eines ertrunkenen deutschen Signalgastes gefunden, der beim Versuch der Vernichtung dieses Geheimbuches sein Leben ließ. Die Geheimpapiere wurden also nicht *auf* der *Magdeburg* gefunden. Ergänzt wurden diese Geheimunterlagen durch deutsche Seekartenstücke mit den Geheimquadratnummern-Bezeichnun-

gen der Nordsee, die sich im Netz eines britischen Fischdampfers fingen. Sie stammten von den unglücklichen Torpedobooten der Flottille Thiele. Siehe Anmerkung 87.

89)* Die Hauptstreitmacht der Grand Fleet, d. h. die in Scapa Flow und Cromarty verbleibenden Schlachtschiffgeschwader, Kreuzergeschwader und Zerstörerflottillen trugen damals die Bezeichnung *Battle Fleet* (Schlachtflotte). Das Buch führt im englischen Originaltext diese Bezeichnung durch Groß- und Kleinschreibung konsequent durch. Wird das Wort mit kleinen Anfangsbuchstaben geschrieben *(battle fleet)*, bedeutet es den Kollektivbegriff für eine Streitmacht aus mehreren Geschwadern Linien- oder Schlachtschiffen. *Battle Fleet* dagegen bedeutet die obige offizielle Bezeichnung. Dies läßt sich im Deutschen nicht nachvollziehen. Die *Battle Fleet* (im engeren Sinne) wird daher als Schlachtflotte oder Grand Fleet bezeichnet, wo erforderlich mit dem Zusatz »britisch« oder »Jellicoes«.

90) + Am 2. 2. 1915 löste Admiral Hugo von Pohl den bisherigen Flottenchef Admiral Friedrich von Ingenohl ab. Pohls Amt als Chef des Admiralstabes übernahm Admiral Gustav Bachmann, der noch im gleichen Jahr von Admiral (später Großadmiral) Henning von Holtzendorff abgelöst werden sollte.

91) + Theobald von Bethmann-Hollweg (1856–1921) von 1909–1917 deutscher Reichskanzler.

92) + Admiral Reinhard Scheer (30. 9. 1863 – 26. 11. 1928) war im April 1879 als Kadett in die kaiserliche Marine eingetreten. Er war damals 15 1/2 Jahre alt. 1884 Unterleutnant. Weitere Kommandos: Wachoffizier auf der Korvette *Sophie;* Kommandant eines Torpedoboots; beim Torpedoversuchskommando in Kiel; Navigationsoffizier auf dem Kleinen Kreuzer *Prinzess Wilhelma* (1896). Geschwader-Navigationsoffizier auf *Kurfürst Friedrich Wilhelm,* sodann ab 1897 Dezernent für Torpedowesen im Reichsmarineamt, ab 1899 in der dortigen Zentralabteilung, deren Chef er 1903 wurde. In der Zwischenzeit 1901–03 Kommandant des Kleinen Kreuzers *Niobe* und Chef der Torpedoschulflottille. 1907 Kapitän z. S. und Kommandant des Linienschiffs *Elsaß.* 1909–1911 Konteradmiral und Chef des Stabes der Hochseeflotte (unter Admiral v. Holtzendorff); Departementsdirektor im Reichsmarineamt (1909–1912). Ab 27. 1. 1914 Vizeadmiral und Chef des II. Geschwaders (Flaggschiff *Preußen*). Ab Dezember 1917 Chef des III. Geschwaders (Flaggschiff *König*). Anfang Januar 1916 zunächst stellvertretender Flottenchef an Stelle des erkrankten Admirals von Pohl. Ab 15. 1. 1916 Chef der deutschen Hochseestreitkräfte. Ab 28. 7. 1918 Chef des deutschen Admiralstabes und damit der deutschen Seekriegsleitung. Am 14. November 1918 schied er aus dem Marinedienst aus. Am 26. 11. 1928 in Marktredwitz gestorben.

93) + Admiral Franz (seit 1916: Ritter von) Hipper (13. 9. 1863 – 25. 5. 1932). 1881 als Kadett in die kaiserliche Marine eingetreten. Ausbildung an Bord des Schulschiffes *Niobe,* Besuch der Marineschule, Kommando zum Lehrgang an Bord des Artillerieschulschiffes *Mars.* Als Fähnrich ab 1882 zweijährige Weltreise

mit anschließender Beförderung zum Leutnant (1884). Weitere Kommandos in der Marineschule Kiel und beim Marineartilleriewesen. Zwei Jahre auf Mittelmeerstation. Oberleutnant z. See 1888 und Torpedobootskommandant, Kapitänleutnant 1895 als Chef der II. Torpedobootsdivison. Von 1899–1902 war Hipper Navigationsoffizier auf der kaiserlichen Jacht *Hohenzollern.* Beförderung zum Korvettenkapitän 1906; Kommandant des Kleinen Kreuzers *Leipzig* (1903) und des Panzerkreuzers *Friedrich Karl* sowie des Panzerkreuzers *Gneisenau.* 1907 Kapitän z. See. Ab 1908 Chef der I. Torpedobootsdivision in Kiel und Kommodore ab 1911. Stabschef der II. Aufklärungsgruppe (Flaggschiff *Yorck*). 1912 Konteradmiral und Führer der Torpedoboote (Flaggschiff *Cöln*). Am 1. 10. 1913 erhielt er das wichtige Kommando des Befehlshabers der Aufklärungsstreitkräfte und damit den Befehl auch über die deutschen Schlachtkreuzer. Bald zum Vizeadmiral befördert. Als der Flottenchef Admiral Scheer im August 1918 Chef des Admiralstabes und der Marineleitung wurde, folgte ihm Admiral Franz Ritter von Hipper als Chef der deutschen Hochseestreitkräfte. Am 13. Dezember 1918 schied er aus dem Marinedienst aus. Am 25. 5. 1932 in Hamburg-Othmarschen gestorben.

94) + Sir Richard Grenville (1541–1591), brit. Marineoffizier, bekannt wegen seines heldenhaften Kampfes mit seinem Schiff *Revenge* gegen eine ganze Feindflotte (1591), bei dem er fiel. Vgl. die Ballade des Dichters Lord Tennyson »The Revenge«.

95) + John Jervis, Earl of St. Vincent (1735–1823) wiederholt siegreicher britischer Admiral (Schlacht bei St. Vincent); 1801–1804 Erster Lord der Admiralität.

96) + Admiral of the Fleet Sir Roger John Brownlow Keyes (1872–1945), führte am 23. 4. 1918 das Kommandounternehmen zur Sperrung der deutschen U-Boot-Stützpunkte Zeebrugge und Ostende mit Hilfe von Blockschiffen durch. Der Sperrversuch gegen Ostende wurde am 10. 5. 1918 wiederholt. Beide Aktionen gelten als Vorläufer der »Kommandounternehmen« während des Zweiten Weltkrieges.

97) + Admiral Sir Walter H. Cowan (1871–1956) wurde insbesondere während des alliierten Interventionskrieges gegen die eben erstandene Sowjetunion (1918–1920) durch seine aggressiven und teilweise eigenmächtigen Aktionen bekannt. Während dieses als »Cowan's War« bezeichneten britischen Seekrieges in der östlichen Ostsee vernichtete er durch Überraschungsangriffe mit Torpedoschnellbooten am 17. 6. 1919 einen sowjetischen Kreuzer und setzte durch das Eindringen von Torpedoschnellbooten in den Kriegshafen Kronstadt vor Petersburg in der Nacht vom 18./19. 8. 1919 fast alle kampffähigen schweren Einheiten der neuen Sowjetflotte außer Gefecht.

98) + Andrew Browne, Viscount Cunningham of Hyndhope (1883–1963), 1939–42 britischer Oberbefehlshaber im Mittelmeer, ab 1943 Erster Seelord.

99) + Die Nachfolger des Großadmirals von Tirpitz als Staatssekretär im Reichsmarineamt, welche Stellung er seit dem 18. 6. 1897

innehatte, waren: 15. 3. 1916 – 7. 10. 1918: Admiral Eduard von Capelle (1885–1931), 7. 10. 1918 – Nov. 1918: Admiral Paul Behncke (1866–1937), Nov. 1918 – 13. 2. 1919: Admiral Ernst Ritter von Mann Edler von Tiechler (1864–1934). Danach wurde das Marineamt aufgelöst.

100)* Um genau zu sein: Jellicoe hatte zwar kurz vorher entschieden, diese Prioritäten umzukehren. Als die Schlacht vor dem Skagerrak geschlagen wurde, hatte die Flotte jedoch noch nicht die notwendigen Anweisungen erhalten.

101)+ Auch im Originaltext ist das deutsche Wort *»Der Tag«* verwendet. Damit spielt der Verfasser darauf an, die deutsche Marine habe den erwarteten Tag des Kampfes mit der britischen Flotte so bezeichnet. Nach Angaben deutscher Marineoffiziere war das Wort in der Hochseeflotte niemals mit dieser symbolträchtigen Bedeutung verwendet worden.
Der deutsche Konteradmiral Reinhold Gadow erinnert sich: »Es ist eine Legende, daß man in der deutschen Marine auf ›Den Tag‹ des öfteren Trinksprüche ausgebracht habe. Niemand unterschätzte den Gegner und seine Stärke und jeder erkannte die Schwere der bevorstehenden Aufgabe.« Das Schlagwort von *»Der Tag«* ist aus der britischen Flottenagitation entstanden. Es geht im wesentlichen auf das Wort Fishers vom *»großen Tag Armageddon«* zurück (vgl. Anmerkung 45).

102)+ Beim letzten Vorstoß waren sieben Ausfälle von Maschinen auf Schiffen des III. Geschwaders wegen Kondensatorhavarien zu verzeichnen gewesen. Dieser auf konstruktiven Nachteilen der Maschinenanlagen beruhende Schwachpunkt der deutschen Linienschiffe machte Scheer häufiger zu schaffen.

103)+ Horatio Herbert Lord Kitchener of Khartoum (1850–1916). Britischer Feldmarschall. Nach Kriegsausbruch 1914 Heeresminister. Sollte als Chef einer britischen Militärmission den Kriegswillen des ins Wanken geratenen russischen Bundesgenossen stützen.

104)* Weitere Einzelheiten über die Zusammensetzung der Hochseeflotte in Anhang II.

105)* Später drehte der Wind auf SW zurück.

106)* Der Admiralität mußte dieses Signal noch bedrohlicher erscheinen, da es zu einem Dechiffrierfehler gekommen war: Die Version des »Room 40« lautete: »*Deutsche* Streitkräfte könnten auslaufen.« Der deutsche Funkspruch war jedoch eine Feindwarnung und sollte besagen: »Feindliche (d. h. *britische*) Streitkräfte könnten auslaufen.«

107)+ Diese waren als »Signalwiederholer« eingesetzt.

108)* *Abdiel* konnte 72 Minen legen. Im Gegensatz zu Jellicoes Erwartungen führte dagegen kein einziges deutsches Schiff während der Skagerrakunternehmung Minen mit sich.

109)* Weitere Einzelheiten über die Zusammensetzung der Grand Fleet in Anhang I.

110)* Alle Großkampfschiffe Großbritanniens außer die zur Überholung in der Werft liegenden *Emperor of India* und *Queen Elizabeth* sowie die *Royal Sovereign*, die zu kurz vorher in Dienst gestellt worden war, um schon als volle Kampfeinheit zu gelten, und außer *Dreadnought* selbst, das Flaggschiff des III. Schlachtgeschwaders in der Themse-Mündung.

111)* Alle deutschen Großkampfschiffe außer *König Albert* (Überholung) sowie *Bayern* (zu kurz vorher in Dienst gestellt).

112)* *Preußen* (nach der Ostsee detachiert) und *Lothringen* (nicht mehr diensttauglich) nahmen nicht an der Schlacht teil.

113) + Alle britischen Schlachtkreuzer außer die zur Reparatur im Dock liegende *Australia.*

114)* Alle deutschen Schlachtkreuzer außer *Goeben* (im Mittelmeer).

115)* Schon geringe Kaliberzunahmen führten zu einer wesentlichen Erhöhung der Geschoßgewichte:

Geschützkaliber	*Geschoßgewicht*
28,0 cm	302 kg
30,5 cm	404 kg
34,3 cm	567/635 kg
38,1 cm	871 kg

116) + Die britischen größeren Kaliber führten zu folgender Überlegenheit im Gewicht der Breitseiten, die von beiden Flotten abgeschossen werden konnten. Hierbei sind die bei Breitseitenfeuer nicht zum Schuß kommenden Geschütze berücksichtigt: Auf britischer Seite 12 30,5-cm-Geschütze; auf deutscher Seite dagegen nicht weniger als 16 28-cm-Geschütze und 16 30,5-cm-Geschütze:
Linienschiffe (Jellicoe und Scheer)
Britische Überlegenheit: $2^1/_2$fach!
332 360 lbs (150 891 kg) gegen 134 216 lbs (60 934 kg)
Schlachtkreuzer (Beatty und Hipper)
Britische Überlegenheit: 2fach!
68 900 lbs (31 280 kg) gegen 33 104 lbs (15 029 kg)
Weitere interessante Zahlenverhältnisse (britisch/deutsch):
Linienschiffe und Schlachtkreuzer: 37:27
Moderne Großkampfschiffe: 37:21
Leichte Streitkräfte (Kreuzer und Torpedoboote): 113:72
Torpedos mit langer Laufstrecke: 382:362
Torpedos mit kurzer Laufstrecke: 75:107
Diese Angaben macht sehr detailliert *A. J. Marder*, op. cit., Vol. II, pp. 437–438).

117)* Einschließlich des III. Schlachtkreuzergeschwaders.

118)* Armierung des Linienschiffes *Canada* ex chilenisch *Almirante Latorre,* sonst führte die Royal Navy dieses Kaliber nicht.

119)* Armierung des der Schlachtkreuzerflotte zugeordneten V. Schlachtgeschwaders.

120) + Siehe Anmerkung 116 nach *Marder.*

121) + Siehe Anmerkung 116 nach *Marder.*

122) + Gemeint sind wohl: *König Albert* (Werft), *Bayern* und *Hindenburg* (fertiggestellt), *Baden* und *Mackensen* (im Bau), siehe hierzu jedoch Anmerkung 84.

123)* Nicht zu verwechseln mit dem Ersten Seelord, Admiral Sir Henry Jackson.

124) + Zur Zeitangabe: Deutsches Admiralstabswerk (mitteleuropäische Standardzeit) 04.30 vm, daher deutsche Sommerzeit: 05.30 Uhr. Daher also britische Zeit (Greenwich Mean Time): 03.30 Uhr. Siehe Anmerkung 55.

125) + Dieser Funkspruch enthielt wie die meisten anderen die Positionsangabe des signalisierenden Schiffes, so daß der Empfänger die Position des Gegners berechnen konnte. Es erübrigt sich aber, diese Positionsangaben hier aufzuführen.

126)* Aus diesem Grund sind alle Kurse und Peilungen in damaligen Funksprüchen und Berichten mißweisend. Die Mißweisung betrug nur 13° W.

127) + Dazu die Angabe des deutschen Admiralstabswerks: »Alle Kurse mißweisend; Mißweisung = 13,25° West.« *(Der Krieg zur See)*

128)* Großkampfschiffe hatten 100 Schuß pro Geschütz für ihre Hauptartillerie, deren schnellste Salvenfolge bis zu zwei Schuß pro Geschütz und Minute betrug. Deutsche Beispiele: *König* (900 Schuß 30,5 cm); *Derfflinger* (720 Schuß 30,5 cm).

129)* EU bedeutet die Entfernungsänderung und SU das seitliche Auswandern des Gegners während der Geschoßflugzeit. Ihre genaue Berechnung gestattet es, die Geschützaufsätze (Visiere) so zu richten, daß die Bewegung des Ziels während der Flugdauer des Geschosses berücksichtigt wird. Bei einer Schußentfernung von 12 000 Yards (109 hm) beträgt diese Geschoßflugzeit etwa 1/2 Minute. In dieser Zeit kann ein 25-Knoten-Schiff fast 1/4 Seemeile (ca. 460 m) zurücklegen.

130)* Um 04.28 Uhr war *Tiger* als Schlußschiff des I. Schlachtkreuzergeschwaders als Signalwiederholer zur Durchgabe von Beattys Signalen an die *Barham* verantwortlich, die jedoch abgestaffelt achteraus stand. Das Signalpersonal auf *Lion* übersah, daß *Tiger* seit der Kursänderung (um 14.15 Uhr) diese Funktion nicht mehr wahrnehmen konnte, da *Barham* nun Backbord voraus von *Lion* stand, bis *Tiger* nachfragte, ob *Lion* diese Verantwortung übernommen habe. (Vgl. Anmerkung 140).

131) + Beim Signalverkehr nach dem Signalbuch kann die Abfassung von Meldungen nur in der Auswahl der jeweils passenden Kodegruppe(n) aus dem zahlenmäßig kleinen, eng begrenzten Vokabular des Signalbuchs bestehen.

132)* Damit dürften auch die Kritiker widerlegt sein, die Jellicoe ankreiden, daß er der *Campania* das Auslaufen aus Scapa Flow deshalb nicht gestattete, weil sie den Auslaufbefehl nicht rechtzeitig erhalten hatte. Die *Campania* hätte zwar die britische Schlachtflotte gegen 13.30 Uhr erreichen können, so daß ihre zehn Flugzeuge Jellicoe zur Verfügung gestanden hätten, als er ihre Aufklärungsmeldungen brauchte. Es ist jedoch unwahrscheinlich, daß sie hätten starten können. Aber selbst wenn ihnen der Start gelungen wäre, wären ihre Meldungen dann besser durchgekommen als Rutlands?

133) + Dieser Meinung war Scheer auch noch nach dem Krieg (vgl.

Scheer, »Deutschlands Hochseeflotte im Weltkrieg« (1920) u. a. S. 214. Deshalb hielt sich in der deutschen Flotte hartnäckig die Meinung, ein Linienschiff der *Queen Elizabeth*-Klasse sei gesunken.

134) + Auf britischen Kriegsschiffen war stets eine Abteilung der »Royal Marines« eingeschifft, die im Gefecht einen Teil der Geschütze bedienten.

135) + Hier irrt der Verfasser: Diese Bemerkung stammt nicht von Scheer, sondern von Hipper (Hipper, Tagebuch über die Kriegsereignisse zur See 1914–1917; ungedruckt im Bundesarchiv, Mil.-Archiv, Freiburg/Breisgau).

136) + Im Englischen galt damals (1916) das Wort »bloody« (das in deutschen Übersetzungen dieses Ausspruchs von Beatty stets mit »verdammt(en)« wiedergegeben worden ist) durchaus noch als unflätig. Sinngemäß müssen seine Zeitgenossen den Eindruck gehabt haben, Admiral Beatty habe von seinen »Scheißschiffen« gesprochen!

137)* Mehr über diese nicht ganz zutreffende Kritik auf Seite 181.

138)* So genau dies möglich ist, wurde folgende Zusammenstellung der von beiden Seiten erhaltenen Treffer während des kurzen Gefechts mit Südkurs (etwa 55 Minuten) zusammengestellt.

Auf britischen Schiffen durch deutsche Schlachtkreuzer erzielte Treffer	
Lion	10
Priness Royal	2
Queen Mary	4 (versenkt)
Tiger	4
Indefatigable	4 (versenkt)
Barham	2
Warspite	3
Malaya	3
Insgesamt	32 Treffer

(durch 5 deutsche Schiffe erzielt)

Auf deutschen Schiffen	durch britische Schlachtkreuzer	durch das britische V. Schlachtgeschwader erzielte Treffer
Lützow	4	–
Seydlitz	4	–
Von der Tann	1	2
Moltke	1	2
Insgesamt	10 +	4

= 14 Treffer (durch 10 britische Schiffe erzielt).

Vergleiche Anmerkung 145.

139)* Später Admiral Sir William Tennant (siehe vorn unter Danksagung).

140)* Es ist nie klar geworden, ob Beatty nach der Rückschwenkung auf Südkurs um 14.30 Uhr erwartet hatte, daß *Tiger* wieder seine Aufgabe als Signalwiederholer für *Barham* übernehmen würde (siehe Anmerkung 130).

141) + Siehe Anmerkung 185.

142) + Siehe Anmerkung 46.

143)* Später Sir Stephan King-Hall, Begründer der Hansard Society.

144)* Der spätere Admiral of the Fleet Lord Tovey, im Zweiten Weltkrieg zeitweilig Oberbefehlshaber der britischen Heimatflotte.

145)* Zum Vergleich mit der Anmerkung 138 hier eine Zusammenstellung der nach der Schwenkung der britischen Schiffe nach Norden erzielten Treffer (Gefechtsdauer etwa 75 Minuten).

Auf britischer Seite	durch deutsche Schlachtkreuzer erzielte Treffer	durch das deutsche III. Geschw. erzielte Treffer
Lion	2	–
Barham	–	4
Malaya	–	4
Warspite	–	5
Insgesamt	2	13

= 15 Treffer (durch etwa 10 Schiffe erzielt)

Auf deutscher Seite	durch brit. Schlachtkreuzer erzielte Treffer	durch das brit. V. Geschw. erzielte Treffer
Lützow	2	4
Derfflinger	1	3
Seydlitz	2	4
Großer Kurfürst	–	1
Markgraf	–	2
König	–	1
Insgesamt	5	15

= 20 Treffer (durch 8 Schiffe erzielt)

Die Überlegenheit der Schießleistungen des V. Schlachtgeschwaders über die britischen Schlachtkreuzer spiegelt u. a. den Mangel an ausreichenden Übungsmöglichkeiten am Firth of Forth im Gegensatz zu Scapa Flow wider.

146)* Sonnenuntergang war kurz nach 20.00 Uhr (GMT).

147)* Das Signal bestand aus dem Stander für »Gleiche Fahrt« (Equal Speed) und der Signalgruppe CL (= Charlie London), dem Kode für die Kursangabe SO_zO.

148) + Im Englischen »An Arc«, d. h. das Bogensegment, über das die schwere Artillerie ohne Behinderung durch eigene Aufbauten oder eigene Schiffe feuern konnte. In Deutschland hat sich hierfür der Begriff »Bestreichungswinkel« eingebürgert. Dieser Geschützbestreichungswinkel, der auch von der Turmaufstellung auf den einzelnen Schiffen abhing, bestimmte die anzustrebende Gefechtsrichtung und damit ebenfalls die Formation von Verbänden und die Gefechtstaktik.

149)* Die Signalflaggen »CL« (Charlie London) bildeten die Kodegruppe für den Kurs SO_zO.

150) + »Crossing the T« (»Den Strich über das T ziehen«, »Die T-Stellung herbeiführen« usw.) nannte man (insbesondere seit der Schlacht von Tsuschima) die von allen Flottenführern als ideal angestrebte taktische Lage, bei der die eigene Flotte voll zur Kiellinie entwickelt in der Stellung des Querbalkens des T fährt, während der Gegner den Senkrechtstrich bildet. Dabei kann die das T kreuzende Flotte mit den gesamten Breitseiten aller eigenen Schiffe die im rechten Winkel auf sie zustoßenden Spitzenschiffe der feindlichen Kiellinie nacheinander unter ein vernichtendes Feuer nehmen, während beim Gegner nur einzelne Schiffe nacheinander, und auch dies nur mit der voraus

richtbaren Artillerie (siehe Wichtigkeit des Bestreichungswinkels, Anmerkung 148), das Feuer erwidern können.

151)* Scheer glaubte einige Tage lang, seine Schiffe hätten die *Warspite* versenkt (vgl. Anmerkung 133).

152)+ Siehe Anmerkung 150.

153)* Jellicoe erleichterte das Manöver, indem er seine Geschwindigkeit zeitweilig auf 14 Knoten verringerte und damit die Verzögerung der vollen Gefechtsentwicklung bis 18.45 Uhr hinnahm, weil der Qualm der Schlachtkreuzer über dem Gefechtsfeld seine Artillerie behinderte.

154)+ Kontreadmiral The Hon. Sir Horace Lambert Alexander Hood (1870–1916) war ein Nachkomme des berühmten britischen Admirals Sir Samuel Hood, Viscount Hood (1724–1816), der sich im amerikanischen Unabhängigkeitskrieg zunächst unter den Admiralen Graves und Rodney auszeichnete und dann als Oberbefehlshaber in der Schlacht bei St. Christopher (1782) rühmlichst bekannt wurde. 1793/94 befehligte er die Mittelmeerflotte und besetzte 1793 Toulon. Andere berühmte Träger dieses Namens waren sein Vetter, Vizeadmiral Sir Samuel Hood (1762–1814); Kapitän Alexander Hood (1758–1798), Begleiter des Entdeckers Sir James Cook.

155)+ Siehe Anmerkung 150.

156)+ Hierzu Admiral Scheer selbst: »Es wird erzählt, daß ich einem hohen Besucher nach der Skagerrakschlacht auf seine Frage, was ich mir bei den Gefechtswendungen der Flotte eigentlich gedacht hätte, geantwortet haben soll: ›Nichts.‹ Ich weiß mich dieses Vorfalls jetzt ... zwar nicht zu erinnern, will aber nicht bestreiten, daß meine Antwort in diesem Sinne gelautet haben kann, um nämlich damit auszudrücken, daß der Flottenchef in der Schlacht keine Zeit zu langen Überlegungen oder gar Beratungen mit seinem Stabe hat, sondern seine Entschlüsse ganz instinktiv und rasch treffen muß, wenn er ... erkennt, daß sich zwischen den mit äußerster Kraft dahinjagenden Schiffen eine Lage entwickelt, die sofortiges Handeln erfordert ... Der dann von uns durchgeführte zweite Stoß auf den Feind zu entsprach zwar keineswegs den bei Friedensübungen gewonnenen Anschauungen ... (aber) anders, als vom grünen Tisch aus, auf dem man die Skizzen der beiderseitigen Bewegungen studiert, um andere Möglichkeiten des Verhaltens auszutüfteln, sah sich auf meiner Kommandobrücke das gewaltige Schlachtbild an und angesichts der gebietenden Notwendigkeit des Augenblicks gilt keine andere Taktik als die des Erfolgs.« (*Scheer*, 1925)

157)+ Siehe Anmerkung 150.

158)+ Um 1.20 Uhr mußte sich Kapitän z. See Harder zur Aufgabe des Schiffes entschließen. Die Torpedoboote *G 37*, *G 38*, *G 40* und *V 45* gingen längsseits und übernahmen die auf dem Achterdeck der *Lützow* angetretene Besatzung. Um 1.47 Uhr sank *Lützow* nach zwei Torpedoschüssen von *G 38*.

159)+ Um die wörtliche Bedeutung dieses Signals stifteten englische Quellen einige Verwirrung: Im deutschen Admiralstabswerk und von Scheer wird das Signal wie oben angeführt wiedergegeben. In der deutschen Signalkladde erscheint es mit der Bedeutung: (Hochseeflotte an alle:) »Große Kreuzer Gefechtswendung, rein in den Feind! Ran!« Bestätigung durch *Derfflinger*, eine Minute später: »Gefechtswendung, rein in den Feind!« Englische Quellen zitieren jedoch zumeist nach von Hases Darstellung: »Der Flottenchef gab (um etwa 19.12 Uhr) den historischen Funkspruch ›Ran an den Feind!‹ Der Signalgast las (um 19.13 Uhr) in unserem Kommandostand den Funkspruch vor, und zwar fügte er die Erklärung hinzu, die im Signalbuch hinter dem Signal stand: »Den Feind rammen! Die befohlenen Schiffe sich rücksichtslos einsetzen!«

160) + Hier hat der Verfasser zwei Stellen zusammengezogen. Der erste Satz bezieht sich auf die Zeit *nach* der letzten Gefechtskehrtwendung. Der Schluß dagegen auf die Zeit *vor* dieser.

161)* Hervorhebung durch den Verfasser.

162) + »Der Glorreiche Erste Juni«: In der britischen Marinegeschichte die übliche Bezeichnung für den letzten Tag der Seeschlacht im Englischen Kanal vom 28. Mai bis 1. Juni 1794, in der der britische Admiral Howe eine französische Flotte unter Villaret-Joyeuse vernichtend geschlagen hatte.

163)* Sonnenaufgang war kurz nach 02.00 Uhr (GMT).

164)* Wie die meisten Flaggoffiziere seiner Zeit pflegte Jellicoe alle seine Funksprüche selbst aufzusetzen. Er schien zu übersehen, daß in einer Schlacht eine umfassendere Unterrichtung erforderlich war als nur Kurzbefehle für Kurs und Geschwindigkeit, Entwicklung und Positionen, Eröffnung und Einstellung des Feuers. Das Aufsetzen solcher Befehle aber war zweckmäßigerweise an Offiziere des Stabes zu delegieren. Vgl. Anmerkung 166.

165)* Hervorhebung durch den Verfasser.

166)* Und zwar mit einem informativen Befehl, der die bessere Arbeit der Stäbe der deutschen Flotte deutlich macht. Vgl. Anmerkung 164.

167) + Diese durch Skagerrak und Kattegat in die Ostsee laufenden deutschen Torpedoboote sollten am nächsten Morgen die Ursache für eine Falschmeldung des Luftschiffs L 24 (02.00 Uhr) sein, wonach britische Streitkräfte diesen Kurs steuerten.

168) + *Cable's Length* (Kabellänge) – britisches Längenmaß. 1 *cable's length* = 608 Fuß = 185,3 m.

169)* Die Grand Fleet, deren Erkennungssignale in Form von Morsebuchstaben mit normalem weißem Licht gegeben wurden, konnte ihrerseits die Erkennungssignale der deutschen Hochseeflotte nicht nachahmen, weil die deutsche Marine klugerweise ein System mit besonderen farbigen Lichtern entwickelt hatte.

170)* Der Befehl, wonach alle verfügbaren Zerstörer eine Kampfgruppe für Nachtangriffe zu bilden hatten, wurde erst im Oktober 1916 in den Operationsbefehl der Grand Fleet eingefügt.

171)* Die an Jellicoe durchgegebene deutsche Position beruhte auf einem Funkspruch der *Regensburg*, der durch »Room 40« richtig dechiffriert worden war. Leider stand die *Regensburg* in Wirklichkeit 14 sm von der angegebenen Position entfernt.

172) + Zum Begriff »Captain ›D‹«: Captain (Destroyers), etwa einem deutschen »Führer der Torpedoboote« oder »Chef einer aus mehreren Flottillen bestehenden Torpedobootsdivision« entsprechend.

173)* Beide Kommandanten waren durch dieses Zusammentreffen anscheinend so beeindruckt, daß sie, als sie später auf die XII. Flottille Sterlings stießen, es für zweckmäßig hielten, das Gefecht nicht anzunehmen, sondern sich abzusetzen. Siehe Anmerkung 175.

174) Dies war die auf Seite 154 erwähnte deutsche Kursänderung, die den deutschen Flottenchef veranlaßte, Redlich zu befehlen, wieder Kurs auf Horns Riff zu nehmen. Durch diese Bewegung sichtete *Birmingham* zufällig Hippers Schlachtkreuzer, als sie zeitweilig einen Parallelkurs zum britischen Südkurs statt des konvergierenden Kurses SO_zS steuerten.

175) + Madlung hatte um 01.25 Uhr 477 Mann der *Elbing*-Besatzung an *S 53* übergeben, das bereits neun gerettete britische Zerstörermatrosen an Bord hatte. Er blieb mit einem Kommando an Bord. Als er gegen 02.00 Uhr britische Zerstörer ausmachte, ließ er das Schiff sprengen und ging mit seiner Gruppe in den Kutter. Er fischte auch den völlig erschöpften Arzt der *Tipperary* auf und trug zur Rettung der übrigen Überlebenden der *Tipperary* durch Abbrennen von Leuchtfackeln bei.

176)* Kapitänleutnant D. Stuart und seine ganze Besatzung sind bei dieser Kollision gefallen.

177)* Hervorhebungen durch den Verfasser.

178)* Dabei fiel der Kommandant der *Onslaught*, Kapitänleutnant A. G. Onslow.

179) + Scheer benutzte damals diesen gewohnten Ausdruck für seine *Schlachtkreuzer.*

180) + Diese britische Schlußfolgerung scheint noch nicht endgültig geklärt zu sein. Das deutsche Admiralstabswerk (1925) schreibt den Verlust von *V 4* einem treibenden Torpedo, einer Mine oder der Detonation eines eigenen (V 4) Torpedos zu. Denn um 02.37 Uhr habe *Moresby* einen Torpedo gegen deutsche Schiffe abgefeuert. *Schleswig-Holstein* beschoß Zerstörer, die aber abdrehten. Um 02.42 Uhr wich *Von der Tann* einem Torpedo aus, während *Moresby* in der Überzeugung, getroffen zu haben, zurückkehrte. »Mittlerweile hatte sich bei der deutschen Spitze ein Vorfall ereignet, für den nur schwer eine Erklärung gefunden werden kann. ... Um 02.15 Uhr, nur fünf Minuten nach der Explosion auf *Pommern*, (ereignete sich) plötzlich auf *V 4*, Kapitänleutnant Barop, eine heftige Detonation. (Die Ursache) bleibt nach wie vor zweifelhaft. Nur so viel kann mit einiger Sicherheit gesagt werden, daß sie nicht auf einen direkten Erfolg des Angriffs der (britischen) XII. Flottille zurückzuführen war.« *(Der Krieg zur See)*. – Man vergleiche insbesondere die Uhrzeiten: *Moresby* feuert seinen Torpedo um 02.37 Uhr. Die Explosion auf *V 4* ereignete sich dagegen um 02.15 Uhr. Da nicht alle Schiffschronometer der Einheiten der großen Flotten synchronisiert waren und Logbucheintragungen zumeist

erst später vorgenommen wurden, ist bei dem geringen Zeitunterschied dennoch ein Zusammenhang möglich.

181) + Die deutschen Boote waren *G 40*, *G 38*, *G 37* und *V 45*. Den schneidigen Angriff der durch die über 1000 geretteten Männer der *Lützow*-Besatzung im Einsatz ihrer Waffen schwer behinderten deutschen Boote, die damit schon ihr zweites Gefecht bestanden, führte Kapitänleutnant Richard Beitzen. Die Gruppe war bereits um 02.20 Uhr mit mehreren britischen Zerstörern zusammengestoßen.

182) + *Ostfriesland* war kein Pre-Dreadnought-Linienschiff, wie der Verfasser meint.

183)* Inzwischen war die Hochseeflotte wohlbehalten über drei britische U-Boote hinweggelaufen, die vor dem Vyl-Feuerschiff auf der Lauer lagen. Sie waren dorthin als Teil des ursprünglichen Plans von Jellicoe, den Feind aus dem Hafen zu locken, entsandt worden, jedoch mit dem Befehl, sich bis zum 2. Juni auf Grund zu legen, so daß sie von der Schlacht vor Jütland erst bei ihrer Rückkehr nach Yarmouth am 9. Juni Kenntnis erhielten.

184)* Der König verlieh ihm den Titel »Viscount Jellicoe of Scapa« im Januar 1918. Im Gegensatz zu Beatty, der bereits 1919 ein Earldom mit dem zusätzlichen Titel eines »Baron of the North Sea« erhielt, widerfuhr Jellicoe ähnliche Gerechtigkeit erst 1925. (Hier interessieren vielleicht auch die Auszeichnungen der deutschen Flottenführer: Admiral Scheer und Admiral Hipper erhielten die höchste militärische Auszeichnung: den Pour le mérite. Admiral Hipper, als Bayer, erhielt mit der höchsten königlich-bayerischen Tapferkeitsauszeichnung auch den persönlichen Adel (seither: Franz Ritter von Hipper). Scheer, dem ebenfalls ein Adelstitel angeboten worden war, versagte sich dessen Annahme. Er war daher niemals der Admiral *von* Scheer, zu dem ihn zu viele britische Quellen machten.)

185) + Die deutsche Hochseeflotte hatte, was hier verschwiegen wird, 177 britische Seeleute gerettet und als Gefangene nach Hause gebracht. Die britische Grand Fleet dagegen hatte nicht einen einzigen deutschen Matrosen gerettet und daher auch keine Gefangenen gemacht. Der faire und hochherzige Jellicoe wollte diese Tatsache in seinem offiziellen Bericht erwähnen und schreiben: »Der Gegner kämpfte mit der von ihm erwarteten Tapferkeit und zeigte seemännische Menschlichkeit durch Rettung britischer Offiziere und Männer. Es ist für uns ein Anlaß zu tiefem Bedauern, daß wir nicht die Gelegenheit erhalten haben, Offiziere oder Männer gesunkener deutscher Schiffe zu retten. Der Hauptgrund hierfür liegt darin, daß die gegnerischen Verluste zumeist bereits in der Dämmerung oder während der Nacht eintraten.« Wegen dieses Passus ergab sich im Juni und Juli 1916 ein heftiger Schriftwechsel zwischen dem Seemann Jellicoe und dem Politiker Balfour, dessen Argument lautete: »Anstatt daß die Aufmerksamkeit der Öffentlichkeit allein auf die militärischen Vorfälle der Schlacht gelenkt würde, (hätte der von Ihnen vorgeschlagene Passus die Folge) daß

Kritiker – feindliche, neutrale und sogar freundliche – die Frage zu diskutieren sich veranlaßt sehen könnten, wieso, zum erstenmal in diesem Krieg, die Deutschen mehr Menschlichkeit bewiesen hätten als die britische Marine.« Der Politiker Balfour siegte: Die faire Jellicoesche Bemerkung wurde aus dem offiziellen Bericht gestrichen. *(Marder)*

186) + Aus begreiflichen Gründen stellen britische Tabellen stets das überalterte deutsche Vor-Dreadnought-Schiff *Pommern* an die Spitze, weil es die Bezeichnung »Linienschiff« führte. Richtigerweise würde dieses kleine Linienschiff in einer nach Größen gegliederten Aufstellung erst nach den drei britischen Panzerkreuzern erscheinen müssen, die mit 14 800, 13 750 bzw. 13 750 Tons größer waren als *Pommern* (13 200). In deutschen Verlustlisten (ebenso wie in vielen ausländischen Seekriegswerken) wird dagegen der große britische Flottillenführer *Tipperary* (knapp unter 2000 Tons) meist zu den Kleinen Kreuzern gerechnet; schließlich hatte z. B. der deutsche Kleine Kreuzer *Frauenlob* nur eine Wasserverdrängung von 2706 (metrischen!) Tonnen.

187) + *König Albert* hatte lediglich Kondensatorschäden zu beheben. Das neue Linienschiff *Bayern* befand sich bereits seit 18. 3. 1916 im Dienst. Das Schwesterschiff *Baden* wurde am 19. 10. 1916 (als Flottenflaggschiff) in Dienst gestellt.

188) + Bis auf zwei Schlachtkreuzer (*Seydlitz* erst im Sommer wieder einsatzbereit, *Derfflinger* im Herbst) war die Hochseeflotte bereits im Frühsommer wieder voll gefechtsklar und unternahm schon am 18./19. August 1916 einen ähnlichen Vorstoß in die Nordsee, wenn auch ohne mit dem ebenfalls in See stehenden britischen Gros zusammenzustoßen. Eine weitere Unternehmung der Hochseeflotte in die mittlere Nordsee folgte am 18./20. Oktober 1916. Die Grand Fleet blieb jedoch, obwohl im Besitz dieser Information, in ihren Häfen. Auch am 5. November 1916 stand die Hochseeflotte wieder bei einem Vorstoß in der mittleren Nordsee.

189) + Nicht nur *Lützow* wurde von eigenen Sicherungskräften nach Rettung der Besatzung versenkt, sondern auch die Kleinen Kreuzer *Rostock* und *Elbing*, ebenso wie einige Torpedoboote.

190)* Gerechterweise ist zuzugeben, daß die aus den Ereignissen auf *Kent* (während der Falkland-Schlacht) zu ziehenden Schlußfolgerungen nicht so eindeutig waren, wie die Vorgänge auf *Seydlitz* im Doggerbank-Gefecht.

191) + Deutsche Angaben (nach *Breyer* und *Gröner*): jedoch metrische Tonnen.

192) + Deutsche Quellen (nach *Breyer* und *Gröner*) geben den in Klammern gesetzten geringeren Panzerschutz an.

193) + In Scapa Flow war es bei der Eigenversenkung des deutschen Internierungsverbandes britischen Einheiten gelungen, das deutsche Linienschiff *Baden* auf Grund zu setzen. Wegen der während des Krieges erwiesenen hohen Standfestigkeit der deutschen Einheiten wurde dieses Schiff wieder flottgemacht und zu genauen Untersuchungen nach Portsmouth geschleppt. Über die

Ergebnisse ließ die britische Admiralität einen umfangreichen Bericht verfassen, dessen Schlußfolgerungen (1921) waren, daß (die britische Marine) bezüglich aller Hauptkonstruktionsmerkmale vom ehemaligen Feind nur wenig zu lernen habe. Nach *Marder* ging dies zu weit. »Korvettenkapitän W. M. Phipps Hornby, der wochenlang an Bord der *Baden* lebte, als er mit ihrer Bergung beauftragt war, lernte das Innere dieses Schiffes ebensogut kennen wie das seiner eigenen *Ramillies.* Nach seiner ›fundierten Meinung – die nach meiner Überzeugung von allen anderen geteilt wird, die mit uns mitarbeiteten – war, jedenfalls insgesamt gesehen, die *Baden* als Kampfinstrument jedem vergleichbaren Schiff der Royal Navy beträchtlich überlegen‹. Vielleicht, wie (Hornby) vermutet, war es (den britischen Marineuntersuchungsausschüssen und) den anderen im Unterbewußtsein einfach widerwärtig, zugeben zu müssen, daß jene junge deutsche Marine sie so viel zu lehren hatte.« *(Marder)*
Auch die häufig geäußerte britische Auffassung, daß die bessere Unterteilung der deutschen Schiffe darauf zurückzuführen gewesen sei, daß diese ja nur für kürzere Unternehmungen gebaut und daher der Unterbringung der Besatzungen (im Gegensatz zu britischen Schiffen) kaum Beachtung geschenkt wurde, weil diese ja zwischenzeitlich an Land in Kasernen untergebracht waren, ist inzwischen widerlegt.

194) + Nach deutschen Angaben *(Breyer/Gröner)* jedoch beim deutschen Linienschiff *König* bis 100 mm, beim Schlachtkreuzer *Derfflinger* bis 80 mm Deckpanzerung.

195)* In dieser und den folgenden Tabellen wird die Anzahl der abgegebenen Schüsse und erzielten Treffer so genau wie aufgrund der Berechnungen irgend möglich angegeben, da diese Zahlen bei gesunkenen Schiffen nur geschätzt werden können.

196)* Die Verantwortung für die Konstruktion von Granaten für die Schiffsartillerie lag übrigens beim »Ordnance Committee«, einem aus Vertretern verschiedener Waffengattungen bestehenden Gremium mit zahlreichen anderen Aufgaben.

197) + In der »Battle of the Nile«, die im Deutschen zumeist die Schlacht von Aboukir (Bucht 15 sm NO von Alexandrien) genannt wird, hatte am 1. 8. 1798 Nelson die vor Anker liegende französische Flotte unter Admiral de Brueys vernichtend geschlagen und damit Napoleons Expeditionskorps die Rückkehr vom ägyptischen Feldzug abgeschnitten.

198)* Hervorhebung durch den Verfasser.

199) + Hier zitiert der Verfasser nach *Marder*: Bei dem Verfasser dieses im *Berliner Tageblatt* am 18. November 1918 (*sic*) – nicht etwa nach der Schlacht – erschienenen Artikels handelte es sich um den in deutschen Marinekreisen abgelehnten ehemaligen Kapitän Persius, der lange vor dem Krieg (1908) unter Umständen aus dem deutschen Marineoffizierskorps ausgeschieden war, die längere Zeit Gegenstand von Querelen waren, und der sich (insbesondere nach 1918) als überaus bissiger Kritiker der Kaiserlichen Marine schriftstellerisch betätigte.

200) + *Westfalen* hatte vom britischen U-Boot *E 23* einen Torpedo-

treffer erhalten. *Nottingham* war durch *U 52*, *Falmouth* durch *U 63 und U 66* versenkt worden.

201) + Der Torpedotreffer wurde durch das britische U-Boot *E 38* erzielt.

202)* Dieses britische Großkampfschiff der *St. Vincent*-Klasse wurde am 9. Juli 1917 in Scapa Flow liegend durch eine innere Explosion nicht stabiler Korditladungen vernichtet. 804 Besatzungsmitglieder kamen ums Leben.

203) + Es handelte sich jedoch um zwei Unternehmen: Auch das zweite, von der 4. Torpedobootshalbflottille hatte am 12. 12. 1917 Erfolg: vor der englischen Küste wurden 4 Dampfer versenkt.
Die 3. Halbflottille unter Kapitänleutnant Hans Kolbe barg unter schwierigsten Bedingungen 52 Mann der *Partridge* und 23 Dampfermatrosen.

204)* Nach seiner Ernennung zum Oberbefehlshaber der Grand Fleet änderte Beatty die Bezeichnung »Schlachtkreuzerflotte«, in deren Kommando ihm Pakenham nachfolgte, in »Battle Cruiser Force«, um zum Ausdruck zu bringen, daß es sich nicht um ein unabhängiges Kommando handelte.

205) + Siehe Anmerkung 46.

206) + Dem die russisch-deutschen Feindseligkeiten beendenden Frieden zu Brest-Litowsk ging am 15. 12. 1917 der Abschluß eines Waffenstillstands voraus.

207) + Siehe Anmerkung 96.

208)* In seiner Opposition gegen Geddes Methoden stand er nicht allein. Auch Beatty verwahrte sich strikt dagegen, insbesondere als der Erste Lord der Admiralität einen Teil seiner Befehlsgewalt an sich riß, indem er die Zusammensetzung des Untersuchungsausschusses der Grand Fleet diktierte, der die Ursachen für die Erfolge der beiden deutschen Angriffe gegen skandinavische Geleitzüge untersuchen sollte.

209) + Sir Eric Campbell Geddes (1875–1937), Erster Lord der Admiralität 1917–1919. Zusammen mit Admiral Wemyss (siehe Anmerkung 210) trug er die Hauptverantwortung für die marinetechnischen Waffenstillstandsbedingungen.

210) + Admiral of the Fleet Rosslyn Erskine Wemyss, Baron Wester Wemyss (1864–1933), Erster Seelord vom 10. 1. 1918–1. 11. 1919.

211) + »Die Stimmung in der Royal Navy und in der Admiralität war jetzt, da der Krieg zu Ende ging, schlecht und gedrückt. Es bestand ›ein Gefühl des Fehlens irgendeiner Vollendung‹.« – »Es hatte keine entscheidende Seeschlacht stattgefunden – darin lag der schmerzende wunde Punkt. Unter diesen Umständen entwickelten weder Beatty noch die Grand Fleet großen Eifer für die Herbeiführung eines Waffenstillstandes, der einem (neuen) Trafalgar zuvorkommen würde. Ein solcher (glorioser) Sieg aber war erforderlich, um die Ehre der britischen Marine zu retten und ihrem Oberbefehlshaber (Beatty) ebenso wie der ganzen Flotte Ruhm zu bringen.« *(Marder.)* Die britischen Marineunterhändler forderten daher, die gesamte deutsche Flotte

müsse »sich ergeben« (surrender). Der alliierte Streit, insbesondere französischer und amerikanischer Nachdruck auf einem sofortigen Waffenstillstand, führte jedoch zu der Lösung, daß ein Teil (etwa die Hälfte) der Hochseeflotte nicht übergeben, sondern als Internierungsverband behandelt werden solle. Für Beatty kam die politische Entscheidung, die deutschen Schiffe seien zu internieren, als wahrer Schock. »Wiederholt hatte er seine Meinung unterstrichen, daß (wir) die Hochseeflotte erledigen müßten, und wenn schon nicht als Ergebnis einer Seeschlacht, dann durch ›surrender‹.« Beatty: »Es wäre eine sehr schlimme Sache für unser Land, wenn unsere große Flotte niemals die Gelegenheit erhalten sollte, ihre Macht in demonstrativerer Weise zu zeigen, als dies bisher der Fall war.« (Nach *Marder*).

212) + Zu dem von ihm ersehnten demonstrativen Schauspiel gestaltete Beatty auch das Einlaufen des deutschen Internierungsverbandes. Nach Art eines Theaterprogramms, mit der in deutschen Frakturbuchstaben gedruckten Überschrift »Der Tag«, ließ er allen hohen Gästen ein Blatt mit der (geradezu choreographischen) Darstellung der von ihm befohlenen Formationen überreichen, auf dem nicht einmal Regieanweisungen, wie z. B. »die Grand Fleet führt die großen Schlachtflaggen an den Rahen – Besatzungen auf Gefechtsstationen« fehlten. Dem Ganzen gab er den Untertitel »Surrender of the German Fleet« – in krassem Gegensatz zur historischen Wahrheit der Waffenstillstandsbedingungen, die ausdrücklich von der Überführung eines Internierungsverbandes sprachen. Beatty hatte auch erzwungen, daß die deutschen Schiffe die Kriegsflagge des Kaiserreiches führten, das nicht mehr bestand. Die vom deutschen Arbeiter- und Soldatenrat verlangten roten Fahnen hatte er abgelehnt; sich von den wahren Bedingungen in Deutschland zu überzeugen, lag nicht in seinem Interesse. Hierzu ein kurzes Wort des Admirals von Tirpitz: »Ein schmerzliches Sinnbild dieser Entwicklung (deutsch-englisches Verhältnis und Ritterlichkeit der beiden Marinen) gibt mir Admiral Beatty. Am 28. August 1914 richtete er an die geretteten Offiziere und Mannschaften der untergegangenen *Mainz* das Signal: ›Ich bin stolz, so tapfere Männer an Bord meines Geschwaders zu begrüßen.‹ Im November 1918 dagegen befahl er seinen eigenen Besatzungen vor deren Begegnung mit den ihre Schiffe ausliefernden deutschen Mannschaften: ›Vergeßt nie, daß der Feind eine verächtliche Bestie (despicable beast) ist!‹« *(Tirpitz)*

213)* Die deutschen U-Boote wurden der Harwich-Flotte unter Tyrwhitt übergeben.

214) + Die deutschen Schiffe wurden wiederholt schärfsten Untersuchungen unterzogen, das erstemal gleich nach ihrem Eintreffen in Rosyth, auch nach der späteren Überführung nach Scapa Flow, und dort stets durch britische bewaffnete Fahrzeuge und die Anwesenheit der großen Flotte bewacht.

215) + Dies ist unzutreffend: Die Besatzungen wurden bis auf kleine Instandhaltungskommandos von 50 Mann auf Linienschiffen

und 75 Mann auf Schlachtkreuzern verringert, verglichen mit ihren eigentlichen Besatzungsstärken von z. B. Linienschiffen *Bayern/Baden:* 1171 Mann, bzw. Schlachtkreuzern *Derfflinger /Hindenburg:* 1182 Mann! Denn der entscheidende Artikel 13 der Waffenstillstandsbedingungen hatte u. a. ausdrücklich bestimmt: »Es werden nur Wachkommandos an Bord belassen.«

216) + Admiral Wemyss, der aus eigener Anschauung das Feilschen der Alliierten um die Beuteflotte, die sie sich gegenseitig nicht gönnten, aus den Versailler Verhandlungen kannte, brachte im Gegensatz zur fast gesamten britischen öffentlichen Meinung (die Presse sprach schrill von ›Verräterei, verabscheuungswürdiger Akt, entehrende Tat, verdammenswert, Verachtung jeder Ehre, schmutzige Tricks . . .‹) seine kühle Wertung zum Ausdruck: »Ich betrachte die Versenkung der deutschen Flotte als einen wahren Segen. Sie schafft ein für alle Mal die dornige Frage der Aufteilung dieser Schiffe aus der Welt und erleichtert unsere Bürde um eine ungeheuere Menge Schwierigkeiten . . . Zunächst wird es zwar einen empörten Aufschrei geben, wenn jedoch alle Tatsachen bekannt und bewußt geworden sind, glaube ich, daß jeder wie ich denken wird: Dem Herrn sei Dank.«

217) + Daran hat Hitler auch nie gedacht: Er stand der gesamten kaiserlichen Marine äußerst kritisch gegenüber und übte in »Mein Kampf«, München (Auflage 1937, SS 298/301) schärfste Kritik an der Flottenbaupolitik, am Risikogedanken, rügte »Halbheit und Schwäche« und tadelte wegen der von ihm angelasteten Mängel insbesondere den Großadmiral v. Tirpitz, obwohl er sich scheute, diesen namentlich zu erwähnen. (Später sollte er sich allerdings den Vorschlägen der Kriegsmarine nicht widersetzen, das Schwesterschiff des Schlachtschiffes *Bismarck* auf den Namen *Tirpitz* taufen zu lassen.)

218)* Hervorhebung durch den Verfasser.

219) + Am 16. Januar 1780 siegte Rodney über ein spanisches Geschwader unter Admiral Don Juan de Langara. Das sich in die Nacht hinziehende Gefecht ist in der britischen Marine als Moonlight Battle bekannt.

220)* In *The World Crisis* hat Churchill geschrieben: »Er hätte nur den vier *Queen Elizabeths* zu befehlen brauchen, den Feind von dessen Feuerleeseite aus unabhängig anzugreifen. Was wäre leichter gewesen, als das Geschwader der alten *Deutschland*-Klasse zu umfassen und zwei oder drei dieser Schiffe in wenigen Minuten lahmzuschießen oder zu vernichten?« Abgesehen davon, daß zum fraglichen Zeitpunkt das V. Schlachtgeschwader der vier Schlachtschiffe der *›Queen Elizabeth‹*-Klasse auf drei kampffähige Einheiten vermindert war, erfuhr Jellicoe erst viel später, daß Scheer die veralteten Schiffe des II. Geschwaders Mauves mitgenommen hatte.

221)* Gelegentlich hat man einen fünften hinzugefügt: Die *Grand Fleet Battle Orders* wie auch Beattys Anweisungen enthielten Angaben der günstigsten Gefechtsentfernungen für ihre Schiffe, deren Festlegung unter anderem auf der Berücksichtigung der

Panzerstärken beider Flotten beruhte. Besonders Jellicoe war sich der Tatsache wohl bewußt, daß die deutschen Linienschiffe und Schlachtkreuzer in dieser Beziehung besser geschützt waren als seine eigenen.

222) + Mangels Quellenangabe durch den Verfasser war ein Auffinden des Originalzitats nicht möglich; daher erfolgte eine Rückübersetzung aus dem Englischen.

223)* Hervorhebung durch den Verfasser.

224) + Sir Alfred Dudley Pickman Rogers Pound (1877–1943), ab Mai 1939 Erster Seelord bis zu seinem Tode im Oktober 1943. Ab Juli 1939 Großadmiral.

225) + Commodore Henry Harwood bestand das erfolgreiche Gefecht am 13. 12. 1939 vor der La-Plata-Mündung gegen das deutsche Panzerschiff *Admiral Graf Spee* (Kapitän z. See von Langsdorff).

226) + Die Flottenoperationen Admiral »Jack« Toveys führten zur Vernichtung des deutschen Schlachtschiffes *Bismarck* (27. 5. 1941) durch praktisch die gesamte britische Home Fleet.

227) + Erfolgreicher nächtlicher Angriff von trägergestützten Torpedoflugzeugen gegen die italienische Flotte im Hafen von Tarent am 11./12. November 1940. Der Angriff setzte mehrere schwere italienische Einheiten für lange Zeit außer Gefecht.

228) + Nachtgefecht der britischen Mittelmeerflotte unter Admiral Andrew Cunningham gegen italienische Einheiten beim Kap Matapan am 29./30. 3. 1941, das zur Versenkung von drei italienischen schweren Kreuzern führte.

229) + Admiral Bruce Austin Fraser (später Baron Fraser of the Northcape) leitete die Operationen, die im Nordmeer am 26. 12. 1943 zur Vernichtung des deutschen Schlachtschiffes *Scharnhorst* führten.

230) + Mithin alle britischen Schlachtschiffe bis auf *Emperor of India* und *Queen Elizabeth* (Werftüberholung), *Royal Sovereign* (zu kurzfristig vorher in Dienst gestellt) und *Dreadnought* (Flaggschiff des III. Schlachtgeschwaders, aus Pre-Dreadnoughts bestehend, in Sheerness zur Deckung der Themsemündung stationiert).

231)* Später Admiral of the Fleet Sir Frederick Field, Erster Seelord 1930–1932.

232)* In Jellicoes Stab waren u. a.: sein Schwager, Vizeadmiral Sir Charles Madden, Chef des Stabes, später Admiral of the Fleet und Nachfolger Beattys (ab 1926) als Erster Seelord; Commander (= Korvettenkapitän), später Admiral of the Fleet Sir Charles Forbes, Oberbefehlshaber der britischen Home Fleet bei Ausbruch des 2. Weltkrieges.

233)* Später Admiral of the Fleet Sir Dudley Pound, Erster Seelord während des größten Teils des 2. Weltkrieges.

234)* Später Admiral Sir William Fisher, der sich in den frühen 30er Jahren als Oberbefehlshaber der britischen Mittelmeerflotte auszeichnete.

235) + Englische tons (1 ton = 1016 kg = 1,016 metrische Tonnen).

236)* Sie dienten als sog. Signalwiederholer zur Weitergabe von visuellen Signalen zwischen den Einheiten der Schlachtflotte.

237)* Später Admiral of the Fleet Lord Chatfield, Erster Seelord 1932–1935, und bei Ausbruch des 2. Weltkrieges Minister für Verteidigungskoordination.

238)+ Diese Aufstellung wurde vom deutschen Bearbeiter nach den im Anhang zur Kurzbibliographie genannten deutschen Originalwerken berichtigt und ergänzt.

239)* Nach dem Krieg von 1920–1924 Chef der Marineleitung der kleinen Flotte, deren Beibehaltung Deutschland durch den Vertrag von Versailles gestattet war.

240)+ Metrische Tonnen zu 1000 kg (im Gegensatz zur englischen Tonne = 1016 kg).

241)+ Der zur IV. Aufklärungsgruppe gehörende Kleine Kreuzer *Berlin* lag in der Werft Wilhelmshaven.

242)+ Die Boote *V 190* und *G 197* lagen in Kiel in der Werft.

243)+ Die gesamte in Kiel in der Werft liegende 2. Halbflottille bestand aus *G 192, G 195, G 196, G 193, S 165.*

244)+ Die zur 5. Halbflottille gehörigen Boote *V 74* und *G 85* lagen in Kiel in der Werft.

245)+ Die zur 6. Halbflottille gehörenden Boote *V 70* und *S 55* lagen in Kiel in der Werft.

246)+ Zur 14. Halbflottille gehörte ferner das Torpedoboot *G 172*, das erst am 31. 5. 1916 in Dienst gestellt wurde und daher an der Schlacht nicht teilnahm.

247)+ Mithin alle deutschen Schlachtkreuzer bis auf die seit 1912 im Mittelmeer stationierte und 1914 nach dem Einlaufen in die Dardanellen an die Türkei verkaufte *Goeben (Yavuz).*

248)* Hippers 1. Admiralstabsoffizier war Korvettenkapitän Erich Raeder, von 1928 an Chef der Marineleitung in der Reichsmarine und von 1935 bis 1943 Oberbefehlshaber, danach Generalinspekteur der Deutschen Kriegsmarine (seit 1939 Großadmiral).

249)* Nach dem Weltkrieg von 1924–1928 Chef der Marineleitung der deutschen Reichsmarine.

250)+ Die zur II. Aufklärungsgruppe gehörenden Kleinen Kreuzer *Graudenz* und *Stralsund* lagen in Wilhelmshaven bzw. Kiel in der Werft.

251)+ Die zur 11. Halbflottille gehörenden Torpedoboote *S 49* und *V 43* lagen auf Werften.

252)* Man vergleiche damit die deutsche Berichterstattung: »1. Juni: Soeben ging ein Telegramm betreffend die Seeschlacht ein. Es ist noch nicht klar, ob wir einen Erfolg errungen haben. Unsere schon feststehenden Verluste machen es zweifelhaft, ob wir die Aktion einen Sieg nennen können. – 2. Juni: Es sind weitere Telegramme eingegangen. Sie geben die geschätzten Verluste der Engänder mit 2:3 zu unseren Gunsten an. Der Kaiser konnte daher bekanntgeben: ›Wir haben einen großen Sieg zur See errungen.‹« (Admiral von Müller)

253)* Solches Parteigängertum konnte für keine Teilstreitkraft gesund sein. Dem Offizierskorps war jedoch schon vorher durch die Schärfe der vor dem Krieg in der Öffentlichkeit ausgetragenen persönlichen Fehde zwischen Fisher (damals Erster Seelord) und Beresford (damals Oberbefehlshaber der Mittelmeerflotte, später der Kanalflotte) ein denkbar schlechtes Beispiel gegeben worden.

254) + Admiral Sir Rosslyn E. Wemyss war vom 10. 1. 1918 bis 1. 11. 1919 Erster Seelord.

255)* Die Studie erhielt den Titel *The Grand Fleet 1914–1916* und erschien wie Admiral Scheers *Die deutsche Hochseeflotte im Weltkrieg* in den Jahren 1919/20. Jedoch sollte keines der beiden Werke viel zur Kontroverse beitragen, da beide Autoren notwendigerweise die Schlacht von ihrem auf eigene Beobachtungen und Aufzeichnungen beschränkten Standpunkt behandelten.

256) + Admiral of the Fleet Earl Beatty war vom 1. 11. 1919 bis 30. 7. 1927 Erster Seelord.

257) + Sir Julian Stafford Corbett (1854–1922), bedeutender britischer Marinehistoriker und Mitarbeiter am Naval War College. Sein bekanntestes Werk »The Official History of the Great War Naval Operations« (1920–1923).

258) + Einige Exemplare »überlebten« jedoch. Siehe Kurzbiographie, Seite 235.

259) + Der Schwager Sir John Jellicoes, siehe Anmerkung 232, Admiral of the Fleet Sir Charles Edward Madden, Baronet (1862–1935), Erster Seelord vom 30. 7. 1927 bis 30. 7. 1930.